# 1 MONTH OF
# FREE
## READING

at

## www.ForgottenBooks.com

By purchasing this book you are eligible for one month membership to ForgottenBooks.com, giving you unlimited access to our entire collection of over 1,000,000 titles via our web site and mobile apps.

To claim your free month visit:

www.forgottenbooks.com/free1001339

ISBN 978-0-331-00519-6
PIBN 11001339

This book is a reproduction of an important historical work. Forgotten Books uses
state-of-the-art technology to digitally reconstruct the work, preserving the original format
whilst repairing imperfections present in the aged copy. In rare cases, an imperfection in
the original, such as a blemish or missing page, may be replicated in our edition. We do,
however, repair the vast majority of imperfections successfully; any imperfections that
remain are intentionally left to preserve the state of such historical works.

# NOS
# GLOIRES NATIONALES

## OU HISTOIRE DES

### PRINCIPALES FAMILLES DU CANADA.

LA VÉN. MÈRE M. de l'INCARNATION. ·

LA SŒUR BOURGEOIS. — M^{ELLE} MANCE.

M^{DE} de la PELTERIE.

M^{ELLE} LE BERT. — M^{DE} d'YOUVILLE.

# NOS

# GLOIRES NATIONALES

ou

## HISTOIRE DES PRINCIPALES FAMILLES

### DU CANADA.

V. 1

## OUVRAGE ENRICHI DE GRAVURES.

TOME I.

MONTRÉAL
EUSÈBE SENÉCAL, IMPRIMEUR-ÉDITEUR
Rue St. Vincent, Nos. 6, 8 et 10.

1867

# 1735171

The photographic Por-
-trait; the Autograph of the
Reverend Mr. Daniel, and the
pencil notes, in these two
Volumes, were procured from
the Author, by me, for this
work. I also mounted and in-
-serted the same for Mr. G. E. Hart.

Mount Royal.
November.

# AVANT-PROPOS.

Chaque pays a ses illustrations et s'en glorifie, car elles sont son honneur et sa force. Le Canada a aussi les siennes, et peut-être plus qu'aucun autre pays. Il ne faut pas en être étonné. Il n'en est pas, en effet, du Canada, comme des autres Colonies. Les autres, pour la plupart, ne se sont formées que d'agrégations forcées de s'expatrier pour des causes politiques, ou attirées par l'intérêt mercantile. Ici, au contraire, tout est spontané, et ce n'est que guidées par les motifs les plus purs, que les premières familles françaises sont venues s'établir en Canada. Ces familles, bon nombre du moins, appartenaient à cette antique noblesse, qui, sous François Ier, Henri IV, et Louis XIV, jouit de tant de considération et eut tant de célébrité.

Si les autres nations sont si jalouses de revendiquer la gloire qui leur revient de ces races illustres; si elles aiment à voir leurs belles actions consignées dans des livres, qui, passant de main en main, font le tour du monde, comment le Canada serait-il resté indifférent à ce qui le touche de si près et l'intéresse au plus haut point ? Déjà ont paru plusieurs publications qui avaient pour

but de faire connaître quelques-unes de ces grandes maisons, où au moins quelques-uns de leurs membres les plus distingués. En groupant ici les unes près des autres ces familles, nous avons cru faire une chose utile et agréable tout à la fois. C'est une petite pierre que nous apportons à l'édifice que des mains plus habiles ont élevé et éleveront encore à l'honneur d'immortels aïeux. En voyant les beaux exemples qui leur ont été légués, leurs descendants se piqueront d'une noble émulation pour les imiter et faire ainsi honneur à leur origine. Ceux au milieu desquels nous vivons, appréciant mieux les hommes remarquables qui les précédèrent dans ce pays, n'auront que plus de sympathies pour les familles qui en sont sorties.

Le travail que nous offrons, n'est point une généalogie sèche que l'on consulte, mais qu'on ne lit pas. Non : c'est une histoire, succinte à la vérité, mais suffisante pour donner une idée des pricipales familles du pays. Ce n'est pas davantage une suite de documents plus ou moins douteux, empruntés mal à propos à des journaux étrangers et mis à la suite les uns des autres. C'est tout un ensemble de renseignements puisés aux meilleures sources, aux livres imprimés d'abord, et ensuite aux originaux. Sous prétexte de grandir des familles d'ailleurs assez grandes par elles-mêmes, nous avons évité de confondre et d'accoler ensemble des familles qui n'ont d'autre point de contact que le nom, et, afin de nous assurer davantage de la

vérité, nous avons eu soin de communiquer notre travail à des hommes compétents, avant de le remettre à l'imprimeur. Qu'il y manque certains détails, qu'il s'y soit glissé quelques inexactitudes, c'est ce qui ne peut surprendre dans un ouvrage de ce genre, ainsi qu'il est dit plus loin, et c'est moins à la volonté, qu'à l'insuffisance des documents, qu'il faut s'en prendre. Ce n'est qu'avec le temps et des découvertes nouvelles, qu'on peut les éviter entièrement. D'autres productions de cette nature sont là pour le dire. Un roman, une histoire générale même, offrent moins de difficultés que ces sortes d'entreprises.

Si imparfait que soit ce livre, nous le présentons avec confiance aux familles, d'abord parce qu'il nous a coûté beaucoup de recherches, et ensuite parce que, malgré ses défauts, il atteindra, nous l'espérons, le but que nous nous sommes proposé. Afin de racheter le fond par la forme et le rendre moins indigne des familles et de leurs illustres ancêtres, nous n'avons reculé devant aucune dépense. Au texte nous avons joint des cartes, des gravures, extrêmement coûteuses, dans la persuasion que ces déboursés seraient noblement couverts. De son côté, l'Éditeur n'a rien négligé pour atteindre la perfection de son art, et cette publication, on peut le dire, est une des plus achevées qui soient sorties des presses canadiennes. Ce livre sera donc une sorte d'*Album* que les familles aimeront à placer sur leur table, et dont

elles s'empresseront de faire présent à leurs amis, d'autant plus que ce n'est pas une réédition d'ouvrage déjà connu, et que le tirage en est fait à un très-petit nombre d'exemplaires.

Quant à l'ordre des matières, nous n'avons eu d'égards qu'à la nature des sujets. Afin de répandre plus de variété, nous avons placé les familles suivant que leurs emplois ou leurs actions offraient quelques différences. Mais lorsqu'à chaque pas on ne rencontre qu'esprit de foi, que générosité, que désintéressement et que patriotisme, il est bien difficile, on le conçoit, de reproduire autre chose et d'échapper à une certaine uniformité. Fonder un pays et le défendre contre ses ennemis ; y faire fleurir la Religion et la propager au loin, telle est la grande pensée qui domine ces âges héroïques, et qui fait, pour ainsi dire, de ceux qui les ont traversés, des hommes à part. Puissent leurs descendants n'offrir jamais à l'écrivain d'autre embarras que celui de choisir entre de beaux exemples, et au lecteur d'autre déplaisir que celui de rencontrer des tableaux qui se ressemblent !

Des documents sur le Chevalier Benoist ayant donné occasion à cette publication, c'est par sa Biographie que nous commençons. Le retard apporté à la confection des gravures, a été cause que ce livre terminé en 1866, n'a pu paraître qu'en 1867.

Par l'auteur de ces notes

J. Daniel prtre

# NOM DES PERSONNES

## MENTIONNÉES DANS CET OUVRAGE.

**A**

Abbot (M<sup>elle</sup> E.)
Alleyn (L'Hble)
Angers (Les MM.)
Aylwin (Le Juge)

**B**

Beaubien (Le D<sup>r</sup>)
Beaudry (M<sup>r</sup> J. U.)
Bedard (Le Juge)
Bellefeuille (M<sup>r</sup> de)
Bellemare (M<sup>r</sup> R.)
Berthelet (M<sup>r</sup> O.)
Berthelot (Le Juge A.)
Besançon (M<sup>m</sup>)
Bibaud (Les MM.)
Blanchet (Les D<sup>rs</sup>)
Bois (M<sup>r</sup> l'Abbé)
Borne (M<sup>me</sup>)
Boucher (M<sup>r</sup> A.)
Bouchette (Les MM.)
Bourassa (M<sup>r</sup> N.)
Bouthillier (M<sup>r</sup> T.)
Boyer (Le D<sup>r</sup>)
Brousseau (Le D<sup>r</sup>)
Bureau (Le C. L.)

**C**

Campbell (Le C<sup>ol</sup> J. E.)
Caron (Le Juge)
Cartier (L'Hble G.)
Caseau (M<sup>r</sup> le G. V.)
Casgrain (M<sup>r</sup> l'Abbé)
Cauchon (L'Hble)
Chaboillez (M<sup>me</sup>)
Chaffers (M<sup>me</sup>)
Charlton (M<sup>me</sup>)
Chauveau (L'Hble P.)
Cherrier (M<sup>r</sup> C. S.)

Chinic (M<sup>elle</sup>)
Crevier (M<sup>r</sup> le G. V.)
Cuvillier (L'Hble A.)

**D**

Daigle (Le Capitaine)
Debartzch (Les D<sup>elles</sup>)
Delisle (Le G. Chle)
Délorme (M<sup>r</sup>)
Derbyshire (M<sup>me</sup>)
Desbarats (M<sup>m</sup>)
Dionne (Les MM.)
Dorion (Les MM.)
Drummond (Le Juge)
Dumont (M<sup>r</sup>)
Dumoulin (Les MM.)
Duval (Le Juge)
Duvernay (M<sup>r</sup> L.)

**E**

Ermatinger (Le C<sup>ol</sup>)
Estimauville (M<sup>me</sup> d')

**F**

Fabre (M<sup>r</sup> H.)
Faribault (M<sup>r</sup> C. B.)
Ferland (M<sup>r</sup> l'Abbé)
Fortier (Les MM.)
Faucher (L'Hble L. C.)
Franchère (M<sup>r</sup> G.)
Fraser (Les MM.)

**G**

Garneau (M<sup>r</sup> F. X.)
Gaucher (Les MM.)
Giasson (M<sup>r</sup>)
Goderre (Le D<sup>r</sup>)
Gregory (M<sup>elle</sup>)
Gugy (Le C<sup>ol</sup>)

# NOTICE

SUR LE

# CHEVALIER BENOIST.

—◇◇—

Le Chevalier Benoist appartenait à une illustre famille
de France, dont la noblesse remonte au quatorzième
siècle. Il comptait parmi ses ancêtres des Chambellans du
Roi, des Conseillers, et nombre de militaires distingués.
Le plus célèbre de tous fut Antoine Benoist, qui, sous
Louis XIV, se fit un nom dans la peinture, et devint un des
artistes favoris du Monarque qui se plut à le combler de
bienfaits.

Antoine-Gabriel-François, petit-fils de cet homme de
génie, fut le Chevalier. Il reçut le jour sur la Paroisse de
St Sulpice, de Paris, l'année même où le grand Roi descendait dans la tombe, en 1715. Il eut pour père Mr
Gabriel Benoist, et pour mère Melle de Trevet, dont le frère
était Chanoine de l'Eglise royale de St Maur. Aprés la
mort de ses parents, n'ayant plus que des sœurs, il se décida à passer dans la Nouvelle-France. Il y fut sans doute
attiré par les MM. de Trevet et Mezières de l'Epervanche,
ses parents, qui avaient alors un grade élevé dans l'armée.
Il y vint donc en 1733 en qualité de Cadet à l'Aiguillette.
Peu de temps après son arrivée, il fut choisi pour faire

partie de l'expédition du Baron de Longueuil, sur les bords du Mississipi. Il ne pouvait commencer sa carrière militaire en meilleure compagnie. En effet, outre M.M. de Longueuil, Celoron, Sabrevois de Bleury, ce détachement comprenait une foule de jeunes gens du premier mérite : MM. de Ligneris, LeGardeur de St Pierre, de la Corne du ' Breuil, de Portneuf, de Lery, de Villiers, de Gaspé, de Belestre, de St Ours, de Gannes, Gauthier de Varennes, Marin, Boucher de Niverville, Hertel de la Frenière, de Rouville, Denis de la Ronde, Carqueville, de Jumonville, etc. Avec cette troupe d'élite, le succès ne pouvait être douteux. Aussi les Chicachas fûrent-ils bientôt mis à la raison.

C'est au retour de cette campagne lointaine que le jeune officier songea à se donner une épouse. Son choix tomba sur Melle Marie-Louise Le Ber de Senneville, personne des plus accomplies et appartenant à une des familles les mieux posées de Montréal. Le Marquis de Beauharnois, alors Gouverneur Général, voulut honorer le contrat de mariage de sa présence, ainsi que Mr Boisberthelot de Beaucourt, Gouverneur de Montréal, Mr Bégon, Gouverneur des Trois-Rivières, Mr le Baron de Longueuil, etc. La cérémonie du mariage eut lieu, trois jours après, en présence d'une foule non moins imposante, dans laquelle on remarquait Mr d'Ailleboust, proche parent des jeunes époux.

Après son mariage, bien différent de ces officiers qui abandonnent l'armée pour jouir plus à leur aise des douceurs de l'hymen, le Chevalier Benoist continua à servir avec autant de ponctualité que de valeur. Envoyé successivement à Chambly, à St Frédéric, pour y tenir garnison, et faire en même temps des sorties sur les terres de l'ennemi, il resta constamment à son poste, prit part aux différentes expéditions qui furent entreprises, et ne fit que, de loin en loin, de courtes apparitions à Montréal. Une conduite si militaire lui valut de la part de ses chefs les éloges les plus flatteurs. " Je certifie, écrivait Mr de

" May, que M<sup>r</sup> Antoine Benoist a rempli les fonctions
" d'Aide-Major, dans la campagne qu'il a faite pendant
" l'hiver, sous le commandement de M<sup>r</sup> de S<sup>t</sup> Pierre, dont
" j'étais le second, et qu'en tout il s'est comporté avec
" zèle et application." M<sup>r</sup> de Beaucourt écrivait de son
côté : " Le Sieur Benoist, Enseigne dans les troupes, a
" servi depuis six ans, en cette qualité, avec distinction,
" soit en faisant les fonctions d'Aide-Major en cette ville,
" ce dont il s'est très-bien acquitté, soit dans les partis fré-
" quents dans lesquels il a été employé et dans lesquels
" sa capacité lui a toujours fait tenir un rang distingué."
Le mérite du jeune officier était reconnu : les honneurs
ne tardèrent pas à venir le chercher. Après une nouvelle
campagne sur les bords du Lac S<sup>t</sup> Sacrement, le Chevalier Benoist fut promu au grade de Lieutenant. Le Gouverneur lui en fit compliment par la lettre suivante :
" Monsieur, je me suis fait un devoir et un plaisir de con-
" tribuer à votre avancement et je m'en fais un autre
" de vous recommander à M<sup>r</sup> de la Jonquière. Si en
" France je puis vous être utile, je vous prie de ne pas
" m'épargner. Vous me trouverez toujours disposé à vous
" donner des preuves de ma parfaite estime." L'Intendant
lui-même, enchérissant encore sur le Gouverneur, mon-
trait en ces termes la part qu'il avait prise à cette promotion et combien elle était méritée : " On m'envoie dire
" tout bas, Monsieur, que vous êtes avancé. Je ne puis
" vous en faire mon compliment que cette année. Tout ce
" dont je puis vous assurer, c'est qu'on était parfaitement
" content de vous, pour tout ce que vous avez fait. Si ce
" que j'ai dit à tout le monde de vous a pu contribuer à
" votre avancement, vous me devez quelque chose." Devenu Lieutenant, le Chevalier Benoist fut investi d'une
mission de confiance. Il fut chargé de passer en France
et d'en amener des recrues. La manière habile et désinté-
ressée tout à la fois, avec laquelle il s'acquitta de cette
commission, ne fit qu'ajouter à l'estime dont il jouissait
déjà dans la Colonie.

De retour en Canada, après avoir commandé quelque
temps au lac des Deux-Montagnes, le noble officier fut
envoyé à ·la Présentation. Il laissa, peu après, ce commandement, pour prendre celui de la Presqu'île. C'est
alors qu'en récompense de son zèle, de son activité et de
ses autres services, il fut fait Capitaine. La discipline qu'il
avait su maintenir dans les troupes, l'union qu'il y avait
fait régner, non moins que la sécurité qu'il avait assurée
á la frontière, en repoussant avec bravoure plusieurs partis ennemis, le rendaient digne de cet honneur. Il le reçut
en 1751, époque où la guerre s'annonçait dejà ce qu'elle
deviendrait bientôt : une guerre implacable. Le Chevalier
Benoist avait à peine revètu ses épaulettes de Capitaine,
qu'il lui fallut suivre le Marquis de Rigaud, qui, avec
quinze cents hommes, dont huit cents Canadiens, allait
préluder à la prise du fort George. Au retour de cette
expedition qui ne fut pas sans gloire, le vaillant Capitaine
fut chargé de faire défiler une partie des troupes qui
devaient s'immortaliser sur les hauteurs de Carillon. Ce
fut un des plus grands bonheurs de sa vie militaire. Il ne
fut pas le dernier.

Nommé Commandant, d'abord au fort de Frontenac
qu'on venait de relever de ses ruines, ét ensuite à
Chouëgen, le seul endroit, de ce côté, par où l'ennemi
pouvait pénétrer dans le cœur du pays, il eut l'avantage
de pouvoir prouver une fois de plus que, sur le champ de
bataille, le Français ne sait ce que c'est que de reculer.
Mr de Vaudreuil lui avait enjoint de défendre son poste
jusqu'à la dernière extrémité et de ne pas souffrir qu'on
le rétablit, de crainte qu'il n'eût le sort de Frontenac et
de Duquesne. Plutôt que de laisser enfreindre les ordres
de son supérieur, l'intrépide Commandant préféra se
laisser mettre en pièces. Il ne cessa de lutter que lorsque,
criblé de blessures et tout baigné de sang, il vit que toute
résistance était inutile. Alors, on le rapporta dans sa
famille où il demeura quinze mois cloué sur un lit de
douleur. Ainsi finit pour cet officier distingué une car-

rière qui avait duré près de vingt-quatre ans, et pendant laquelle il avait donné tant de preuves de bravoure, de capacité et de prudence.

Appelé à rendre témoignage dans l'enquête contre les fonctionnaires prévaricateurs qui avaient perdu le Canada, il le fit avec autant de courage que de liberté, sans toutefois s'écarter des lois d'une sage mesure. C'est alors qu'il fut décoré de la Croix de S$^t$ Louis et comblé des attentions de la Cour. De retour en Canada, et comprenant que ce pays était à jamais perdu pour la France, il songea à s'en éloigner. Ses préparatifs de départ en partie achevés, il fit voile pour la France l'automne de l'année 1764, amenant avec lui son épouse, sa belle-mère et ses enfants. Après un assez court séjour à Orléans d'abord, et ensuite à Paris, il alla se fixer définitivement à Bourges, où il avait acheté une propriété. C'est là qu'après avoir édifié la population de cette grande ville par les plus beaux exemples de charité et d'humilité, il termina saintement sa glorieuse carrière. Telle avait été sa vie édifiante pendant ce laps de temps, que le Curé de sa Paroisse ne craignit pas de faire de ses vertus cet éloge qui est resté consigné dans les registres de Bourges: " Je crois devoir faire remarquer ici, pour l'édification " de la postérité, que Messire Antoine-Gabriel-François " Benoist, Ecuyer et Croix de S$^t$ Louis, décédé cette pré-" sente année 1776, le 22 Janvier, sur les quatre heures " du matin, après avoir servi le Roi en Canada, pendant " la plus grande partie de sa vie, avec une fidélité presque " sans exemple, reconnue du Roi lui-même, est venu " donner dans ce pays l'exemple de toutes les vertus, " particulièrement de l'humilité, de la charité envers les " pauvres, et de l'assiduité à la prière ; qu'il a élevé sa " famille assez nombreuse dans les mèmes sentiments de " religion qu'il avait lui-mème ; en un mot, qu'après avoir " vécu en vrai patriarche, il est mort en saint, à l'âge de " soixante ans environ."

De son mariage avec M$^{elle}$ Marie-Louise LeBer, le Che-

valier Benoist avait eu huit enfants, trois fils et cinq
filles, dont une avait reçu le jour depuis son retour en
France.   Déjà deux d'entr'elles l'avaient précédé dans la
tombe.   Sur ces trois fils, deux, les plus jeunes, étaient
passés à la Martinique, où ils sont morts par la suite, au
moins l'un d'eux, sans avoir contracté mariage.   L'ainé,
après un an de séjour en France, revint en Canada, où il
épousa, à Varennes en 1767, Melle Marie-Josephte Soumande, sa cousine. Mr François-Marie Benoist, issu de ce
mariage, après avoir fait ses études au Séminaire de
Québec, alla se fixer à St Louis, où il fit alliance, en 1798,
avec Melle Marie-Anne-Catherine Sanguinet, personne
d'un rare mérite.   Il est mort en 1819, devançant de plusieurs années son épouse dans la tombe.   Il en avait eu
sept enfants qui tous, à l'exception de deux, morts à la
fleur de l'âge, ont fait les mariages les plus avantageux.
Mr Louis-Auguste Benoist, l'un d'eux, est présentement
l'un des plus riches banquiers de l'Union américaine, et
père d'une nombreuse famille. C'est principalement à son
encouragement, ainsi qu'à celui de Mme Curtis et de ses
aimables enfants, que cet ouvrage doit le jour.

   Pendant que la famille Benoist se perpétuait ainsi en
Amérique, Melle Marie-Catherine, une des filles du Che-
valier, baptisée à Montréal le 9 Mars 1750, épousait à
Bourges, en 1782, Mr Henri-François-Thomas des Colombiers, Trésorier de France, Commissaire des ponts et
chaussées, et Administrateur de l'Hôtel-Dieu de Bourges.
Mr François-Thomas des Colombiers, né de ce mariage,
fit alliance, en 1806, avec Melle Alexandrine Fournier de
Boismarmin, et en eut un fils, Mr Charles-Edmond de
Boismarmin, qui a été le père des MM. Marie-Georges et
Marie-Raoul-Christian de Boismarmin, dont l'un vient de
se marier. Après la mort de son épouse en 1809, Mr François-Thomas des Colombiers contracta une nouvelle
union, en 1812, avec Melle Marie-Anne Lassaigne de St
George, fille du Marquis de St George.   De ce second
mariage sont nés plusieurs enfants. Trois filles seulement

ont survécu. Marie-Antoinette, l'une d'elles, née en 1812,
est la gracieuse Marquise de Falvard, et a un fils : René
de Falvard.  Les deux autres ne sont pas mariées.

Telle est en peu de mots l'histoire du noble Chevalier
et de sa famille.  Son épouse mourut l'année même où
l'infortuné Louis XVI périt sur l'échafaud, neuf ans après
sa mère. Sa fille, M^de des Colombiers, est décédée en 1839.
D'une piété éminente, d'une charité sans bornes, elle était
connue dans toute la contrée par ses abondantes libéralités.  " J'ai tant de plaisir à faire des bonnes œuvres,
" disait-elle quelquefois, que je ne mérite pas d'en être
" récompensée dans le ciel." Ses deux autres sœurs
l'avaient précédée de quelques années seulement dans la
tombe.  M^elle Marie-Anne Benoist de Joinville est morte
en 1832, et M^elle Marie-Françoise, dite de Courville, après
s'être consacrée à Dieu chez les *Fidèles Compagnes de Jésus*,
Religieuses récemment établies, est décédée le 20 Janvier 1833.

Le Moyne D'Iberville.

L. Jolliet Le cavelier

Bienville

Jeanne Mance    Marguerite Bourgeoys

Sarrazin

J. de Brébeuf        G. Lalemant

De Beaujeu

Varenne Contrecœur

Montcalm.

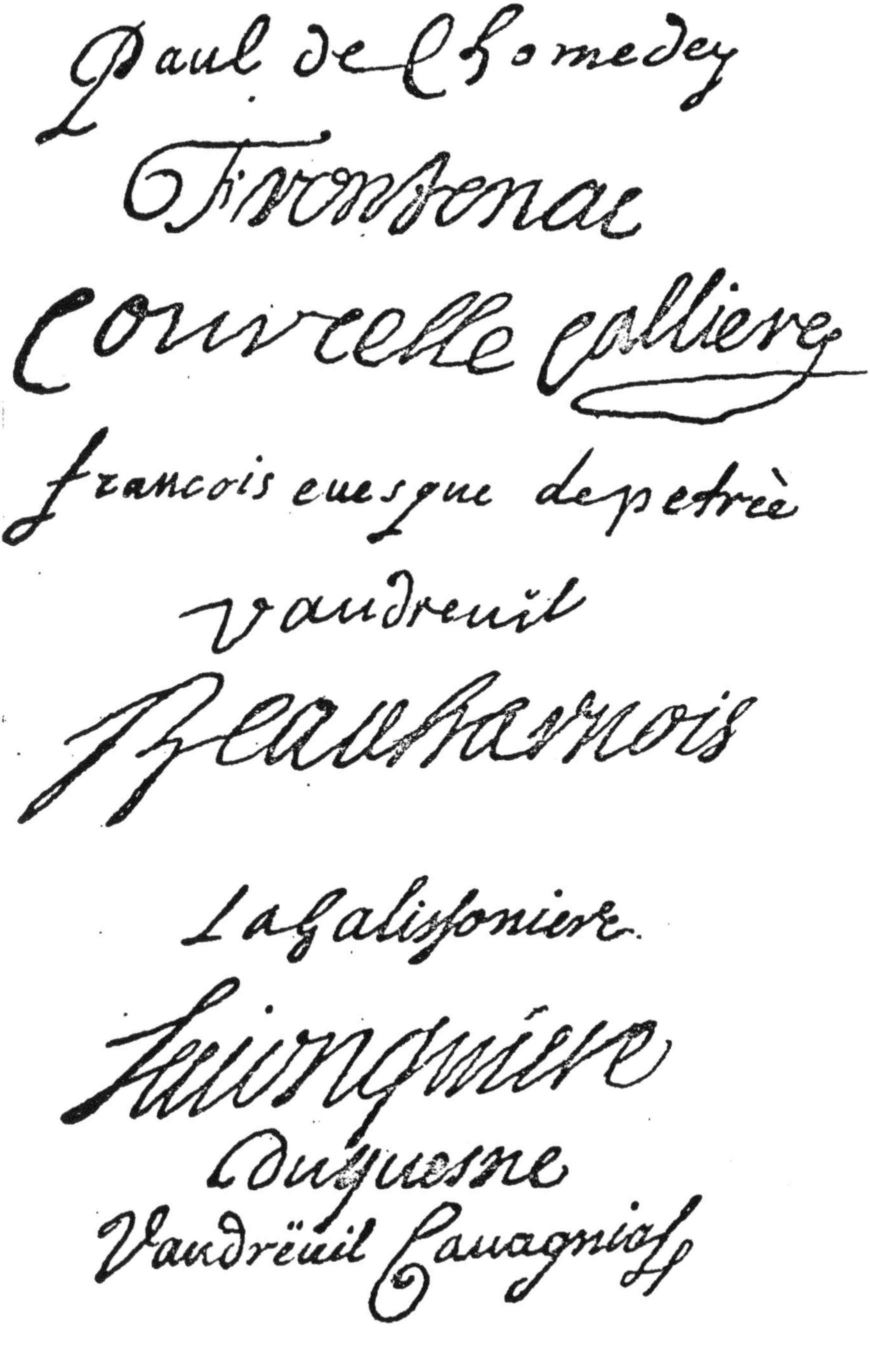

Paul de Chomedey

Frontenac

Courcelle calliere

francois euesque de petreè

vaudreuil

Beauharnois

LaGalissoniere.

Duquesne

Vaudreuil Cauagnial

# APERÇU

# DU CHEVALIER BENOIST.

———◆◆◆———

Afin de justifier le titre placé en tête de ce livre, commencé il y a un an, et aussi afin de ne pas séparer des familles étroitement unies, soit par les liens du sang, soit par une communauté de services, à la Notice qui précède nous ajoutons un court Aperçu sur quelques-unes des. familles les plus marquantes du pays.

Comme tout le monde sait, à l'époque du siége de Québec, en 1759, effrayées par la marche des armées des généraux Amherst, Murray et Haviland, qui mettaient tout à feu et à sang sur leur passage, la plupart de ces familles se réfugièrent à Montréal. Cette dernière ville ayant été obligée à son tour de capituler, celles qui ne purent se résoudre à vivre sous une domination étrangère passèrent en France, à la suite des officiers civils et militaires de la Colonie ; les autres, celles que de grands intérèts retenaient dans le pays, ou qui craignaient de n'avoir pas les moyens de vivre d'une manière convenable

en France, se déterminèrent à rester, sauf à émigrer plus tard, s'il était nécessaire.

Parmi ces diverses familles, les unes se sont éteintes d'elles-mêmes, sans avoir subi le sort de celles qui périrent si tristement dans le naufrage de l'*Auguste;* les autres, glorieux débris d'une nation à jamais illustre, se sont perpétuées jusqu'à nos jours; quelques-unes, victimes de l'inique administration d'alors, sont déchues de leur ancienne splendeur : ayant vendu leurs biens et n'ayant reçu en échange qu'un papier sans valeur, elles n'ont jamais pu se relever ; les autres, plus heureuses, après avoir refait leur fortune, ont gardé le haut rang qu'elles occupaient et ont continué à grandir à côté de familles nouvelles.

Mais que ces familles aient disparu ou non ; qu'elles soient tombées, ou qu'elles aient conservé leur éclat primitif : le rôle brillant qu'elles ont joué avant ou après la conquête, l'esprit chevaleresque qui les a toujours animées, ne permettent pas de les passer sous silence. A la vérité, des Paroisses, des Comtés portent encore leur nom ; mieux que cela, des écrivains distingués, des archéologues infatigables : MM. Garneau, Faillon, Ferland, de Gaspé, Chauveau, Casgrain, LeMoine, Viger, Lafontaine, de Beaujeu, Bibaud, Baudry, Verreau, Stevens, Langevin, Bois, etc., ont pris à tâche de les faire revivre dans la mémoire des hommes, et on peut consulter avec fruit, soit leurs précieux ouvrages, soit leurs savantes recherches ; d'autres, également amis de leurs glorieux ancêtres : MM. Tanguay, de Montigny, Baby, de Bellefeuille, etc., se proposent de publier prochainement de nouveaux travaux qui les feront de plus en plus connaître. Mais lorsqu'il s'agit de pareilles illustrations, qui, après tout, sont

l'éternel honneur d'un pays, il semble qu'on ne peut trop
en faire. Les mettre de nouveau en lumière, faire apercevoir des côtés qui avaient d'abord échappé, rectifier des
avancés erronnés, c'est procurer à ces honorables familles
l'inestimable avantage d'instruire encore, du fond de leur
tombe, les générations futures.

Un siècle s'est écoulé depuis la conquête. Ce temps a
été employé à rassoir les fortunes ébranlées, à revendiquer
des droits contestés : alors, on avait autre chose à faire
que de fouiller dans les archives privées et de tenir la
plume. Le moment est arrivé de renouer le présent au
passé, et de donner aux âges héroïques de ce pays la place
qu'ils doivent occuper dans l'histoire. Sans doute, c'est
beaucoup pour une nation qui compte à peine trois cents
ans d'existence, d'avoir imprimé à l'agriculture un essor
jusque-là inconnu, de s'être couverte de gloire sur tous
les champs de bataille, et d'avoir étendu son commerce
jusqu'aux continents les plus reculés. Mais il est une autre
sorte d'illustration qui n'est pas moins digne d'envie :
c'est celle qui, dans les temps antiques, a donné à Rome
et à Athènes, et, dans des temps plus rapprochés de nous,
donne à la France une prépondérance incontestable sur
tous les peuples. En fin de compte, l'influence restera en
Amérique à la race qui tiendra le plus haut le sceptre des
arts et des sciences. A nous donc de faire avancer les
lettres. Or, le moyen, selon nous, c'est d'assurer à l'histoire une base solide.

Quoiqu'il en soit, nous nous estimerions heureux si,
pour notre faible part, nous contribuions à exciter davantage encore l'amour des études historiques. C'est cette
pensée qui a inspiré ce petit ouvrage, composé à la hâte
et entre des occupations diverses. Nous avouons sans

détour que ce travail est imparfait sous plus d'un rapport, et qu'il s'en faut que ce soit là tout ce qu'on peut dire sur ces intéressantes familles ; mais à raison de la difficulté de se procurer des documents, de les vérifier et de les coordonner, le lecteur voudra bien user de quelque indulgence. Nous laissons à d'autres, et plus érudits et plus libres de leurs moments, le soin de compléter cette étude, et au besoin celui de la rectifier.

Nous eussions désiré mentionner un plus grand nombre de familles ; mais, outre que le temps et l'espace nous faisaient défaut, nous n'avions pas assez de renseignements pour le faire. Nous nous sommes donc borné à parler de celles qui ont eu le plus de rapports avec le chevalier Benoist, ou dont les membres se sont distingués en même temps que lui pour la défense du pays. Pour le faire le moins mal possible, outre les Collections que des amis ont bien voulu nous communiquer, nous avons consulté les ouvrages qui ont paru jusqu'à ce jour. C'est assez dire que nous renvoyons à qui de droit le mérite de ces notes, s'il y en a, ne nous attribuant que les inexactitudes qui ont pu s'y glisser.

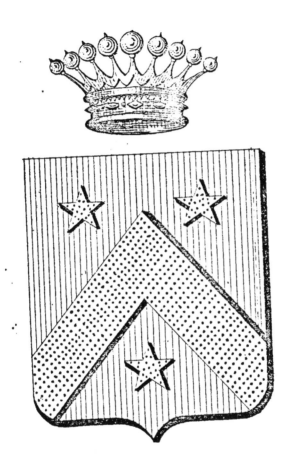

MONTCALM.

LE CÉNÉRAL MONTCALM
blessé à mort

# LA FAMILLE D'AILLEBOUST.

—◆—

De toutes les familles qui sont venues se fixer en Canada, aux premiers temps de la Colonie, aucune peut-être n'a laissé un nom entouré de plus d'amour et de respect que la famille d'Ailleboust. Comme cette famille est intimement liée à celle du Chevalier Benoist, et qu'elle a encore des descendants, par les femmes, dans la famille de l'Honorable Charles Wilson, c'est par elle que nous commençons cette étude.

### I° LOUIS D'AILLEBOUST, SIEUR DE COULONGE.

Mr Louis d'Ailleboust, Sieur de Coulonge, le premier qui passa en Canada, était originaire de Champagne, patrie de l'immortelle Sœur Bourgeois, fondatrice de la Congrégation de Notre-Dame, et de Mr de Maisonneuve, fondateur de Villemarie. Il descendait de Pierre d'Ailleboust, venu d'Allemagne, médecin ordinaire de François Ier. Un de ses grands-oncles, Charles d'Ailleboust, mort en 1574, d'abord Abbé de Sept-Fonds, avait été Evêque d'Auxerre; l'autre, Jean d'Ailleboust, décédé en 1593, était devenu 1er médecin de Henri IV. Son père, Antoine d'Ailleboust, fils du précédent, ainsi que Henri d'Ailleboust, Sieur de Mivoisin, était Conseiller ordinaire du prince de Condé. Comme on le voit, Mr Louis d'Ailleboust appartenait à une famille distinguée, dont il devait encore rehausser la gloire. Remarquable par ses belles

qualités, il l'était encore davantage par sa piété et son dévouement à la religion.

Ayant entendu parler de la Nouvelle-France et du bien qu'on pouvait y faire, Mr d'Ailleboust conçut le projet d'aller s'y établir. En conséquence, après s'être fait agréger à la Compagnie de Montréal, chargée des intérêts du Canada, il se rendit à la Rochelle, où l'on préparait l'embarquement d'une nouvelle recrue. Il était accompagné de son épouse et de sa belle-sœur, Melle Philippine de Boulogne, personne d'un grand mérite et surtout d'une éminente piété, également désireuse de se consacrer au service de Dieu et au bien des âmes. L'impression que fit sur les Huguenots un dévouement si sublime fut telle, que bon nombre quittèrent les erreurs de Calvin pour rentrer dans le sein de l'Eglise, et que plusieurs voulurent se joindre à Mr d'Ailleboust et le suivre en Canada. Quand tous les préparatifs du départ furent achevés, le vaisseau leva l'ancre. La traversée fut des plus heureuses. " Le jour de l'Assomption, au moment " où on allait commencer la Grand'messe à Québec, rap- " portent les chroniques du temps, on vit paraître à une " lieue de là deux voiles, et bientôt on apprit, par une " chaloupe, que l'un des navires portait la recrue pour " Montréal." Grande fut la joie ; non moindre fut l'édification. Après avoir mis pied à terre et salué tous ceux qui étaient venus à sa rencontre, Mr d'Ailleboust, accompagné de son épouse, de sa belle-sœur et de toute sa suite, se rendit à l'Eglise, où il se consacra à Dieu et au salut des Sauvages, sous la protection de la Reine du Ciel, dont on célébrait ce jour-là le triomphe.

Après un assez court séjour à Québec, Mr d'Ailleboust monta à Villemarie, où le bruit de son arrivée l'avait déjà devancé. Mr de Maisonneuve, Gouverneur de l'Ile, autant pour lui faire honneur que pour le mettre à l'abri de toute insulte de la part des Iroquois, s'avança à sa rencontre sur le fleuve. On peut se faire une idée de la joie que causa à tous les habitants de Villemarie la pré-

sence d'un tel homme, si on songe aux dangers sans
nombre auxquels était alors exposée la Colonie. Mr d'Ailleboust ne tarda pas à justifier la bonne opinion que la
Compagnie avait fait concevoir de son mérite. Dès la
première année, profitant des connaissances qu'il avait
dans l'art des fortifications, il s'appliqua à mettre la ville
naissante en état de résister aux attaques des barbares.
Il n'y avait alors pour toute défense, entre l'Hôpital et le
moulin, c'est-à-dire à l'endroit où se termine aujourd'hui
la rue McGill, qu'un petit fort entouré d'une palissade
de pieux, impuissante à la protéger. Avec l'agrément
du Gouverneur, Mr d'Ailleboust fit enlever cette palissade
et la remplaça par deux bastions solides, dont il traça lui-
même le plan et qu'il fit exécuter sous ses yeux. L'année
suivante, Mr de Maisonneuve ayant été obligé de marcher
contre les Iroquois, Mr d'Ailleboust prit la garde du fort
et parvint à préserver la ville de toute insulte.

Ce n'était là que le prélude des services qu'il devait
rendre à la Colonie. En 1645, le Gouverneur de Montréal
étant passé en France, Mr d'Ailleboust fut chargé de le
remplacer. Il était alors occupé à faire défricher des
terres. Laissant aussitôt ses travaux, il prit la direction
des affaires. La paix avait été faite, l'année précédente,
avec les Iroquois. Il profita de ce calme pour augmenter
les fortifications. Il réduisit le fort à quatre bastions,
mais si bien construits, qu'on n'avait encore rien vu de
semblable en Canada. Ces bastions servirent à protéger
Villemarie jusqu'au temps où les maisons, garnies de
meurtrières, devinrent comme autant de redoutes. Après
le retour de Mr de Maisonneuve en 1647, ayant été prié
de passer à son tour en France, pour y traiter les affaires
de la Colonie, Mr d'Ailleboust montra qu'il n'était pas
moins habile négociateur que sage administrateur. S'étant
rendu à Paris, il vit la bienfaitrice inconnue de l'Hôtel-
Dieu, l'illustre Dame de Bullion. Trois ans auparavant,
cette vertueuse Dame avait fait une fondation de 36,000
livres; Mr d'Ailleboust obtint qu'elle y ajoutât encore

une somme de 24,000 livres, ce qui porta le capital à
60,000. Il réussit en même temps à faire opérer des modi-
fications importantes dans l'administration du pays, à
l'avantage des colons : le nombre des Conseillers, de trois
qu'il était, fut porté à cinq ; les appointements du Gouverneur-Général, qui étaient de 25,000 livres, furent
réduits à 10,000 livres ; par contre, ceux des Gouverneurs particuliers de Montréal et des Trois-Rivières
furent fixés à 3,000 livres ; enfin, il fut décidé qu'un camp
volant serait établi à Villemarie. Après avoir terminé les
affaires qui l'avaient appelé en France, Mr d'Ailleboust
reprit la route du Canada. Cette fois, il n'y revenait plus
comme simple particulier, mais comme Gouverneur-
Général. Ses commissions étaient pour trois ans, suivant
ce qui avait été décidé peu auparavant. Il arriva à Québec
le 20 Août 1648, et fut reçu avec tout l'appareil usité en
pareille circonstance. Les principaux du pays le com-
plimentèrent ; les Sauvages eux-mêmes lui firent une
harangue.

Après avoir employé une partie de l'hiver à prendre
connaissance de l'état des choses, Mr d'Ailleboust monta
à Villemarie, au printemps de l'année suivante. Déjà, en
exécution des ordres qu'il avait reçus, il y avait envoyé
un camp volant de 40 hommes, auxquels il en ajouta 30
autres par la suite. Son arrivée fut pour tous les colons
le sujet d'une grande réjouissance, que ne firent qu'augmenter encore les bonnes nouvelles qu'il était chargé de
leur communiquer. En effet, outre les réformes mention-
nées plus haut et dont il leur fit part, il leur annonça
qu'à l'avenir les malades seraient soignés gratuitement à
l'Hôtel-Dieu : ainsi l'avaient réglé les Associés de la Compagnie de Montréal. Quelques semaines après, pour témoigner de l'intérêt qu'il prenait aux particuliers, il leva des
fonts sacrés Melle Marie Morin, issue d'une famille honorable, et qui, étant entrée à l'Hôtel-Dieu en 1662, devint
la célèbre Annaliste de ce Monastère. En même temps, il
rendit aux Révérends Pères Jésuites la Seigneurie de la

Prairie que M^r de Lauzon leur avait accordée deux ans
auparavant. Pendant que le nouveau Gouverneur s'occupait ainsi à donner satisfaction à tout le monde, les
Iroquois avaient de nouveau levé la hache de guerre
et massacré une partie de la nation huronne, sans épargner les Pères de Brebœuf et Lalemand, qu'ils avaient
fait mourir au milieu des plus affreux tourments. Sans
perdre de temps, M^r d'Ailleboust envoya à ce peuple malheureux des secours, tant en hommes qu'en munitions de
guerre. Lui-même eut bientôt à se défendre contre ces
tributs féroces, dont l'insolence ne connaissait plus de
bornes ; mais tout ce qu'il put faire, n'ayant qu'une poignée
d'hommes à leur opposer, ce fut de les tenir en échec.
Aussi, quand arriva le 13 Octobre 1651, époque où expi-
raient ses provisions de Gouverneur, il fut heureux de
remettre les rênes du Gouvernement à son successeur,
" laissant sans regret, dit le Père Charlevoix, une place
où il ne pouvait qu'être le témoin de la désolation de la
Colonie, qu'on ne le mettait pas assez en état de soutenir."

M^r de Maisonneuve étant alors passé une troisième fois
en France, pour aller chercher du renfort, M^r d'Ailleboust
redescendit à Québec. Il y était encore, lorsque, le 22
Septembre 1655, arriva cette recrue qui devait sauver la
Colonie. Deux ans après, le besoin de prêtres ne se faisant pas moins sentir que celui de soldats, M^r d'Ailleboust
accompagna M^r de Maisonneuve dans un nouveau voyage
que ce dernier fit dans ce dessein en France. C'est pendant ce voyage que, s'étant rendu à Nantes, il s'occupa
à enrichir l'Eglise de Villemarie d'une foule de reliques
précieuses, entr'autres de celles de S^t Denis, Apôtre de la
France, et de ses compagnons, de S^te Clotilde, de S^t
Rémi, de S^t Benoit, etc., reliques qui lui furent envoyées
par sa sœur, la Mère Catherine d'Ailleboust, dite de S^te
Gertrude, Religieuse à l'Abbaye de S^t Pierre de Reims.
S'étant embarqué à S^t Nazaire, le 17 Mai 1657, M^r d'Ailleboust, après une traversée assez orageuse, arriva en Canada le 29 Juillet. L'état des choses ne s'y était guère

amélioré. Enhardis par les ménagements qu'on avait
pour eux, les Iroquois étaient devenus plus audacieux que
jamais. C'est alors que, se trouvant incapable de leur tenir
tête, Mr de Charny, Gouverneur Général, prit le parti de
se démettre du pouvoir. En conséquence, il pria Mr d'Ailleboust de vouloir bien reprendre les rênes du gouvernement, jusqu'à ce qu'il eût un successeur. Mr d'Ailleboust
était alors à Villemarie, de retour de son voyage. Il se
rendit de suite à Québec, où il arriva le 12 Septembre, sur
les 8 heures du soir.

Il n'y avait que quelques semaines qu'il était dans cette
ville, lorsqu'il apprit les nouvelles atrocités commises par
les Iroquois contre les Hurons. Au mépris de la foi jurée,
ces barbares avaient lâchement massacré ceux de cette
nation qu'on leur avait confiés pour les ramener dans
leur pays. Cette scène de carnage avait eu lieu le 2 Août.
Indigné d'une pareille barbarie et voulant mettre un frein
à tant de fureur, Mr d'Ailleboust tint conseil. Il fut décidé
qu'on prendrait sous sa protection les Hurons et les Al-
gonquins, et qu'on repousserait par la force les Iroquois
sur toutes les terres des Français. Afin de mettre les
Sauvages alliés à couvert de leurs ennemis, Mr d'Ailleboust fit bâtir un fort tout près du Château St Louis. En
même temps, pour protéger les habitants de la campagne
plus exposés que les autres aux insultes des Iroquois, il fit
construire des redoutes, où, en cas d'attaque, ils pourraient
se réfugier. Mr d'Ailleboust était occupé à ces travaux,
lorsqu'il eut à repousser sur un autre point les Sauvages d'Onneiouts. Le 23 Octobre 1657, s'étant traitreuse-
ment approchés des habitations, ces perfides assassinèrent
plusieurs colons paisibles à la Pointe St Charles, non
loin du fort de Villemarie. Informé par Mr de Maisonneuve
de ce noir attentat, Mr d'Ailleboust donna ordre d'arrêter
tous les Iroquois alors en ville. Cette arrestation eut tout
l'effet qu'il s'en était promis. Les Agniers, en vue de faire
relâcher les prisonniers, se rendirent à Québec. Leur
ayant donné audience le 12 Février, après plusieurs se-

maines d'attente, Mr d'Ailleboust leur tint ce langage ferme et décidé : "Agnier, fais satisfaction, ou dis qui a " commis le meurtre. Le sang de mes frères crie bien " haut ! Si bientôt je ne suis apaisé, je tirerai vengeance " de leur mort. Le Français ne sait ce que c'est que de " craindre, quand une fois la guerre est résolue." Intimidés par ce discours, les Agniers promirent de livrer les meurtriers et se retirèrent après avoir fait leurs présents. Profitant de cet intervalle, Mr d'Ailleboust se rendit à la côte de Beaupré, pour y poser la première pierre de la Chapelle de Ste Anne. Sur ces entrefaites arriva Mr d'Argenson, le nouveau Gouverneur. Mr d'Ailleboust s'empressa de lui remettre le pouvoir, et, peu après, laissa Québec pour revenir à Villemarie.

Arrivé dans cette ville et trouvant qu'on n'y était pas assez en sûreté, pour en imposer aux barbares et se mettre à l'abri de leurs coups, Mr d'Ailleboust, de concert avec Mr de Maisonneuve, fit construire, à l'endroit qu'occupe aujourd'hui la place Dalhousie, un nouveau fort, qui, plus tard, fut muni d'artillerie et devint la citadelle de Villemarie. Ce fut le dernier service que rendit à la Colonie cet homme de bien. Mr d'Ailleboust mourut, deux ans après, au fort près de l'Hôpital, le 31 Mai de l'année 1660, et fut enterré le 1er Juin suivant. Sa perte fut vivement sentie et plongea toute la Colonie dans le deuil.

Madame d'Ailleboust survécut plusieurs années à son mari. La vie de cette pieuse Dame est si édifiante, que nous ne pouvons nous défendre d'en détacher quelques traits des plus touchants.

Tout d'abord, Mde d'Ailleboust avait éprouvé une répugnance extrême à passer en Canada Pour l'y décider, il fallut que le Ciel s'en mêlât. Etant donc tombée gravement malade, elle promit à Dieu que, si elle recouvrait la santé, elle n'hésiterait plus. Comme elle renouvelait sa promesse dans l'Eglise de Notre-Dame, à Paris, elle se trouva tout à coup guérie. Ne doutant plus alors des desseins

de Dieu sur elle, elle se résolut à les accomplir. "Si mon
" mari est appelé à passer dans la Nouvelle-France, se dit-
" elle, j'y suis appelée moi même ; car, étant sa femme, je
" dois le suivre partout." Une fois en Canada, Mᵈᵉ d'Ailleboust s'appliqua à faire le plus de bien possible. Dans
le but de se rendre utile aux Sauvages, que la crainte de
leurs ennemis ou le trafic des pelleteries amenait à Villemarie, elle se mit à étudier leur langue. Bientôt elle en
eut une connaissance si parfaite, qu'elle put l'enseigner à
d'autres. En même temps, pour gagner la confiance de
ces barbares, elle prit l'habitude de leur faire de petits
présents et de les régaler par des festins. Alors, s'insi-
nuant doucement dans leur cœur, elle leur parlait de
Dieu, de sa Religion. Quand elle les avait suffisamment
instruits des principaux mystères, elle les présentait aux
Missionnaires, pour leur faire recevoir le Baptême, et voulait elle-même leur servir de marraine. C'est ainsi qu'en
1646, le 24 Juin, fête de Sᵗ Jean-Baptiste, elle tint sur les
fonts sacrés un néophyte qu'elle avait elle-même préparé
à cette cérémonie. Comme on demandait à ce nouveau
chrétien s'il serait ferme dans sa foi : " J'espère, répondit-
" il, que je respecterai mon Baptême toute ma vie, et que
" la crainte de la mort n'ébranlera pas ma croyance." Toutefois, connaissant l'inconstance naturelle des Sauvages
Mᵈᵉ d'Ailleboust n'avait garde de rien précipiter. Quelquefois même, elle employait plusieurs années à les éprouver.
" Tu désires le Baptême, disait-elle un jour à un de ses
" catéchumènes ; mais si ta femme voulait t'empêcher
" d'être chrétien, que ferais-tu ?" Et le Sauvage de répondre : " J'aime ma femme, mais j'aime encore mieux
" le Baptême. Hélas ! ajouta-t-il en soupirant, avant que
" j'eusse entendu parler de Celui qui a fait toutes choses.
" je commettais toutes sortes de péchés ; mais depuis que
" j'ai appris qu'ils lui déplaisent, je n'y suis point retombé."
Non contente de procurer ainsi à ces pauvres Sauvages le
bienfait inestimable de la foi, Mᵈᵉ d'Ailleboust les entou-
rait de ses soins, longtemps après encore. Elle les assis-

tait de ses conseils, les consolait dans leurs peines et ne cessait de prier pour eux. Aussi, en était-elle aimée comme une mère. " Il me semblait, disait à son retour " une Algonquiné qui avait été faite prisonnière, que je " vous voyais priant Dieu pour moi dans la Chapelle. Il " y a longtemps que mes yeux n'ont pleuré ; mais quand " je vous ai revue, mes larmes ont coulé malgré moi." Tel était l'ascendant de M<sup>de</sup> d'Ailleboust sur ces enfants des bois, qu'elle en obtenait tout ce qu'elle voulait. Eux-mêmes avaient en si grande estime sa personne, qu'ils la croyaient capable de remplacer le prêtre au besoin. " Puisque tu nous entends fort bien, lui disait un jour " un Sauvage nouvellement converti, ne pourrais-tu pas " suppléer au défaut du prêtre, et nous marier publique-" ment dans l'Eglise ? "

L'édification que donnait M<sup>de</sup> d'Ailleboust aux colons n'était pas moins grande que le bien qu'elle faisait aux Sauvages. En arrivant à Villemarie, elle avait trouvé une pieuse pratique alors en vigueur : c'était d'aller en pélerinage à la Croix que M<sup>r</sup> de Maisonneuve avait plantée sur la montagne, afin d'obtenir de Dieu la conversion des Sauvages. Sans écouter les répugnances de la nature, ni céder aux craintes légitimes qu'inspiraient alors les Iroquois, M<sup>de</sup> d'Ailleboust, accompagnée de sa sœur, gravissait à pied cette montagne rude et escarpée, et quelquefois jusqu'à neuf jours de suite. Non moins charitable que pieuse, elle saisissait avec joie toutes les occasions qui se présentaient de rendre service. C'est ainsi qu'en 1691, après l'incendie qui réduisit en cendres le Couvent des Ursulines, on vit cette noble Dame faire elle-même la quête afin d'aider les Religieuses à rebâtir. Mais ce fut surtout après la mort de son mari, que M<sup>de</sup> d'Ailleboust laissa apercevoir les trésors de vertu cachés au fond de son cœur. Alors, entièrement libre de sa personne, elle se débarassa de tout son train, ne gardant qu'une fille de chambre, et alla s'enfermer à l'Hôtel-Dieu, afin de vivre avec les Religieuses et de s'encourager au service de Dieu

par la vue de leurs touchants exemples. Elle ne voulait
que s'édifier, et elle-même, par son application au bien,
édifiait les autres. " Elle était étrangère à l'esprit du
" monde, dit la Sœur Morin, vivant humble et rabaissée,
" comme si elle ne l'eût jamais connu, quoiqu'elle fût
" avantagée de talents naturels, tant du corps que de l'es-
" prit." C'est dans cette pieuse solitude, où elle espérait
finir ses jours, qu'elle conçut l'idée de cette Confrérie qui
sera son éternel honneur : la Confrérie de la S^te Famille.
Sachant que la fin principale que Dieu s'était proposée
dans la formation de la Compagnie de Montréal était de
faire honorer en Canada Jésus, Marie et Joseph, dévotion
que le Séminaire, l'Hôtel-Dieu et la Congrégation de
Notre-Dame avaient surtout pour mission de pratiquer,
elle voulut que les simples fidèles pussent la partager.
Dans ce dessein, elle donna naissance à la Confrérie de la
S^te Famille. " Cette Dame, dit le Père Chaumonot, eut la
" pensée de réformer les familles chrétiennes sur le
" modèle de la S^te Famille, en instituant une Société où
" l'on fût instruit de la manière dont on pourrait imiter
" Jésus, Marie et Joseph." Son projet ayant été agréé de
M^gr de Laval, elle fit ouvrir un registre pour y inscrire le
nom des associés. Les personnes les plus recommandables de la Colonie s'empressèrent d'en faire partie.
D'autres les imitèrent. On se porta d'autant plus volontiers vers cette Association, que déjà la milice de la S^te
Famille avait été organisée pour les hommes à Villemarie, et qu'on en avait retiré les plus heureux fruits.
Telle est l'origine de cette Société qui persévère depuis
deux siècles dans la plupart des Paroisses du Canada, et
où l'on voit figurer les premières Dames du pays, notamment à Montréal. Frappé du bien qu'opérait cette Société
dans les familles, M^gr de Laval pria M^de d'Ailleboust de
passer à Québec, afin d'en prendre la direction dans cette
ville et d'en communiquer l'esprit aux Dames qui s'y enrô-
leraient. Tout d'abord il en coûta à M^de d'Ailleboust de
s'éloigner des bonnes Sœurs de l'Hôtel-Dieu ; mais com-

prenant que Dieu exigeait d'elle ce sacrifice, afin d'assurer
le succès de l'œuvre, elle se décida à descendre à Québec.
C'est alors que, pour se donner encore plus parfaitement
à Dieu, elle forma le projet d'entrer dans l'Institut des
Dames Ursulines, où déjà sa sœur, Melle de Boulogne,
avait fait profession en 1649, sous le nom de Mère de St
Dominique. Dieu, toutefois, se contenta de sa bonne
volonté. Après plusieurs mois de séjour aux Ursulines,
reconnaissant que Dieu la voulait dans le monde, Mde
d'Ailleboust continua à y vivre, ne s'occupant que de
bonnes œuvres et vaquant sans cesse à la prière. L'éclat
que jetait partout sa vertu, unie à toutes ses autres belles
qualités, inspira à Mr de Courcelles, alors Gouverneur
Général, la pensée de la demander pour épouse ; mais
cette vertueuse Dame, dont les engagements avec Dieu
étaient irrévocables, ne put acquiescer à des propositions
qui auraient été si flatteuses pour toute autre que pour
elle. Afin de se soustraire à toute importunité de ce côté,
et ne plus jamais entendre parler d'alliances mortelles,
Mde d'Ailleboust rompit tout-à-fait avec le monde et se
retira à l'Hôtel-Dieu de Québec, qu'elle fit héritier de ses
biens. C'est là qu'elle finit ses jours, comblée de mérites,
le 5 juin 1685, à l'âge de 70 ans, et alla rejoindre sa
pieuse sœur qui l'avait devancée de plusieurs années dans
la tombe. Ayant fait vœu de virginité perpétuelle, ainsi
que son mari, elle ne laissa point d'enfants. Toutefois, le
nom d'Ailleboust ne devait pas périr : il restait, pour le
porter, un neveu du Gouverneur, qui devait être aussi
l'héritier de sa gloire et de ses vertus.

## IIo CHARLES D'AILLEBOUST, SIEUR DE MUSSEAUX.

Mr Charles d'Ailleboust, Sieur de Musseaux, était fils de
Nicolas d'Ailleboust, Sieur de Coulonge, Commissaire et
Garde Marine à Thionville, sous le gouvernement de Mr
de Marolles, et de Dame Dorothée de Nantet d'Argentenay,
et avait un frère, du nom de Roger Antoine, Garde du

Corps du Roi, qui fut père d'Alexandre Antoine d'Ailleboust, Sieur de St. Michel, aussi Garde du Corps de Sa
Majesté, Compagnie d'Harcourt, lequel, en 1717, par un
arrêt du Conseil d'Etat, du mois de Juin, fit reconnaître
ses titres de noblesse. Etant passé en Canada en 1649, à
la suggestion de son oncle, avec une recrue de 40 hommes,
Mr C. d'Ailleboust de Musseaux fut un des soutiens de la
Colonie. Dès la première année, il fut mis à la tète de
l'escouade chargée de protéger Villemarie. L'habileté et
le courage dont il fit preuve dans ce poste furent tels, que
Mr de Maisonneuve, obligé de passer en France, l'année
suivante, ne crut personne plus capable que lui pour le
remplacer dans le gouvernement de Montréal. S'imagi-
nant alors que le moment était favorable pour recommencer
leurs déprédations, les Iroquois reprirent les armes. Mr
de Musseaux envoya contre eux le célèbre Major Closse et
l'appuya si bien, que ces éternels ennemis du nom français
furent contraints de se retirer. Ne croyant pas toutefois qu'il fût prudent d'exaspérer ces barbares, en les
poussant à outrance, il leur fit proposer la paix, et sauva
ainsi la Colonie. Trois ans après, Mr de Maisonneuve,
ayant un nouveau voyage à faire en France, voulut se
faire accompagner de Mr de Musseaux, dont la capacité
était de plus en plus appréciée. C'est à la suite de ce
voyage que, frappé du sage tempérament que mettait Mr
de Musseaux dans tous ses rapports avec les Sauvages, Mr
d'Argenson, successeur de Mr d'Ailleboust dans le gouvernement de la Nouvelle-France, songea à le demander
à la Cour pour son Lieutenant. " Il est absolument
" nécessaire, écrivait ce haut fonctionnaire, que j'aye sous
" moi deux personnes à qui je puisse laisser le commande-
" ment, lorsque je suis obligé de quitter Québec, et même
" que je puisse envoyer contre les Iroquois. L'une d'elles
" commanderait à ma place, et je destine pour cela Mr
" d'Ailleboust de Musseaux." Ce choix ayant été agréé,
Mr de Musseaux devint le second du Gouverneur, position
qu'il garda jusqu'en 1663. Les fonctions de Juge ayant

été alors distraites des attributions du Gouverneur, Mr de Musseaux fut élu pour remplir cette charge. Il devait, en cette qualité, faire exécuter les sentences portées par les Juges de police, obligés de prononcer sur tous les différents. Dès lors, il commença à prendre le titre de *Juge Civil et Criminel*, ou *Lieutenant Civil et Criminel*. Mais comme, dans ces temps agités, les hommes publics étaient souvent obligés de cumuler les charges, il se vit bientôt contraint de joindre à son titre de Juge celui d'officier militaire. Les Agniers venaient de déclarer de nouveau la guerre. Pour les mettre à la raison, Mr de Tracy, alors Gouverneur-Général, se décida à aller les attaquer dans leurs cantons. Mr de Musseaux, avec Mr Lemoyne et quelques autres, fut chargé de commander le Corps de troupes de Villemarie. Mieux combinée que celle qu'avait entreprise Mr de Courcelles, cette expédition eut tout le succès possible. De retour à Villemarie, Mr de Musseaux reprit ses fonctions de Juge. A la vérité, dans ces temps où les crimes étaient rares, la justice avait peu de chose à faire. Cependant, en 1668, divers particuliers s'étant rendus coupables de vol, il les condamna à être exposés sur la place publique avec un écriteau sur la poitrine, et, de plus, à soixante livres d'amende. Deux ans après, quelques Sauvages ayant été assassinés, Mr de Musseaux porta contre les meurtriers une sentence de mort, et, en attendant qu'on pût se saisir de leur personne, les fit brûler en effigie. Tant de services ne pouvaient rester sans récompense. Aussi, en 1672, les Seigneurs de l'Ile de Montréal voulant donner à Mr de Musseaux une preuve de leur satisfaction, lui firent une large concession de terres sur le lac des Deux-Montagnes. Ne voyant dans cette gratification qu'un motif de plus de s'acquitter dignement des devoirs attachés à sa charge, Mr de Musseaux y donna plus que jamais toute son application, ce qu'il fit jusqu'à sa mort, arrivée quelques mois après, le 20 Novembre 1700, alors qu'il était dans sa soixantième année.

Par contrat du 3 Septembre 1632, Mr de Musseaux

avait épousé, à Québec, Melle Catherine LeGardeur de
Repentigny, fille de Pierre LeGardeur de Repentigny
et de Dame Marie de Favery.    De ce mariage sont
nés neuf enfants qui ont été la souche des belles familles
de Musseaux, de Coulonge, de Périgny, d'Argenteuil, de
Mantet, et ont fourni au Cloitre des Religieuses distinguées.
Dans l'impossibilité de nous étendre beaucoup sur chacun
de ces membres, d'autres d'ailleurs devant le faire dans
un temps peu éloigné, nous nous bornons à les rappeler.

Iᵒ JEAN BAPTISTE D'AILLEBOUST, SIEUR DE MUSSEAUX.—Mr
Jean-Baptiste d'Ailleboust, Sieur de Musseaux, fils ainé
de Mr de Musseaux, entra d'abord dans le service et
devint Lieutenant.    Ayant tourné ensuite ses vues du
côté de l'agriculture, il se fit concéder, en 1680, sous le
gouvernement de Mr de Frontenac, à titre de fief, deux
lieues de terre, à partir du Long Sault, la rivière du Nord
y comprise, et en descendant vers Montréal, sur quatre
lieues de profondeur.    Son intention, en acquérant cette
Seigneurie, était, à l'exemple de son grand-oncle, d'y faire
des défrichements, et d'y former ensuite des établissements, ce qu'il réalisa en partie.    Mr de Musseaux épousa
Melle Anne Picard et laissa une nombreuse postérité.
Marie Catherine, sa fille ainée, épousa Mr Godefroy, Sieur
de Linctot, Capitaine d'une Compagnie des troupes de la
Marine ;—Philippe, son cinquième fils, devint prêtre et fut
Curé de Repentigny ;—Félicité Josephte, la septième fille,
épousa Mr Nicolas-Auguste Guillet de Chaumont, Notaire
royal ;—Ignace Réné, Sieur de Périgny, son sixième fils,
épousa Melle Marguerite Josephte Coureau de la Cote, et
eut six enfants ;—Charlotte, la plus jeune de ses filles,
épousa Mr Jacques Barsalou, Garde Magasin du Roi ;—
Nicolas, Sieur de Musseaux, son dernier fils, épousa Melle
Louise Trottier des Rivières.

IIᵒ LOUIS D'AILLEBOUST, SIEUR DE COULONGE.—Mr Louis
d'Ailleboust, Sieur de Coulonge, frère cadet du précédent, s'est rendu recommandable par le zèle qu'il mit à
faire maintenir les enfants de Pierre, son frère, dans

leurs titres de noblesse. L'arrêt est du mois de Janvier 1720, et se termine ainsi : " Le Roi étant en Conseil, " lorsque celui-ci fut décédé, de l'avis de Mr le Duc " d'Orléans, a maintenu et maintient les dits Sieurs Louis " d'Ailleboust, Sieur de Coulongé, Paul d'Ailleboust. " Sieur de Périgny, Capitaine en Canada, et Jean-Baptiste " d'Ailleboust, Sieur de Musseaux, frères ; Charles Joseph " d'Ailleboust, Enseigne d'Infanterie, à l'Isle Royale, Louis " d'Ailleboust, Sieur d'Argenteuil, Pierre Hector d'Aille- " boust, Lieutenant d'Infanterie aux Isles d'Amérique, " Paul Alexandre d'Ailleboust, Sieur de Cuisy, Claude " Daniel d'Ailleboust, Sieur de Lavillon et Philippe " d'Ailleboust, Sieur de Cerry, frères, enfants de feu Pierre " d'Ailleboust, Sieur d'Argenteuil, et de Dame Marie " Louise Denis, sa veuve, dans leur noblesse et qualité " d'Ecuyer, et la Dame Marie Louise Denis dans les pri- " viléges de veuve d'un Gentilhomme, tant qu'elle sera " en viduité : a ordonné et ordonne qu'ils jouiront, et leur " postérité née et à naître en légitime mariage, de tous les " priviléges, honneurs, franchises et exemptions, dont " jouissent les Gentilshommes du Royaume et pays soumis " à l'obéissance de Sa Majesté ; fait défense de les y " troubler, tant qu'ils vivront noblement et qu'ils ne " feront acte dérogeant ; que pour cet effet, ils seront " inscrits dans le Catalogue des Nobles du Royaume, con- " formément aux articles du Conseil du 22 Mars 1666 et " du 26 Février 1697. (Signé) DAGUESSEAU."

Mr de Coulonge épousa aussi une Demoiselle Picard, et en eut six enfants, parmi lesquels Louis Hector, qui fut père de quatre enfants, et Louis, qui, ayant épousé Melle Mirè de l'Argenterie, sœur de la mère de Melle Le Ber, devint ainsi oncle du Chevalier Benoist, au mariage duquel on l'a vu assister en 1743.

IIIo PAUL D'AILLEBOUST, SIEUR DE PÉRIGNY.—Mr Paul d'Ailleboust, Sieur de Périgny, autre fils de Mr C. de Musseaux, né le 15 Mars 1661, ayant embrassé la carrière des armes, devint successivement Lieutenant en 1691,

Capitaine en 1713, et reçut la Croix de S<sup>t</sup> Louis, le 20
Mars 1734. Plusieurs années avant de recevoir cette
dernière distinction, en 1693, M<sup>r</sup> de Périgny avait obtenu
à titre de fief, l'Ile du Grand Menane, d'environ quatre
lieues de tour, située en Acadie, à l'entrée de la Baie
Française. C'était une juste récompense de ses services,
ainsi que M<sup>r</sup> de Frontenac aimait à le constater par les
lignes suivantes : " En considération des services que
" le dit Sieur de Périgny a rendus à Sa Majesté dans les
" guerres précédentes, tant en cette Colonie qu'en celle
" de l'Acadie, nous lui donnons, accordons et concédons
" la dite Ile pour en jouir à perpétuité, lui ou ses ayans
" cause."

M<sup>r</sup> Périgny mourut à Montréal, le 24 Juin 1746. Il avait
épousé M<sup>elle</sup> Louise Marganne de la Valterie. Il en eut
trois enfants : Hector-Louis, Louise-Catherine et Thérèse-
Judith. Cette dernière épousa M<sup>r</sup> Hertel de Montcour,
Enseigne dans la Marine, et mourut le 2 Avril 1733.

IV<sup>o</sup> PIERRE D'AILLEBOUST, SIEUR D'ARGENTEUIL.—M<sup>r</sup> Pierre
d'Ailleboust, Sieur d'Argenteuil, frère du précédent,
étant aussi entré dans le service, parvint également
aux grades de Lieutenant en 1691, et de Capitaine en
1710. Il mourut peu de temps après, laissant une veuve,
Madame Louise Denis, fille de Pierre Denis, Sieur de
la Ronde, et de Dame Marie-Catherine LeNeuf, et onze
enfants, ceux-là même pour lesquels M<sup>r</sup> de Coulonge,
leur oncle, obtint la confirmation des titres de noblesse,
ainsi qu'on l'a vu. Charles-Joseph, l'aîné de ses enfants,
servit comme Enseigne à l'Ile Royale, et épousa à Louisbourg, en 1628, M<sup>elle</sup> Josephte Bertrand, fille de François
Bertrand et de Dame Jeanne Giraudet, de Plaisance,
veuve du Capitaine Gabriel de Viljoin. Il mourut en
1759, après avoir été fait Lieutenant du Roi et Chevalier
de S<sup>t</sup> Louis, et laissa deux enfants : Pierre-Antoine et
Jean-Charles.—Charles-Jean, troisième fils de M<sup>r</sup> d'Argenteuil, après avoir servi comme Enseigne dans les
troupes du Canada, passa dans les Iles d'Amérique, où il

devint Lieutenant et reçut la Croix de St Louis.—Louis Gordian, Sieur de Cuisy, un autre de ses fils, après avoir épousé, en 1755, Melle Marie Madeleine de Joncaire, se remaria à Melle Marie-Josephte Baby Chenneville, et mourut en 1772, après s'être signalé dans la première guerre contre les Américains.—Hector-Pierre, Sieur de Villemer, frère des précédents, épousa à Louisbourg, en 1726, Melle Réné Daccareth. Peu d'années après son mariage, il fut fait prisonnier par un corsaire anglais, avec sa femme et ses enfants, et conduit à Gènes, d'où il ne parvint à revenir à St Domingue qu'avec une peine extrême.—Paul-Alexandre, sixième fils de Mr P. d'Argenteuil, après avoir servi dans les troupes, mourut le 11 Décembre 1782. Il avait épousé Melle Thérèse Fournier du Vivier, dont il eut cinq enfants, parmi lesquels Gabrielle, qui devint Religieuse Hospitalière.—Philippe, Sieur de Cerry, frère du précédent, devint Capitaine des portes à Québec en 1748. Une pension de 600 livres fut accordée à sa veuve, après sa mort, et une autre de 200 livres à chacune de ses filles.

Vo NICOLAS D'AILLEBOUST, SIEUR DE MANTET.—Mr Nicolas d'Ailleboust, Sieur de Mantet, cinquième fils de Mr C. de Musseaux, né en 1663, fut un intrépide guerrier. A la tête de l'un des trois Corps de troupes envoyées par Mr de Frontenac en 1690 contre la Nouvelle-Angleterre, il attaqua Corlar, de concert avec Mr Le Moyne de St Hélène, et tailla en pièces tout ce qui fit résistance, ne perdant que vingt hommes. C'est à la suite de cette brillante expédition qu'il fut promu au grade de Lieutenant, et peu après à celui de Capitaine. De son mariage avec Melle Denis, il eut plusieurs enfants. Marie-Françoise, la seconde des filles, épousa Mr Jean-Baptiste Jarret, Sieur de Verchères.—Charlotte, sœur de la précédente, contracta mariage avec Mr Morganne de la Valterie, Capitaine d'Infanterie et Chevalier de St Louis.—Antoine Gabriel, fils aîné de Mr de Mantet, après avoir épousé Melle Marie Louise de Villedenay qui lui donna six enfants, se rema-

ria en secondes noces, au mois de Février 1742, avec Dame Marie Thérèse Duchesnay, veuve de Mr Denis de Vitré, Sieur de St Simon, de Beauport.—Catherine, sœur du précédent, épousa Mr Jean-Baptiste Charly, Colonel des Milices de Montréal, et eut un fils qui épousa Melle Louise Lienard de Beaujeu.—Marie-Madeleine, une autre des filles de Mr N. de Mantet, épousa Mr Levreau, Lieutenant dans les troupes, et mourut à l'âge de 80 ans, le 10 Avril 1782.

Pendant que Mr Nicolas d'Ailleboust, Sieur de Mantet. se distinguait ainsi à l'armée et devenait chef d'une nombreuse famille, Catherine, une de ses sœurs, née en 1668, épousait, le 18 Février 1702, M. Nicolas Daneau, Sieur de Muy, Capitaine renommé. Une autre, Elizabeth, d'autres disent Madeleine, née vers 1673, se faisait Religieuse. C'est ici le lieu de dire un mot de ces âmes d'élite, qu'a donné au Cloitre l'illustre famille d'Ailleboust.

LA MÈRE DE Ste CROIX.—La première de cette famille qui embrassa la vie religieuse, fut Mlle Elizabeth d'Ailleboust. Après avoir commencé son éducation à Villemarie, sa ville natale, elle alla la compléter à Québec chez les Dames Ursulines, où elle prit le goût du Cloitre. Ayant obtenu de ses parents la permission de quitter le monde, elle retourna s'enfermer chez les Ursulines. C'est là que pendant 51 ans, sous le nom de *Mère de Ste Croix* qu'elle avait pris pour honorer la Passion de Notre Seigneur, elle ne cessa de donner l'exemple des plus solides vertus. " Il suffisait, raconte une de ses contemporaines, " de lui voir prendre de l'eau bénite et faire le signe de " la Croix, pour juger qu'elle était pénétrée d'un esprit de " foi peu ordinaire. Son assiduité aux devoirs de Maitresse " de Chœur ne se lassa jamais. Lorsqu'on lui alléguait " quelqu'indisposition pour l'en dispenser, elle répondait " aussitôt : Mais ce n'est qu'une bagatelle." Après avoir suivi tous les exercices de la Communauté, jusqu'à ses derniers moments, elle s'éteignit doucement, le 4 Sep-

tembre 1739, à l'âge de 70 ans, laissant toutes ses compa
gnes embaumées du parfum de ses vertus.

LA MÈRE DE Sᵗ NICOLAS.—Melle Marie-Joseph d'Ailleboust,
seconde fille de Mʳ Nicolas de Vantet, et nièce de la Mère
de Sᵗᵉ Croix, fut une autre fleur charmante que Dieu se
plut à retirer du monde, pour la placer dans le parterre
de ses épouses privilégiées. " Ne s'étant faite Religieuse,
" dit une Annaliste du temps, que pour mieux assurer son
" salut et travailler au bien des âmes, *la Mère de Sᵗ Nicolas*
" se soutint dans la pratique de la plus solide piété." Après
avoir rempli pendant de longues années la charge de
Maitresse des Pensionnaires, elle succomba lors de l'épidémie de 1749, dans la 48e année de son âge. Déjà une
autre de ses sœurs, Religieuse à l'Hôpital Général de la
même ville, sous le nom de *Sᵗᵉ Clotilde*, l'avait devancée
de quatorze ans dans la tombe et était allée l'attendre au
Ciel.

LA SŒUR MARGUERITE D'AILLEBOUST.—Villemarie ne devait
rien avoir à envier à Québec. Mlle Marguerite d'Ailleboust,
autre rejeton de la noble famille, était entrée à l'Hôtel
Dieu ; après avoir achevé son Noviciat, elle fit profession
le 27 Avril 1695. L'Hôtel-Dieu ayant été détruit par l'incendie, la cérémonie eut lieu à l'Eglise paroissiale, en présence d'un grand concours de personnes. Il y avait 37
ans que cette Religieuse parfaite se dévouait avec la tendresse d'une mère au soulagement des malades, lorsqu'une épidémie des plus désastreuses, apportée par les
vaisseaux du Roi et communiquée par un soldat, éclata à
l'Hôtel-Dieu. Vainement on chercha à empêcher les bonnes
Religieuses de soigner les pestiférés : elles ne voulurent
jamais y consentir. Neuf d'entre elles succombèrent. De
ce nombre fut la *Sœur d'Ailleboust* : elle mourut au milieu
d'atroces douleurs, heureuse de sacrifier sa vie pour ses
frères. Sa perte fut d'autant plus sensible, qu'à une grande
piété elle joignait un caractère aimable qui la faisait chérir
de tout le monde.

LA SOEUR LOUISE GABRIELLE D'AILLEBOUST. —Un autre

4

fruit de grâce que produisit cette famille bénie, se vit dans la personne de N<sup>elle</sup> Louise Gabrielle d'Ailleboust, petite-fille de M<sup>r</sup> P. d'Argenteuil. Elle embrassa la vie religieuse à l'Hôtel-Dieu, six ans seulement avant la conquête. Après avoir rempli divers offices avec une perfection sans égale, la Sœur Gabrielle devint Assistante et enfin Supérieure, charge qu'elle exerça pendant 18 ans. Voici le portrait qui en a été tracé : " La *Mère d'Ailleboust* était un de " ces sujets rares qui à eux seuls suffisent pour illustrer " une Communauté. Par son esprit de foi, son union à " Dieu, son humilité profonde et les autres vertus qu'elle " ne cessa de pratiquer, elle faisait revivre les exemples " des plus grandes Religieuses que l'Hôtel-Dieu ait produites. Modèle achevé des vertus les plus parfaites, elle " était pour toute la Communauté le sujet d'une grande " édification. Esprit judicieux et solide, elle était en même " temps très-entendue dans les affaires et d'une prudence " consommée." Cette digne Religieuse était dans sa quatre-vingtième année, lorsque Dieu l'appela à lui, le 30 Juin 1811.

Ainsi, remarquable par les hommes distingués qu'elle a donnés, la famille d'Ailleboust ne fut pas moins féconde en femmes de mérite. Le Canada possède encore plusieurs descendants de cette famille, répandus dans le Comté de Laval. Suivant diverses publications assez récentes, il en existe également en France.

BIENVILLE

Fondateur de la Nouvelle-Orléans

C. LEMOYNE

IIe Baron de Longueuil

LE COLONEL J.D.L de LONGUEUIL

Seigneur de Soulanges

# LA FAMILLE DE LONGUEUIL.

—◊◊—

Cette famille a produit tant d'hommes éminents, a joué un rôle si brillant et porté si loin la gloire de la Nouvelle-France, que, ne fût-elle pas alliée à celle du Chevalier Benoist, le moins que nous puissions faire, c'est de lui consacrer ici une large place. Afin de ne pas interrompre la filiation, après avoir fait connaître le chef de cette famille et les enfants qui en sont sortis, nous allons donner la suite des Barons qui se sont succédés de génération en génération, jusqu'à nos jours.

### Iᵒ CHARLES LEMOYNE DE LONGUEUIL.

Le chef de cette illustre famille fut l'immortel Charles LeMoyne, originaire de Normandie et natif de Dieppe, où il comptait de nombreux parents. Il était fils de Pierre LeMoyne et de Judith Duchesne. Il reçut le jour sur la Paroisse de St. Rémi et fut baptisé le 2 Août 1626. Témoin du départ journalier de ses compatriotes pour la Nouvelle-France, il se sentit pressé du désir d'y passer lui-même. Il n'avait encore que quinze ans, lorsqu'il effectua ce voyage en 1641, de concert avec son oncle, Mr Duchesne. Après avoir passé quatre ans au milieu de la nation huronne et acquis une connaissance suffisante de la langue, il vint se fixer à Villemarie, où le besoin d'un interprète capable se faisait depuis longtemps sentir. C'est en cette qualité qu'il rendit des services signalés à la Colo-

nie. Mais, aussi brave qu'intelligent, Mr LeMoyne voyait
avec peine les incursions des sauvages Iroquois et·brûlait
du désir d'aller les combattre. L'occasion de montrer son
courage ne tarda pas à se présenter. En 1648, alors qu'il
n'était encore que dans sa vingt-deuxième année, ces barbares, sous prétexte de parlementer, mais en réalité dans
le but de surprendre les colons, s'étaient approchés du
fort ; reconnaissant leur perfidie, Mr LeMoyne s'avance
vers eux, les couche en joue et contraint deux d'entr'eux
à marcher devant lui, après les avoir constitués prisonniers. Quelques semaines plus tard, deux autres Iroquois
également mal intentionnés, s'étaient avancés au milieu
du fleuve avec leurs embarcations. Aussitôt Mr LeMoyne
se met à leur poursuite et les saisit l'un après l'autre. Un
pareil courage ne pouvait manquer d'en imposer à ces
barbares. C'est, en effet, ce qui arriva : pendant quelque
temps, les Iroquois n'osèrent plus se montrer. Profitant
alors de la sécurité qui régnait à Villemarie, et à laquelle
sa présence contribuait pour beaucoup, Mr LeMoyne commença à faire des défrichements sur les terres qui lui
avaient été concédées.

Il était occupé à ces travaux depuis trois ans, lorsqu'il
lui fallut de nouveau prendre les armes. Les Iroquois
venaient de faire irruption dans la Colonie et de s'emparer
d'un colon et de sa femme, pendant qu'ils étaient aux
champs. Sans songer un instant au danger que court sa
propre existence, et n'écoutant que son indignation, Mr
LeMoyne se précipite sur eux. Ils étaient au nombre de
quarante, et il était seul. Comprenant qu'il lui était impossible de lutter seul contre tous, il bat en retraite, mais en
se défendant si bien que ses ennemis ne peuvent s'emparer de sa personne. Cette affaire avait lieu le 6 Mai 1651.
Le 18 du mois suivant, étant revenus en plus grand nombre,
les Iroquois profitent du moment où les colons revenaient
de la messe, pour se jeter sur eux. A l'instant Mr LeMoyne
est appelé pour aller les repousser. Les laissant d'abord
faire imprudemment leurs décharges, l'intrépide guerrier

se met ensuite à tirer à son tour, et, aidé de ses hommes, abat un si grand nombre de ces barbares, que ceux-ci, se voyant décimés de toutes parts, prennent honteusement la fuite, sans oser même emporter leurs morts. C'est à la suite de cette mémorable action que Mr LeMoyne, dont la valeur était de plus en plus appréciée, fut pourvu de la place de Garde-Magasin. Trois ans après, ayant été gratifié par Mr de Maisonneuve d'une somme de quatre cents livres, il en profita pour reprendre ses défrichements, ne dédaignant pas de mettre lui-même la main à la charrue. Mr LeMoyne avait alors atteint sa vingt-huitième année ; déjà il était couvert de gloire et propriétaire d'une riche concession. Il pensa que le moment était venu pour lui de s'établir. La paix qu'il avait négociée et conclue, l'année précédente, avec les Iroquois, en lui donnant une nouvelle importance dans la Colonie, le mettait à même de frapper aux meilleures portes. Il y avait alors à Ville-marie une jeune personne aussi distinguée par sa vertu, que remarquable par ses grâces extérieures. C'est sur elle que tomba son choix. Il nous faut faire un peu connaître cette personne.

Melle Catherine Primot, tel était son nom, était née à St Denis-le-Petit, au Diocèse de Rouen, de Guillaume Thierry et d'Elizabeth Messier. Mr Antoine Primot et Martine Messier, son épouse, n'ayant point d'enfants, l'avaient demandée à ses parents en 1642, au moment de passer dans la Nouvelle-France, s'engageant à élever cette nièce comme leur propre fille et à la faire leur héritière. " Catherine n'avait alors qu'un an, rapporte l'auteur de " l'*Histoire de la Colonie française* ; et comme Monsieur et " Madame Primot prirent le plus grand soin de l'éduca-" tion de cette enfant, ayant pour elle une affection de " père et de mère, elle fut considérée dans la Colonie " comme leur propre fille et appelée de leur nom. Ayant " remarqué les heureuses dispositions de cette enfant. " Mme Primot s'était plus particulièrement appliquée à " former son esprit et son cœur. Elle eut la joie de voir

" ses efforts couronnés de succès. Dès l'âge de quatorze
" ans, Catherine annonçait ce qu'elle serait un jour : une
" mère de famille accomplie et un modèle achevé de vertu
" pour toute la Colonie." C'est ce qui avait frappé Mr Le-
Moyne, qui, plus d'une fois, avait eu occasion d'admirer
sa rare modestie, unie à une grande droiture d'esprit et à
une tendre piété. Il en fit donc la demande à ses parents.
Ceux-ci, jugeant qu'ils ne pourraient jamais rencontrer
un gendre ni plus sage ni plus chrétien, accédèrent à ses
propositions. Les conventions de mariage furent faites au
fort de Villemarie, en présence du Gouverneur et de plusieurs notables qui les signèrent. Peu après, le 28 Mai.
1654, ce mariage fut béni avec la plus grande solennité.
A cette occasion, et pour montrer aux époux le vif intérêt
qu'il leur portait, Mr de Maisonneuve donna à Mr LeMoyne
une propriété située à la Pointe St Charles. Il lui accorda,
en outre, 90 arpents de terre, dans l'Ile de Montréal, sans
parler de l'arpent sur lequel Mr LeMoyne avait déjà fait
construire une maison, prés de l'Hôpital.

Un an s'était à peine écoulé depuis cet heureux mariage,
lorsque les Iroquois, cette nation toujours remuante et
cruelle, rompirent la paix. Dans le but d'attirer les
colons, ils s'étaient réunis en grand nombre sur la rive
opposée du fleuve. Voyant que personne ne venait, deux
d'entr'eux se détachèrent des autres et s'avancèrent en
canot au milieu du fleuve, semblant vouloir se diriger du
côté du fort. Sans perdre un moment, Mr LeMoyne s'é-
lance dans un petit canot d'écorce, au fond duquel il avait
caché deux pistolets. Il laisse approcher les Iroquois, et,
dès qu'ils sont à portée, il fond sur eux, et, à l'aide des
mousquetaires en embuscade le long du fleuve, il les fait
prisonniers. Le surlendemain, comme on ne voulait pas
leur rendre la liberté, à moins que les prisonniers français
ne fussent relâchés à leur tour, les Iroquois, montant tous
sur leurs canots, traversent le fleuve en plein midi, à la
vue de tout le monde, et menacent d'en venir aux dernières
extrémités, si on ne leur remet leurs captifs. Le péril était

grand. C'est alors qu'on vit de quoi était capable Mr
LeMoyne et de quel secours il était pour la Colonie. Sans
s'émouvoir, il accourt avec ses hommes sur le rivage, et,
assisté du Major Closse, au moment où les barbares allaient
mettre pied à terre, il fait sur eux, avec tant de prestesse
et d'habileté, une décharge de mousqueterie, que, saisis
de terreur, les Iroquois se hâtent de prendre le large,
laissant quatre des leurs aux mains des Français. Arrêtés
par ce coup de vigueur, les barbares s'empressent de rendre
les prisonniers et de faire la paix. Mais, non plus que celle
des années précédentes, cette paix ne devait pas avoir une
longue durée. Cinq ans après, résolus cette fois à en finir
avec les Français et à ensevelir la Colonie sous ses ruines,
les Iroquois mirent en marche une grande armée. C'est
alors que le brave Dollar Desormaux, avec ses 26 compagnons, se dévoua pour sauver le pays. Mr LeMoyne s'était
offert pour être de la partie ; heureusement pour la Colonie, son offre ne fut pas acceptée. C'est à la suite de ce glorieux événement qui rappelle le combat des Thermopyles,
que Mr LeMoyne fut élu pour remplir la place de Marguil-
lier. Deux ans après, il fut élevé à la charge de Procureur du Roi, par Mr de Mésy, alors Gouverneur Général.

Il y avait deux ans qu'il remplissait ces fonctions,
lorsque survint un événement qui faillit plonger dans le
deuil toute la Colonie. Au mois de Juillet 1665, étant
allé à la chasse du côté de Ste Thérèse, Mr LeMoyne fut
surpris et attaqué tout à coup par une bande d'Iroquois,
au moment où il était seul. Ces barbares, qui avaient eu
occasion de l'entendre comme interprète dans tant de
Conseils et qui si souvent avaient éprouvé la force de son
bras, l'eurent bientôt reconnu. Ils lui crièrent donc de
se rendre. Pour toute réponse, Mr LeMoyne les couche
en joue. Déjà les Iroquois commençaient à reculer,
lorsque les plus jeunes, encouragés par les vieillards qui
leur reprochaient leur lâcheté, reviennent de nouveau à
la charge. Bientôt il est investi et sur le point d'être saisi.
Voyant qu'il lui était impossible d'échapper de leurs mains,

il veut au moins vendre chèremént sa vie. Il s'apprêtait
à faire feu de nouveau sur eux, lorsque, son pied s'ac-
crochant à une racine d'arbre, il fait un faux pas. A
l'instant les Iroquois le serrent, l'enveloppent. Il est prisonnier. Grande fut la douleur des colons à cette triste
nouvelle. De toutes parts on adresse des vœux au Ciel
pour sa délivrance et son prompt retour. Sa pieuse et in-
consolable épouse surtout ne cesse d'implorer le secours
de Dieu. Ces prières ne furent pas vaines. Au lieu de
le brûler, selon leur coutume barbare, les Iroquois l'em-
menèrent dans leur pays. " Tu peux me faire mourir,
" leur avait dit le fier captif ; mais ma mort sera rigoureu-
" sement vengée. Il viendra quantité de soldats français
" qui brûleront tes villages : déjà ils arrivent à Québec ;
" j'en ai des assurances certaines. " Surpris d'un langage
aussi hardi, en même temps que subjugués par l'ascendant des belles qualités de Mr LeMoyne, ces barbares
ne conçurent plus que de l'admiration pour sa personne,
et se décidèrent à le rendre à la liberté, ce qu'ils firent,
en effet, trois mois après.

De retour parmi les siens, Mr LeMoyne ne profita de sa
liberté que pour mieux défendre son pays. Mr de Courcelles, alors Gouverneur Général, ayant résolu d'aller
porter la guerre dans les cantons iroquois, l'intrépide
guerrier l'accompagna dans cette expédition. C'était au
mois de Janvier 1666. Il suivit également Mr de Tracy,
envoyé comme Vice Roi, dans la campagne qu'il entreprit dans l'automne de la même année contre les Agniers.
Il commandait les colons de Villemarie. Au retour de
cette pénible mais glorieuse expédition qui força les tribus sauvages à enfouir leur hache de guerre, Mr Le-
Moyne s'offrit encore pour escorter l'Aumônier des
troupes au fort Ste Anne. Plusieurs soldats étaient malades
et réclamaient les secours de la religion. C'en fut assez
pour encourager cet homme de cœur à braver des périls
que de moins dévoués et de moins résolus que lui n'osaient
affronter.

C'est en vue de reconnaître et de récompenser de si longs et si nombreux services, que Louis XIV, toujours grand, toujours magnanime, accorda à Mr LeMoyne, en 1668, des lettres de noblesse, en le qualifiant de Sieur de Longueuil, du nom d'une de ses terres, appelée d'abord la Petite Citière. Ces lettres sont ainsi conçues : " Comme " nous sommes informés des bonnes actions que font " journellement les peuples du Canada, soit en reduisant " ou disciplinant les Sauvages, soit en se défendant contre " leurs fréquentes insultes, Nous avons estimé qu'il était " de notre justice de distinguer par des récompenses " d'honneur ceux qui se sont le plus signalés. A ces " causes, et désirant traiter favorablement notre cher et " bien-aimé Charles LeMoyne, Sieur de Longueuil, pour " le bon et louable rapport qui nous a été fait des belles " actions qu'il a faites : de notre grâce spéciale, pleine " puissance et autorité royale, nous avons annobli, et par " ces présentes, signées de notre main, ennoblissons et " décorons du titre de noblesse le dit Charles LeMoyne, " ensemble sa femme et ses enfants nés et à naître."

Afin de soutenir son rang et assurer à ses enfants, dont le nombre augmentait chaque année, une position convenable, Mr de Longueuil, c'est ainsi que nous l'appelerons désormais, fit l'année suivante, l'acquisition d'une propriété située au-dessus du Sault St Louis, sur laquelle son premier maître, Mr de la Salle, avait déjà commencé des bâtiments. Il était occupé à mettre cette nouvelle terre en valeur, lorsque, pour en imposer aux Iroquois et leur montrer que, quand il le voudrait, il pourrait mettre tout à feu et à sang dans leur pays. Mr de Courcelles se détermina à faire un grand voyage à travers les terres habitées par les Sauvages. En qualité d'interprète et comme gentilhomme, Mr de Longueuil fut invité à l'accompagner, de concert avec les Gouverneurs de Montréal et des Trois-Rivières. C'est au retour de ce voyage que l'Intendant Talon, qu'on peut appeler à bon droit le Colbert du Canada, par l'impulsion qu'il donna à

toutes les entreprises et la sage administration dont il fit preuve dans toutes les affaires, fit don à M^r de Longueuil de toutes les terres non concédées sur le bord du fleuve, à partir de Varennes jusqu'à Laprairie. Aux yeux de cet homme d'état, juste appréciateur du mérite, ce n'était encore là qu'une faible récompense pour tous les services qu'avait rendus M^r de Longueuil. Quatre ans plus tard, en 1676, un autre Intendant, M^r Duchesneau, voulant lui témoigner de plus en plus la satisfaction qu'éprouvait le Roi pour sa noble conduite, réunit toutes ces concessions en un seul Fief, qui retint le nom de Longueuil, titre qui devait passer à l'aîné de la famille. L'année d'après, il reçut encore une nouvelle gratification de terre, sur la rive droite du fleuve, de deux lieues de front sur trois de profondeur, qu'il appela du nom de Châteauguay, qu'elle porte encore. De leur côté, les Seigneurs de l'Ile de Montréal, voulant perpétuer à jamais le souvenir d'un homme auquel la Colonie était si redevable, eurent soin, en donnant un nom aux rues de Villemarie, d'imposer celui de M^r de Longueuil à la rue parallèle à celle de S^t Gabriel, rue qui s'appelle encore aujourd'hui la rue *St. Charles*. C'était là, remarque judicieusement le Commandeur Viger, récompenser noblement un noble serviteur.

Dévoué à la religion et au pays, M^r de Longueuil ne l'était pas moins à sa famille. Sans parler, en effet, de Jacques LeMoyne, son frère, qu'on retrouve en 1663 Caporal dans la milice de la S^te Famille, puis Juge de police, et auquel il s'intéressa toujours si vivement, ainsi qu'à Jeanne LeMoyne, sa sœur, laquelle, ayant épousé M^r Jacques LeBer, devint ainsi la grand'mère de Madame Benoist, ce digne chef de famille ne négligea rien pour former le cœur de ses enfants à la vertu et leur inspirer des sentiments d'honneur et de générosité. Ce qui reste à dire de ces nobles rejetons prouvera si ses efforts furent couronnés de succès. Dès 1683, prévoyant les services que rendraient à la Colonie des enfants élevés par un tel père,

dont les exemples étaient autant de leçons. Mr de la Barre, alors Gouverneur Général, en vue de les attacher de plus en plus au service du Roi, songea à solliciter pour Mr de Longueuil la place de Gouverneur de Montréal, vacante par la mort de Mr Perrot. Profitant donc du service qu'il venait de rendre au pays, en concluant la paix avec les Iroquois, il en écrivit en ces termes à la Cour : " Mr " LeMoyne a rendu de grands services au pays ; mais " celui qu'il vient de rendre au mois de Juillet dernier, " en négociant la paix avec les Iroquois, est si considé- " rable, qu'il est à propos, pour l'encourager à l'avenir, où " il nous peut encore mieux servir, que vous lui accor- " diez cette gratification. Il est Capitaine pour la ville de " Montréal, et a plus fait la guerre contre les Iroquois " qu'aucun officier qui soit en Canada. Je vous envoye, " pour porter mes dépêches, son fils d'Iberville, jeune " homme qui entend fort bien la mer, sait cette rivière ad- " mirablement, a amené et ramené déjà plusieurs navires " en France, vous suppliant de le faire Enseigne de marine. " Il pourra fort bien servir, et il est avantageux que vous " ayez dans ce Corps des gens qui connaissent parfaite- " ment ce pays, outre que son père, qui vous en resterait " infiniment redevable, se croira plus obligé encore de " bien servir le Roi dans les occasions qui s'en présentent " journellement, à cause des Iroquois."

Cette demande, toute convenable qu'elle fût, demeura sans effet. Mr de Longueuil avait atteint le terme de sa longue carrière. Après 44 ans d'une vie généreusement employée à la défense du pays et au soutien de la religion, Mr Charles LeMoyne, Sieur de Longueuil et de Châteauguay, mourut à Villemarie en 1683 et fut inhumé dans l'Eglise Paroissiale, devançant de six ans, dans la tombe, sa vertueuse épouse, qui décéda en 1691. Il laissait, pour lui survivre et porter bien haut le nom de Longueuil, 14 enfants, dont 7 ont illustré le Canada par l'éclat de leur héroïsme guerrier, et se sont acquis une réputation euro- péenne. Trois d'entr'eux sont morts dans les combats ;

quatre sont devenus Gouverneurs de villes ou de provinces. Où trouver une famille qui ait produit tant
d'hommes remarquables ? C'est cette belle génération
qu'il s'agit à présent de faire connaître. Voici le nom de
ces illustres enfants, tous dignes de passer à la postérité :
Charles, Sieur de Longueuil ; Jacques, Sieur de St Hélène ;
Pierre, Sieur d'Iberville ; Paul, Sieur de Maricourt; Fran
çois, Sieur de Bienville 1er ; Joseph, Sieur de Sérigny ;
Louis, Sieur de Châteauguay Ier ; Jean-Baptiste, Sieur de
Bienville IIe ; Antoine, Sieur de Châteauguay IIe ; François-Marie, Catherine-Jeanne, Marie-Anne, Gabriel, et un
autre ondoyé et mort le même jour  Un mot sur chacun
d'eux, en réservant pour la fin celui qui continue la lignée.

JACQUES LEMOYNE, SIEUR DE ST. HÉLÈNE. — Mr Jacques
LeMoyne, appelé de St Hélène du nom de l'Ile enface de
Montréal, était le second fils de Mr de Longueuil. Il reçut
le jour à Villemarie, le 16 Avril 1659. Ayant embrassé de
bonne heure la carrière militaire, il devint un des plus
célèbres guerriers de son temps et eut l'incomparable
gloire de former au métier des armes son frère d'Iberville, le Jean Bart du Canada. Déjà Mr de St Hélène avait
donné des preuves nombreuses de sa valeur en différentes
occasions, lorsqu'en 1684 il épousa à Villemarie, le 7
Février, Mlle Jeanne du Fresnoy Carion, fille de Mr Philippe de Carion du Fresnoy, Lieutenant de Compagnie
au régiment de l'Estrade, auquel les Seigneurs de Montréal
avaient accordé un Fief, en 1671, dans l'Ile de Montréal,
et de Dame Pétronille des Heures. Mlle du Fresnoy était
alors orpheline de père et de mère, et n'avait pas encore
12 ans révolus, tandis que Mr de St Hélène était déjà dans
la 25e année. Il fallait une dispense d'âge. On en fit donc
la demande à Msr de Laval, qui l'accorda le 12 Janvier
1684 moyennant certaines conditions. Voici la lettre du
Prélat, qui mérite d'être conservée : " Mr de St Hélène est
" fort propre à faire des voyages de terre en diligence,
" aussi bien que par eau. Je croyais qu'il devait se repo-
" ser ici quelques jours, et voilà qu'il nous avertit qu'il

" doit partir. Il n'y a personne qui ne doive prendre part
" à la bonne fortune que la bonne Providence de Dieu, à
" ce qu'il y a tout lieu de croire, lui envoye, lorsqu'on
" regarde comme une récompense la fidélité, ainsi qu'on
" m'en assure, qu'il a toujours eùe de ne point abuser de
" la traite des boissons aux Sauvages, et d'en user avec
" crainte de Dieu, ce qui fait que j'ai de la joie de pou-
" voir contribuer pour ma part en quelque chose à l'heu-
" reux établissement que je lui souhaite et que j'espère,
" s'il continue à vivre dans la crainte du Seigneur. Ainsi,
" vous pouvez faire marier Mr de St Hélène, quand lui et
" sa famille le jugeront à propos, lui accordant les dis-
" penses nécessaires." Cette lettre était adressée à Mr
Dollier de Casson, Supérieur du Séminaire de Villemarie,
et témoigne tout à la fois de la haute estime que le pieux
Evêque avait pour Mr de St Hélène, et de l'intérèt qu'il
portait à son bonheur. Un mois après la réception de cette
lettre, eut lieu la célébration du mariage. Tout ce qui se
rapporte à ces hommes, dont le nom est historique, ayant
de la valeur, nous reproduisons volontiers l'acte de ce
mariage. Le voici : " Le 7 Février de l'an 1684, a été
" solemnisé le mariage entre Jacques LeMoyne de St
" Hélène, fils de Messire Charles LeMoyne, écuyer, Sieur
" de Longueuil, et de Dame Catherine Primot, d'une
" part, et Demoiselle Jeanne du Fresnoy Carion, fille de
" Philippe du Fresnoy Carion, en son vivant Lieutenant
" d'une Compagnie du régiment de Carignan Salières, et
" de Dame Pétronille des Heures, d'autre part, deux bans
" ayant été publiés auparavant, avec dispense du troisième
" et celle d'âge, adressée par Msr l'Evêque à Mr F. Dollier
" de Casson, son Grand Vicaire, en présence des père et
" mère du dit époux, de Mr Charles LeMoyne de Lon-
" gueuil, son frère ; de Mr Jacques LeBer, ancien Mar-
" guillier, tuteur de la dite épouse ; de Mr Louis LeBer,
" Sieur de St Paul ; de Mr Jean LeBer, Sieur Duchesne ;
" de Mr Antoine Forestier et de plusieurs autres parents
" et amis qui ont signé avec nous. (Signé), Jeanne

" Dufresnoy, Jacques LeMoyne, Sieur de S<sup>t</sup> Hélène, etc.,
" E. GUYETTE, Ptre."

Ce mariage, qui commençait sous de si heureux aus-
pices et qui semblait promettre de si longues années, vit
bientôt le deuil l'envelopper d'un crêpe funèbre. Au mois
d'Octobre 1690, l'Amiral Phipps étant venu assiéger
Québec, M<sup>r</sup> de S<sup>t</sup> Hélène, dont le nom était dans toutes les
bouches, fut choisi pour aller le combattre. Déjà les
troupes ennemies avaient opéré leur descente sur le bord
de la rivière S<sup>t</sup> Charles, et, pour permettre à la flotte d'approcher, 1,300 hommes, sous les ordres du Major Walley,
s'avançaient du côté de Beauport. Pendant ce temps, et
sans attendre que le Major eût atteint les hauteurs de
Québec, l'Amiral avait fait avancer sa flotte et commencé
à bombarder la ville. Cette attaque, mal calculée, devait
finir par un désastre et une retraite honteuse. Cependant,
Walley, qui ne pouvait croire à un dénouement si tragique
ou qui, peut-être, voulait ramener la victoire de son côté,
s'obstinait à vouloir forcer le passage de la rivière S<sup>t</sup>
Charles. C'est alors que M<sup>r</sup> de S<sup>t</sup> Hélène, avec ses 200
volontaires, barrant le chemin à ces 1,300 hommes, les
arrête et les force à prendre la fuite. A ce moment, le vaillant guerrier tombe mortellement blessé. Il est emporté
à l'Hôtel-Dieu, et meurt six semaines après. Cette mort
inopinée plongea dans la consternation toute la Nouvelle-
France " M<sup>r</sup> de S<sup>t</sup> Hélène, rapporte le Père Charlevoix,
" fut regretté de toute la Colonie, qui perdait en lui
" un des plus aimables cavaliers et un des plus braves
" hommes qu'elle ait jamais eus. Les Sauvages d'Onon-
" tagué, qui affectionnaient d'une manière particulière la
" brave famille LeMoyne, et qui l'avaient adoptée, en-
" voyèrent, suivant un usage de leur nation, un collier de
" porcelaine pour pleurer la mort de S<sup>t</sup> Hélène. Ils firent .
" accompagner celui qu'ils nommèrent pour cette céré-
" monie par deux femmes du village de la Montagne,
" qu'ils retenaient prisonnières, et auxquelles ils rendirent
" la liberté en cette occasion "

De son mariage avec ᴺᵉˡˡᵉ du Fresnoy, Mʳ de Sᵗ Hélène laissa trois enfants, deux filles et un fils : Marie-Jeanne, née à Villemarie au mois de Novembre 1688 ; Jacques, né le 26 Janvier 1690, et Agathe qui ne vint au monde qu'après la mort de son père, et qui fut baptisée le 28 Mars 1691. Devenu grand, Jacques, suivant l'ouvrage : *Les Ursulines de Québec*, épousa ᴺᵉˡˡᵉ Elizabeth des Prés, sœur des Dames de Chavigny, de la Chevrotière, de la Mothe Cadillac et Damours. De son côté, la veuve de Mʳ de Sᵗ Hélène se remariait à Villemarie, le 13 Décembre 1691, avec Mʳ Joseph de Monic, Capitaine d'une Compagnie du détachement de la marine, et Major des troupes.

PIERRE LEMOYNE, SIEUR D'IBERVILLE.—Mʳ Pierre LeMoyne, Sieur d'Iberville, troisième fils de Mʳ de Longueuil, était né à Villemarie, le 16 Juillet 1661. Il n'avait encore que 14 ans lorsqu'il monta, comme Garde-Marine, sur les vaisseaux du Roi, pour y commencer son apprentissage d'homme de mer.

Peu d'hommes, tant de l'Ancien Monde que du Nouveau, fournirent une plus brillante carrière que ce héros, surnommé à juste titre *le brave des braves*. La Nouvelle-Angleterre, l'Acadie, l'Ile de Terreneuve, la Baie d'Hudson et les solitudes inconnues qu'arrose le Mississipi, furent tour à tour le théâtre de ses exploits. Rien n'était à l'épreuve de son audace, surtout sur mer, où il lutta maintes fois et toujours victorieusement contre des forces supérieures. Pour raconter tout ce que cet homme célèbre entreprit à la gloire de son pays, il faudrait, non une courte notice, mais un livre entier.

En 1692, les Anglais ayant relevé de ses ruines, dans la baie de Fundy, Pemaquid. et mis ainsi l'Acadie en péril, Mʳ d'Iberville fut chargé d'attaquer cette forteresse. Parti de Rochefort avec trois vaisseaux, il parut devant la place et l'emporta de vive force, après avoir détruit ou mis en fuite les vaisseaux anglais, en croisière dans la rivière Sᵗ Jean. Cette affaire avait lieu en 1696. Peu après, afin d'enlever aux Anglais les pêcheries de Terreneuve, Mʳ

d'Iberville, revenant sur ses pas, marcha sur S$^t$ Jean, à la
tête de 125 Canadiens  En quelques heures la garnison
fut culbutée, les forts pris et rasés.  Poursuivant ensuite
le cours de ses glorieux exploits, il employa une partie de
l'hiver à soumettre le reste du pays.  Tous les établissements anglais, à l'exception d'un seul, tombèrent en son
pouvoir. Parlant de cette expédition hardie et presque in-
croyable, Bacqueville de la Potherie dit : " C'est une
" chose admirable que 120 Canadiens se soient rendus
" maîtres d'une si grande étendue de pays dans la saison
" la plus rigoureuse qu'on puisse imaginer.  Le froid, la
" pluie, la neige, la faim et la soif devaient être autant
" d'obstacles." M$^r$ d'Iberville se disposait à aller attaquer
Bonneviste, la seule place qui tint encore, lorsqu'un ordre
de la Cour lui enjoignit de prendre le commandement
d'une escadre que lui amenait son frère de Sérigny, et
d'aller faire la conquête de la Baie d'Hudson.

Déjà le vaillant guerrier avait fait une campagne, en
1682, dans cette immense contrée.  S'y étant rendu par
terre, il avait eu l'audace d'attaquer, avec deux canots
d'écorce, montés par 11 Canadiens, un vaisseau anglais
de 12 canons et de 30 hommes d'équipage, et l'avait
enlevé à l'abordage.  L'année précédente, dans l'attaque
des forts Monsonis, Rupert et S$^{te}$ Anne, il avait rappelé,
par son courage et son sang-froid, le beau fait d'armes
d'Alexandre le grand.  S'étant jeté l'épée à la main dans
une redoute, il fut tout à coup séparé des siens et assailli
par une multitude d'ennemis.  Une lutte corps à corps
s'engage, et M$^r$ d'Iberville tient bon jusqu'à ce qu'il soit
secouru par les Français.  De 1688 à 1694, chaque année
il était retourné à la Baie d'Hudson, et toujours, après
avoir pris plusieurs vaisseaux anglais, était revenu à
Québec chargé de richesses.  En 1697, lorsqu'il fut mis
à la tête de l'escadre dont on vient de parler, M$^r$ d'Iberville se trouvait devant le fort Nelson, quand parurent
trois vaisseaux anglais : le *Hampshire*, de 52 canons et de
230 hommes d'équipage, le *Dehring*, de 31, et l'*Hudson Bay*,

de trente-deux. En ce moment, Mr d'Iberville était seul
avec le *Pélican*, deux de ses vaisseaux ayant été séparés par
les glaces, et, de plus, bon nombre de ses hommes étaient
malades. Sans se déconcerter, l'intrépide marin fait pointer
ses canons, aborde vergue à vergue le gros vaisseau anglais
et le fait sombrer. Se précipitant ensuite sur le second,
il le force à amener son pavillon, puis se met à la poursuite du troisième. Une fois ses terribles adversaires
terrassés, Mr d'Iberville, avec ses deux vaisseaux qui
l'avaient rejoint, attaque le fort, qui, perdant tout espoir
d'être secouru, finit par se rendre. Ainsi la Baie d'Hudson, grâce à son indomptable courage, passa aux mains
de la France.

Ce n'était pas là le dernier trophée dont il devait l'enrichir. A son retour de la Baie d'Hudson, cet habile
navigateur avait proposé à la Cour de reprendre le projet
formé sur la Louisiane. Ce dessein ayant été agréé, Mr
d'Iberville s'embarqua à Rochefort, au mois de Septembre 1698, avec deux de ses frères, et, après avoir été
obligé de relâcher à Brest, arriva à St Domingue en
Décembre. Après un séjour de quelques semaines dans
cette île, il cingla vers la Floride, qu'il découvrit le 27
Janvier 1699, et poussa jusqu'à la Baie de Mobile. Ayant
mis de nouveau à la voile, après de longues et infatigables recherches, il trouva enfin l'embouchure du
Mississipi, que l'infortuné de la Salle n'avait pu découvrir.
Ses souhaits les plus chers étaient exaucés. Incontinent
il repasse en France, après avoir fait élever un fort
à la Baie de Biloxi, entre le Mississipi et Mobile, et en
avoir donné le commandement à un de ses Lieutenants.
S'étant embarqué de nouveau, il arriva à Biloxi au mois
de Janvier 1700, avec une Colonie canadienne, fit fortifier
certaines positions et commencer des défrichements, ainsi
que des habitations. Après avoir remonté le cours du
Mississipi et exploré lui-même le pays en tous sens, avoir
noté ses productions, le chiffre de ses habitants, Mr d'Iberville alla rendre compte à la Cour de toutes ses décou-

6

vertes, laissant la nouvelle Colonie aux soins de Bienville, son frère.

C'est dans cette nouvelle entrevue avec les Ministres qu'il proposa au Cabinet de Versailles de chasser les Anglais d'Amérique. Ce projet ayant reçu l'approbation du Roi, Mr d'Iberville fit voile pour les Antilles, où il arriva en 1706. N'ayant pu surprendre la Barbade, il se rejeta sur l'Ile de Nièvres qu'il enleva. Il y prit trente navires chargés de marchandises, fit prisonniers tous les habitants, plus de sept mille nègre et le Gouverneur lui-même. Après ce brillant exploit qui fut le dernier, l'infatigable navigateur remit à la voile pour aller ravager lès Colonies anglaises, depuis la Caroline jusqu'au Massachusetts. Déjà il avait atteint la Havane, prèt à fondre sur la flotte de la Virginie, lorsque la mort vint le surprendre. Mr Benard de la Harpe, qui servait alors en Louisiane, rend ainsi compte de cette dernière expédition et de la mort de Mr d'Iberville : " Le 19 Octobre 1706. Mr de Châteauguay
" arriva de la Havane avec son brigantin. Il rapporta que
" Mr d'Iberville avait fait un armement en France de dix
" vaisseaux, trois frégates et trois flûtes, dans le dessein de
" prendre la Jamaïque ; qu'il avait fortifié son escadre à la
" Martinique de prés de deux mille recrues ; mais qu'ayant
" appris que les Anglais avaient été informés de son entre-
" prise et qu'ils avaient pris des mesures pour empêcher
" leurs nègres de se révolter, suivant le projet qui en
" avait été fait et concerté, il avait pris les Iles de Nièvres
" et de St Christophe, sur lesquelles il avait tiré de grandes
" contributions ; qu'ensuite il s'était rendu à la Havane avec
" huit de ses navires, dans l'intention d'y prendre mille
" Espagnols, pour s'emparer de la Caroline ; que la peste
" qui régnait dans cette île lui avait enlevé plus de huit
" cents hommes, et que lui-même en était mort, avec Mr
" Gabaret, Capitaine de vaisseaux, ainsi que plusieurs offi-
" ciers de l'escadre." De son côté, Mr Guérin, dans son
*Histoire maritime de France*, à laquelle sont empruntés la plupart des détails qu'on vient dè lire, après avoir suivi

l'illustre Canadien dans toutes ses gigantesques entreprises, termine ainsi son récit : " M<sup>r</sup> d'Iberville, dont la " carriere avait été signalée par vingt ans de combats, de " découvertes et d'utiles fondations, fut victime, à la " Havane, d'une seconde attaque d'épidémie. C'était un " héros dans toute l'étendue de l'expression. Si ses campagnes, prodigieuses par leurs résultats obtenus avec les " plus faibles moyens matériels, avaient eu l'Europe pour " témoin, et non les mers sans retentissement des voisi- " nages du pôle, il eût eu, de son vivant et après sa mort, " un nom aussi célèbre que ceux des Jean Bart, des " Duguay Trouin et des Tourville, et fût sans aucun doute " parvenu aux plus hauts grades et aux plus grands com- " mandements dans la marine."

Lorsque mourut ainsi le grand homme qui avait donné à la France la Baie d'Hudson et la Louisiane, il avait à peine quarante-huit ans. Promu au grade de Capitaine de frégate en 1692, il avait été nommé Chevalier de l'Ordre royal et militaire de St. Louis en 1699, et Capitaine de vaisseaux du Roi en 1702. Etant en Acadie, M<sup>r</sup> d'Iberville avait obtenu une vaste concession de terres, de douze lieues de front sur dix de largeur. Trois ans après, le 8 Octobre 1693, il avait épousé à Québec M<sup>elle</sup> Marie-Thérèse de la Combe Pocatière, fille de M<sup>r</sup> de la Combe Pocatière, Capitaine au régiment de Carignan Salières, et de Dame Marie-Anne Juchereau, qui elle-même, à la date du mariage de sa fille avec M<sup>r</sup> d'Iberville, avait contracté un second mariage avec M<sup>r</sup> François-Madeleine Ruette, Chevalier, Sieur d'Auteuil et de Monceaux, Conseiller, etc. De ce mariage, M<sup>r</sup> d'Iberville eut deux enfants : Pierre-Louis-Joseph, qui, né et ondoyé le 22 Juin 1694, sur le Grand Banc de Terreneuve, reçut à Québec, le 7 Août suivant, les cérémonies du Baptème, des mains de M<sup>r</sup> Dupré, Curé de la Cathédrale, ayant pour parrain M<sup>r</sup> Joseph LeMoyne, Sieur de Sérigny, et pour marraine Dame Marie-Anne Juchereau, épouse de M<sup>r</sup> d'Auteuil, sa grand'-mère ;—et une fille, connue dans le monde sous le

nom de Dame Grandive de Lavanaie.   Après la mort de
son mari, M^de^ d'Iberville passa en France, et épousa, en
secondes noces, le Comte de Bethune, Lieutenant Général
des armées du Roi.

PAUL LEMOYNE, SIEUR DE MARICOURT.—M^r^ Paul LeMoyne,
Sieur de Maricourt, fut le quatrième fils de M^r^ de Longueuil.   Il était né à Villemarie, le 15 Décembre 1663.
Ayant suivi M^r^ d'Iberville dans ses differentes expéditions
à la Baie d'Hudson, il eut une large part à ses triomphes.
C'est ainsi qu'en 1686, après avoir traversé des pays jusque là inconnus, franchi une foule de rivières, de montagnes, de précipices, et enduré des fatigues incroyables,
il avait, avec quelques hommes montés sur deux canots
d'écorce, et de concert avec son frère, attaqué et pris à
l'abordage le gros vaisseau anglais en croisière devant le
fort Rupert, dont on a parlé.   En 1690, au siège de Québec
par l'Amiral Phipps, M^r^ de Maricourt fut un des premiers
à voler au secours de cette ville, et nul, après M^r^ de S^t^
Hélène, ne contribua plus que lui à la déroute du Major
Walley.

C'est à la suite de cette belle défense qui lui fit tant
d'honneur, que M^r^ de Maricourt épousa à Québec. le 29
Octobre 1691, M^elle^ Marie-Madeleine Dupont de Neuville·
Nous avons encore l'acte de son mariage.   Nous aimons
à le reproduire : " Le 29 du mois d'Octobre 1691, après
" les fiançailles et la publication d'un ban de mariage,
" ayant obtenu dispense des deux autres, entre Paul Le-
" Moyne, Ecuyer. Sieur de Maricourt, fils de défunt
" Charles LeMoyne, Ecuyer, Sieur de Longueuil et de
" Châteauguay, et de Dame Catherine Primot, ses père et
" mère, de la paroisse de Villemarie. en l'Ile de Montréal,
" d'une part, et Demoiselle Marie-Madeleine Dupont de
" Neuville, fille de Nicolas Dupont, Ecuyer, Sieur de
" Neuville, Conseiller du Roi au Conseil Souverain de ce
" pays, fille de Dame Jeanne Gaudais, son épouse, de cette
" Paroisse d'autre part ; et ne s'étant découvert aucun
" empèchement, je, François Dupré, Curé de Québec, les

" présence de M^r Jacques LeBer, de M^r d'Iberville, de M^r
" Charon, de M^r de Musseaux, de M^r Dupont, père de la
" mariée, de M^r François Marie de Meloïses, Capitaine. et
" de M^r de Line, lesquels ont signé avec l'époux et l'épouse.
" (Signé) Dupré, P^tre."

Vers cette même époque, la guerre ayant recommencé
avec les Iroquois, M^r de Frontenac résolut d'en finir
avec cette nation orgueilleuse que ses précédentes défaites
n'avaient pu instruire. S'étant donc déterminé à la
grande expédition à laquelle il est souvent fait allusion,
M^r de Maricourt reçut le commandement d'un des Corps
d'armée. Après avoir ravagé le pays ennemi et contraint les Iroquois à poser les armes, M^r de Maricourt, aussi
habile diplomate qu'intrépide guerrier, fut encore chargé
de négocier les conditions de la paix. Sa mission eut un
plein succès. C'est à la suite de ces pourparlers que les
Sauvages, qui le redoutaient à cause de sa valeur, mais
qui l'aimaient et l'estimaient à cause de sa probité et de
sa droiture, et qui ne pouvaient résister à son éloquence
persuasive, le choisirent pour leur protecteur et le prièrent
d'être leur médiateur. M^r de Frontenac, en congédiant
la députation des Cinq Nations, venue à Québec pour
ratifier le traité, leur en fit compliment en ces termes :
" Je suis très content que vous m'ayez fait savoir que vous
" avez continué d'adopter les Sieurs LeMoyne de Lon-
" gueuil et de Maricourt, à la place du Sieur LeMoyne,
" leur père. Si, dans la suite, j'ai quelque chose à vous
" faire savoir, j'en chargerai volontiers l'un d'eux, puisque
" vous m'assurez qu'ils seront bien reçus, qu'on aura con-
" fiance en eux, et que vos Cabanes le souhaitent."

Après la conclusion de la paix, M^r de Maricourt, qui avait
été promu alors au grade de Capitaine, revint à Villemarie où était sa résidence. Cette résidence, connue sous
le nom de *Près-de-Ville*, était située dans le faubourg S^t
Laurent, à l'endroit qu'occupe aujourd'hui la maison des
Frères des Ecoles Chrétiennes. "Un ancien plan de la

" ville de Montréal, rapporte M^r Jacques Viger, la retrace
" et l'inscrit : ' Maison Maricourt.' Nous l'avons vue dans
" son premier état de construction, alors qu'elle n'était
" qu'un solide corps de logis à un étage, orné de deux
" petites ailes, faisant face à la ville. Elle était couverte
" en ardoise, et à toiture fort à pic. Originairement ap-
" pelée 'Hôtel Maricourt,' à cause de ses ailes, cette
" maison avait été élevée au milieu d'un vaste champ qui
" venait aboutir à la rue Craig, et que bornait la petite
" rivière encaissée depuis dans un canal souterrain, sur
" laquelle on allait admirer un pont en pierre conduisant
" à *Près-de-Ville.*" C'est dans cette résidence que mourut
prématurément son épouse, le 13 Avril 1703. Peu après,
M^r de Maricourt épousa en secondes noces, à Québec, le 3
Février 1704, M^{elle} Françoise Aubert de la Chesnaye, ainsi
que nous l'apprend cet acte, dont la famille de Gaspé
aimera à prendre connaissance : " Le 3 Février 1704, Paul
" LeMoyne, Ecuyer, Sieur de Maricourt, Capitaine d'une
" Compagnie du détachement de la marine, veuf de feu
" Dame Marie-Madeleine Dupont, épousa Demoiselle
" Françoise Aubert, fille de feu maitre Charles Aubert,
" Ecuyer, Sieur de la Chesnaye, Conseiller au Conseil
" Souverain de Québec, et de Dame Marie-Angélique
" Denis. Ce mariage a été célébré en présence de Madame
" de la Chesnaye, mère de l'épouse, de Messire François
" de Beauharnois, Chevalier, Seigneur de la Chaussée,
" Conseiller du Roi et Intendant de justice, etc., de Mes-
" sire Claude de Ramesay, Seigneur de Gene, etc., et Com-
" mandant des troupes en ce pays, de maitre François
" Aubert, Ecuyer, Conseiller au Conseil Souverain, de
" Pierre et Louis. Ecuyers, Sieurs de la Chesnaye, frères
" de l'épouse, de M^r de Beauville, de M^r de Courtemanche,
" etc." Ce nouveau mariage ne devait avoir que la durée
des roses. Sept semaines seulement après sa célébration,
M^r de Maricourt mourut dans la quarantième année de sa
vie et fut inhumé à Villemarie, le 21 Mars 1704, sans laisser
de postérité. Sa veuve se remaria, le 13 Novembre 1713,

Mars 1666, était le cinquième fils de M$^r$ de Longueuil. Sa carrière fut plus courte encore que celle de son frère de Maricourt. Ce jeune héros fut enlevé à la fleur de l'âge. Après s'être distingué en plusieurs rencontres, n'étant encore qu'Enseigne dans les troupes de la marine, il fut tué à l'âge de vingt-cinq ans, dans un combat livré à Repentigny entre un détachement de troupes françaises et un parti d'Ouneiouts. Ces Sauvages ayant été forcés de battre en retraite, s'étaient réfugiés dans une maison. Poursuivis et attaqués avec vigueur, ils se défendaient en désespérés, lorsque le Chevalier de Vaudreuil qui commandait le détachement, ordonna de mettre le feu à la maison, afin d'en déloger l'ennemi. Ce fut alors que le jeune Bienville, n'écoutant que son ardeur, s'élança à une des fenêtres ; mais, au moment où il allait atteindre ses adversaires, il fut renversé mort d'un coup de mousquet. On rapporta son corps à Villemarie, où il fut inhumé le même jour. Ne s'étant point marié, il ne laissa point d'enfant.

Ce fut trois ans après, qu'une de ses sœurs, dont il faut bien aussi parler, Catherine-Jeanne, neuvième enfant de M$^r$ de Longueuil, entra dans la noble maison de Chavoy. Elle épousa à Québec, le 8 Décembre 1694. M$^r$ Pierre Payen, Seigneur de Noyan, Capitaine dans les troupes de la marine et Chevalier de S$^t$ Louis. A titre de renseignement, nous donnons ici l'acte de son mariage : '' Le 8 Dé-
'' cembre 1694, ayant obtenu dispense de trois bans, Pierre
'' Payen, Ecuyer, Seigneur de Noyan, Capitaine d'une
'' Compagnie franche de la marine, fils de Messire Pierre
'' Payen, Chevalier, Seigneur de Chavoy, et de Dame
'' Hélène Vivien, ses père et mère, de la Paroisse des
'' Champs, en la ville d'Avranches, Evêché du dit lieu,
'' épousa Catherine Jeanne LeMoyne, fille de feu Charles
'' LeMoyne, Ecuyer, Sieur de Longueuil et de Château-

" guay, et de Dame Catherine Primot, ses père et mère,
" de la Paroisse de Villemarie, de cet Evêché, d'autre part
" Témoins : Guillaume Emmanuel Théodore de Vaupon,
" Chevalier, Comte de l'Estrange, Charles Madeleine
" Ruette, Chevalier, Seigneur d'Auteuil, Conseiller du
" Roi, etc."

De ce mariage sont nés plusieurs enfants. L'aîné, qui
portait le nom de Chavoy, fut une des victimes de la tourmente révolutionnaire. Hugues Payen de Chavoy, le
cadet, figuráit. en 1763, parmi les Pages de Louis XVI, et,
lors de la Terreur, était Chevalier de St Louis et Lieutenant
Colonel du régiment de Bearn. Il émigra, fit la campagne
des Princes, rentra en France avec les Bourbons, et mourut
à un âge avancé, en son Château de Chavoy, Département
de la Manche.

JOSEPH LEMOYNE, SIEUR DE SÉRIGNY. — Mr Joseph Le-
Moyne, Sieur de Sérigny, fut le digne émule de son frère
d'Iberville sur terre et sur mer. Il était le sixième fils
de Mr de Longueuil et avait reçu le jour à Villemarie, le
22 Juillet 1668. Etant passé en France, il fut chargé,
comme il a été dit, de conduire l'escadre avec laquelle
Mr d'Iberville devait s'emparer de la Baie d'Hudson. Après
s'être couvert de gloire sur ce vaste théâtre, il s'illustra
davantage encore à la Floride et à la Louisiane. Les Espagnols, aussi vains alors qu'ils sont séditieux aujourd'hui,
s'étant adjugé pour leur part l'Amérique Septentrionale,
avaient en conséquence, après la mort de Mr de la Salle,
pris possession de la Floride, et, pour empêcher les Français
d'y revenir, s'étaient fortifiés dans la Baie de Pensacola.
Mr de Sérigny, de concert avec ses frères, résolut de les
en chasser. Il les attaqua donc, mais avec tant de vigueur,
qu'ils ne purent tenir et qu'ils furent contraints d'abandonner honteusement leur proie. Après cet éclatant triomphe, n'ayant plus rien à faire de ce côté, Mr de Sérigny
se rendit en Louisiane, et s'y employa à fortifier le pays.
Ayant choisi la Baie de Mobile pour en faire le centre
des opérations, il y fit élever un fort à quatre bastions.

En même temps, après avoir expulsé les Espagnols de l'Ile
Dauphin, comme il les avait expulsés de Pensacola, trouvant ce lieu plus sûr pour les vaisseaux, il y fit construire
une rade commode et spacieuse.

Il y avait deux ans que M$^r$ de Sérigny, déjà Lieutenant
de vaisseaux, y commandait, de concert avec ses frères,
lorsqu'étant passé en France, le 27 Juin 1720, il fut promu
au grade de Capitaine, " récompense, dit le Père Charle-
" voix, qui était bien due à sa valeur, à sa bonne conduite
" et au zèle avec lequel il avait servi le Prince depuis l'en-
" fance, n'ayant jamais monté à aucun grade dans la
" marine, qu'après s'y être distingué par quelque action
" marquante, ou par quelque service important." S'etant
alors définitivement fixé à Rochefort, il en devint Gouverneur en 1723 et y mourut en 1734, à l'âge de soixante-
six ans, laissant, de son mariage avec $^{Delle}$ Marie-Elizabeth
Heron, deux fils et une fille. A l'exemple de leur père, les
MM. de Sérigny entrèrent dans le service. L'ainé, après
avoir été fait Capitaine de vaisseaux, mourut à Rochefort
en 1753. Le cadet, vraisemblablement celui qui fut l'exécu-
teur testamentaire de M$^r$ de Bienville, Fondateur de la Nouvelle-Orléans, mourut le 7 Août 1792. Il avait fait toute
la campagne de Bohème et avait reçu deux blessures. Un
des fils de ce dernier, Amédée-Honoré-Ferdinand de Sérigny, décédé le 31 Mars 1843, à son Château de Luret,
où, en 1569, lors du siège de St. Jean d'Angely, était descendu le Roi Charles IX, avait été un des plus brillants
Officiers Supérieurs du Génie, et Chevalier de la Légion
d'Honneur. Deux autres du même nom, sans aucun
doute frères du précédent, ont fourni une carrière si honorable, que nous ne pouvons nous empêcher de reproduire
ce qu'en dit la feuille Saintongeaise, ne fût-ce que pour
montrer, une fois de plus, que le sang canadien n'a pas
dégénéré dans l'ancienne mère-patrie. Voici donc ce
qu'écrit ce journal d'alors : " Henri-Honoré LeMoyne de
" Sérigny, né dans l'Arrondissement de Rochefort, était,
" en 1789, Lieutenant de vaisseau. Pendant la révolution,

" il se tint à l'écart, plutôt par un sentiment honorable
" d'abstention, que par prudence personnelle. En l'année
" 1809, il fut appelé à la mairie de S^t Jean d'Angely, où
" il se fit remarquer par la fermeté de son caractère et
" par la sagesse de son administration. Il contribua de
" tout son pouvoir, en 1813 et 1814, à l'érection du petit
" Séminaire de S^t Jean, qu'un décret impérial, daté du 23
" Janvier 1813, venait d'autoriser. Sa correspondance
" avec l'Evèque de la Rochelle, au sujet de la séparation
" des différents élèves fréquentant l'école religieuse et
" l'école civile, est pleine de dignité et de bienveillance.
" Celle avec l'Université n'est pas moins remarquable.
" Dans sa lettre au Recteur de l'Académie de Poitiers,
" en date du 8 Novembre 1814, on remarque ce passage
" qui caractérisait l'enseignement de l'Université impé-
" riale : ' Cinq années de soumission au système univer-
" sitaire, trente mille francs de dépense pour le maintien
" du Collége de cette ville, m'ont convaincu que l'orga-
" nisation de ces écoles pouvait faire de très-bons conscrits,
" mais qu'il n'en sortirait jamais un membre de l'Institut,
" ni même un homme doué des connaissances les plus
" communes.' Dès lors, comme on le sait, l'habile ma-
" gistrat avait jugé le monopole universitaire et n'aurait
" point hésité à se prononcer pour la liberté de l'ensei-
" gnement. après laquelle soupire d'ailleurs tout homme
" sage et éclairé. Ses démèlés avec les hauts fonction-
" naires de l'Université durèrent une année, et il sut
" enfin, par son bon droit, autant que par l'énergie de
" son langage, mettre des bornes à l'envahissement de
" cette corporation.

   " Sérigny avait salué avec enthousiasme le retour des
" Bourbons. A l'arrivée de Napoléon en 1815, une pro-
" clamation du Maire de S^t Jean d'Angely, conçue dans
" un esprit d'opposition, lui valut une dénonciation en
" règle dont l'Empereur ne tint pourtant aucun compte. Il
" conserva Sérigny en disant *qu'il aimait des hommes de*
" *cette trempe de caractère.* Le Maire de S^t Jean fut, en

" 1815, chargé d'aller complimenter Louis XVIII au sujet
" de son heureux retour en France. En s'acquittant de
" cette haute mission, Sérigny sut encore ajouter à l'estime
" et à l'affection que lui avaient vouées ses concitoyens
" à l'égard de son intelligente et digne administration.
" Aussi, dès la première nouvelle de l'arrivée du Maire
" à St Jean d'Angely, la population entière accourut au
" devant de lui ; après avoir dételé les chevaux de sa
" voiture, elle l'entraîna avec enthousiasme jusqu'à la
" porte de son hôtel. Ce fut avec regret qu'en 1816 on le
" vit s'éloigner pour aller prendre, à Rochefort, la sous-
" direction des mouvements du port. Il est mort en 1824,
" au Château de Luret, près Tonnay-Boutonne.

" Henri LeMoyne de Sérigny, frère du précédent, né au
" Château de Luret, sur la Boutonne, en 1767, fut d'abord
" Ingénieur des constructions à Rochefort ; il créa dans
" le port certains établissements hydrauliques importants.
" Lorsqu'il eut sa retraite, il s'occupa d'agriculture et
" acquit la réputation d'un agronome distingué. Le 10
" Avril 1813, il fut nommé Maire de Rochefort et traversa
" des époques difficiles, de 1813 à 1829, avec un tempé-
" rament de sagesse et de modération qui honorèrent son
" administration. En 1817, il travailla à l'érection d'une
" école gratuite d'instruction primaire. L'année suivante,
" il obtint des fonds pour la création d'une bibliothèque
" publique qui renferme maintenant plus de huit mille
" volumes. Il apporta son contingent d'efforts à l'assai-
" nissement de la ville et de ses alentours ; il étendit les
" moyens d'irrigation des rues, ratifia le nivellement des
" pavés pour l'écoulement facile des eaux pluviales, et
" mérita bien d'une cité qui, grâce à de zélés et habiles
" magistrats, a été successivement amenée au point de
" prospérité et de richesse où nous la voyons aujourd'hui·
" La position de Mr de Sérigny, ses études particulières
" lui suggérèrent la pensée de travailler à l'amélioration
" et au desséchement des nombreux marais qui bordent la
" Boutonne. Sous ce rapport, il rendit à l'humanité

" d'éminents services.  Il fournit à l'*Annuaire* de Lacurie
" les notes relatives à ces marais et constatant les grands
" travaux qui restent encore à exécuter dans l'intérêt de
" l'agriculture et de l'hygiène publique.  Mr de Sérigny
" est mort le 30 Juillet 1848."

LOUIS LEMOYNE, SIEUR DE CHATEAUGUAY Ier.—Mr Louis Le-
Moyne, Sieur de Châteauguay, ainsi appelé de l'Ile concédée à son père, et où, en 1812, les Canadiens, sous les
ordres du Colonel de Salaberry, ont remporté sur les
Américains leur plus mémorable victoire, reçut le jour,
comme ses frères, à Villemarie.  La date de son Baptème
est le 4 Janvier 1676.  Il était le dixième fils de Mr de
Longueuil.  Ayant suivi, fort jeune, son frère d'Iberville
à la Baie d'Hudson, Mr de Châteauguay montra tout ce
qu'on devait attendre de son mâle courage.  A l'attaque
du fort Monsonis, dont on a parlé, après avoir inutilement
sommé les Anglais de se rendre, il se précipita dans la
place à la tête de ses hommes, et tombant sur l'ennemi au
moment où il pointait ses canons contre les Français, il
en fit un horrible carnage.  C'était en 1685.  Pendant les
années qui suivirent, il livra tant de combats, malmena si
fort les Anglais, que bientôt ceux-ci n'eurent plus, dans
toute l'étendue de ce vaste pays, que le fort Nelson   Ce
fort avait quatre bastions, était entouré d'un fossé profond
et comptait une nombreuse garnison.  C'était la place la
plus considérable du pays.  Il n'était pas prudent d'en
laisser la possession aux Anglais ; il fut donc décidé qu'on
l'attaquerait.  Le combat fut long et acharné.  Enfin, ne
pouvant plus tenir contre la fougue impétueuse des as-
saillants, la garnison se rendit.  Cette victoire fut payée
cher : Mr de Châteauguay fut blessé à mort, tout près de
son frère, et expira le 4 Novembre 1694, n'ayant encore
que 18 ans.

Sept ans auparavant, son frère François, né le 22 Septembre 1670 et le septième fils de Mr de Longueuil, était
aussi tombé en combattant pour son pays.  Etant allé
repousser un parti de Sauvages, suivant d'anciens docu-

ments, il fut atteint d'un coup d'arquebuse et succomba à
ses blessures. Son inhumation eut lieu à Villemarie, le
21 Septembre 1687. Nous ignorons s'il suivit son frère en
Louisiane et si c'est le même que celui auquel fut donné
le nom de Sieur de *Sauvole*, auquel on attribue un mémoire sur l'établissement des Français en Louisiane.

La famille LeMoyne de Longueuil avait ainsi perdu, en
peu d'années, trois de ses plus jeunes membres, au moment
où ils donnaient les plus riches espérances, lorsque Marie-
Anne, la seconde des filles, née à Villemarie le 13 Août
1678, épousa en cette ville, au mois d'Octobre 1699, Mr
Jean-Baptiste Bouillet de la Chassaigne, Capitaine d'une
Compagnie et Chevalier de St Louis. Voici l'acte de mariage : " Le 28 Octobre 1699, Mr Dollier de Casson, Grand
" Vicaire de Msr l'Evêque, ayant accordé dispense de 3
" bans, le mariage a été fait entre Jean Bouillet, Er, Sieur
" de la Chassaigne, Capitaine d'une Compagnie du déta-
" chement de la marine, âgé de 40 ans, fils de feu Godefroi
" Bouillet, Er, Seigneur de la Chassaigne, et de De Anne
" Bertault, ses père et mère, natif de Paray, en le Comté
" de Charolois, et Dlle Marie-Anne LeMoyne, âgée de 18
" ans, fille de feu Chs LeMoyne, Er, Seigr de Longueuil,
" et de De Catherine Primot, ses père et mère, de cette
" Paroisse. Le dit mariage a été fait en présence de L.
" Pezard, Sr de la Touche, Commissaire ordinaire de
" la marine et délégué de Mr l'Intendant, de Mre Charles
" Henri, Marquis de la Gouât, Capitaine d'une Compagnie
" du détachement, de Jacques LeBer, Ecr, oncle de l'épouse,
" de Chs LeMoyne, Er, Seigneur de Longueuil, et Paul
" LeMoyne, Er, Sr de Maricourt, tous deux Capitaines du
" détachement, et frères de l'épouse, et de plusieurs autres
" parents et amis. (Signé) :—Marguerite Gouât, Bouillet
" de la Chassaigne, Longueuil, Marie-Anne LeMoyne, Le-
" Ber, Elisabeth Souart, Maricourt, Noyan, Subercase, De
" la Touche, Elisabeth de Longueuil, Le Marquis de Gouât,
" Fois Dollier, Gd Vicaire, R. C. de Breslay, Ptre, faisant
" les fonctions curiales."

JEAN-BAPTISTE LEMOYNE, SIEUR DE BIENVILLE IIᵉ.—Mr Jean Baptiste LeMoyne, Sieur de Bienville IIᵉ, fut le célèbre Fondateur de la Nouvelle-Orléans. Il était le douzième fils de Mr de Longueuil et avait reçu le jour à Villemarie, le 28 Février 1680. Après avoir été Garde Marine successivement à Brest et à Rochefort pendant les années 1697 et 1698, Mr de Bienville passa en Louisiane, où il fut nommé Commandant en second, le 30 Avril 1702, puis peu après Lieutenant du Roi. Etant repassé en France quelques années après, il revint en Louisiane avec le titre de Commandant Général. C'était en 1723. Vers cette même époque, il fut fait Chevalier de Sᵗ Louis. Enfin, en 1732, après un nouveau voyage en France, il fut nommé Gouverneur Général de la Louisiane, le 25 Juillet, poste qu'il occupa de longues années, après quoi il se retira en France, où, après avoir déjà été promu au grade de Capitaine de vaisseaux en 1748, il reçut une pension de 4,800 livres à prendre sur le trésor royal.

Peu d'hommes réunirent à un plus haut point toutes les qualités qui font à la fois l'habile marin, le brave soldat et le sage administrateur. Lorsque Mr de Bienville succéda à Mr de la Mothe Cadillac dans le commandement général de la Louisiane, les Français occupaient encore Biloxi, l'Ile Dauphin, Mobile, Natchez et Natchitoches, malgré toutes les tentatives des Anglais pour les en déposséder. Ils avaient même commencé des habitations sur plusieurs autres points. Comprenant alors que les bords du Mississipi offraient une position plus avantageuse que les autres sites, pour former un vaste établissement, Mr de Bienville détermina l'emplacement et fit commencer les premiers travaux. Il jetait ainsi les fondements d'une ville qui devait être, en 1866, une des métropoles les plus riches et les plus populeuses du Nouveau Monde. Située à 30 lieues de l'Océan, cette ville naissante reçut le nom de Nouvelle-Orléans, en l'honneur du Duc d'Orléans, Régent du Royaume. Biloxi, d'abord chef lieu du pays, ayant été abandonné en 1732, par suite de la famine qui

avait sévi parmi les colons en 1721, la Nouvelle-Orléans
devint cette même année la Capitale de la Louisiane.
Quatre ans auparavant, les Espagnols ayant repris
Pensacola aux Français, avec intention de les expulser à
leur tour du pays, Mr de Bienville attaqua cette place par
terre, pendant que Mr de Champmeslin devait l'attaquer
par mer. La lutte fut des plus vives ; mais, après un
combat de deux heures et demies, la ville fut obligée d'ouvrir ses portes aux vainqueurs, afin d'éviter les horreurs
d'un assaut. C'est à la suite de ce brillant succès que les
Canadiens, qui s'étaient les plus distingués, reçurent de
l'avancement ou furent décorés de la Croix de St. Louis.

Mr de Bienville, après avoir été Commandant en Louisiane de 1723 à 1726, se trouvait en France, lorsqu'eut
lieu, sous Mr Perrier, son successeur, le massacre des
Français, auquel fait allusion Mde Benoist, petite-fille du
Chevalier. C'est un événement sur lequel il faut revenir.
Sous prétexte de chasse, les Natchez s'étaient armés et
répandus dans les habitations, et, au signal donné, se précipitant sur les Français, en avaient fait une horrible
boucherie : deux cents personnes de tout âge, de tout
sexe, furent en un instant poignardées ; soixante femmes
sur lesquelles furent commis toutes sortes d'outrages, et
cent-cinquante enfants, saisis comme les autres, furent
faits prisonniers. Cet affreux drame eut lieu le 28 Mai 1729,
Malgré l'énergie que déploya Mr Perrier, pour venger cet
attentat et en empêcher le retour, on eut lieu de regretter
l'éloignement de celui qui avait jusqu'alors maintenu la
sécurité dans le pays. La jalousie l'avait fait écarter ; la
justice le fit rappeler. Devenu Gouverneur Général,
Mr de Bienville s'appliqua à réparer les maux survenus
pendant son absence, et lorsqu'il quitta la Louisiane, il la
laissa dans l'état le plus prospère.

Mr de Bienville IIe mourut à Paris, à l'âge avancé de
quatre-vingt-huit ans, le 7 Mars 1768, sans laisser de postérité. Comme Epaminondas qui donnait à sa patrie
Leuctres et Mantinée pour éterniser sa mémoire, il put se

consoler de n'avoir pas d'héritiers de son nom et de sa gloire : il laissait à son pays la Louisiane organisée et la Nouvelle-Orléans fondée, éternels monuments de son génie, qui devaient porter son nom jusqu'à la postérité la plus reculée.

GABRIEL LEMOYNE, SIEUR D'ASSIGNY.—Mr Gabriel LeMoyne, Sieur d'Assigny, treizième fils de Mr de Longueuil, était né le 11 Novembre 1681.  Brave et intelligent, Mr d'Assigny suivit ses frères dans plusieurs expéditions et partout honora le nom des LeMoyne de Longueuil.  Suivant Mr Falconer et des papiers de famille, ce jeune guerrier, après s'être couvert de gloire à la Louisiane, sous la conduite de son frère d'Iberville, serait revenu malade à St Domingue, où il serait mort en 1701, ce qui expliquerait le silence gardé sur le reste de sa vie.  D'un autre côté, sous le nom d'Assigny, on voit Mr de Longueuil, d'abord Garde-Marine, puis successivement Lieutenant et Capitaine, devenu Major à Montréal, Lieutenant du Roi aux Trois-Rivières, après avoir été décoré de la Croix de St Louis, et enfin Gouverneur de Montréal en 1749 ; mais ce ne peut être que le IIe Baron de Longueuil, qui, pour honorer la mémoire de Mr d'Assigny, aura sans doute ajouté son nom au sien.  Espérons que, tôt ou tard, ce point d'histoire sera éclairci par ceux qui, ayant en main des documents, ont tenu jusqu'à ce jour à ne pas les communiquer.

ANTOINE LEMOYNE, SIEUR DE CHATEAUGAY IIe.—Mr Antoine LeMoyne, Sieur de Châteauguay, est le quatorzième et dernier fils de Mr de Longueuil.  D'abord Garde-Marine à Rochefort en 1698, puis Enseigne en 1703, étant passé en Louisiane, il fut fait Capitaine, puis devint Commandant des troupes en 1717.  L'année suivante, il fut nommé Lieutenant du Roi, et, peu après, reçut la Croix de St Louis.  En 1727, le Cabinet de Versailles, sur les témoignages rendus à sa capacité, l'appela à remplacer à la Martinique Mr de Brien, et dix ans après, le 7 Juillet 1737, le nomma Gouverneur de Cayenne  Mr de Châteauguay remplit ces

Ses commissions sont du 1er Janvier 1745. Mr de Chateaugay ne devait pas occuper longtemps ce poste. Etant repassé en France, il mourut à Rochefort, le 21 Mars 1747.

D'après Mr Falconer, déjà cité, bien qu'il n'indique ni la date de son mariage, ni le lieu où il fut célébré, Mr de Chateauguay aurait épousé, étant Capitaine, Melle Emilie de Fontaine ou de Frédailles. De son côté, Mr White dit qu'il laissa trois enfants, dont deux prirent du service. Mr de Beaujeu affirme à son tour qu'il laissa un fils : Jean-Baptiste LeMoyne de Chateauguay, lequel fut tué à la Martinique, pendant les troubles de 1791, et que ce dernier eut deux fils : Jean-Louis-Charles, et Jean-Louis-Armand, décédés sans postérité, l'un en 1792, l'autre en 1795. Quoiqu'il en soit, on retrouve vers cette même époque, soit à la Martinique, soit à Cayenne, plusieurs M. LeMoyne. Ainsi, l'un, après avoir été Procureur du Roi à la Martinique, devint Garde des Sceaux ; l'autre, après s'être distingué comme écrivain à Rochefort, à Toulon, à St Domingue, devint Conseiller, en 1743, en cette dernière place, puis Commissaire Ordonnateur à Cayenne, en 1747.

## IIo CHARLES LEMOYNE, Ier BARON DE LONGUEUIL.

Mr Charles LeMoyne, dont nous avons remis à parler ici, afin de mieux établir la filiation, était le fils aîné de Mr Charles LeMoyne de Longueuil et de Dame Catherine Primot. Il reçut le jour à Villemarie, le 10 Décembre 1656, et à cause de sa bravoure, fut surnommé le *Machabée*

1 Mr d'Orvilliers était fils aîné de Mr Gillonet d'Orvilliers, porté sur la liste en 1685, par le Ministre Segnelay, pour être envoyé en Canada. Un de ses frères, après avoir été Lieutenant, puis Capitaine en Canada, ayant été promu au grade de Capitaine de frégate à Rochefort, avait déjà, comme Mr d'Orvilliers père, rempli lui-même plusieurs années les fonctions de Gouverneur à Cayenne.

*de Montréal.* Suivant d'anciens documents, Mr C. de Longueuil étant passé en France, s'y serait distingué à la guerre de Flandre, avant de s'immortaliser en Canada par sa belle conduite. Il était à peine de retour dans la Nouvelle-France, que, frappé de son mérite incontestable, le Gouverneur de la Barre le recommanda au Ministre pour les fonctions de Major de Montréal, en remplacement de Mr Bizard. [1] " C'est, disait ce Gouverneur, un " jeune homme de vingt-sept ans, qui, ayant été élevé près " de Mr le Maréchal d'Hunières, et ensuite fait Lieutenant " d'Infanterie, sait le métier et est en état de bien servir " Il est fils de Mr LeMoyne, dont je vous ai ci-devant " parlé."

Cette même année 1683, Mr de Longueuil épousa Melle Claude-Elizabeth Souart d'Adoucourt, sœur de Mr le Chevalier Dominique Souart d'Adoucourt, Brigadier des armées du Roi, mort au Château de Bayonne en 1740, et nièce de Mr Gabriel Souart, qui, comme on l'a dit ailleurs, remplit pendant longtemps, à Villemarie, les premières charges du ministère pastoral. Quinze ans après, en 1698, devenu père de plusieurs enfants, Mr de Longueuil agrandit les domaines [2] que lui avait laissés son illustre père, en y ajoutant cinquante arpents de front sur cent de profondeur. Le document qui en fait foi mérite d'être conservé, car il montre que la famille de Longueuil, justement célèbre par ses exploits militaires, ne l'est pas moins par son esprit d'entreprise et les établissements qu'elle forma.

---

1 C'est celui qui a donné son nom à l'Ile ainsi appelée. Il commanda plusieurs années à Montréal, en l'absence du Gouverneur. Un de ses fils passa en Louisiane, où il fut successivement promu au grade de Lieutenant et de Capitaine.

2 Par son testament, en date du 30 Janvier 1685, Mr de Longueuil, alors malade dans sa maison de ville, rue St Paul, avait légué deux mille livres à son épouse. D'après l'inventaire qui en fut fait, ses biens formaient un capital de trente mille trois cents livres, et se décomposaient ainsi: Fief de Châteauguay, dix mille livres: Fief de Maricourt, dix-huit cents livres: Concession de la Chine, mille livres; propriété à la Pointe St Charles, cinq mille livres; maison de ville, onze mille livres; autre emplacement, mille cinq cents livres.

Le voici : " Sur ce qui nous a été représenté par Charles
" LeMoyne, Ecuier, Sieur de Longueuil, qu'il possède
" une terre en fief, appelée Longueuil, située sur le bord
" du fleuve, vis-à-vis la ville de Montréal, contenant deux
" lieues de large sur une lieue et demie de profondeur,
" excepté cinquante arpents de front, qui n'ont de pro-
" fondeur que cent arpents, laquelle terre a été concédée à
" feu Charles LeMoyne, son père, sur laquelle il a fait bâtir
" un fort flanqué de quatre tours, le tout en maçonnerie,
" avec un Corps de garde, une belle Eglise et plusieurs
" grands corps de logis, le tout aussi en maçonnerie,
" construit hors le dit fort, et concédé à un certain
" nombre d'habitants toute l'étendue de la dite terre, à
" l'exception de ce qu'il a réservé pour son domaine, les-
" quels habitants, aussi bien que lui, travaillent à la mettre
" en culture et valeur ; et comme il désire, si Sa Majesté
" l'a pour agréable, augmenter la dite terre et y établir
" plusieurs villages, il nous a requis de lui concéder la
" profondeur, en sorte qu'il ait jusqu'à trois lieues et
" demie sur toute la largeur, à partir du fleuve : ayant
" égard à l'exposé ci-dessus, et étant informés que la cons-
" truction du dit fort et de l'Eglise, des corps de logis et
" des autres bâtiments construits à neuf, lui ont coûté plus
" de soixante mille livres, nous, sous le bon plaisir du Roi,
" avons donné, concédé et accordé au dit Sieur de Lon-
" gueuil la profondeur derrière sa dite terre, pour s'étendre
" à l'avenir jusqu'à trois lieues et demie, sur toute la
" largeur." En 1700, la concession faite primitivement à
son père, et comprenant, outre les cinquante arpents de
terre de front sur cent de profondeur dont on vient de
parler, l'Ile Ste Hélène, l'Ile au Héron, plus l'étendue de
terre joignant celle du Sieur de Varennes, et une autre
aboutissant à la Prairie, le tout réuni en un seul Fief,
appelé Longueuil, fut ratifiée par un arrêt du Conseil
Supérieur, en daté du 23 Avril.

Trois mois auparavant, le 26 Janvier, tant pour reconnaitre les services que Mr de Longueuil avait rendus à la

Colonie, soit au siège de Québec en 1690, où il fut blessé,
soit dans la guerre contre les Iroquois, où il avait eu un
bras cassé, que pour l'encourager à continuer les travaux
de défrichement et à former de nouveaux établissements,
Louis XIV l'avait créé Baron et avait érigé sa Seigneurie
de Longueuil en Baronnie, faveur qui ne fut accordée
qu'à très-peu de particuliers. Cette distinction fait trop
d'honneur au pays pour que nous ne consignions pas ici
l'acte qui en fait foi : "Pour se conformer à nos desseins
" dans l'établissement du Canada, est-il dit dans l'édit royal,
" Mr LeMoyne a fait une dépense considérable, afin de
" placer des habitants sur la terre et Seigneurie de Lon-
" gueuil, dans laquelle il a travaillé à établir trois Paroisses ;
" et pour la conservation des habitants pendant la guerre,
" il a fait bâtir à ses frais un fort flanqué de quatre tours,
" en maçonnerie, avec un Corps de garde, plusieurs grands
" corps de logis et une belle Eglise, un moulin et une
" brasserie très-utile à la Colonie, le tout accompagné
" d'un nombre considérable de domestiques, chevaux et
" équipages, tellement que la dite Seigneurie est à pré-
" sent une des plus belles de tout le pays, et la seule for-
" tifiée et bâtie de cette manière, qui a considérablement
" contribué à la conservation de tous les habitants des
" Seigneuries voisines ; laquelle terre est d'un revenu
" considérable par les excessifs travaux qu'il y a faits, en
" y entretenant ordinairement trente ouvriers, ce qu'il
" est en état de soutenir et de tenir un rang de distinction
" appuyé sur le mérite et la vertu. A ces causes et autres
" nous mouvant, avons créé, érigé, élevé et décoré, créons,
" érigeons, élevons et décorons la dite terre et Seigneurie
" de Longueuil, en titre, nom et dignité de Baronnie ;
" voulons qu'il se puisse dire, nommer et qualifier Baron :
" qu'il jouisse des droits d'armes, blasons, honneurs, pré-
" rogatives, rang et prééminence en fait de guerre et
" assemblées de noblesse, ainsi que les autres Barons de
" notre Royaume. (Signé) Louis."

Mr de Longueuil, devenu ainsi Baron, puis fait, bientôt

après, Chevalier de S^t Louis, fut successivement Gouverneur des Trois-Rivières et de Montréal. Il cumula même les hautes fonctions de Commandant Général de la Colonie avec celles de Gouverneur de Montréal, comme étant le plus ancien des Gouverneurs particuliers des villes de Montréal et des Trois-Rivières, droit que lui conférait l'Ordonnance de Sa Majesté du 28 Janvier 1718. Ce commandement par intérim, qui ne faisait pas cesser ses commissions de Gouverneur particulier de Montréal, dura depuis la mort du Marquis de Vaudreuil, arrivée à Québec en 1725, jusqu'au 2 Septembre 1726, jour de l'enregistrement à Québec des lettres du Marquis de Beauharnois, comme Gouverneur Général. C'est alors que, de concert avec M^r Bégon, Intendant du Canada, M^r le Baron de Longueuil s'intéressa auprès du Ministre de la Marine pour faire obtenir des secours aux Sœurs de l'Hôtel-Dieu de Villemarie, et les aider à rebâtir leur maison incendiée en 1721. .

Quelques années auparavant, en 1710, M^r de Longueuil, toujours attentif aux besoins du pays, avait obtenu, sur la rivière Chambly, une nouvelle concession de terres de trois lieues de front, afin d'y faire construire des moulins à scie. Il venait de mettre la dernière main à cette œuvre, lorsqu'il fut appelé à défendre la Colonie menacée du plus grand danger. Malgré le rude échec essuyé en 1690 aux environs de Québec, les Anglais, reprenant leurs projets d'attaque contre le Canada, venaient de faire un armement considérable. C'était en 1711· Trois ou quatre mille hommes étaient partis de New-York pour surprendre Montréal, pendant qu'une flotte nombreuse faisait voile pour Québec. Grande fut alors la consternation. Aux deux armées ennemies, la Nouvelle-France n'avait à opposer qu'une poignée de combattants. D'autre part, Villemarie, entourée d'une faible palissade de pieux, était incapable de résister à l'artillerie. Dans cette extrémité, on eut recours à la protection de la très-sainte Vierge, dont on avait si souvent ressenti les heureux effets. Pen-

dant que des prières s'élevaient de toutes parts vers le
Ciel, Mr de Longueuil, jugeant qu'il était de la dernière
importance de ne pas laisser approcher l'ennemi, ras-
sembla tout ce qu'il put d'hommes, et, se mettant à leur
tête, se rendit à Chambly, par où devait passer l'armée de
terre, bien résolu à se laisser mettre en pièces plutôt que
céder le terrain.   En même temps, afin de montrer que
toute sa confiance était en Dieu, il fit porter devant lui
l'étendard de la très-sainte Vierge, ouvrage de Melle LeBer,
dont les prières valaient des armées.   Sa confiance ne fut
pas vaine : dans la nuit du 2 au 3 Septembre, au moment
où la flotte anglaise entrait dans le fleuve St Laurent, il
survint une si violente tempète, qu'en moins d'une demi-
heure, sept des plus gros vaisseaux anglais furent brisés
contre les rochers, et qu'un autre, atteint par la foudre,
vola en éclats.   Le lendemain, on trouva étendus sur le
rivage trois mille cadavres, parmi lesquels ceux des soldats
appartenant aux deux Compagnies de la Reine.   Effrayée
d'un pareil désastre, l'armée de terre se hâta de rebrousser
chemin. Le pays était sauvé encore une fois. C'est pour perpétuer le souvenir de ce grand événement, et en exécution
d'un vœu qu'avaient fait les Demoiselles de Villemarie,
que l'on fit bâtir, quelques années après, une Chapelle
sous le titre de *Notre-Dame de la Victoire*, Chapelle qui
subsista jusqu'en 1768, et qui, après avoir été reconstruite
alors, a été remplacée dans ces derniers temps par la belle
Chapelle de *Notre-Dame de Pitié*, un des plus riches et des
plus pieux Sanctuaires de Montréal, spécialement consacré aux réunions des Enfants de Marie et des Demoiselles de la Congrégation.

Neuf ans après l'érection de ce monument à jamais
glorieux, Mr le Baron de Longueuil, étant devenu veuf,
épousa en secondes noces, le 17 Septembre 1727, Melle
Marie-Marguerite LeGardeur de Tilly, veuve de Mr Pierre
de St Ours. Toute jeune, cette Demoiselle avait été placée
au Couvent des Ursulines de Québec, par Mr de Courcelles. Devenue grande, elle avait épousé Mr Joseph

LeGoués de Gray, ou de Grey, suivant d'autres, Capitaine
au régiment de Carignan. Après la mort de son époux,
elle s'était remariée à Mr de St Ours, Sieur d'Echaillons.
Cette troisième union fut de courte durée. Le Baron de
Longueuil, après avoir été successivement Lieutenant en
1687, Capitaine en 1691, Chevalier en 1703, Major de
Montréal en 1706, Lieutenant du Roi en 1710, Gouverneur des Trois-Rivières en 1720, et Gouverneur de Montréal en 1724, mourut le 7 Juin 1729, à Villemarie, où on
lui fit de magnifiques obsèques. La Baronne lui survécut
13 ans, étant morte dans la même ville, le 25 Février
1742, à l'âge avancé de 85 ans. De son mariage avec
Melle Souart d'Adoucourt, Mr le Baron de Longueuil laissa
plusieurs enfants : Marie-Elisabeth, Gabrielle-Charlotte,
Charles, Gabriel-François, nés à Villemarie ; Charles et
Paul-Joseph, nés à la maison seigneuriale de Longueuil.

### IIIº CHARLES LEMOYNE DE LONGUEUIL, IIe BARON.

Mr Charles LeMoyne de Longueuil, IIe Baron, et quatrième enfant du précédent, reçut le jour au Château de
Longueuil, comme on vient de le dire, et fut baptisé par
Mr Gabriel Souart, son grand-oncle. Suivant les registres
de Boucherville, il eut pour parrain Mr Jacques LeMoyne,
Sieur de Ste Hélène, et pour marraine Melle Anne Robutel,
fille de Mr Claude Robutel de St André, Seigneur de l'Ile
St Paul. Le Baptême eut lieu le 20 Octobre 1687, deux
jours après la naissance de l'enfant. Charles, son aîné,
baptisé à Villemarie le 10 Octobre 1686, était mort trois
jours après et avait été inhumé à Longueuil par le Curé
de Boucherville. Entré fort jeune dans l'armée, Mr de
Longueuil prit une part active à presque toutes les expéditions qui eurent lieu de son temps.

Il eut dans son plus jeune frère, Paul-Joseph, un digne
émule de ses vertus guerrières. Mr Paul-Joseph LeMoyne,
plus connu sous le nom de Chevalier de Longueuil, et qui
devint le chef de la seconde branche de la famille de

Longueuil, était né le 17 Septembre 1701, au Château de
Longueuil, treize ans après son frère Gabriel-François,
baptisé à Villemarie, le 30 Juillet 1688. Ayant pris aussi
de bonne heure du service, dès 1718 il fut fait Lieutenant
au régiment de Normandie. Après avoir commandé au
fort de Frontenac, il devint Gouverneur du Détroit, puis
des Trois-Rivières, et enfin de la citadelle et place de
Québec. Il se distingua en différentes campagnes, sous
les ordres de Mr de Rigaud de Vaudreuil, du Marquis de
Montcalm et du Chevalier de Lévis. C'est ainsi qu'en
1747, de concert avec le Chevalier Benoist, chargé de
prêter main forte à Mr de Vaudreuil dans son expédition
contre le fort George, on le vit au cœur de l'hiver, et malgré
le froid et la neige, faire soixante lieues à la tête de ses
hommes, raquettes aux pieds, et supporter d'incroyables
fatigues. C'est la même énergie, la même bravoure dans
les campagnes suivantes. Ayant épousé, en 1728, Melle
Marie-Geneviève Joybert de Soulanges, fille du Capitaine
Pierre Joybert de Soulanges et de Dame Marie-Anne
Becard de Grandville [1], il en eut deux enfants : Marie-
Geneviève, qui épousa à Québec, en 1752, le Chevalier de
Beaujeu ; et Joseph-Dominique-Emmanuel, Seigneur de
Soulanges et de la Nouvelle-Longueuil, qui, ayant pris
du service, devint le célèbre Colonel de Longueuil. Après
avoir été promu au grade de Capitaine, puis d'Aide Major
des troupes de la Marine, Joseph-Dominique-Emmanuel
épousa la veuve du Chevalier de Bonne de Lesdiguères,
tué au siège de Québec en 1759. Resté dans le pays après la
conquête, il fut un des intrépides défenseurs du fort St
Jean en 1775, et peu après, en 1777, fut nommé Inspec-

---

1 La famille Becard de Grandville a donné à la Colonie plusieurs
officiers civils et militaires distingués. Trois ont été promus au grade
de Capitaine, l'un en 1703, l'autre en 1716, et le dernier en 1736. Deux
ont rempli la charge de Procureur du Roi, l'un en 1695, l'autre en
1700. En 1672, Mr de Grandville, le premier cité, obtint, n'étant
encore qu'Enseigne, l'Ilet du Portage, auquel il fit ajouter, en 1696,
deux lieues de front sur trois de profondeur, et qu'il augmenta encore
en 1698 par l'acquisition des Iles Marguerite.

teur Général des milices, puis Colonel du régiment *Royal Canadien* en 1796, et enfin Conseiller Législatif sous Lord Dorchester, charge qu'il occupa jusqu'à sa mort, arrivée à Montréal, le 19 Janvier 1807. Quant à son père, le Chevalier de Longueuil, après avoir mérité, par ses longs et honorables services, la Croix de S$^t$ Louis, ne pouvant se déterminer à vivre sous la domination anglaise, il passa en France et mourut à Port Louis, le 12 Mai 1778, chez la Baronne Germain, sa nièce En 1734, il avait obtenu la Seigneurie de la Nouvelle-Longueuil, comprenant deux lieues de front sur trois de profondeur, concession qui fut ratifiée, l'année suivante. A son départ du Canada, il laissa à son fils cette magnifique propriété.

Le Chevalier de Longueuil ne s'était pas encore allié à la famille de Joybert, que déjà M$^r$ de Longueuil, appelé aussi M$^r$ d'Assigny, avait épousé, à S$^t$ Ours, le 29 Avril 1720, la jeune et belle Charlotte-Catherine de Gray, que sa belle-mère avait eue de son premier mari. Neuf ans après, n'étant encore âgé que de 42 ans, il était devenu II$^e$ Baron de Longueuil, à la mort de son père, arrivée, comme on l'a dit, en 1729. Après avoir servi comme Garde Marine à Rochefort, en 1705, et avoir été fait successivement Lieutenant en 1713, Capitaine en 1719, il fut nommé Major à Montréal en 1733, et reçut, l'année suivante, la Croix de S$^t$ Louis. C'est en cette qualité de Major, et comme cousin, qu'il assista, en 1743, au mariage du Chevalier Benoist, dont il leva des fonts sacrés, six ans après, le deuxième de ses enfants. A cette époque, en 1749, le Baron de Longueuil, après avoir rempli les fonctions de Lieutenant du Roi aux Trois-Rivières, était Gouverneur de Montréal. Deux ans après, en 1752, M$^r$ de la Jonquière, Gouverneur Général, étant venu à mourir, il administra la Colonie, comme l'avait fait son père, jusqu'à l'arrivée du Marquis de Menneville, qui eut lieu au mois d'Août de la même année. Dans cet intervalle, M$^r$ de Longueuil montra qu'en héritant des titres du I$^{er}$ Baron, il avait aussi hérité de ses sentiments élevés. Par un

9

effet de la malveillance, l'Hôpital-Général de Villemarie
était à la veille d'être supprimé. Déjà l'Ordonnance qui
prescrivait cette suppression venait d'être publiée à son
de trompe. M^de d'Youville, la digne Fondatrice de cet
Institut, en avait reçu une copie. Pour empêcher l'effet
de cette désastreuse mesure, M^r de Longueuil, de concert
avec le Lieutenant du Roi, le Major et les autres officiers
et magistrats, se hâta d'apposer sa signature à une supplique adressée au Ministre, en vue de faire révoquer les
ordres de la Cour. Cette supplique eut tout l'effet qu'on
s'en était promis : le funeste projet fut ajourné, puis
abandonné tout à fait.

Pendant que le Baron honorait ainsi le beau nom qu'il
portait, sa sœur Marie-Elisabeth faisait revivre dans le
Cloitre les vertus des plus ferventes Religieuses. Après
avoir rempli quelque temps les fonctions les plus enviées
auprès de la Duchesse d'Orléans, Melle de Longueuil,
n'éprouvant que du dégoût pour les faux plaisirs du
monde, résolut de se donner entièrement à Dieu. Elle
se présenta donc à l'Hôtel-Dieu de Québec. L'état de sa
santé ne lui permettant pas alors de donner suite à son
projet, elle le reprit, quelques années après, lorsque ses
forces se fûrent consolidées. Elle fit son entrée au Monastère en 1707, et, sous le nom de *Marie de l'Enfant Jésus*,
ne cessa d'édifier ses sœurs par la pratique de la plus
aimable piété, jusqu'à sa mort qui arriva le 15 Décembre
1711, alors qu'elle n'était encore que dans sa vingt-septième
année.

Après avoir rempli les fonctions de Gouverneur de
Montréal à la satisfaction de tout le monde, M^r le Baron
de Longueuil vit aussi arriver la fin de sa carrière. Il
mourut le 17 Janvier 1755, à l'âge de soixante et sept ans
et deux mois. Son épouse, la douce et pieuse Charlotte-
Catherine de Gray, délicate de santé, était décédée, à
Villemarie, trois ans après sa mère, le 11 Septembre 1745,
n'étant âgée que de quarante-neuf ans. De ce mariage sont
nés seize enfants, de 1721 à 1739 : Marguerite-Charlotte,

Catherine, Pierre-Amable, Joseph-Thomas, Jean-André, Marie-Catherine et Marie-Agathe, sœurs jumelles, Marie-Antoinette, Marie-Angélique, François-Augustin, Louis-Étienne et Agnès-Joseph, enfants jumeaux. A part Charles-Jacques, et une fille morte le jour même de sa naissance, tous ces enfants virent le jour à Villemarie. Marguerite-Charlotte, l'aînée, épousa à Montréal, le 7 Août 1759, Mr François Maizières de Maisoncelle, Capitaine dans les troupes de la marine ; Agnès-Joseph, la plus jeune, contracta mariage avec Mr Joseph Germain, Capitaine d'Infanterie, qui, étant passé en France après la conquête, fut fait Baron, et devint successivement Gouverneur de Port-Louis et de L'Orient. Les autres moururent pour la plupart à la fleur de l'âge.

#### IVo CHARLES J. LEMOYNE DE LONGUEUIL, IIIe BARON.

Mr Charles-Jacques LeMoyne de Longueuil, fils aîné du précédent, naquit au Château de Longueuil, le 26 Juillet 1724, et fut tenu sur les fonts baptismaux par le vainqueur de la Monongahéla, Mr Daniel Liénard de Beaujeu, Chevalier de St. Louis, et par Melle D'Amours de Clignancourt.

Entré de bonne heure dans le service, ainsi que son frère Jean-André, appelé Sieur de Bienville, qui mourut en 1751, étant Enseigne d'Infanterie, Mr de Longueuil avait été élevé au grade de Capitaine et décoré de la Croix de St Louis, lorsqu'il épousa, à Montréal, le 7 Janvier 1754, Melle Marie-Anne Fleury d'Eschambault, fille de Mr Joseph Fleury, Sieur d'Eschambault, Agent principal de la Compagnie des Indes, et de Dame Catherine Veron de Grandmesnil.

L'année suivante, son père étant venu à mourir, Mr de Longueuil lui succéda dans ses titres et devint ainsi IIIe Baron, honneur dont il ne devait pas jouir longtemps. Cette même année, en effet, étant allé joindre, à la tête

d'un parti de Sauvages, le Baron Dieskau, partant pour la
fatale expédition contre le fort Edouard, le Baron ne
revint pas.  Il avait sans doute trouvé la mort dans la
déroute de l'armée française, abandonnée, au plus fort
du combat, par les perfides Iroquois.  C'est du moins ce
que donne à entendre la dépêche du Marquis de Vaudreuil,
en date du 27 Septembre 1755, et rendant compte au
Ministre de la défaite du Baron Dieskau, arrivée le 8 du
même mois.  " La plupart des Canadiens et des Sauvages,
" dit-il, tombèrent en embuscade d'Anglais, venus du fort
" Lydius (Edouard), et les Sauvages eurent plusieurs
" blessés.  Mr le Baron de Longueuil, qui était à la tête
" des Sauvages, voulut forcer l'ennemi.  Il fut blessé au
" bras, et ayant toujours avancé, les Sauvages ne le
" revirent plus.  On pense qu'il est resté dans cette embus-
" cade."

Lorsqu'il partit pour cette funeste expédition, le Baron
de Longueuil laissait son épouse enceinte.  Le 21 Mars
1756, elle mit, en effet, deux enfants jumelles au monde :
Marie-Catherine-Joseph, qui mourut au mois d'Août
suivant, à la Longue-Pointe, où elle était en nourrice, et
Marie-Charles-Joseph.  Ne pouvant croire que son mari
était mort, bien qu'il le fût depuis plus de six mois, et se
flattant toujours, comme on le lui faisait espérer dans la
famille, que le Baron n'était que prisonnier chez l'ennemi
ou même chez les Sauvages, M$^{de}$ de Longueuil ne permit
pas que, dans l'acte de Baptème, on ajoutât *qu'il était
mort*.  Bien plus, dans cette illusion, elle s'abstint de porter
le deuil qu'on a coutume de prendre en pareille circonstance.  Ce ne fut qu'en 1759, lorsque tout espoir fût perdu,
qu'elle se laissa reconnaitre publiquement comme veuve,
en faisant présenter une requête au Juge Quiton de Mon-
repos, pour obtenir qu'on lui nommât un Curateur, comme
*mineure émancipée par mariage*, et un Tuteur et Subrogé-
tuteur à la petite fille mineure d'elle et de son mari.  La
Baronne était alors âgée de 18 ans, et sa fille en avait un
peu plus de trois.  Ayant, vers cette même époque, laissé

le Château de Longueuil, elle se retira à l'Hôpital-Général, qui offrait alors, avec une douce retraite, les agréments d'une société choisie et tous les secours de la Religion. On y voyait, en effet, Melle Marie-Anne Robutel de la Noue, dont il a été parlé, et devenue Mde de Châteauguay, Melle de Beaujeu, Mde de la Corne, Mde Louise Chartier de Lotbinière, épouse de Mr Larond, Mde de Ligneris, Mde de Verchères, Mde Sabrevois de Sermonville, Melle de Repentigny, etc.

Quinze ans après la mort de son mari, le 11 Septembre 1770, par licence du Gouverneur, la Baronne épousa en secondes noces, à Montréal, l'Honorable William Grant, Receveur Général de la Province du Canada, mais n'eut point d'enfants de ce deuxième mariage, en sorte qu'à sa mort la Baronnie passa à sa fille unique, Marie-Charles-Joseph, qui épousa à Québec, le 7 Mai 1781, le Capitaine David Alexander Grant, du quatre-vingt-quatorzième régiment, et neveu de l'Honorable William Grant. Cette dernière est morte à Montréal, le 17 Janvier 1841, dans la quatre-vingt-sixième année de son âge, regrettée de tout le monde, mais surtout des pauvres, et laissant deux fils et une fille.

### Vo CHARLES WILLIAM GRANT, IVe BARON.

Mr Charles-William Grant, fils aîné du Capitaine Grant et de Dame M.-C.-J. de Longueuil, devint, après la mort de sa mère, IVe Baron de Longueuil.

Suivant Mr de la Chenaye, qui fait autorité en cette matière, Mr Grant appartenait à une famille des plus illustres. Voici, en effet, ce qu'il atteste dans un écrit, contresigné par le Comte de Blauzy, le Duc d'Harcourt, etc. : "Je, soussigné, François-Alexandre de la Chenaye " des Bois, généalogiste, certifie avoir vu et examiné tous " les titres originaux de la famille des Grant, de Nor- " mandie, originaire d'Ecosse. Je déclare que les dits " titres sont des mieux en règle et qu'ils prouvent, par

" degré et filiation bien établis, que cette famille, conduite
" d'Ecosse en France et en Normandie vers 1350, par
" Jean Gray, Ambassadeur d'Ecosse en France, avec
" Tassin et Guillaume Grant, qui ont toujours fait leur
" résidence depuis près de 450 ans dans cette province,
" laquelle famille est représentée aujourd'hui par Mr
" Grant de Blairfendie, Colonel des Dragons, Aide-Maré-
" chal des Logis des armées de France, Mr Grant, Seigneur
" de Plainville, Mr Grant, Chevalier et Seigneur de Vaux,
" etc., Mr Grant, Vicomte de Vaux, son fils, et Mr Charles
" Romain Grant, son petit-fils, MM. Grant, Officiers des
" Gardes du Corps, Mde des Méliers de Quetteville, née
" Grant, et MM. Grant de Souchey, du Glefien, tous
" militaires, et plusieurs Chevaliers de St Louis, descen-
" dants d'une race noble et très-ancienne, et qui ont leurs
" résidences au Château de Grant en Ecosse, à Paris, à
" Quetteville, à Plainville, au Souchet, à Vaux, au Pont
" de l'Arche, etc. ; je déclare, dis-je, que cette famille est
" noble. En foi de quoi j'ai délivré le présent certificat,
" pour servir et valoir ce que de raison. A Paris, ce
" 20 Juin 1782. (Signé) DE LA CHENAYE."

Pendant que son frère prenait du service et était promu
au grade de Capitaine, le Baron Grant devenait membre
du Conseil Législatif, où, ainsi que l'Honorable William
Grant, il occupa toujours une place marquante. Ayant
épousé la fille de l'Amiral Coffin, il en eut deux enfants,
un fils et une fille. Il est mort à Kingston, à sa résidence
de Aylwing-House, le 5 Juillet 1848, à l'âge de soixante
et huit ans.

### VI° CHARLES JAMES IRVINE GRANT, V° BARON.

Mr Charles-James-Irvine Grant, fils unique de l'Honorable William Grant et de Dame Coffin, né à Montréal, le
1er Avril 1815, entra d'abord dans l'armée, où il servit
dans le soixante-dix-neuvième régiment en qualité de
Lieutenant. Il quitta ensuite le service et épousa Miss

Henriet Gregor Cormore, dont il eut deux fils et une fille.
Ayant perdu son épouse en 1847, le Baron s'est remarié
à Charleston, Caroline du Sud, le 18 Janvier 1849, à Melle
Anna Trapman, seconde fille de Mr Lewis Trapman,
Consul de Brenan, et en a eu plusieurs enfants, qui,
ainsi que leurs parents, résident présentement en Angleterre.

Quant à Marie-Elizabeth, sœur du IVe Baron de Longueuil, elle a épousé Fortuné-Charles de Montenach,
Ecuyer, Lieutenant au régiment de Meuron, de famille
patricienne de Fribourg, en Suisse, et descendant des
anciens Barons de Montenach, dont l'origine remonte au
XIIe siècle. Après avoir occupé une place distinguée à
la Chambre d'Assemblée, Mr de Montenach est mort à
Montréal, le 22 Mai 1832. De ce mariage sont nés quatre
enfants, trois filles et un fils. Melle Emma, l'ainée des
filles, épousa, le 1er Mars 1832, le Capitaine Pritchard, du
cinquante-deuxième régiment, retraité aujourd'hui avec
le grade de Colonel, et décoré d'une médaille d'honneur
pour ses services et les glorieuses blessures qu'il a reçues
dans la péninsule. Mde Pritchard est morte à Montréal,
le 29 Juin 1848, laissant deux enfants : Emma, présentement épouse du Comte Quiqueran de Beaujeu, fils
ainé de l'Honorable George René Saveuse de Beaujeu et de
Dame Adélaïde-Catherine-Susanne de Gaspé ; et Charles,
lequel, étant entré dans l'armée en 1856, est mort à
Gibraltar, Lieutenant dans le cinquante-cinquième régiment, après avoir fait la campagne de Crimée. La deuxième
des filles, Melle Wilhelmine-Duding, a épousé, en Octobre
1833, Mr Olivier-Joseph-Elzéar Perrault de Linière, Ecr.,
ainsi appelé de l'un de ses Fiefs et en mémoire de son
oncle maternel, le Colonel Linière. Mr Perrault est fils
ainé de l'Hble Jean-Olivier Perrault, mort en 1827, Seigneur,
Conseiller Législatif et Exécutif, Juge de la Cour du Banc
du Roi à Québec, et de Dame Louise-Marie Taschereau,
fille de l'Hble Thomas-Jacques Taschereau, Conseiller,
Seigneur et Patron de plusieurs Seigneuries dans la

Beauce, lequel descend d'une très-ancienne famille noble
de Touraine, alliée au Marquis de Bercy, de Norion, de
Bréhau et de Galard. De ce mariage sont issus cinq
enfants, dont Melle Marie-Victoria-Harline, née le 9 Juin
1844, est la seule survivante. Enfin, la troisième des
filles a épousé le Lieutenant-Colonel Whyte, du septième
Hussards, résidant à présent sur ses domaines en Irlande.

Mr Charles-Théodore de Montenach, frère des précédentes, après avoir servi plusieurs années aux Indes,
comme Capitaine dans le quinzième régiment, est revenu
en Canada, où il remplit les fonctions de Major de Brigade.
Le vœu de ses compatriotes l'appelle à remplir la place
vacante par la mort du Colonel Suzor.

A la famille de Longueuil se rattachent, suivant l'ouvrage : *Les Ursulines de Québec,* par Mr Jean LeMoyne, également originaire de Normandie, les familles LeMoyne
si répandues dans les Districts de Québec et des Trois-
Rivières. D'après une lettre que nous avons sous les
yeux, il semblerait qu'il existe aussi, en France, des
membres de cette famille. Voici cette lettre. Elle est
adressée à Mgr de Charbonnel, alors à Paris : " Monsei-
" gneur, je viens d'apprendre, par les journaux, que vous
" êtes à Paris pour quelques jours. Veuillez me permettre
" de m'adresser à vous, pour vous prier de me donner
" des renseignements sur la famille de Longueuil qui
" habite Montréal. Comme je porte le même nom, et que,
" par tradition de père en fils, je sais qu'une branche de
" ma famille est établie en Canada, je serais très-heureux
" de me rattacher à elle. Votre, etc., le Mquis de Longueuil.
" Au Château de Touranges, Département de l'Allier, ce
" 21 Août 1841."

Armoiries
du
Vandreuil

BOUGAINVILLE.

LEVIS.

L'H.<sup>ble</sup> P. CHAUVEAU.

L'H.<sup>ble</sup> G. CARTIER.

# LA FAMILLE DE VAUDREUIL.

Si, pour qu'une famille soit illustre, il faut qu'à une longue suite de nobles aïeux elle joigne de grandes charges, un mérite rare, on peut dire que la famille de Vaudreuil ne le cède à aucune autre. La noblesse des Rigaud remonte aux temps les plus reculés. Dès 879, sous le règne de Louis le Bègue, on les voit figurer sur la liste des Gentilshommes du Royaume. Avec le temps, la maison de Vaudreuil n'a fait qu'augmenter en importance. Par ses alliances avec les Dauriac, les Montlaur, les Montblanc, non moins que par ses emplois à la Cour, elle était devenue une des plus marquantes de France. C'est ainsi qu'en 1597, un Mr de Rigaud, Seigneur et Baron de Vaudreuil, occupe le rang de Gentilhomme du Roi ; de 1560 à 1567, une Dame de Rigaud est Dame d'Honneur d'Elisabeth d'Autriche, épouse de Charles IX. Sans entrer dans la longue filiation de cette famille, qui se divise en deux branches, dont la première ne s'éteint qu'en 1558, et dont la seconde s'est perpétuée jusqu'à nos jours, ne comprenant pas moins de onze générations, qu'il nous suffise de dire que c'est à cette dernière branche qu'appartiennent les Vaudreuil du Canada, qui ont laissé un nom impérissable. L'honneur qu'eut le Chevalier Benoist de servir sous le dernier Gouverneur de ce nom, et d'être le compagnon d'armes de l'un de ses frères, est un motif de plus pour mentionner ici cette grande famille.

10

## Iº philippe de rigaud, marquis de vaudreuil,
### Ier .gouverneur du noɔ.

Mr Philippe de Rigaud, dit le Chevalier, puis le Marquis de Vaudreuil, est le premier de cette famille qui passa en Canada. Il était fils de noble homme Jean-Louis de Rigaud, Seigneur et Baron de St Cornette, Commandant l'arrière Banc de la Sénéchaussée de Lauragais, et de Dame Marie de Chateau-Verdun. Il avait trois frères et six sœurs. Une d'elles, Anne, épousa Mr Pierre d'Azèmar de Lantagnac [1]; deux autres se firent Religieuses, en 1669; au Couvent des Ormeaux de Castres. Apres la mort de son père, arrivée en 1659, Mr de Vaudreuil entra dans la première Compagnie des Mousquetaires du Roi, où il servit jusqu'en 1676, après avoir été fait successivement Brigadier et Colonel. Onze ans après, c'est-à-dire en 1687, ayant été nommé Commandant du détachement des troupes de la Marine, entretenues par le

---

1 Illustre en France, la maison de Lantagnac ne le fut pas moins en Canada. En France, les Lantagnac étaient Comtes d'Orange, Seigneurs de Montelimar, de la Garde et de Grignau, Barons d'Aps, de Rochemaure. Lorsque survint la révolution, ils furent l'appui du trône. Maurice de Lantagnac, Page de Louis XVI, ne voulut jamais abandonner cet infortuné Monarque. Trois autres payèrent de leur vie leur attachement à la cause sacrée des Bourbons; ce furent Jean de Lantagnac, Chevalier de St. Louis, et ses deux fils. Ils furent massacrés le 9 Septembre 1792, à Versailles. En Canada, les Lantagnac ne dégénèrent pas. Le premier qui vint s'y fixer fut le Chevalier Gaspard Adhemar de Lantagnac, petit-fils d'Adhémar de Lantagnac, qui épousa Melle A. de Vaudreuil, et fils de M. de Lantagnac, Gouverneur de la ville de Mantoue, comme son père. Il fut longtemps Major de la place et Gouverneur de Montréal. Ayant épousé Melle Geneviève-Thérèse de Lino, il en eut un grand nombre d'enfants. Pendant qu'une de ses filles, Melle Marie-Anne de Lantagnac, epousait Mr de la Barre, Seigneur du Jardin, deux autres, Melles Geneviève-Françoise et Angélique de Lantagnac, embrassaient à Québec l'Institut des Ursulines, sous les noms de St Henri et de Ste Marie. Deux autres, Melles Jeanne et Thérèse de Lantagnac, firent profession à l'Hôpital-Général de la même ville. Enfin, une dernière entra à la Congrégation de Notre-Dame de Villemarie, où elle est morte en 1800, dans la soixante et troisième année de son âge, après quarante-six ans de profession. Mr Gaspard de Lantagnac avait un frère, Antoine de Lantagnac, qui a continué la lignée.

mesure de sa capacité et de son courage. A la faveur des ténèbres de la nuit, les Iroquois s'étaient rués sur la Chine et en avaient massacré les habitants : c'est l'horrible drame dont le souvenir s'est perpétué jusqu'à nos jours. Le nouveau Commandant part à l'instant, et, après avoir mis les meurtriers en fuite, les oblige à renoncer à leurs sinistres projets sur Villemarie. Deux ans ne s'étaient pas encore écoulés, qu'il lui fallut reprendre les armes. Ce ne fut pas cette fois contre les Iroquois qu'il eut à combattre, mais contre les Anglais, qui avaient chargé l'Amiral Phipps de s'emparer de Québec. A l'envoyé qui sommait le Gouverneur de se rendre, Mr de Frontenac fit entendre ces paroles mémorables : " Dites à votre " maître que c'est par la bouche de mes canons que je " vais lui répondre." L'habile Gouverneur n'avait pas trop présumé. Avec des hommes tels que M. M. de Vaudreuil, de Longueuil, Juchereau de St Denis, le succès ne pouvait être douteux. Phipps fût repoussé et contraint à se retirer honteusement, ainsi qu'il a été dit. C'est à la suite de cette belle défense, et en récompense de ses services, que Mr de Vaudreuil fut promu au grade de Capitaine de vaisseaux. Peu après, l'expédition contre les Iroquois ayant été résolue, le nouveau Capitaine fut mis à la tête d'un Corps de troupes. La conduite qu'il tint en cette brillante campagne fut si honorable, qu'à son retour il fut décoré de la Croix de St Louis.

Cette même année 1698, Mr de Frontenac étant venu à mourir et Mr de Callières lui ayant succédé dans le gouvernement de la Nouvelle-France, le Chevalier de Vaudreuil fut choisi pour remplacer ce dernier, comme Gouverneur de Montréal. On ne pouvait faire un meilleur choix. " Son activité, sa bonne mine, ses manières " nobles et aimables, sa popularité parmi les soldats, dit " Mr Garneau, le rendaient très-digne d'occuper cette " place." Il y avait deux ans qu'il remplissait cette charge

de Gouverneur, lorsque fut signé le traité de paix conclu
en 1698 avec les Iroquois.   Plus de treize cents Sauvages
s'étaient rendus à Villemarie pour cette circonstance :
c'étaient des représentants de toutes les nations, répandues depuis le golfe S$^t$ Laurent jusqu'aux bouches du
Mississipi.   Le traité fut solennellement ratifié le 4 Août.
Le Gouverneur Général, l'Intendant, le Commandant des
troupes, et même les Supérieurs ecclésiastiques, y appo-
sèrent leur signature.   Les Sauvages employèrent les
signes héraldiques de leurs nations : les Sonnonthouans
tracèrent une araignée, les Goyogouins un calumet, les
Onneiouts un morceau de bois en fourche, les Agniers
un ours, les Hurons un castor, les Abénaquis un che-
vreuil, les Outaouais un lièvre, etc.   C'est pendant ces
opérations que M$^r$ de Vaudreuil fut mis en possession du
fief auquel il a donné son nom.   " Sur la réquisition à
" nous faite par Messire Philippe de Rigaud, Chevalier
" de Vaudreuil, Capitaine des vaisseaux du Rôi, Gouver-
" neur de Montréal et de ses dépendances, est-il dit dans
" l'acte qui en fait fôi, de vouloir lui accorder une con-
" cession de langue de terre, située au lieu dit la  Pointe
" aux Tourtres, contenant sept lieues de front sur une
" demie de profondeur, pour pouvoir y faire des établisse-
" ments et y placer des habitants, nous lui donnons,
" accordons et concédons, par les présentes, la dite terre,
" pour en jouir, lui et ses ayant-cause, en toute propriété."
Cette concession fut ratifiée en 1716.

M$^r$ de Vaudreuil était Gouverneur de Montréal depuis
trois ans, lorsque, le 1$^{er}$ Août 1703, il fut appelé à succéder
à M$^r$ de Callières, décédé sur ces entrefaites.   Nul n'était
plus capable que lui de commander la Colonie en ces
temps difficiles.   Prudent, entendu dans les affaires, aimé
du peuple, redouté des Sauvages, il avait toutes les qualités
nécessaires pour faire face aux difficultés.   Aussi sa nomination fut-elle accueillie avec joie.   Dès la première
année de son administration, comprenant qu'il avait tout
à craindre des Sauvages, tant qu'il ne les retiendrait pas

dans son alliance, le nouveau Gouverneur s'appliqua à se les attacher. Les Colonies anglaises ayant essayé d'ébranler leur fidélité, Mr de Vaudreuil, pour les en faire repentir, permit à ces barbares de faire des incursions dans leur pays. Ces courses eurent l'effet qu'il en attendait : ces turbulents voisins n'osèrent plus s'éloigner de leurs habitations pour venir harceler les Français. Profitant de cette sécurité relative pour faire avancer les affaires de la Colonie, Mr de Vaudreuil, de concert avec Mr de Beauharnois, Intendant, était occupé à solliciter de la Cour des secours pour l'Hôtel-Dieu de Villemarie, lorsque tout à coup une armée formidable vint l'attaquer. Il s'agit de l'expédition anglaise dont il a été parlé plus haut. Enhardies par la prise de Port-Royal et décidées à faire à tout prix la conquète du Canada, les Colonies anglaises avaient mis sur pied six mille cinq cents fantassins, munis d'un train d'artillerie et de toutes sortes de machines de guerre, et équipé une flotte ne comprenant pas moins de quatre-vingt-huit vaisseaux de transport. Pendant·que cette flotte, sous les ordres de l'Amiral Walker, gagnerait Québec, le Général Nicholson, à la tète de quatre mille hommes, devait se porter sur Montréal, par la route d'Albany. Sans se déconcerter, M. de Vaudreuil rassemble à Villemarie les Sauvages et les exhorte à rester dans le devoir. Après s'ètre ainsi assuré de leur fidélité, il descend à Québec, bien déterminé à faire une vigoureuse résistance. On sait le reste. La tempète, la foudre éclatant à point, la flotte anglaise eut le sort de ces ennemis dont il est parlé dans l'histoire du peuple de Dieu. Elle ne laissa de traces de son passage qu'en jonchant le rivage de ses débris et des cadavres de ses soldats, monument irrécusable de la puissance du Dieu des armées. Rendant compte de ce désastre, Mr de Vaudreuil écrivait au Ministre : " Nous allons rendre " grâce à Dieu de la protection visible qu'il a bien voulu " accorder à ce pays. Tous ces peuples, quoique les mieux " intentionnés pour se défendre, conviennent que Dieu

" leur a fait de grandes grâces, en détruisant la flotte
" anglaise, sans qu'il en ait coûté une goutte de sang à
" cette Colonie. " N'ayant pas assez de monde pour pour-
suivre l'armée de terre, le Gouverneur la laissa se déban-
der, se contentant de rester sur la défensive. C'est à la
suite de cet événement mémorable, qu'il apprit la nouvelle
distinction dont le Roi venait de l'honorer, en lui conférant
le titre de Gouverneur de Rével, en Languedoc, le 24
Novembre 1710.

Deux ans après, le bruit d'une nouvelle attaque s'étant
répandu, Mr de Vaudreuil, après avoir rétabli le fort de
Makilimakinac et s'être assuré des dispositions des Sauvages, s'empressa de fortifier Québec. On vit dans cette
circonstance combien ce Gouverneur était apprécié. Pour
fortifier Québec, il fallait des ressources, et le pays était
épuisé ; les marchands n'hésitèrent pas un instant à faire
des sacrifices : ils lui avancèrent trente mille écus. Le
calme s'étant alors rétabli, Mr de Vaudreuil en profita
pour encourager l'agriculture et le commerce, qui prirent
de très-grands développements. Il établit en même temps
de sages réformes, et, dans le but de répandre l'instruction,
fonda plusieurs écoles. Par ses soins, une nouvelle division de Paroisses fut faite ; le pays fut partagé en quatre-
vingt-deux Paroisses : quarante-deux sur la rive gauche du
St Laurent, et trente-quatre sur la rive droite. Montréal
était sans défense ; il fit entourer cette ville d'un mur de
pierres, avec bastions. Enfin, en 1721, il ordonna un recensement de toute la population, qui se trouva être de vingt-
cinq mille âmes, dont sept mille à Québec, et trois mille à
Montréal. C'est à ces occupations si dignes d'un Gouverneur, que s'employa Mr de Vaudreuil de 1719 à 1721.
L'Hôtel-Dieu de Villemarie étant devenu, en cette dernière année, la proie des flammes, il s'appliqua avec le plus
grand zèle à le faire rétablir. C'est alors qu'en témoignage
de satisfaction et pour récompenser ses longs services, la
Cour de France, après l'avoir fait Commandeur de l'Ordre
de St Louis en 1712, le nomma Grand'Croix.

Vers ce même temps, et malgré le traité d'Utrecht, qui
assurait aux Français la libre possession de tout le pays
occupé par eux avant la guerre, les Colonies anglaises
cherchant à faire des empiétements, Mr de Vaudreuil, en
vue de les contenir et au besoin de les repousser, fit
élever le fort de Niagara.   Cette entreprise souffrit de
grandes difficultés, mais le Gouverneur tint ferme et le
Cabinet de Versailles l'approuva.   Louis XV, qui avait
succédé à son illustre père, lui écrivit, de sa propre main,
les lignes suivantes : " Le poste de Niagara est de la
" dernière importance, pour conserver le commerce avec
" les pays d'en-haut. "   C'est au milieu de ces travaux
d'une sage prévoyance, que Mr le Marquis de Vaudreuil
fut enlevé à l'amour de ses subordonnés.   Il mourut, le
10 Octobre 1725, au Château St Louis, après trente-huit
ans passés en Canada.   " Cette année, dit une pieuse Ursu-
" line, ce pays fut plongé dans le deuil par la mort de
" notre excellent Gouverneur, décédé au Château St Louis,
" à l'âge de quatre-vingt-quatre ans. C'est avec justice que
" nous l'avons pleuré, car, sous sa vigilante administration,
" le Canada a joui d'une prospérité jusque-là inconnue.
" Pendant vingt-deux ans, le cultivateur, le commerçant,
" le militaire n'ont eu également qu'à bénir son nom. "
    Pour lui survivre et perpétuer sa gloire, le Marquis lais
sait une nombreuse postérité. Il avait épousé, en 1690, Melle
Louise-Elizabeth de Joybert, fille de Mr Pierre de Joybert,
Seigneur de Soulanges et de Marson, en Champagne,
Commandant pour le Roi en Acadie, et de Dame Marie-
Françoise Chartier de Lotbinière.   Le mariage fut béni
le 21 Novembre par Msgr l'Evèque de Québec.   Le rôle
brillant que joua à la Cour de France la Marquise de
Vaudreuil fait trop d'honneur à sa famille, pour que nous
n'en parlions pas.   Mde de Vaudreuil avait été élevée par
les Dames Ursulines, qui, à cette époque, avec les Dames
de la Congrégation, étaient les seules Institutrices du
pays. " Suivant l'ouvrage déjà cité, la Marquise était une
" personne d'une vertu solide, d'un esprit supérieur, et

" douée de toutes les grâces qui font le charme d'un cercle
" d'élite. Une sagesse rare tempérait la vivacité de son
" caractère, et les attraits de sa figure étaient réhaussés
" par une exquise modestie. " Ce furent ces belles qualités qui lui valurent son élévation. Madame de Maintenon
ayant entendu faire son éloge, la fit nommer Sous-Gou-
vernante des Enfants de France en 1708. Après un
voyage assez périlleux, la Marquise arriva à Versailles,
où elle fut accueillie avec bonté par Mde de Maintenon, qui
la présenta au grand Roi. Elle fut chargée d'élever le
jeune Duc d'Alençon. Ce jeune prince étant venu à
mourir, la Marquise demanda à retourner en Canada.
Mais telle était l'estime qu'elle s'était acquise, que le Duc
de Berry, père du prince qui venait de mourir, ne put
jamais y consentir. Il la pria de rester et de se charger de
la conduite de ses autres enfants. Ne pouvant se refuser
à des instances si pressantes, Mde de Vaudreuil consentit
à demeurer. L'espoir qu'elle pourrait se rendre utile à ses
compatriotes entra aussi pour beaucoup dans cette détermination. Du moins elle ne se fit pas défaut de les
protéger. C'est ainsi qu'à l'exemple de son mari, qui
avait obtenu une pension pour la veuve de Mr de la Jemmerais, elle sollicita de l'avancement pour ses enfants :
" Le Sieur Silvain, écrivait-elle au Ministre, s'est privé du
" nécessaire pour élever les enfants de Mr de la Jemme-
" rais. Le second, qui est Enseigne dans les troupes,
" mériterait bien une Expectative en second, tant par
" rapport à lui qui est un bon sujet, qu'en considération
" des services de feu son père. " Dans le but de servir
aussi son pays d'adoption, et afin de rendre visite à son
épouse, le Marquis de Vaudreuil fit un voyage en France.
Il y séjourna deux ans, de 1714 à 1716, après quoi il
revint en Canada. Son épouse lui survécut quinze ans,
étant morte à Paris, au mois de Juin 1740. De ce mariage
sont nés douze enfants. Voici leurs noms : René, Louis-
Philippe, Pierre-Antoine, Jean, Pierre, Hector, François,
François-Pierre, Joseph-Hyacinthe, Marie-Louise, Marie-

Joseph et Louise-Elizabeth. Tous ces enfants virent le jour en Canada, à part peut-être Louise-Elizabeth. Trois d'entr'eux, René, Hector et François, moururent jeunes ; les autres fournirent presque tous une longue carrière. Dans l'impossibilité d'en parler longuement, nous ne ferons que les rappeler, gardant pour la fin celui qui, comme son père, devint Gouverneur de la Nouvelle-France.

LOUIS-PHILIPPE, DIT LE COMTE DE VAUDREUIL.—Mr Louis-Philippe de Vaudreuil, devenu l'aîné de la famille par la mort de René, son frère, épousa, le 22 Décembre 1723, Melle Elisabeth LeMoyne de Sérigny, fille de Mr Joseph LeMoyne, Sieur de Sérigny, Chevalier, Seigneur du Loiret, Capitaine des vaisseaux du Roi, Gouverneur de la Ville de Rochefort, et de Dame Marie-Elisabeth Héron.

Entré au service en 1698, il fut fait Capitaine de vaisseaux en 1738, et chef d'Escadre en 1748. Il n'avait pas encore été promu à ce dernier grade, lorsqu'il prit part au célèbre combat naval entre Mr de l'Estenduère et l'Amiral Hawke. Avec huit vaisseaux et deux frégates, Mr de l'Estenduère convoyait deux cent cinquante-deux navires marchands, en destination pour les Iles d'Amérique, lorsqu'il rencontra, entre les Caps Finistère et d'Ortégal, la flotte anglaise, forte de quatorze vaisseaux de ligne, trois frégates et deux brûlots. Une lutte des plus terribles qu'ait jamais vu l'Océan, ne tarda pas à s'engager. Il y avait près de huit heures que durait ce combat acharné. Déjà cinq des vaisseaux avaient amené leur pavillon, et les autres étaient hachés et leurs officiers criblés de blessures. Le *Tonnant* lui-même, que montait Mr de l'Estenduère, avait reçu huit cents boulets et avait plus de cent tués ou blessés à son bord. Poursuivi pas six vaisseaux ennemis à la fois, dégarni de ses mâts, de ses vergues, et faisant eau de toutes parts, il allait se rendre ou périr, lorsque le Comte de Vaudreuil, monté sur l'*Intrépide*, et commandant l'avant-garde française, s'élance au secours du *Tonnant*, passe à travers les vaisseaux anglais, en leur

11

lâchant une double bordée, et vient fièrement se placer
dans les eaux de son chef d'escadre. Seul, et bien qu'il
comptât plus de cent trente hommes baignés dans leur
sang, le *Terrible* tient tête à toute la flotte anglaise. Il
était huit heures et demie du soir. Etonnés du majes-
tueux dévouement de l'*Intrépide*, non moins qu'épuisés
par une lutte si meurtrière, les Anglais abandonnèrent
la partie. Sans attendre le retour dans le port, Mr de l'Estenduère écrivit, de son bord, à Mr de Vaudreuil, la lettre
suivante : " Mon cher Vaudreuil, jamais manœuvre n'a
" été plus belle, plus fière et plus distinguée que celle que
" vous avez faite. Vous m'avez tiré d'affaire avec un
" nombre de vaisseaux contre lesquels j'aurais été obligé
" de céder à la force. Nous pouvons dire que nous avons
" bien fait la manœuvre des convois, qui est de se faire
" hacher pour sauver la flotte. Je vous embrasse, mon
" cher Vaudreuil, de tout mon cœur ; je fais mes amitiés
" à tout votre Etat Major et je vous remercie de votre
" bon secours."

Après avoir passé par tous les grades inférieurs, le Comte
de Vaudreuil devint Lieutenant-Général des armées navales, et mourut le 27 Novembre 1763, laissant, de son mariage avec Melle de Sérigny, trois enfants : Louis-Philippe, dit
le Marquis de Vaudreuil, né le 28 Décembre 1724, lequel
épousa, le 13 Juillet 1752, Melle Jeanne-Rose Durand de
Beauval, dont il eut quatre enfants de 1754 à 1757, savoir :
Joseph-Louis, Jeanne-Françoise, Louise-Elizabeth et
Anne-Louise. Tous ces enfants moururent à la fleur de
l'âge : Joseph-Louis en 1766, Jeanne-Françoise en 1755,
Louise-Elisabeth en 1756, et Anne-Louise en 1760. Les
deux autres enfants du Comte de Vaudreuil furent : Louis
de Rigaud et Louise-Elisabeth.

Pendant que le Comte s'alliait ainsi à la famille de
Longueuil, sa sœur, Marie-Louise de Vaudreuil, née le
23 Juin 1701, épousait de son côté, vers 1728, Mr Gaspard
de Villeneuve, Seigneur de St Servin et de la Croselle.

' **PIERRE-ANTOINE, DIT LE BARON DE VAUDREUIL.**—Mr Pierre-

Antoine, Baron de Vaudreuil, frère du précédent, naquit le 30 Mars 1693. Etant entré dans l'armée, il devint Colonel d'Infanterie. C'est en cette qualité qu'il prit part au siége de Prague, où il fut tué, le 5 Septembre 1742.— Onze ans plus tard, mourut sa sœur, Marie-Joseph, née le 14 Août 1708.—Louise-Elisabeth, la troisième, née au mois de Septembre 1709, survécut de longues années à cette dernière, n'étant morte qu'en Novembre 1768.

JEAN DE RIGAUD, APPELÉ LE VICOMTE DE VAUDREUIL.— Mr Jean de Rigaud, Vicomte de Vaudreuil, venu au monde deux années après le précédent, épousa, en 1759, Melle Louise-Thérèse Leclerc de Fleurigny. Comme son frère aîné, le Comte de Vaudreuil, il parvint aux grades les plus élevés. Le Vicomte était Lieutenant-Général des armées, lorsqu'il mourut, laissant un fils de son mariage avec Melle de Fleurigny : Jean-Louis, né le 14 Février 1763. Devenu grand, le fils du Vicomte fut pourvu de la charge de Bailli de Bourboins et de Gravelines.

FRANÇOIS-PIERRE, MARQUIS DE RIGAUD.— Mr François-Pierre, Marquis de Rigaud, né le 8 Février 1703, épousa, en 1733, Melle Louise-Thérèse-Henriette de la Gorgendière, fille de Mr Joseph Fleury de la Gorgendière, Seigneur d'Eschambault, et de Dame Claire Joliet. Après avoir été promu au grade de Lieutenant en 1724, et été décoré de la Croix de St Louis en 1738, le Marquis de Rigaud fut nommé Lieutenant du Roi à Québec, le 23 Septembre 1748. Cette même année, il obtint, sur la rivière Maska, une vaste concession de six lieues de front sur trois de profondeur, concession qui fut ratifiée le 30 Avril de l'année suivante. Après la conquête, il passa, avec son épouse, en France, où il finit ses jours.

Avant d'être fait Lieutenant du Roi à Québec, le Marquis de Rigaud avait rempli les fonctions de Major aux Trois-Rivières. C'est en cette qualité qu'il fit la campagne de Serasto, en 1747, campagne à laquelle prit part le Chevalier Benoist, ainsi qu'il a été dit ailleurs. Devenu Gouverneur des Trois-Rivières en 1749, il rendit les ser-

vices les plus signalés à la Colonie, en payant de sa personne dans tous les combats. Il suivit le Général Montcalm
dans son expédition d'Oswégo, et décida en grande partie
de la victoire. A la tête de l'avant-garde, et malgré une
grèle de traits, il fit traverser la rivière à l'armée, sans
perdre un seul homme, faisant ainsi expier à l'ennemi
l'outrage qu'il en avait reçu, l'année précédente, lors
qu'étant sur l'*Alcide* [1], il fut pris et transporté en Angleterre. En 1757, une nouvelle expédition ayant été résolue
contre le fort George, le Gouverneur des Trois-Rivières,
aidé du Chevalier Benoist, vint reconnaitre la place.
Après avoir fait soixante lieues à travers des chemins
impraticables, étant arrivé en face de l'ennemi, il détrui-
sit une grande quantité de barques et de munitions de
toute espèce, à la vue du fort et sous le feu de son artillerie. C'est à la suite de cette campagne qu'il fut nommé
Gouverneur de Montréal, en remplacement du IIe Baron
de Longueuil, décédé en 1755. Cette nomination ne se
fit pas sans difficulté. Des représentations furent faites à
la Cour. Comme les notes qui furent échangées à cette
occasion peuvent intéresser l'histoire, nous croyons devoir
les reproduire.

La première de ces notes est de 1756. Elle est ainsi
conçue : " Le Gouvernement de Montréal est très-impor-
" tant en temps de paix, comme en temps de guerre. Il
" est toujours le centre des négociations et de toutes les
" correspondances avec les Sauvages. C'est là particulière-
" ment que se font tous les préparatifs pour les opérations
" militaires. Le Gouverneur Général est obligé par ces
" raisons d'y faire un voyage tous les ans ; mais lorsqu'il
" n'y est pas, le Gouverneur particulier se trouve souvent
" dans le cas de prendre sur le champ son parti sur les
" objets les plus intéressants. Le Sieur de Rigaud, qui a

---

1 Furent pris sur le même vaisseau, avec le Marquis de Rigaud :
MM. Dhelincourt, Capitaine ; Dubois de Crancé, Commissaire ordonnateur ; Geofroy et Dumoulin, Ingénieurs. Le Colonel de Rostaing, Chevalier, y perdit la vie.

" de très-bonnes qualités, ainsi qu'on l'observe dans un
" autre mémoire, n'aurait peut-être pas celles qui lui
" seraient nécessaires dans ces sortes de conjectures, où
" il n'aurait pas le temps de recevoir les instructions et
" les ordres du Gouverneur Général. On pense qu'il est
" à propos de le laisser dans le gouvernement des Trois-
" Rivières, dont il a bien rempli jusqu'à présent les objets
" qui sont simples, et de différer le remplacement de celui
" de Montréal jusqu'à l'année prochaine, afin de donner
" le temps de choisir un sujet que Sa Majesté puisse y
" destiner et sur lequel elle puisse même avoir des vues
" pour le Gouvernement Général, quand il viendra à
" vaquer. " Par cette note, qui explique la vacance pro-
longée du Gouvernement de Montréal, on voit une fois
de plus le rôle proéminent que continuait à jouer la ville
de Mr de Maisonneuve.

La seconde note est de 1757. Elle est également défavorable au Marquis de Rigaud. Le Roi ne voulant pas
alors prendre une détermination, sans consulter le Gouverneur Général lui-même, et celui-ci ayant déclaré que
si on nommait un autre que son frère pour Gouverneur
de Montréal, il serait forcé de le faire retirer du service,
en demandant pour lui à Sa Majesté une honorable
retraite, l'affaire fut de nouveau prise en considération.
Afin de déterminer le Roi à entrer dans ses vues, le Gouverneur Général fit représenter que la principale difficulté,
alléguée pour empêcher cette nomination, était aplanie,
puisque, par ses lettres cachetées, il avait pourvu à la place
de Gouverneur Général, en cas de vacance. " Il n'y a
" pas d'inconvénients à craindre, est-il dit dans cet autre
" mémoire, puisque par les lettres patentes expédiées de
" l'année dernière, le commandement de la Nouvelle-
" France est donné au Marquis de Montcalm, arrange-
" ment qui est tenu secret, les lettres patentes étant ren-
" fermées dans un paquet, dont l'Intendant est le dépo-
" sitaire, et qui ne doit être ouvert qu'en cas de mort du
" Gouverneur Général actuel. "

M<sup>r</sup> de Rigaud fut appelé à se prononcer lui-même. Sa réponse fut celle d'un homme aussi modeste que digne. " Le Marquis de Rigaud marque que cette place doit " regarder le Sieur d'Ailleboust, Lieutenant du Roi à " Montréal, ou le Sieur de Longueuil, Lieutenant du Roi " à Quebec. Il observe que le premier est le plus ancien " Lieutenant du Roi, mais il ajoute qu'il préférerait le " second, parce qu'il a beaucoup plus d'expérience et de " connaissance dans tout ce qui concerne le service de " la Colonie et qu'il a beaucoup de crédit sur les Sau- " vages, particulièrement sur les Iroquois." On voit là le langage d'un homme supérieur, " à qui, comme l'écri- vait son frère, on était redevable de la prise du fort de Chouëgen. "

Nonobstant cette réponse, le Marquis de Rigaud fut nommé Gouverneur de Montréal, poste qu'il remplit jus- qu'à la conquête. Alors, ayant obtenu une pension de deux mille livres à prendre sur le trésor royal, il passa en France, et se retira à S<sup>t</sup> Germain-en-Laye, ou, suivant d'autres, à Tours. Il eut plusieurs enfants, mais presque tous moururent en bas âge.

JOSEPH-HYACINTHE DE VAUDREUIL. — M<sup>r</sup> Joseph-Hyacinthe de Vaudreuil, le plus jeune des fils du premier Gouver- neur, était né à Québec, le 26 Juin 1706.

D'abord Enseigne d'Infanterie en Canada en 1714, étant passé en France en 1722, il entra dans le régiment des Gardes en qualité de Gentilhomme à drapeau, et fut fait Enseigne en second, le 24 Juin 1724. Il resta dans ce régiment jusqu'à la mort de son père, époque où il passa à S<sup>t</sup> Domingue et fut nommé Capitaine d'Infanterie. Cette même année 1726, ayant reçu le commandement des troupes, il les mena à la frontière. Quatre ans après, le 8 Mai 1730, il fut nommé Major du Petit-Goave, île de S<sup>t</sup> Domingue, d'où il passa, en 1734, à l'île à la Vache, avec le titre de Commandant. En 1740, après avoir com- mandé toute la partie sud de l'île, il fut nommé Lieute- nant du Roi, le 17 Janvier, puis, trois ans après, Comman-

dant de tout le camp français. Son avancement augmentant avec ses services, le 1er Novembre 1749, il fut promu au grade de Capitaine de vaisseaux et nommé Commandant des postes de l'Ouest et du Sud de St Domingue, Commandant Général de toute cette île, sous les ordres du Gouverneur Général, en son absence, avec les mêmes honneurs et prérogatives. Enfin, en 1753, il fut appointé Gouverneur et Commandant Général et en Chef de toutes les iles de St Domingue, fonctions qu'il remplit jusqu'en 1759. Ayant alors quitté le service, il rentra en France, et mourut à Paris, le 30 Octobre 1764. Le Marquis avait épousé à St Domingue, le 12 Juin 1732, Melle Marie-Claire-Françoise Guyot de la Mirande, veuve de Mr Dominique Herord. Il en eut quatre enfants : Joseph-Hyacinthe, Comte de Vaudreuil, né le 2 Mars 1740, depuis Lieutenant de Gendarmerie ; Marie-Agnès-Elizabeth, morte en 1737 ; Marie-Louise-Charlotte, morte en 1741 ; Marie-Joseph, née le 3 Juin 1743 et mariée le 2 Mars 1765 à Mr Charles Arnaud de Durfort, Comte de Duras.

## IIo PIERRE DE RIGAUD, MARQUIS DE VAUDREUIL,
### IIe GOUVERNEUR DU NOM.

M. Pierre de Rigaud, dit le Marquis de Vaudreuil Cavagnal, dernier Gouverneur français en Canada, était, non le troisième, comme il a été dit par erreur, en suivant d'autres écrivains, mais le cinquième fils de M. Philippe de Rigaud, 1er Gouverneur-Général du nom, lequel, en 1716, avait obtenu la ratification de la Seigneurie de Vaudreuil. Comme c'est sous l'administration de Pierre de Rigaud, Marquis de Vaudreuil, qu'eurent lieu les plus grands événements et que le Canada passa de la France sous la domination anglaise, on nous pardonnera de revenir sur des faits déjà connus et de nous étendre davantage sur ce membre de l'illustre famille.

Né à Québec, le 22 Novembre 1698, Mr de Vaudreuil, après avoir été fait successivement Major des troupes en

1726, Aide-Major en 1729, et Chevalier de St Louis en 1730, fut nommé Gouverneur des Trois-Rivières en 1733. C'est pendant qu'il occupait ce poste, que lui fut confirmée, à lui et à Mr de Rigaud, son frère, la possession de la Seigneurie de Rigaud qu'il tenait de la succession du Marquis de Vaudreuil, son père, ainsi qu'on peut le voir par les registres de l'Intendance. Du gouvernement des Trois-Rivières, Mr de Vaudreuil passa, en 1742, à celui de la Louisiane, où, par son esprit conciliant et la sagesse de sa conduite, il acquit l'estime générale. Le Marquis de Menneville étant rentré en France sur ces entrefaites, Mr de Vaudreuil, après avoir été promu au grade de Capitaine de vaisseaux en 1746, fut appelé à le remplacer. C'était en 1755. Il ne pouvait prendre les rênes du gouvernement en des circonstances plus critiques. D'une part, le Canada était épuisé d'hommes et d'argent, et le Gouvernement français, qui avait sur les bras la guerre d'Allemagne, ne pouvait lui envoyer que de faibles secours ; de l'autre, l'Angleterre, déterminée à s'emparer à tout prix du Canada, avait mis sur pied des forces considérables. Toutefois, le Marquis de Vaudreuil ne désespéra pas de son pays. Il se résolut à le défendre de son mieux.

Dès la première année, pour fermer aux Anglais l'entrée du Canada et couvrir les approches du fort St Frédéric, le nouveau Gouverneur fit construire le fort de Carillon. En même temps il donnait ordre au Commandant du fort Duquesne de repousser l'ennemi, s'il essayait d'approcher. C'est alors que Mr de Beaujeu s'immortalisa par l'éclatante défaite qu'il infligea aux Anglais, unis aux milices américaines. La joie que causa cette mémorable victoire fut de courte durée. Ayant marché trop précipitamment contre l'ennemi, et les Sauvages ayant refusé de prendre part à l'action, le Baron Dieskau éprouva un échec des plus signalés aux environs du lac St Sacrement. Pour combler le vide causé par ce désastre, Mr de Vaudreuil se hâta de demander du renfort à la Cour de

France. C'est alors qu'arrivèrent, comme il a été dit ailleurs, avec mille hommes de troupes aguerries, MM. de Montcalm, de Lévis, de Bourlamaque, de Bougainville qui, s'ils ne purent sauver le Canada, l'empêchèrent du moins de succomber sans gloire. Ce renfort ne lui paraissant pas suffisant pour attaquer un ennemi de beaucoup supérieur en nombre, Mr de Vaudreuil se tint sur la défensive. Il fit placer partout des troupes : à Carillon, à Frontenac, à Niagara, à Gaspé ; il renforça les garnisons des forts Duquesne et de Louisbourg.

L'année suivante, profitant de l'inaction des Anglais, Mr de Vaudreuil résolut de s'emparer d'Oswégo. Après avoir envoyé MM. de Léry et de Villiers reconnaitre la place, il chargea le Général Montcalm de l'attaquer. Nous avons vu quelle fut l'issue de cette glorieuse entreprise. La perte d'Oswégo ne suffisant pas pour mettre l'ennemi à la raison, Mr de Vaudreuil, afin de le forcer à faire la paix, permit à plusieurs partis de Canadiens et de Sauvages de se répandre dans la Nouvelle-Angleterre. Tout semblait prospérer au dehors, quand un ennemi des plus redoutables se présenta au dedans : c'était la famine, accompagnée de la petite vérole. Pour empêcher le peuple de mourir de faim, le Gouverneur fit un nouvel appel au Cabinet de Versailles. Le temps ne pouvait être plus défavorable pour une telle demande : le gouvernement était épuisé par la guerre, et, de plus, il était fatigué de demandes qui allaient toujours en augmentant. Néanmoins, pour aider la Colonie à sortir de l'état de gène où elle se trouvait, un nouvel envoi d'hommes et de vivres fut promis.

Ces recrues arrivèrent vers le milieu de l'été de l'année 1757, avec des munitions et quelques provisions de bouche. Sans perdre de temps, Mr de Vaudreuil échelonna ses troupes sur la frontière : quatre mille hommes furent envoyés au fort Duquesne ; deux mille autres, sous la conduite de Mr de Bourlamaque, furent placés à Carillon ; un bataillon fut mis à St Jean, et un autre à Chambly,

d'autres à Québec et à Montréal. Apprenant, sur ces
entrefaites, que la flotte de Lord Loudun avait quitté les
eaux de New-York pour aller attaquer Louisbourg, Mr de
Vaudreuil, de concert avec le Général Montcalm, se
détermina à profiter de son éloignement pour se rendre
maître du fort William-Henry, qui était une menace
perpétuelle pour ceux de St Frédéric et de Carillon. Déjà,
pendant l'hiver, une pointe audacieuse avait été faite sur
ce fort par Mr Rigaud de Vaudreuil, son frère. Cette fois,
Mr de Montcalm, à la tête de son armée, vint en faire le
siége. L'entreprise fut si bien conduite, qu'au bout de
quelques jours les Anglais furent forcés de capituler.
Ainsi, aux victoires de la Mouongahéla et d'Oswégo, on
put ajouter encore celle de William-Henry, ou fort
George.

L'année 1758 devait être encore plus glorieuse pour les
armes françaises et canadiennes.   Cette année-là, en effet,
eut lieu la célèbre bataille de Carillon.  Après s'être
emparés de Louisbourg, qui leur ouvrait la route de
Québec, les Anglais voulurent s'emparer de Carillon, qui
devait leur livrer celle de Montréal. Ils s'avancèrent donc
au nombre de seize mille hommes contre cette place.  Mr
de Vaudreuil, qui, pour faire une diversion, avait d'abord
massé de nombreuses troupes sur le lac Ontario, se hâta
de les rappeler et d'en donner le commandement au
Général Montcalm. La victoire fut des plus complètes. Six
mille hommes à peine triomphèrent de plus seize mille
vétérans.   Malheureusement, le fruit de cette brillante
journée fut en partie détruit par la perte des forts Frontenac et Duquesne, qui, se trouvant dégarnis de troupes,
ne purent tenir contre l'ennemi. Pour comble d'infortune,
la famine, qui sévissait depuis trois ans, redoubla d'inten-
sité à tel point qu'il n'y avait presque plus de viandes ni
de pain dans le pays.

C'est dans ces tristes circonstances qu'arriva l'année
1759. Vaincue à Carillon, mais victorieuse à Louisbourg,
à Frontenac et au Fort Duquesne, l'armée anglaise,

divisée en trois corps, dont le premier était commandé
par le Général Wolfe, le second par le Général Amherst,
et le troisième par le Général Prideaux, reprit son ancien
plan d'attaque contre le Canada, en l'envahissant sur trois
points à la fois. Ces forces, abondamment pourvues de
tout, s'élevaient à près de soixante mille hommes, y compris la réserve, c'est-à-dire équivalaient à la population
totale du Canada, qui n'était alors que de quatre-vingt-
deux mille âmes. Il n'en fallait pas moins pour triompher
de cinq ou six mille soldats qui étaient autant de héros
et qui, avec les miliciens, atteignaient à peine le chiffre
de douze ou quinze mille hommes. "On connaît l'énor-
mité de leurs forces, écrivait Mr de Bougainville, et cette
connaissance ne fait qu'augmenter le zèle des troupes. "
Ces troupes furent ainsi reparties par Mr de Vaudreuil :
trois cents hommes, sous les ordres de Mr Pouchot, furent
envoyés à Niagara ; mil deux cents autres, commandés
par Mr de la Corne, furent chargés de garder le lac Ontario ; ces troupes devaient tenir tête au Général Prideaux.
Pour arrêter la marche du Général Amherst, Mr de Bourlamaque fut envoyé sur les bords des lacs St Sacrement
et Champlain, avec deux mille six cents hommes. Les
autres troupes chargées de résister au Général Wolfe,
furent mises sous les ordres de MM. de Montcalm, de
Lévis et de Bougainville. Tout le monde connait le
résultat de cette campagne qui décida du sort du Canada.
Mr Pouchot, après avoir renforcé sa garnison de celles des
forts Machault, Venango, Presqu'île, Rivière-aux-Bœufs
et Détroit, ne se rendit que lorsque la plupart de ses
hommes fûrent hors de combat ; Mr de Bourlamaque,
après avoir arrêté le Général Amherst, d'abord à Carillon,
puis à St Frédéric, se replia sur l'Ile-aux-Noix, où il tint
en échec le Général anglais qui n'osa l'attaquer. A Québec,
Mr de Lévis défit l'armée du Général Wolfe sur la rivière
de Montmorency ; mais surpris à son tour dans les plaines
d'Abraham, le Général Montcalm fut blessé au plus fort
du combat et mourut le lendemain. On sait le reste.

Craignant d'être prise d'assaut et livrée au pillage, la ville ouvrit ses portes au vainqueur.

Après une semblable catastrophe, il semblait naturel d'abandonner la partie. "Personne n'imaginait, dit " Raynal, qu'une poignée de Français qui manquaient de " tout, à qui la fortune même semblait interdire jusqu'à " l'espérance, osâssent songer à retarder une destinée " inévitable." Cependant, Mr de Vaudreuil, après avoir rallié sa petite armée et s'être replié sur Jacques-Cartier, résolut, de concert avec le Chevalier de Lévis, de reprendre Québec. Ayant donc réuni à Montréal, au printemps de l'année suivante, le plus de monde possible, et sans attendre que la navigation fût entièrement ouverte, Mr de Lévis se mit en marche, et le 28 Avril, parut devant Québec. C'est alors que fut gagnée la victoire de Sainte-Foy, dernier triomphe du drapeau français en Canada. C'en était fait des Anglais, si le secours demandé par Mr de Vaudreuil au Gouvernement français fût arrivé à ce moment. Malheureusement, la flotte anglaise le devança. Obligée de retraiter une seconde fois vers Montréal, et bien que réduite à trois mille cent hommes, l'armée française était encore disposée à disputer cette dernière place à un ennemi fort de quarante mille combattants. Mais jugeant que, dans une lutte aussi inégale, c'était verser inutilement un sang précieux, Mr de Vaudreuil, de l'avis de son Conseil, se détermina à capituler.

Tels sont les événements mémorables qui signalèrent l'administration de Mr de Vaudreuil, dernier Gouverneur français en Amérique. Si nous les avons rapportés ici en peu de mots, c'était pour montrer la part que prit ce Gouverneur à la défense du Canada, et le venger du reproche d'avoir perdu la Colonie par son inertie et son incapacité. Mr de Vaudreuil ne fut ni un indolent, ni un incapable. Son malheur fut de trouver pour Intendant du Canada un homme tel que Bigot, qui, au lieu d'employer les ressources du pays à fortifier Québec et d'user

de son influence pour entretenir l'union entre le Gouverneur et ses Généraux, ne songea qu'à s'enrichir aux dépens du trésor public, et, pour mieux arriver à ses fins, ne fit que semer la division dans les esprits. Son tort fut de suivre aveuglement ses conseils, et de mettre en lui toute sa confiance, au lieu de le faire destituer. Peut-être la crainte d'aggraver le mal, en dénonçant la conduite d'un homme devenu tout-puissant, mais dont il ne pouvait se dissimuler les criantes exactions, le porta-t-elle à en agir ainsi.

Mais s'il est facile de justifier Mr de Vaudreuil sous le rapport de l'intégrité, ainsi que le prouva si bien son honorable dénument, et sous le rapport de la capacité et de l'énergie que ses plans d'attaque contre Oswégo, William Henry, etc., mettent dans le plus grand jour, il est plus difficile de le faire par rapport à la conduite qu'il tint envers Mr de Montcalm, le seul homme, avec le Chevalier de Lévis, qui pût, s'il avait été soutenu, préserver le pays d'une ruine totale. En effet, si on examine de près les mémoires du temps, et en particulier les relations d'hommes tels que MM. de Lévis, de Bougainville, Dorell, etc., on voit qu'il céda trop aux pernicieuses influences de Bigot, et que tous ses rapports avec l'immortel Général s'en ressentirent. Mais qui n'a des fautes à se reprocher? Peut-être aussi la hauteur de quelques officiers français contribua-t-elle à indisposer le Gouverneur.

Quoi qu'il en soit, et en attendant que la vérité se fasse jour sur ce point, ainsi que sur beaucoup d'autres, le Marquis de Vaudreuil s'embarqua pour la France, après avoir signé les articles de la capitulation. Il y était à peine arrivé, qu'il fut appelé à rendre compte de son administration. Il le fit avec cette distinction et cette grandeur d'âme qui ne conviennent qu'à de mâles courages. Sans daigner répondre à ses accusateurs, il leur ferma la bouche et réduisit à néant leurs perfides insinuations, en défendant ses compatriotes injustement attaqués. Il ne s'occupa point de lui-même : de longues années

de service, sa fortune ruinée pour le bien de l'Etat, ne parlaient pas moins éloquemment en sa faveur que les distinctions qu'il avait reçues en 1757 et en 1759, lorsqu'il avait été fait Commandeur, puis Grand'Croix de l'Ordre royal et militaire de S<sup>t</sup> Louis. " Elevé en Canada, dit-il, " je connais les officiers Canadiens, et je soutiens qu'ils " sont presque tous d'une probité aussi éprouvée que leur " valeur. Le détail de leurs expéditions, de leurs voyages, " de leurs entreprises, de leurs négociations avec les " naturels du pays, ajoute-t-il, en insistant sur ce dernier " point, offre des miracles de courage, d'activité, de " patience dans la disette, de sang-froid dans le péril, de " docilité aux ordres des Généraux, qui ont coûté la vie " à plusieurs, sans jamais ralentir le zèle des autres. Ces " Commandants intrépides, avec une poignée de Canadiens " et quelques guerriers sauvages, ont souvent déconcerté " les projets, ruiné les préparatifs, ravagé les provinces et " battu les troupes des Anglais, huit à dix fois plus nom- " breuses que leurs détachements." Un homme qui sent sa conscience coupable ne parle pas ainsi. Aussi, M<sup>r</sup> de Vaudreuil fut-il acquitté.

C'est à la suite de cette justification qu'il reçut la lettre suivante du Ministre : " Monsieur, le Roi s'étant fait " rendre un compte particulier de l'affaire du Canada, " pour l'instruction de laquelle vous avez été détenu à la " Bastille, Sa Majesté a reconnu avec plaisir que la con- " duite que vous avez tenue dans l'administration qui vous " a été confiée, a été exempte de tout reproche, et sur ce " que j'ai fait connaitre à Sa Majesté que votre désintéres- " sement et votre probité vous avaient mis dans le cas " d'avoir besoin de secours, elle a bien voulu vous accor- " der, comme marque de la satisfaction qu'elle a de vos " services, une pension de six mille livres sur les fonds " de la Colonie, indépendamment de la même somme " qui est attachée à la Grande Croix de l'Ordre de S<sup>t</sup> " Louis, dont Sa Majesté a bien voulu vous décorer. Je " joins ici le brevet qui vous a été expédié pour la

" pension dont vous jouirez, sur les fonds de la Colonie,
" et qui vous sera payée d'année en année, à compter du
" 1er Janvier dernier. C'est avec plaisir que j'ai con-
" couru à vous procurer cette récompense de la part de
" Sa Majesté. Ce 8 Mai 1764. (Signé) Duc de CHOISEUL."
Suivant la *Gazette de France* du 28 Mai 1764, furent ac-
quittés, avec Mr de Vaudreuil : le Chevalier Le Mercier,
Commandant de l'Artillerie ; le Capitaine de Boishébert,
Commandant en Acadie ; le Capitaine des Meloises, Aide
Major à Québec ; Mr Fayole, Garde-Magasin, etc. L'ins-
truction avait duré quinze mois.

Cette justice tardive ne put faire oublier à M. de
Vaudreuil ses malheurs. Ses dures épreuves, jointes à
ses fatigues passées, firent décliner rapidement sa santé.
Il mourut cette même année, à Paris suivant les uns, à
St Germain-en Laye d'après d'autres, laissant à sa famille
un nom qu'elle pouvait porter sans déshonneur. Il avait
épousé Melle Charlotte Fleury de la Gorgendière, veuve
de Mr le Verrier, Procureur Général, et fille de Mr Joseph
Fleury de la Gorgendière, et de Dame Joliet, mais il
n'en eut point d'enfants.

La famille de Vaudreuil continua à s'illustrer en France.
C'est ainsi qu'en 1782, Mr Louis-Philippe de Rigaud,
Marquis de Vaudreuil, fils du Comte de Vaudreuil et de
Dame Elizabeth de Sérigny, après avoir été promu au
grade de Capitaine de vaisseaux, et avoir pris part au combat naval entre la flotte du Vice-Amiral d'Estaing et celle
de l'Amiral Byron, étant devenu Lieutenant Général des
armées navales, se distingua à la tête de la deuxième
escadre dans la guerre de l'Indépendance américaine.
Il était à bord du *Triomphant* et a laissé de longs mémoires sur les deux batailles qui se livrèrent pendant
cette campagne. Lors de la révolution française, il fut,
avec le Comte Louis de Vaudreuil, son frère, un des
défenseurs du Château des Tuileries. Voici ce que
rapporte, à son sujet, le Vicomte Walsh : " Il était à
"son bureau, occupé a écrire, lorsque son valet entra

" en lui criant : " Les assassins viennent de pénétrer
" dans le Château ; la vie du Roi et de la Reine est
" menacée. " A l'instant, revêtant son uniforme et faisant
" le signe de la croix, il s'élance l'épée nue à la main, tra-
" verse la Cour des Princes, toute couverte de factieux,
" et, malgré les flots pressés de la multitude, pénètre jus-
" qu'à la Garde Nationale : " Messieurs, leur dit-il avec
" indignation, vous avez laissé entrer des brigands pour
" attaquer un Roi que vous avez juré de défendre !"
" Sentant toute la justesse de ces paroles, la Garde, qui
" n'avait pas perdu tout sentiment d'honneur, se joint aux
" gentilshommes et oblige les assassins à se retirer. "

Quant au Comte de Vaudreuil, suivant quelques écrivains, il émigra après la mort de Louis XVI, et devint,
avec l'Evêque d'Arras, un des Conseillers du Comte
d'Artois, depuis l'infortuné Charles X. Rentré en France
pendant le Consulat, il y termina sa glorieuse carrière
en 1802.

PIERRE BOUCHER
Fondateur de Boucherville.

# LA FAMILLE DE BOUCHERVILLE.

—◁◆▷—

La gloire de cette famille est de s'être fait à elle-même sa propre gloire par son seul mérite. Divisée en plusieurs branches, la famille de Boucherville a donné au pays une foule d'hommes distingués, à l'Eglise plusieurs prêtres éminents et au Cloître des Religieuses d'une grande sainteté. Une dame de cette famille, M$^{de}$ Drouet de Richarville, tint sur les fonts sacrés un des enfants du Chevalier Benoist. C'est assez dire que les deux familles étaient unies. Il convient donc de mettre de nouveau en lumière cette honorable famille.

### I⁰ PIERRE BOUCHER, SIEUR DE BOUCHERVILLE.

A la tête de cette famille apparaît un vénérable patriarche, qui, à lui seul, suffirait pour illustrer toute une race : c'est M$^r$ Pierre Boucher, Sieur de Boucherville. Originaire du Perche, M$^r$ Boucher n'avait encore que treize ans lorsqu'il passa dans la Nouvelle-France, avec M$^r$ Gaspar Boucher, son père, au mois de Juin 1635, peu de mois avant la mort de Champlain, fondateur de Québec. Il y vint avec la flotte du Sieur Duplessis, qui, outre les Pères Lalemant et Butteux, portait la Colonie percheronne que conduisait M$^r$ Giffard dans sa Seigneurie de Beauport, et dont faisait partie un M$^r$ Boucher, frère de M$^r$ Gaspar Boucher, lequel, s'étant établi à Québec, fut mis plus tard en possession des terres appartenant aux Récollets, et

13

devint la tige des nombreuses familles de ce nom, qui
habitent ce District [1]. La Nouvelle-France était alors gouvernée par Mr de Montmagny.

Peu de temps après son arrivée, Mr Boucher fut envoyé
parmi les Hurons, afin d'apprendre leur langue. Après
quatre ans de séjour chez cette nation, Mr Boucher revint
à Québec et fut incorporé dans la garnison, dont il devint
Caporal, puis bientôt Sergent, sans cesser d'être interprète.
C'était le temps où les Iroquois, alors tout-puissants, ne
cessaient de faire des incursions dans la Colonie et de
harceler les Français. Diverses expéditions furent résolues
contre eux : le jeune officier y prit part et se fit remarquer
par sa bravoure, non moins que par sa prudence. C'est
à la suite de l'une de ces expéditions qu'il fut nommé
Capitaine aux Trois-Rivières, poste des plus exposés aux
coups de l'ennemi. Il ne fallut rien moins que la présence d'un tel homme pour soustraire cette place, en
1651, à une destruction totale. Deux fois, de 1652 à 1653,
les Iroquois firent de nouvelles apparitions auprès du fort
et tuèrent plusieurs Français. Mais le plus grand danger
qu'aient jamais couru les Trois-Rivières, arriva dans l'été
de cette même année 1653. Voulant à tout prix s'emparer
de ce poste avancé, les Agniers, au nombre de cinq cents,
s'étaient précipités sur le fort. Mr Boucher n'avait que
quarante-six hommes à leur opposer ; mais, sans tenir
compte du grand nombre, il les reçut à coups de canon.
Cette action hardie sauva les Trois-Rivières. Revenus
plusieurs fois à la charge, les années suivantes, ces barbares furent repoussés avec la même vigueur. Pour
récompenser Mr Boucher de ses services, Mr de Mézy,
qui tenait alors les rênes de l'administration dans la Nouvelle-France, le nomma Gouverneur des Trois-Rivières,
poste qu'avait occupé en 1649 Mr le Gardeur de Tilly, et

---

1 Le Colonel Boucher qui vient de mourir à la Rivière-Ouelle, à l'âge
avancé de 92 ans, emportant avec lui dans la tombe les regrets de tous
ceux qui avaient été à même d'apprécier sa loyauté, sa probité et son
aimable piété, appartenait à cette famille, représentée aujourd'hui par
le fils du Colonel.

que remplit ensuite M' Jacques Leneuf de la Poterie, suivant les registres du Greffe. Nous avons encore la minute
de sa Commission, que voici : " Nous, Sieur de Mézy,
" Lieutenant Général et Gouverneur pour Sa Majesté en
" la Nouvelle-France, etc., au Sieur Pierre Boucher,
" Salut. Le pays de la Nouvelle-France étant maintenant
" en la main et sous la protection du Roi, par la démis-
" sion des associés de la Compagnie, qui en étaient
" Seigneurs, et Sa Majesté nous ayant établi Gouverneur
" et son Lieutenant-Général dans toute l'étendue du dit
" pays, nous avons cru qu'il était du bien de son service
" de pourvoir de personnes capables de commander sous
" son autorité tous les lieux éloignés, et notamment les
" Trois-Rivières, et qu'à cet effet, nous ne pouvions faire
" un meilleur choix que celui de votre personne, étant
" bien informé des services que vous avez rendus au dit
" lieu. A ces causes, et plein de confiance en votre fidé-
" lité au service du Roi, valeur, expérience et sage
" conduite au fait des armes, nous vous commettons et
" députons pour exercer la charge de Gouverneur et
" commander, sous l'autorité du Roi, en tout le pays des
" Trois-Rivières, pour jouir de la dite charge, émolu-
" ments, droits et honneurs y appartenant, tant et si
" longtemps que nous le jugerons utile au service du Roi.
" Donné au Château St. Louis, ce 28 Octobre 1663.
" (Signé) Mézy." Avant d'être investi officiellement de
ce commandement, il parait bien, d'après des pièces du
Greffe, que déjà M' Boucher avait rempli les fonctions de
Gouverneur des Trois-Rivières.

En 1661, comprenant qu'il était impossible de soutenir
plus longtemps le pays contre des ennemis implacables et
sans cesse renaissants. si la France n'envoyait de prompts
secours, M' d'Avaugour, successeur de M' de Lauzon. fit
demander du renfort à la Cour. Afin de presser l'envoi
des troupes, il députa au Roi le Gouverneur des Trois-
Rivières, comme l'homme le plus capable d'appuyer sa
requête. M' Boucher passa donc en France. Il y fut

accueilli avec bonté par Louis XIV, qui accéda à tous ses
désirs. Un régiment fut promis, et, de plus, de petits canots
pour aller attaquer les Agniers. C'est en cette circonstance
que, pour donner à Mr Boucher une preuve de sa sin-
gulière estime, le grand Roi lui accorda des lettres de
noblesse. Ces lettres ayant été perdues, quelques années
après, dans l'incendie du Séminaire de Québec, Mr Boucher s'en fit délivrer une nouvelle copie, en 1707. La
voici : " Les témoignages qui nous ont été rendus, en
" l'année 1661, des services distingués que le Sieur Pierre
" Boucher, alors Gouverneur des Trois-Rivières, nous
" avait rendus, dès l'année 1639, dans les emplois impor-
" tants que nous lui avions confiés en la Nouvelle-
" France, et particulièrement dans celui de Gouverneur
" des Trois-Rivières, nous auraient engagé à lui donner
" des marques glorieuses de notre estime, en lui accor-
" dant des lettres d'annoblissement, pour lui et pour ses
" enfants, nés et à naître en loyal mariage ; mais ces
" lettres ayant été brûlées dans l'incendie arrivé au Sémi-
" naire de Québec, nous avons eu égard aux remontrances
" qu'il nous a faites, pour nous supplier de lui en faire
" expédier de nouvelles, en vertu desquelles il pût con-
" tinuer de jouir, ainsi que sa postérité, des honneurs et
" des avantages qui sont réservés à la noblesse. A ces
" causes, de notre grâce spéciale, pleine puissance et auto-
" rité royale, nous avons, par ces présentes signées de
" notre main, le dit Sieur Boucher et ses enfants nés et à
" naître en loyal mariage, annobli et annoblissons et du
" titre de gentilhomme décoré et décorons, voulons et
" nous plait qu'en tous lieux et endroits de notre Royaume,
" et en tout pays soumis à notre domination, ils soient tenus
" et réputés nobles et gentilshommes, et comme tels qu'ils
" puissent prendre la qualité d'Ecuyers et parvenir à tous
" les degrés de Chevalerie et autres dignités, titres et qua-
" lités réservés à la noblesse, jouir et user de tous les
" honneurs, prééminences, franchises et exemptions dont
" jouissent les anciens nobles de notre Royaume, tant

" qu'ils vivront noblement, tenir et posséder Fiefs et Sei-
" gneuries qu'il a, ou qu'il pourra acquérir.  Et afin que
" ce soit chose ferme et stable à toujours, nous avons fait
" mettre notre sceau.  Donné à Versailles, le 17 Juin de
" l'an de grâce 1707, et de notre règne le 5e (Signé) Louis."

De retour en Canada, et confirmé dans sa charge de
Gouverneur des Trois-Rivières par Mr de Monts, envoyé
par le Monarque pour s'enquérir, sur les lieux mêmes, de
l'état des choses, Mr Boucher s'appliqua à composer un
ouvrage sous le titre d'*Histoire véritable et naturelle de la
Nouvelle-France*, dans le but de confirmer tout ce qu'il
avait avancé à la Cour, et aussi afin de hâter l'arrivée des
secours qui avaient été promis.  Cet ouvrage, remarquable
à plus d'un point de vue, s'attache surtout à faire ressortir
les ressources du Canada.  Parlant du climat et de la
fertilité des terres, il dit : " Dès le commencement de Mai,
" les chaleurs sont extrêmement grandes, et l'on ne dirait
" pas que nous sortons d'un grand hiver.  Cela est cause
" que tout avance, et que l'on voit, en moins de rien, la
" terre parée de verdure. C'est une chose admirable, que
" le blé qu'on sème dans la fin d'Avril et jusqu'au 20 Mai,
" s'égrenille dans le mois de Septembre, et soit parfai-
" tement beau et bon.  L'hiver y est très-froid, mais c'est
" un froid qui est gai, et, la plupart du temps, ce sont des
" jours beaux et sereins.  Mont-Royal, la dernière de nos
" habitations, est située dans une grande et belle île ; les
" terres y sont très-bonnes et produisent du grain en
" abondance.  Tout y vient parfaitement bien ; la pêche
" et la chasse y sont très bonnes."  Entrant ensuite dans
quelques détails sur les animaux, l'auteur ajoute : " Les
" animaux, tels que l'Elan, portent un bois semblable à
" celui des Cerfs ; le Caribou a le pied fourchu, et il
" l'ouvre si grand en courant, qu'il n'enfonce jamais,
" l'hiver, dans les neiges.  Les Castors ont l'adresse de
" construire des chaussées que l'eau ne peut rompre,
" d'arrêter les petites rivières et d'inonder ainsi une
" grande partie du pays qui leur sert ensuite d'étang pour

" se jouer et y faire leur demeure." M^r Boucher dédia
son livre à Colbert, par une épître en date du 8 Octobre
1663. Le fameux tremblement de terre dont il est fait
mention dans toutes les histoires du temps, et qui se fit
sentir depuis Gaspé jusqu'au delà de l'Ile de Montréal, et
même dans la Nouvelle-Angleterre, en Acadie, etc., ayant
eu lieu cette année-là, M^r Boucher fait les réflexions
suivantes : " Depuis trente ans environ que je suis dans
" ce pays, je n'avais jamais rien vu de semblable à ce
" tremblement de terre, qui a duré plus de sept mois.
" Nous en avons eu des atteintes aux Trois-Rivières, dès
" le commencement ; mais Dieu nous a tellement con-
" servés au milieu de ce désastre, que pas une seule
" personne n'en a reçu la moindre incommodité." La
conclusion du livre est qu'il faut envoyer des secours. Il
signale ainsi les dangers auxquels sont exposés journellement les colons : " Une femme est toujours dans l'in-
" quiétude que son mari, qui est parti le matin pour son
" travail, ne soit pris ou tué, et que jamais elle ne le
" revoie. C'est ce qui est cause que la plupart des habi-
" tants sont pauvres, les Iroquois tuant le bétail, empê-
" chant quelquefois de faire les récoltes, et brûlant les
" maisons où les pillant quand ils en trouvent l'occasion."
Cette publication eut l'effet que M^r Boucher s'en était
promis : deux ans après arrivèrent les recrues qui avaient
été sollicitées. Suivant le Père Charlevoix, déjà M^r de
Monts en avait amené avec lui une partie : " L'arrivée
" de M^r de Monts à Québec, dit-il, y causa une grande
" joie, et par les secours présents qu'il y amenait, et par
" l'espérance qu'il donna qu'il en viendrait de plus consi-
" dérables encore."

Neuf ans après que ce livre eût vu le jour, l'Intendant
Talon, voulant récompenser les services de M^r Boucher,
lui fit de vastes concessions de terres. Ainsi, en 1672, il
lui accorda le Fief appelé depuis Fief de Boucherville.
" Sa Majesté, est-il dit dans le magnifique document qui
" en fait foi, désirant qu'on gratifie les personnes qui, se

" conformant à ses grands et pieux desseins, veuillent
" bien se lier au pays, en y cultivant des terres d'une
" étendue proportionnée à leur force, et le Sieur Boucher
" ayant déjà commencé à faire valoir les intentions de
" Sa Majesté, nous a requis de lui en répartir. Nous, en
" considération des bons et utiles services qu'il a rendus
" à Sa Majesté, avons accordé, donné et concédé, donnons,
" accordons et concédons au dit Sieur Boucher cent qua-
" torze arpents de front, sur deux lieues de profondeur,
" à prendre sur le fleuve St Laurent, bornés des deux
" côtés par le Sieur de Varennes, avec les Iles nommées ·
" Percées, pour jouir de la dite terre en tous droits de
" Seigneurie et Justice, lui ou ses ayant-cause, à la charge
" qu'il continuera de tenir ou de faire tenir feu et lieu
" dans la dite Seigneurie. En foi de quoi nous avons
" signé ces présentes. Québec, 3 Novembre 1672 (Signé)
" TALON." Cette même année, l'Intendant lui donnait
encore, sur la rivière Yamachiche, une terre d'une lieue
et demie de front sur deux lieues de profondeur. Déjà, en
1655, Mr Boucher, que nous appellerons désormais Mr de
Boucherville, avait obtenu une île située dans le fleuve
des Trois-Rivières, contenant de quarante à cinquante
arpents. Cette concession lui avait été faite par Mr de
Lauzon. Enfin, en 1698, il arrondissait encore sa terre de
Boucherville, en obtenant d'y joindre les ilets, battures et
grèves adjacentes.

Les lettres patentes qui devaient lui assurer la libre
possession de la Seigneurie des *Iles Percées*, comme on les
appelait alors, ne lui avaient pas encore été remises,
lorsque, pour se livrer davantage aux travaux de défrichement, mais surtout afin de s'occuper plus efficacement
du soin de sa propre sanctification, Mr de Boucherville,
après s'être démis de sa place de Gouverneur des Trois-
Rivières, à l'exemple des anciens Romains qui, après avoir
conduit les soldats à la victoire, aimaient à s'adonner aux
travaux paisibles des champs, vint, en 1668, se fixer sur
cette concession, où déjà une Eglise était bâtie. Que ceux

des Canadiens qui hésitent encore à aller s'établir sur les terres que leur offre le Gouvernement, ou qui préfèrent aller s'engouffrer dans la République voisine, méditent les motifs qui engagèrent M^r de Boucherville à entre-prendre cette démarche, et ils y trouveront matière à plus d'une réflexion salutaire ! Voici ces motifs, que nous empruntons à un ouvrage récemment publié :

" PREMIER MOTIF. C'est pour avoir un lieu dans ce pays " consacré à Dieu, où les gens de bien puissent vivre en " repos, et les habitants faire profession d'être à Dieu " d'une façon toute particulière. Ainsi, toute personne " scandaleuse n'a pas besoin de se présenter pour y venir " habiter, à moins qu'elle ne veuille changer de vie, " autrement elle doit s'attendre à en être bientôt chassée.

" DEUXIÈME MOTIF. C'est pour vivre plus retiré, loin du " tracas du monde qui ne sert qu'à bannir la pensée de " Dieu et à remplir l'esprit de bagatelles, et aussi, afin " d'avoir plus de commodité pour travailler à l'affaire de " mon salut et à celui de ma famille.

" TROISIÈME MOTIF. C'est pour amasser quelque fortune " par des moyens licites, afin de pourvoir à la subsistance " de ma famille, faire instruire mes enfants, les élever " dans la vertu, les former à la vie civile, les mettre à " même d'embrasser l'état auquel Dieu les appellera, et " les pourvoir ensuite chacun dans leur condition.

" QUATRIÈME MOTIF. C'est pour faire valoir une terre " qu'il serait fâcheux de laisser inculte, d'autant plus que " par ce moyen on peut mettre bien des pauvres gens à " leur aise, et, pour cela, il faut que quelqu'un com-" mence. Cette terre m'appartenant, je crois que ce que " Dieu demande de moi, c'est que j'aille m'y établir au " plus tôt [1]; je suis confirmé dans cette pensée par la con-

---

[1] Que répondront à cela les personnes à qui Dieu a pour ainsi dire livré d'aussi belles terres que le sont en général celles du Canada, et qui ne vont pas en prendre possession, mais laissent les étrangers aller s'y fixer ?

" naissance que j'ai que cela sera utile au public et aux
" particuliers.

" CINQUIÈME MOTIF. C'est parce qu'il me sera plus facile,
" ce me semble, d'assister les pauvres, que dans le poste
" où je suis, mes appointements et le nombre de mes
" enfants ne me permettant pas de faire ce que je vou-
" drais, ce qui fait qu'à présent je n'ai que le désir et la
" bonne volonté..."

Il termine par ces paroles touchantes qui achèvent de
montrer la pureté de ses intentions : " Je prie notre
" bon Dieu qu'il me facilite les moyens de faire cet
" établissement, si c'est pour sa gloire et celui de toute
" ma famille, sinon qu'il ne permette pas que j'en vienne
" à bout, ne voulant rien que sa sainte volonté. Je mets
" ceci par écrit, afin que si Dieu permet que je réus-
" sisse, je me souvienne en le relisant de ce à quoi
" je me suis engagé, et aussi afin que mes successeurs
" sachent mes intentions. Je les prie de continuer dans
" la même volonté, si ce n'est qu'ils désirent enchérir sur
" moi, faisant quelque chose de plus à la gloire de Dieu.
" C'est en quoi ils me peuvent le plus obliger, leur deman-
" dant, pour toute reconnaissance, que Dieu soit servi et
" glorifié d'une façon toute particulière dans cette Sei-
" gneurie, comme étant à lui et en étant le maître. C'est
" mon intention ; je le prie de tout mon cœur qu'il veuille
" bien l'agréer, s'il lui plaît. Ainsi soit-il. (Signé) BOUCHER."

C'est dans cette Seigneurie que Mr de Boucherville
passa sa belle et verte vieillesse, entouré d'une nombreuse
postérité. Sentant ses forces décliner, après avoir été le
modèle de ses enfants, il voulut encore être leur conseil.
Dans ce dessein, il mit par écrit ses pensées ; c'est ce
qu'on appelle dans la famille : *les adieux du grand-père
Boucher*, monument de foi et de tendresse, digne de passer aux générations les plus reculées. Nous ne pouvons
nous empêcher de les reproduire. Cet écrit est adressé
à une de ses filles, Religieuse chez les Ursulines de Québec. Mr de Boucherville commence ainsi :

**14**

" Je donne mon âme à Dieu et mon corps à la terre.
" Je veux mourir dans la foi Catholique, Apostolique et
" Romaine. Je laisse le peu de bien que j'ai à mes pauvres
" enfants, auxquels je recommande : 1º de prier Dieu pour
" le repos de mon âme ; 2º d'avoir soin de payer ce qui
" se trouvera être dû, lorsque je mourrai ; 3º d'aimer et
" d'honorer leur bonne mère, de ne la chagriner en rien,
" de la supporter et de la défendre contre tous ceux qui
" voudraient lui faire de la peine."

S'adressant ensuite à son épouse, il dit : " C'est à vous,
" ma chère femme, que je parle à présent. Continuez à
" aimer vos enfants ; mais aimez-les également, comme
" je l'ai fait, pour entretenir la paix et la concorde entre
" eux. Ce n'est pas que ceux qui nous témoignent le plus
" d'amour et qui ont pour nous plus de respect, ne méritent
" pas que nous les aimions davantage ; mais il ne faut
" pas que cela paraisse aux yeux des autres, parce que
" ceux qui font moins bien leur devoir envers nous, sont
" aussi les moins vertueux, et, par conséquent, les plus
" capables de troubler la paix. Demandez en particulier
" à Dieu qu'il récompense ceux qui vous portent le plus
" de respect, et faites en secret le plus que vous pourrez
" pour le reconnaître.

" Priez et faites prier pour ma pauvre âme. Vous savez
" combien je vous ai aimée, et comme j'ai aussi aimé tous
" vos parents pour l'amour de vous. En écrivant ceci,
" je m'examine sur le temps que nous avons vécu
" ensemble, et ma conscience ne me reproche rien, si ce
" n'est de vous avoir trop aimée ; mais en cela je ne vois
" pas de mal, grâce au Seigneur."

Après, viennent les recommandations qu'il fait à tous
ses enfants en général : " Je vous recommande la paix,
" l'union et la concorde entre vous ; que l'intérêt ne
" soit jamais capable de mettre la moindre division entre
" vous. Ne vous amusez pas à écouter les rapports qui
" vous seront faits sur vos frères et sœurs. Aimez-vous
" les uns les autres en vue de Dieu, vous souvenant qu'il

" vous faudra tous faire ce que je fais aujourd'hui, c'est-à-
" dire mourir et paraître devant Dieu, pour lui rendre
" compte de vos actions : ne faites donc rien dont vous
" ayez plus tard sujet de vous repentir. Je ne vous laisse
" pas grand bien ; mais le peu que je laisse est très-bien
" acquis. J'ai fait ce que j'ai pu pour vous en laisser
" davantage : je n'ai rien négligé pour cela, n'ayant fait
" aucune folle dépense, comme vous le savez tous. Dieu,
" qui est le maitre, n'a pas voulu m'en donner davantage.

" Je vous laisse pour amis beaucoup de personnes de
" rang et d'honnètes gens ; je ne vous laisse aucun enne-
" mi, de ma part, que je sache. J'ai fait ce que j'ai pu
" pour vivre sans reproche : tâchez de faire de même.
" Obligez, tant que vous pourrez, tout le monde, et ne
" désobligez personne, pourvu que Dieu n'y soit pas
" offensé. Ayez toujours, mes chers enfants, la crainte
" du Seigneur devant les yeux, et aimez-le de tout votre
" cœur."

Il termine par les adieux qu'il fait à tous et à chacun
en particulier : " Je commence par vous, ma chère femme,
" je vous dis adieu. Souvenez-vous combien je vous ai
" aimée, priez Dieu pour moi, et songez à vous préparer
" à la mort.

" Et à vous, mon fils de Boucherville, je vous dis adieu.
" Ne vous affligez pas de notre séparation. Je fais aussi
" mes adieux à votre femme et à vos enfants. Priez tous
" le Seigneur pour moi ; je le ferai pour vous. Je vous
" recommande trois choses: 1º de vivre dans la crainte
" de Dieu ; 2º de continuer à y élever vos enfants, et 3º
" de vivre en homme d'honneur. Vous ètes l'aîné, agissez
" en père de famille, et que l'intérèt ne vous fasse jamais
" rompre avec vos frères et sœurs. Souvenez-vous que
" Dieu a soin de ses serviteurs, surtout des pacifiques et
" des miséricordieux. Je vous donne ma bénédiction,
" ainsi qu'à tous vos enfants, que j'aime tendrement,
" comme aussi à votre femme, pour qui j'ai bien de la con-
" sidération et que je n'oublierai pas devant Dieu. Dites

" à votre sœur de Varennes que je lui dis adieu, ainsi
" qu'à ses enfants, que j'aime et que j'ai toujours aimés.
" Vous direz à votre frère de GrandPré. Major aux Trois-
" Rivières, que je lui dis adieu, ainsi qu'à sa femme et à
" ses enfants.

" Adieu, mon fils de Grosbois.  Vous savez combien je
" vous ai aimé ; n'en soyez pas ingrat, mais priez Dieu
" pour moi en reconnaissance.

" Adieu, mon fils de Niverville.  Je vous donne ma
" bénédiction. Ayez soin de votre chère mère.

" Adieu, cher fils de Montbrun ; adieu à votre femme
" et à vos enfants. Je vous donne ma bénédiction.  Priez
" Dieu pour moi. Je vous serai plus utile auprès de Dieu
" s'il me fait miséricorde, comme je l'espère de sa bonté.

" Adieu, mon fils de la Perrière.  Je sais combien vous
" m'aimiez et combien notre séparation vous sera sensible ;
" mais consolez-vous et dites souvent : Dieu l'a voulu, que
" son saint nom soit béni !

" Adieu, ma fille de Sabrevois. Dites à Mr de Sabrevois
" que je lui dis aussi adieu et à votre fille. Je vous donne
" ma bénédiction. Vivez toujours dans la crainte de Dieu
" et l'horreur du péché.

" Je dis adieu à ma fille le Gardeur, à son mari et à
" tous ses enfants auxquels je donne ma bénédiction.
" Vous ne devez pas douter, ma chère fille, que je n'aye
" bien de l'amitié pour vous.  En reconnaissance, priez
" Dieu pour ma pauvre âme, et engagez Mr le Gardeur de
" ma part à conserver la paix et l'union dans la famille.
" Qu'il se souvienne que *bienheureux sont les pacifiques.*
" La vie est courte et l'éternité bien longue.  Servez bien
" Dieu en remplissant fidèlement tous les devoirs de votre
" état.

" Adieu, ma fille de Muy.  Adieu à tous vos enfants, à
" qui je donne ma bénédiction.  Priez pour moi qui vous
" aime tendrement.  Mandez à votre frère, Curé de St
" Joseph, que je lui dis adieu. Qu'il se souvienne de moi
" à l'autel. —A monsieur de Muy. Je vous prie, monsieur,

" comme un homme d'esprit, de vouloir bien contribuer
" à maintenir la famille en bonne intelligence. Vous
" savez, monsieur, que vous m'avez souvent dit que vous
" vouliez vivre et mourir mon ami, et que vous m'en
" donneriez des preuves dans toutes les rencontres. En
" voici une occasion. Je sais qu'il n'appartient qu'à une
" âme aussi généreuse que la vôtre de servir un ami
" après la mort : c'est quelque chose de grand, puisque
" c'est le servir sans intérêt.

" Adieu, ma fille Boucher. Je suis fâché de vous
" laisser sans que vous soyez pourvue. Vous savez que
" ce n'est pas ma faute, et qu'il n'a dépendu que de vous.
" Dieu aura soin de vous, et vous servira de père. Vous
" avez votre mère qui vous aime beaucoup. Priez Dieu
" pour moi. Mandez à votre frère Boucher, prêtre du
" Séminaire de Québec, que je lui dis adieu et que je lui
" donne ma bénédiction. Qu'il prie Dieu pour ma pauvre
" âme.

" Adieu, ma chère fille de St. Pierre, adieu ma chère
" enfant. Je vous donne ma bénédiction. Priez Dieu pour
" moi, je vous en conjure, et ne vous affligez pas lors-
" qu'on vous portera la nouvelle de ma mort. Au contraire,
" réjouissez-vous alors de ce que Dieu, me rappelant à
" lui, me délivre des misères de la vie. Si vous m'avez
" aimé plus que vos frères et sœurs, j'ai aussi eu bien de
" la tendresse pour vous, et j'en aurai toute l'éternité.
" En cas que je meure subitement ou sans pouvoir parler,
" je donne à ma fille de St Pierre mon reliquaire d'argent
" que je porte sur moi. Il y a bien des Indulgences appli-
" quées dessus, mais elles ne pourront plus lui servir:
" elle en pourra faire mettre d'autres. Comme c'est tout
" ce qui me reste à donner, il est bien juste que je le
" donne à celle qui m'a tant témoigné d'affection.

" A tous en général. Je vous parle à tous, mes chers
" enfants. Voulez-vous que Dieu vous bénisse ? Vivez en
" paix les uns avec les autres, et que l'intérêt ne soit pas
" capable de vous désunir, ce qui pourrait arriver dans le

" partage du peu de bien que je vous laisse. C'est si peu
" de chose, que cela n'en vaut pas la peine... Adieu donc,
" mes enfants, pour un peu de temps, parce que j'espère
" que nous nous reverrons dans le Paradis, pour louer
" Dieu pendant toute l'éternité. C'est là où nous nous
" entretiendrons cœur à cœur, sans jamais plus être
" séparés."

Après avoir ainsi laissé parler son cœur et son âme, Mr
de Boucherville s'éteignit doucement dans la paix du Seigneur, le 20 Avril 1717, dans la quatre-vingt-dix-septième
année de son âge. Il s'était marié deux fois. Il avait
d'abord épousé, en 1649, d'autres disent 1650, une élève
des Ursulines, du nom de Marie Chrétienne. Après sa
mort, il épousa en secondes noces, en 1652, Melle Jeanne
Crevier, fille de Mr Christophe Crevier[1], natif de Rouen,
lequel, étant passé dans la Nouvelle-France, s'établit près
des Trois-Rivières. Son épouse lui survécut dix ans, étant
morte en 1727, à l'âge également avancé de quatre-vingt-
seize ans. De ce second mariage sont nés quinze enfants,
neuf garçons et six filles, qui rivalisèrent de zèle pour
marcher sur les traces de leur vertueux père. Voici leurs
noms : Pierre, Ignace, Philippe, Nicolas, Lambert, Jean-
Baptiste, Jean, Marie, René, Jeanne, Madeleine, Marguerite, Geneviève, Louise et Jacques. Presque tous, à l'exception du plus jeune, qui perdit la vie à l'âge de quinze
ans, en 1688, fournirent aussi une assez longue carrière,
et donnèrent naissance aux honorables familles de
Boucherville, de Grosbois, de Grand-Pré, de Niverville,
de Montizambert, de la Broquerie, de la Bruère etc., si
généralement estimées dans le pays. Après avoir dit un
mot de chacun d'eux, nous allons continuer à donner
la descendance de Mr de Boucherville.

---

1 Mr Christophe Crevier, outre Mde de Boucherville, laissa plusieurs
enfants qui prirent le nom des concessions faites à leurs familles :
Crevier de St François, Crevier Duvernay, ancêtre de Mr Ludger Duvernay, fondateur de la Société St Jean-Baptiste ; Crevier de Bellerive,
ancêtre de Mr le G. V. Crevier, Curé de Ste Marie de Monnoir.

IGNACE, SIEUR DE GROSBOIS.—M<sup>r</sup> Ignace, Sieur de Grosbois, deuxième fils de M<sup>r</sup> de Boucherville, succéda à son père dans le gouvernement des Trois-Rivières. Entourée d'une palissade de pieux avec trois redoutes aux angles et plusieurs bastions, renfermant, outre l'église, la maison du Gouverneur et une trentaine de maisons, cette ville n'avait alors qu'une population de 460 âmes. Elle était protégée par un moulin, construit sur les hauteurs et muni d'artillerie, avec une redoute pour mettre les artilleurs à couvert et leur servir de refuge en cas de besoin. Déjà, en 1666, lorsqu'on fit le recensement de la population, M<sup>r</sup> de Grosbois avait quatre fils : Pierre, Lambert, Ignace et Philippe.

De son côté, M<sup>elle</sup> Jeanne de Boucherville, sa sœur aînée, contrairement à Louise, la plus jeune, qui ne se maria point, ayant épousé, en 1695, M<sup>r</sup> Sabrevois de Bleury, se trouvait à la tête d'une belle famille. Un de ses petits-fils devint prêtre et fut Curé de la Chenaie. M<sup>de</sup> d'Youville, la vénérable fondatrice des Sœurs Grises, lui en avait fait la prédiction longtemps à l'avance : " Etant " enfant, rapporte M<sup>elle</sup> de la Broquerie, j'étais allée dans la " compagnie de ma mère, Clémence Gamelin-Maugras de " la Broquerie, avec un de mes cousins tout jeune alors, " Jean-François Sabrevois de Bleury, visiter M<sup>de</sup> d'You- " ville, ma tante. A la fin de la visite, M<sup>de</sup> d'Youville, " regardant le jeune de Bleury, lui dit en le touchant " légèrement sur l'épaule : Tu mourras prêtre, mon petit " bonhomme." M<sup>r</sup> de Bleury est mort, en effet, en 1803, étant Curé de la Chenaie.

LAMBERT, SIEUR DE GRANDPRÉ. — M<sup>r</sup> Lambert, Sieur de GrandPré, était le cinquième fils de M<sup>r</sup> de Boucherville. Il devint Major aux Trois-Rivières. En 1695, il obtint une concession, ainsi qu'il appert par les registres de l'Intendance : " Sur la réquisition à nous faite par Pierre " Boucher, Ecuyer, Sieur de GrandPré, Major de la ville " des Trois-Rivières, où il est marié et établi, de lui " accorder une lieue de terre de front sur trois de pro-

" fondeur, sur le Lac S⁺ Pierre, tenant d'un côté aux
" terres concédées de la rivière Yamachiche, et de l'autre,
" à celles de la Rivière du Loup, ensemble les Iles, Ilets,
" pour pouvoir, par le Sieur de GrandPré, y faire un
" établissement et y mettre des habitants, et, à cet effet,
" en jouir à titre de Fief, Seigneurie, etc. : ayant égard
" à la dite réquisition, avons donné, accordé et concédé
" au Sieur de GrandPré la dite terre, pour en jouir lui ou
" ses ayant-cause. "   Cette concession fut ratifiée par le
Roi, l'année suivante ; mais il ne devait pas en jouir longtemps, étant mort en 1699, au mois d'Avril, après avoir
commandé aux Trois-Rivières, en l'absence du Gouverneur.  Avec lui ne devait pas périr son nom.  Il laissait, pour le porter, plusieurs enfants.  L'un d'eux,
après avoir été fait Lieutenant en Canada, devint Capitaine à S⁺ Domingue en 1710.  Son fils fut honoré, en
1763, de la place de Sous-Doyen du Conseil.  Plusieurs
années auparavant, en 1741, un autre de la même famille,
après s'être signalé comme Enseigne et comme Lieutenant dans les troupes en Canada, avait été promu au
grade de Capitaine.

Pendant que M⁺ de GrandPré s'occupait ainsi à augmenter ses domaines, Mᵉˡˡᵉ Geneviève de Boucherville,
sœur cadette de Jeanne, se faisait ouvrir les portes du
Cloitre, et s'enrichissait d'une abondante moisson pour le
ciel.  C'est à cette Religieuse que M⁺ de Boucherville
adressait ses dernières volontés.  Entrée au Noviciat des
Ursulines de Québec le 19 Juin 1694, elle faisait profession, sous le nom de Mère de S⁺ Pierre, le 18 Septembre
1696.  C'est de là, qu'après la mort de M⁺ de GrandPré,
elle écrivait entr'autres choses à son père: " Je demande à
" Dieu qu'il nous mette tous dans l'état dans lequel nous
" le pourrons mieux servir et faire plus assurément notre
" salut.  Voilà ma prière la plus ordinaire.  Je ne sou-
" haite plus rien sur la terre que de nous voir travailler,
" chacun de notre côté, à cette unique affaire nécessaire,
" ce qui fait que je ressens une joie qu'il n'est pas pos-

" sible d'exprimer, des bons sentiments que Dieu a donnés
" à M^r de Muy. J'ai grande compassion de ma chère sœur
" de GrandPré ; il n'y a que la seule soumission que
" nous devons avoir aux ordres de Dieu, qui puisse faire
" porter des croix si pesantes... Depuis la mort de ma
" sœur de Muy, de ma grand'mère et de mon frère de
" GrandPré, je suis insensible et je n'ai plus d'attache
" pour les choses de ce monde." Qu'on dise encore après
cela que la Religion étouffe les sentiments de la nature ;
qu'on demande à quoi servent les Cloitres !

Par cette lettre, on voit que M^{elle} Marguerite de Boucherville, épouse de M^r Nicolas de Muy, Chevalier de S^t
Louis, et plus tard Gouverneur de la Louisiane, était décédée, aussi bien que son frère, M^r de GrandPré. Mariée en
1676, M^{de} de Muy était morte en 1680, après quatre ans à
peine de mariage. Une de ses enfants, M^{elle} Charlotte de
Muy, de concert avec M^{elle} Marie-Anne de Boucherville,
vraisemblablement fille de M^r de GrandPré, se fit aussi
Religieuse chez les Ursulines de Québec. Elle est connue
sous le nom de Mère de S^{te} Hélène, et sa cousine sous
celui de S^t Ignace. Entrée au Monastère en 1716, à l'âge
de vingt-deux ans, elle y vécut jusqu'au moment de la
conquête. M^r Philippe Boucher, son oncle, Curé de S^t
Joseph de Lévi, reçut ses vœux. Bien que faible de tempérament, elle sut se rendre utile à la Communauté.
D'abord Maîtresse Générale de l'Externat, elle devint
ensuite Conseillère. On lui doit plusieurs écrits. Outre
une notice sur M^{de} de Pontbriand, elle a laissé de précieuses Annales sur la guerre de sept ans. Ce ne fut qu'à la
veille du dernier siège par les Anglais, qu'elle cessa
d'écrire. Alors la plume lui tomba des mains. Elle termine son récit par ce mot énergique : *le pays est à bas.*
Telle était la trempe de cette âme forte ; tel était le patriotisme de ce cœur vraiment français, qu'elle ne put
survivre à ce désastre : à l'heure où l'on rendait les
derniers devoirs au Général Montcalm, la Mère de S^{te}
Hélène rendait le dernier soupir.

Quant à la Mère de S<sup>t</sup> Pierre, rapporte le Commandeur
Viger, qui, par son épouse, appartenait à la famille de
Boucherville, " elle vécut assez longtemps pour voir deux
de ses frères et dix de ses neveux honorés du sacerdoce,
treize de ses nièces appelées à la vie religieuse, dont sept
dans l'Institut qu'elle avait embrassé elle-même." Après
avoir rempli les charges de Maîtresse des Novices, d'Assistante et de Supérieure, cette vénérable Mère mourut
en 1776, à l'âge de quatre-vingt-dix ans, dont soixante-et-
dix passés en Religion, léguant à sa Communauté près
d'un siècle de beaux exemples.

JEAN-BAPTISTE, SIEUR DE NIVERVILLE. — M<sup>r</sup> Jean-Baptiste,
Sieur de Niverville, sixième fils de M<sup>r</sup> P. de Boucherville,
épousa, vers 1716, Melle Thérèse Hertel de Rouville, et en
eut sept enfants : Thérèse-Madeleine, Pierre-Louis, Marie-
Françoise, Pierre, Marie-Morgue et François. Pierre-
Louis, surnommé de Montizambert, à l'exemple de ses
deux sœurs, Marie-Françoise et Marie-Morgue, qui épou-
sèrent, l'une M<sup>r</sup> Jean Spagnolini, l'autre M<sup>r</sup> Louis Marchand, de Québec, contracta mariage avec Melle Charlotte
Caroline Hate, jeune orpheline, originaire d'Allemagne.
" Le père de cette Demoiselle, rapporte M<sup>de</sup> Taché, la
" vénérable mère de l'Evèque de S<sup>t</sup> Boniface, était venu
" s'établir sur les bords de la Belle-Rivière, où s'est élevée
" depuis Pittsburgh. Il y vivait paisible et heureux au
" milieu de sa famille, lorsque tout-à-coup les Sauvages
" vinrent fondre sur son établissement, le tuèrent, lui,
" son épouse et plusieurs de ses enfants. Charlotte-Caro-
" line, échappée au massacre avec deux de ses sœurs, fut
" emmenée en captivité. L'ayant rencontrée providentiel-
" lement, M<sup>r</sup> de Montizambert fut touché de son malheu-
" reux sort. Il l'acheta des barbares et la fit instruire. Elle
" pouvait avoir alors quinze ans. Lorsqu'elle fut grande
" et catholique, son bienfaiteur l'épousa." De ce mariage
sont nés : Louis, Charlotte-Sophie, morte en 1832, après
avoir épousé M<sup>r</sup> de la Broquerie ; Marie-Louise, décédée en
1843, à l'âge avancé de quatre-vingt-six ans ; Catherine,

morte à la Chenaie en 1803; Marie-Anne, qui est parvenue à l'âge de quatre-vingt-cinq ans; Thérèse, qui s'est
mariée à Mr François Piedmont de la Bruère, et Hippo-
lyte, qui a fini ses jours à Kamouraska. Louis, l'aîné, a
épousé Melle Sarah Taylor, et a continué la lignée.

Lorsque Mr de Niverville mourut, il était propriétaire
de la Seigneurie de Chambly. Il fit tout en son pouvoir
pour la mettre sur un bon pied. Comme plusieurs habitants, après s'être fait concéder certaines portions de terre,
négligeaient de les mettre en culture, Mr de Niverville fit
rappeler la loi qui oblige les habitants à résider sur leurs
terres, sous peine de confiscation : " Sur ce qui nous a
" été représenté, dit l'Ordonnance, que le Sieur Jean-
" Baptiste Boucher, Seigneur de Chambly, a concédé des
" terres à nombre de particuliers dans sa Seigneurie
" depuis quatre ans, et que ces particuliers ne tiennent
" ni feu ni lieu, n'ont même fait aucun désert, ce qui est
" contraire aux Ordonnances de Sa Majesté, nous ordon-
" nons à tous les habitants de tenir feu et lieu sur leurs
" terres et de les déserter, dans le délai de huit mois, à
" compter de ce jour, passé lequel temps, ceux qui ne l'au-
" ront pas fait seront évincés et leurs terres seront réunies
" au domaine du dit Sieur Boucher, leur défendant de
" céder ou vendre ces terres, sans en avoir préalablement
" donné connaissance à leur dit Seigneur, afin d'éviter
" toute surprise. (Signé) HOCQUART." Les lois sanction-
nées de nos jours, en Parlement, n'ont été que la confirmation de ces sages mesures.

De la famille de Niverville sont sortis plusieurs officiers
remarquables dont les descendants, répandus dans le
pays, continuent à faire honneur à leur nom. Le plus
connu de ces guerriers est le Chevalier de Niverville,
qui, après s'être signalé comme Enseigne et comme Lieutenant, de 1742 à 1760, fut ensuite décoré de la Croix de
St Louis. On sait les services qu'il rendit au Général Carleton, lors de l'invasion du Canada par Montgomery.

Pendant que Mr de Niverville se distinguait à la tête

des troupes et donnait à ses enfants l'exemple de la bravoure, deux de ses frères, ses aînés, MM. Philippe et
Nicolas, embrassaient l'état ecclésiastique. L'un est devenu, comme il a été dit, Curé de St Joseph de la Pointe-
Lévi ; l'autre s'agrégea au Séminaire de Québec.

Vers cette même époque, Melle Madeleine de Boucherville, leur sœur, épousait Mr Noël LeGardeur de Tilly, de
l'illustre maison des LeGardeur, dont il est parlé ailleurs.

JEAN, SIEUR DE MONTBRUN.— M. Jean, Sieur de Montbrun,
septième fils de Mr de Boucherville, fut de tout point le
digne émule de ses frères. Une de ses petites-filles, Melle
Catherine Boucher de Montbrun, se fit Religieuse de
l'Hôpital-Général de Montréal. Entrée au mois d'Octobre
1777, elle fit profession six mois après Melle Apolline, sa
sœur, qui l'avait précédée dans cette Communauté.
Devenue Maîtresse des Novices, elle montra dans cette
charge une prudence et une sagesse telles, qu'elle put
être proposée pour modèle à celles qui lui succédèrent.
Obligée de se démettre, en 1825, de fonctions qu'elle remplissait depuis vingt-sept ans, à cause de ses grandes infir-
mités, elle ne s'occupa plus que de sa propre sanctification.
Pendant sa longue carrière, elle s'était constamment fait
admirer par son zèle, sa tendre piété et son aimable
gaieté ; aux derniers jours de sa vie, elle acheva de gagner
tous les cœurs, en montrant une patience à toute épreuve.
Bien que privée de l'usage des yeux, elle oubliait ses
propres maux, pour ne penser qu'à la santé de ses sœurs,
ne se plaignant jamais de ce qu'elle avait à souffrir. C'est
dans ces dispositions que la mort la trouva. La Sœur de
Montbrun est décédée le 6 Avril 1829, cinquante-deux ans
après son entrée en Religion.

RENÉ, SIEUR DE LA PERRIÈRE. — Mr René, Sieur de la
Perrière, était le huitième fils de Mr de Boucherville.
Comme plusieurs de ses frères, il se voua à la défense du
pays, et, en 1726, devint Capitaine dans les troupes, ce qui
ne l'empêcha pas de s'appliquer au défrichement des
terres. En 1734, il obtint, sur le lac Champlain, une con-

cession qui fut ratifiée l'année suivante, ainsi qu'on peut
s'en convaincre par cet extrait des registres de l'Intendance : " Concession au Sieur René Boucher, Ecuyer,
" Sieur de la Perrière, Capitaine d'une Compagnie du
" détachement de la marine, d'un terrain sur le lac Cham-
" plain, de deux lieues de front sur trois de profondeur,
" le tout à titre de Fief et Seigneurie. (Signé) BEAUHAR-
" NOIS et HOCQUART."

Plusieurs années avant que Mr de la Perrière obtint ce
Fief, Melle Marie de Boucherville, sa sœur, avait épousé
Mr Gauthier de Varennes, Gouverneur des Trois-Rivières
après Mr de Grosbois. Melle Anne-Marguerite Gauthier,
issue de ce mariage, se fit Religieuse Ursuline à Québec.
Elle n'avait encore que quinze ans lorsqu'elle fit son
entrée au Monastère, et prit le nom de Mère de la Présentation. C'est une fleur qui ne fit qu'éclore, pour dispa-
raitre ensuite. S'étant donné trop de mouvement pour sa
faible complexion, afin de préparer à la fête de la Présentation les élèves Externes, dont elle était chargée, rapporte
une de ses contemporaines, elle contracta une maladie
qui la conduisit au tombeau. La mort de son frère, Mr
Jean-Baptiste de Varennes, Chanoine et Grand Péniten-
cier de la Cathédrale, arrivée sur ces entrefaites, ne fit
que hâter sa fin, en affligeant cette âme sensible. Elle
mourut quelques jours avant la Pentecôte, en 1726, laissant sur son visage angélique comme un reflet du bonheur
dont elle jouissait au ciel.

Quant à Mr de la Perrière, il décéda au mois d'Août
1742. L'un de ses fils, n'étant encore qu'Enseigne, périt
dans le naufrage de l'*Auguste,* comme il est dit quelque
part. Un autre devint Capitaine en 1756, et fut un des
plus vaillants guerriers de cette époque.

## IIo PIERRE DE BOUCHERVILLE.

Mr Pierre de Boucherville, dont nous avons remis à
parler, afin de ne pas interrompre la filiation, s'occupa
beaucoup de la culture des terres. Dans ce but, il

demanda et obtint une concession près des Trois-Rivières,
ainsi que nous l'apprennent les pièces de la Tenure Seigneuriale, dont voici un extrait: " Savoir faisons qu'en
" vertu du pouvoir à nous accordé, nous avons donné et
" octroyé, par ces présentes, à Pierre Boucherville, fils du
" Sieur Boucher, Gouverneur des Trois-Rivières, la con-
" sistance de dix arpents de terre de front sur vingt de
" profondeur, pour en jouir en Fief, lui ou ses ayant-
" cause. En foi de quoi nous avons signé la présente.
" (Signé) DE LAUZON." Mr Talon lui fit, en 1672, une nouvelle gratification de trois quart de lieue de front sur une
lieue de profondeur, aux environs du lac St Pierre, près
du Fief de son père. Mr de Boucherville céda cette terre,
en 1712, à Mr Gatineau, par contrat passé devant Le
Pailleur, Notaire à Montréal.  C'est alors qu'autant dans
l'intérêt du bien public et des habitants eux-mêmes, que
dans le sien propre, Mr de Boucherville, à l'exemple de
plusieurs autres Seigneurs, se fit autoriser à demander à
tous ceux qui avaient reçu des concessions de son père,
les titres qui en faisaient foi : " Ayant égard à la requête
" du dit Sieur Boucher, dit Mr Hocquart, avons ordonné
" et ordonnons que dans trois mois, à compter de la troi-
" sième publication, de la présente Ordonnance, pour
" tout délai, tous les habitants de Boucherville et de
" Montarville seront tenus de rapporter et de présenter
" au dit Sieur Boucher les contrats de concession et
" autres titres de propriété des terres qu'ils possèdent
" dans les dites Seigneuries, desquels titres et contrats ils
" seront tenus de fournir une copie, collationnée par le
" Notaire du lieu, au dit Sieur Boucher ; ordonnons en
" outre que tous ceux des dits habitants qui n'ont pas de
" contrats de leurs terres aient à s'en procurer, dans le
" même délai, sous peine d'y être contraints par la loi.
" (Signé) HOCQUART." Les travaux de défrichement n'ab-
sorbèrent pas tellement Mr de Boucherville, qu'il ne prit
part aux luttes de l'armée dans laquelle il parvint aux
grades les plus honorables.

Il avait épousé M^{elle} Charlotte Denis, veuve de M^r Brahé, Sieur du Pads, qui a laissé son nom à une des Iles voisines de Montréal. De ce mariage sont nés douze enfants : Charlotte, Pierre, François-Pierre, Marie-Jeanne, Marie-Anne, Joseph, Angélique, René, Joseph, Louise, Charles et Claire-Françoise. Tous ces enfants, à part les deux aînés, Charlotte et Pierre, virent le jour à Boucherville, de 1695 à 1707.

Joseph, l'un d'eux, fut le chef de l'intéressante famille Boucher de la Broquerie. Ayant épousé, le 29 Novembre 1730, M^{elle} Charlotte Taillandier, fille de M^r Marien, appelé aussi M^r de la Beaume, Chirurgien, et de Dame Madeleine Beaudry, il en eut plusieurs enfants : Joseph, Marie-Anne, qui par la suite épousa M^r Noyelle de Fleurimont ; René, Pierre et Bonaventure, qui tous trois moururent jeunes. Ayant perdu son épouse peu après, M. J. de la Broquerie contracta un nouveau mariage, vers 1746, avec M^{elle} Marie Cardin, qui lui donna trois enfants : Marie-Joseph, Josphte-René et Marie-Josephte, qui, à l'exception d'une, moururent en bas âge. Joseph, son fils aîné, épousa à Montréal, le 13 Novembre 1758, M^{elle} Clémence Gamelin, fille de M^r Pierre Gamelin-Maugras et de Dame Marie-Clémence Dufrost de Lajemmerais, celle même dont il a été parlé plus haut. De ce mariage sont nés onze enfants. Sur ces onze enfants, sept moururent à la fleur de l'âge. L'un des survivants, Amable-Clément, embrassa l'état ecclésiastique et fut un prêtre zélé. Il est mort à Boucherville, en 1826. Anne-Charlotte, la troisième des filles, épousa, en 1787, M^r Stubenger, et, après avoir eu trois enfants, entre autres Charlotte, mariée à M^r Joseph Pépin, suivant la prédiction de M^{de} d'Youville, est venue mourir chez les Sœurs Grises de S^t Hyacinthe, où elle s'était retirée après l'incendie de Boucherville en 1843. Son père l'avait précédée de plusieurs années dans la tombe, étant mort en 1803, à l'âge de soixante-douze ans. Joseph-Ignace, fils aîné du précédent, contrairement à Pierre, son frère cadet, qui est mort en 1810 sans s'être

marié, épousa aux Trois-Rivières, le 15 Juillet 1798, M^elle Charlotte Boucher de Niverville de Montizambert. Les enfants issus de ce mariage sont : Anne-Charles, qui, comme on le verra, épousa M^r Jean-Baptiste-René Hertel de Rouville ; Louise-Henri, Joseph-Antoine, Charles-Frédéric, Pierre-Charles, Louis-Stanislas, Marie-Hippolyte et Catherine-Cécile. M^elle Louise-Henri, ayant épousé à Boucherville, le 3 Février 1820, le Docteur Charles Taché, [1] est devenue mère de cinq enfants, parmi lesquels le pays est fier de compter l'illustre Evêque de S^t Boniface, à la Rivière-Rouge ; le Chevalier J. C. Taché, Commissaire du Canada à l'Exposition Universelle de 1856, et présentement Député-Ministre des Travaux publics, et M^r Louis Taché, Shérif de St. Hyacinthe. M^r Joseph-Antoine de la Broquerie, l'aîné des fils, ne s'est point marié. Après la mort du Docteur Taché, il prit en soin sa jeune famille, et n'a cessé d'en être le bienfaiteur et l'ami. Il réside à Boucherville, où sa conduite exemplaire est comme une prédication vivante pour toute la Paroisse.

Pendant que Joseph, neuvième enfant de M^r Pierre de Boucherville et de Dame Charlotte Denis, formait ainsi la belle famille de la Broquerie, René, un de ses autres enfants, devenait, de son côté, chef de la famille si estimée des Boucher de la Bruère. Ayant épousé, au mois de Novembre 1739, M^ile Louise René Pécaudy de Contrecœur, il en eut douze enfants. Joseph-Louis, l'un d'eux, appelé de Montarville, du nom d'un Fief accordé à sa famille en

---

1 M^r Charles Taché descendait de M^r Jean Taché, de Garganville, Diocèse de Montauban, fils d'Etienne Taché, Commissaire des vivres à S^t Malo. Etant passé en Canada, M^r J. Tache épousa, en 1752. M^ile Anne Joliet de Mingan, fille de M^r Jean Joliet qui se surnomma Mingan, et petite-fille du célèbre Joliet, le découvreur du Mississipi. A cette époque il se trouvait posséder un capital de trente mille livres ; mais ayant perdu sept navires au moment de la conquête, il fut ruiné. Il est aussi l'ancêtre des Taché, Seigneurs de Kamouraska et de S^t Paschal, de Sir E. P. Taché, Premier Ministre, qui a laissé tomber de sa bouche mourante ces paroles dignes de passer à la postérité : " Il n'est " pas nécessaire à un homme d'être Premier Ministre et d'avoir part à " la gloire humaine ; mais ce qui lui est nécessaire, c'est d'être bon " chrétien et honnête homme."

1710, épousa aussi une Demoiselle de Contrecœur, et en
eut plusieurs filles, mais un seul fils qui mourut jeune.
—Charlotte fit alliance avec Mr Pierre LeGras de Pierre-
ville.— Pierre-Charles se choisit une épouse dans la
famille de la Broquerie, s'étant marié avec Melle Marie-
Josephte, fille de Mr Jean-Baptiste de la Broquerie et de
Dame Marie Cardin, dont il eut plusieurs enfants, entre
autres Marie-Josephte qui épousa Mr Ignace Malhiot,
lequel prit en secondes noces Melle Angélique Pothier.—
François se maria deux fois, d'abord avec Melle Thérèse
de Niverville, et, après la mort de celle-ci, avec Melle de
Richarville, celle vraisemblablement qui fut marraine de
l'un des enfants du Chevalier Benoist.—Louise-Françoise
devint l'épouse de Mr François LeMercier, et Angélique,
de Mr Nicolas de Mantet.—Pierre-René, l'aîné de la famille,
ayant épousé, le 7 Novembre 1765, Melle Charlôtte Boucher
de la Perrière, veuve de Mr François Vassal de Montviel,
tué au siége de Québec, devint père d'une nombreuse postérité. René, l'un de ses enfants, contracta mariage, en
1795, avec Melle Catherine Perrault, dont il eut plusieurs
enfants : Reine-Catherine, épouse de Mr Louis Lacoste,
et décédée en 1832 ; René-François et Suzanne. Après la
mort de son épouse, il s'est remarié, en 1806, avec Melle
Julie Wilbrenner qui lui a donné quatre enfants : Pierre-
René, qui a épousé, en 1836, Melle Marie-Hippolyte de la
Broquerie qu'on vient de nommer plus haut, et qui n'a eu
qu'un fils : Mr Pierre Boucher de la Bruère, marié, en
1861, à Melle Victorine Leclerc ;—Julie-Aurélie, depuis
épouse de Mr Philippe Pacaud ;—Marié-Adéline qui a
épousé Mr Pierre Chevalier ;—et Charlotte-Célina, mariée
à Mr Charles Pacaud. Telle fut la valeur de Mr R. de la
Bruère, chef de cette famille, pendant la guerre de 1812,
à la tête du deuxième Bataillon de la milice canadienne,
dont il était Major, qu'il mérita d'être décoré de la médaille
de Chateauguay par la Reine Victoria, et qu'il put trans-
mettre à sa famille, comme un souvenir précieux, les deux
drapeaux donnés à son Bataillon par la princesse Char-

lotte, depuis Reine des Belges. Il soutint dignement la
gloire de son père dont parleainsi la relation du siège de
Québec en 1759 : " La Bruère, Enseigne dans la Compa-
" gnie de Jacard, a fait les fonctions de Major de l'artil-
" lerie. Il a eu son chapeau coupé sur la tête par un
" boulet de trente-trois. A l'action du 13, il a reçu une
" blessure à la jambe, ce qui ne l'a pas empêché de ren-
" trer en ville la pièce de canon dont il était chargé, et
" quoique l'armée fût en fuite. Déjà il s'était signalé
" au siège des forts Bull et George. Les Anglais l'ont
" gardé comme prisonnier à l'Hôpital-Général."

Quant aux filles de Mr de Boucherville, quatre embras-
sèrent la vie religieuse, deux à l'Hôtel-Dieu de Montréal,
et les deux autres à la Congrégation de Notre-Dame. Les
deux premières furent Charlotte et Pierre, les aînées de
la famille. Charlotte, entrée en 1701, à l'âge de quinze
ans, passa trente ans en Religion ; l'autre, qui avait suivi
sa sœur deux ans après, poussa sa longue carrière jusqu'à
l'âge de soixante et douze ans, et mourut en 1757, après
avoir consacré cinquante-quatre ans de sa vie au soulage
ment des malades. Les deux autres furent Angélique et
Louise. Angélique ne fit qu'apparaître : après sept années
passées dans l'Institut de la vénérable Sœur Bourgeois,
elle décéda le 12 Janvier 1721, n'étant âgée que de vingt-
quatre ans. C'était un fruit précoce que le Ciel se hâtait
de cueillir. Louise, la seconde, au contraire, parvint à
l'âge avancé de quatre vingt-cinq ans, dont soixante et sept
furent employés à l'instruction de la jeunesse, et mourut
en 1788. Toutes les deux avaient pris le nom de Ste
Monique. Elles eurent la consolation de laisser, pour leur
survivre et continuer leurs exemples, une de leurs nièces,
Marie-Françoise de la Bruère, qui, sous le nom de Sœur
St François-Xavier, vécut près d'un siècle. Elle n'est
morte qu'en 1826, à l'âge de quatre-vingt-quatre-ans, après
en avoir passé soixante-et-neuf dans le pieux asile qui
avait déjà ouvert ses portes à tant de jeunes filles des
premières familles du pays.

Jaloux de contribuer à la bonne œuvre et désireux de voir fleurir dans sa Seigneurie la maison que la Congrégation y avait ouverte dès 1700, si ce n'est avant, Mr de Boucherville passa, en 1705, un contrat par lequel, moyennant une modique redevance annuelle, les dignes filles de la Sœur Bourgeois purent jouir d'un emplacement de quatre vingt-un pieds sur cent soixante-dix-huit, tout près de l'Eglise et sur lequel était construite une petite Chapelle dédiée à la Ste Vierge. Grâce aux réparations et améliorations qu'a fait faire depuis l'incendie, à cet Etablissement, le Révérend Mr Pepin, Curé actuel de Boucherville, ce Couvent est des plus prospères. Que ce digne ami de la famille de Boucherville veuille bien accepter ici l'expression de notre vive reconnaissance, pour tous les documents qu'il nous a fournis avec tant de complaisance.

### IIIº PIERRE DE BOUCHERVILLE.

Mr Pierre de Boucherville, troisième Seigneur du nom, ne vint résider à Boucherville qu'en 1740, après la mort de son père. Il était l'aîné des fils de Mr P. de Boucherville et de Dame C. Denis, et avait épousé Melle Louise-Marguerite Raimbault de St Blain, dont le frère périt dans le naufrage de l'*Auguste*. De ce mariage sont nés plusieurs enfants, entr'autres : Pierre, Rêné-Amable, Louis, René-Charlotte, Louise, Anne et une autre fille.

Pierre, l'aîné, fut tué au siège de Québec ; et ne s'étant pas marié, ne laissa point de postérité. Suivant des documents particuliers, c'était un jeune homme qui donnait de grandes espérances : sa mort fut une véritable perte pour le pays.

Un autre, appelé Louis, entraîné par l'exemple de plusieurs autres, passa en France et mourut, il paraît, à l'Ile de France. Déjà, d'autres membres de sa famille l'avaient précédé dans cette voie. C'est ainsi qu'en 1705, on retrouve à la Martinique un Mr Boucher, Lieutenant, après

avoir été Garde-Marine à Rochefort, en 1703. Un autre
du même nom, d'abord Ingénieur à l'Ile Royale, est
porté, en 1721, sur la liste des Lieutenants. Son fils, après
avoir été Sous-Inspecteur et Lieutenant, avait été promu
au grade de Capitaine réformé en 1738.

Les filles firent, la plupart, des mariages très-avanta-
geux. L'une d'elles épousa Mr Charles Frémont, fils, sans
doute, de Mr Antoine Salvaye, Sieur de Frémont, que
nous avons vu assister au mariage du Chevalier Benoist.
L'autre, Melle Charlotte, contracta mariage avec Mr
François Perrault, dont il n'est pas hors de propos de
rappeler la famille. Mr François Perrault descendait de
Mr François Perrault, du Diocèse d'Auxerre, et de Dame
Marguerite Caché. Son fils, aussi appelé François, étant
passé en Canada, épousa à Québec, en 1715, Melle Cavey qui
comptait dans sa famille plusieurs hauts fonctionnaires,
et eut sept enfants, dont l'un fût Chanoine, Grand-Vicaire
et Administrateur du Diocèse de Québec en 1764, et l'autre,
après avoir commandé la marine marchande, mourut
à la Nouvelle-Orléans. L'aîné, Mr François Perrault, fut
l'époux de Melle Charlotte de Boucherville. De ce mariage
sont nés cinq garçons et quatre filles. Mr Jacques
Nicolas Perrault, l'aîné, Seigneur de la Rivière-Ouelle,
fut appelé au Conseil Législatif. Melle Rose-Scholastique
épousa le Lieutenant-Colonel Vassal de Montviel, depuis
Adjudant-Général, Aide-de-Camp de Sir Prevost, fils de
feu Vassal de Montviel, issu d'une ancienne famille noble
du Périgord. Melle Catherine fit alliance avec Mr René de
la Bruère, dont il est parlé ailleurs. Mr Jean-Olivier
Perrault, le cadet, Juge et Conseiller Législatif, épousa
Melle Louise-Marie Taschereau. C'est le père de Mr Perrault de Linière, gendre de Mde de Montenach. Des sept
enfants qu'il eut de Melle Taschereau, il est le seul survivant. Ses deux autres fils, et ses quatre filles, Mesdames
E. B. Lindsay, C. Duchesnay, Kimber et E. Duchesnay,
ont été enlevés successivement.

Une troisième fille de Mr de Boucherville entra dans

la célèbre famille de la Corne, qui a donné au pays tant
d'officiers distingués. Le chef de cette famille en Canada
fut Mr Jean-Louis·de la Corne, du Diocèse de Clermont,
en Auvergne, fils de Mr Louis de la Corne, Sieur de
Chapts, et de Dame Antoinette Dallemaigne de la Font.
Il épousa au mois de Juin 1693, n'étant encore que Lieutenant, Melle Marie Pécaudy, fille de Mr Antoine Pécaudy
de Contrecœur, Capitaine fameux, et de Dame Barbe
Denis. Lorsqu'il passa dans la Nouvelle-France, il avait
perdu un œil au siège de Gérovane. De talents remarquables, Mr de la Corne ne tarda pas à se faire jour par son
propre mérite. Après avoir été promu au grade de Capitaine et décoré de la Croix de St Louis, il fut nommé
successivement Major aux Trois-Rivières, et Major des
troupes à Québec. En 1724, il reçut une pension de quatre
cents livres, et, deux ans après, fut fait Lieutenant du
Roi à Montréal, où il mourut en 1731. De son mariage
avec Mlle de Contrecœur sont nés plusieurs enfants qui ont
été la tige des familles de la Corne, de la Corne de la
Colombière, de la Corne du Breuil et de la Corne St Luc.
Quatre d'entr'eux furent décorés de la Croix de St Louis,
et cinq furent promus au grade de Capitaine. Les plus
rénommés sont Mr de la Corne, dit le Chevalier, et Mr de
la Corne St Luc.—Le premier commanda en Acadie et fut
chargé par Mr de la Galissonnière de protéger ses habitants contre leurs agresseurs. Dans ce but il se fortifia à
Chédia d'abord, sur le golfe St Laurent, ensuite à Chibodi,
près de la Baie-Verte. Après avoir tenu tête au Major
Lawrence, pour se mettre à couvert contre lui, il bâtit le
fort Beauséjour, ce qui détermina les célèbres conférences
sur les limites des deux pays. De retour en Canada, il
fut chargé, en 1759, de défendre avec douze cents hommes
le lac Ontario, pendant que Mr de la Bourlamaque défendait le lac St Sacrement, et que MM. Pouchot et Corbière
gardaient, l'un Niagara, l'autre Frontenac. Après la levée
du second siège de Québec, en 1760, lorsque les armées
ennemies firent leur jonction pour s'emparer de Montréal,

le Chevalier de la Corne eut mission de s'opposer à leur
descente, conjointement avec MM. Dumas, Bougainville
et Pouchot. Ces derniers devaient, celui-ci protéger la
route de Québec à Montréal, ceux-là tenir ferme à l'Ile-
aux-Noix et au fort Lévis. Mr de la Corne était chargé de
garder le passage des Rapides ; mais n'ayant que huit
cents hommes pour repousser six mille adversaires, il fut
contraint de se retirer devant des forces si supérieures.—
Le second, après s'être efforcé, de concert avec Mr Marin,
de protéger les vaincus du fort William-Henri contre la
rapacité des Sauvages, et s'être signalé à la bataille de Carillon, s'immortalisa à la victoire de Ste Foi. A la tête des
Sauvages sur lesquels il avait toute influence, il soutint la
Brigade la Reine et contribua à lui faire reprendre la
redoute de droite, tombée entre les mains de l'ennemi.
Resté dans le pays après la conquête, Mr de St Luc montra sur le champ de bataille et au Conseil qu'il était toujours un rude jouteur et un citoyen intègre.

Mr de Boucherville ne pouvait donc donner sa fille à
une famille plus honorable. Pour lui, après avoir atteint
sa quatre-vingt-dix-huitième année, il mourut en 1767,
dans sa Seigneurie de Boucherville.

#### IVo RENÉ DE BOUCHERVILLE.

Mr Pierre de Boucherville fut le quatrième Seigneur
de ce nom. Il arrivait à une époque où le pays, après
avoir été pendant tant d'années le théâtre de luttes achar-
nées, allait de nouveau voir le sang couler. L'Angleterre
s'était servie des Colonies anglaises pour s'emparer du
Canada et étendre son empire sur toute l'Amérique, à
l'exclusion de la France. A son tour, elle allait être attaquée, battue et ignominieusement répudiée par ces mêmes
Colonies. Pour lever l'étendard de la révolte, il ne fallait
qu'un prétexte : ce prétexte fut bientôt trouvé. Non
contentes de secouer ainsi le joug de la Métropole, ces
Colonies cherchèrent à entraîner le Canada à leur suite

et à le rendre complice de leur résistance. Les moyens
de persuasion ne suffisant pas, on eut recours aux armes.
Pour un pays qui regrettait toujours la France, et que
quinze ans de dure servitude ne devaient guère rendre
sympathique à l'Angleterre, la tentation était délicate.
Cependant il ne tergiversa pas un instant dans l'accom-
plissement de son devoir. Tant que le drapeau de la
France avait flotté sur la citadelle de Québec, il lui était
resté dévoué. L'Angleterre ayant remplacé la France, il
ne connaissait plus et ne voulait plus reconnaître d'autres
liens que ceux qui l'attachaient à ses vainqueurs, espérant
tôt ou tard en obtenir justice. Loin donc de conniver avec
les insurgés, il n'hésita pas à prendre les armes et à verser
son sang pour défendre une cause qu'il croyait être la
cause du bon droit. Alors on vit ce qu'on devait attendre
d'un peuple catholique, fidèle à ses serments. Les
batailles de Crown-Point, de St Jean, de Bunker's Hill, etc.,
sont là pour le dire. Partout l'ennemi fut repoussé. Mr
de Boucherville quitta ses foyers pour marcher à la frontière et eut ainsi l'honneur de contribuer à une victoire
qui devait sceller enfin l'union des Canadiens et des Anglais, en prouvant à ces derniers que les héros d'Oswégo,
de Carillon et de Ste Foi vivaient encore dans leurs
descendants.

C'est à la suite de ces événements, qu'une constitution
plus libérale ayant été donnée et un accès plus libre
aux charges ayant été ouvert aux Canadiens, Mr de Boucherville entra au Conseil Législatif. Pendant l'invasion
des troupes américaines, il s'était montré sujet loyal ; en
Chambre, il fut toujours l'ami des bons principes, et le
défenseur de ses concitoyens. Comme son père, il avait
épousé une Demoiselle de la famille Raimbault de St
Blain, Melle Madeleine. Il en eut dix enfants, dont six
moururent très-jeunes. Les survivants furent : Charlotte,
Pierre-Amable, Charles Marie et René-Thomas. Ce dernier prit le nom de Verchères. Marié, en 1819, avec
Melle Clotilde-Joséphine Proulx, il en a eu quatre enfants :

Madeleine-Thaïs, Guillaume-Pierre-Philias, Médecin, Charlotte-Adélaïde, mariée d'abord à Mʳ Quesnel, Avocat, et ensuite au Docteur Robitaille, de Québec, et Jovite-Louis.—Charles-Marie entra dans l'état ecclésiastique et devint Curé de Charlesbourg, où il mourut en 1823.— Charlotte, l'unique fille survivante, épousa Mʳ Louis Chaussegros de Léry et fut mère de la jeune Charlotte, élève des Ursulines, enlevée à la fleur de l'âge.

### V⁰ PIERRE-AMABLE DE BOUCHERVILLE.

Mʳ Pierre-Amable de Boucherville naquit le 4 Octobre 1740. Son père venait de mourir; lorsque, sur le conseil de sa mère qui survécut treize ans à son mari, il songea à se chercher une épouse. Son choix tomba sur Mᵉˡˡᵉ Marguerite Sabrevois de Bleury. La famille de cette Demoiselle est trop célèbre dans le pays et se présente trop souvent dans ces pages, pour que nous la passions ici sous silence.

, Suivant le travail d'un érudit qui aimait à cacher son nom, le chef de cette famille, en Canada, fut Mʳ Jacques Charles de Sabrevois, fils de Mʳ Henri de Sabrevois, Seigneur de Sermonville, et de Dame Gabriel Martin, du Diocèse de Chartres. Ayant quitté son pays natal un peu après le milieu du XVIᵉ siècle, pour venir dans la Nouvelle-France, il servit dans les troupes et fut un des Lieutenants de la Compagnie de Mʳ de Muy. Il épousa à Boucherville, le 16 Novembre 1695, Mᵉˡˡᵉ Jeanne de Boucherville, ainsi qu'on a pu le voir, et en eut plu-sieurs enfants. Christophe de Sabrevois, l'un d'eux, appelé plus tard de Sermonville, Lieutenant en 1741, Aide-Major à Montréal en 1745, Chevalier de Sᵗ Louis en 1757, épousa Mᵉˡˡᵉ Agathe Hertel. Quant à Mʳ Charles de Sabrevois, il mourut à Villemarie, en 1727, à l'âge de soixante ans, après avoir rempli pendant plusieurs années les fonctions de Major et avoir été décoré de la Croix de Sᵗ Louis. Nous avons encore la copie des lettres patentes qui lui furent

adressées. Nous la devons à l'obligeance de M<sup>de</sup> Tancrède
Bouthillier qui a bien voulu nous la communiquer. La
voici : " Louis, par la grâce de Dieu Roi de France et de
" Navarre, Chef Souverain et Grand Maitre de l'Ordre
" militaire de St Louis, à tous ceux qui ces présentes
" verront, salut. Les services que le Sieur de Sabrevois,
" Capitaine d'une des Compagnies que nous entretenons
" en Canada, nous a rendus depuis plus de vingt ans,
" tant en la dite qualité, qu'en celle d'officier dans les
" dites troupes, nous conviant à lui donner des preuves
" de notre satisfaction, nous avons cru ne le pouvoir faire
" d'une manière plus honorable qu'en l'admettant au
" nombre des Chevaliers de l'Ordre militaire de St Louis,
" que nous avons créé par nos lois du mois d'Avril 1693,
" étant bien informé des dits services et qu'il fait profes-
" sion de la Religion Catholique, Apostolique et Romaine.
" A ces causes et autres nous mouvant, de l'avis de notre
" très-cher et très-aimé oncle, le Duc d'Orléans, Régent,
" nous avons le dit Sieur de Sabrevois fait, constitué,
" ordonné et établi, faisons, constituons, ordonnons et
" établissons par ces présentes, signées de notre main,
" Chevalier du dit Ordre militaire de St Louis, pour par
" lui jouir du dit titre de Chevalier, des honneurs et pré-
" rogatives qui y sont attachés. Donné à Paris, le 20
" Juillet 1718. (Signé) Louis." Son fils Clément, surnommé
de Bleury, épousa à Villemarie, le 26 Août 1728, Melle
Charlotte Guichard, fille d'un Chirurgien de cette ville,
et laissa à sa mort plusieurs enfants, entre autres Marguerite, qui, après avoir épousé Mr Louis Dandonneau,
Sieur du Sablé, fils du Lieutenant de ce nom et de
Dame Marie-Joseph Drouet de Richarville, se remaria
en secondes noces à Mr François-Thomas de Lorimier,
Sieur de Verneuil, fils du Capitaine de Lorimier et de
Dame Louise LePallieur. Un an après son mariage, il fut
fait Lieutenant. Après avoir été promu au grade de Capitaine en 1742 et décoré de la Croix de St Louis en 1750,
il devint Major des Trois-Rivières, neuf ans après. Jean,

17

fils de Clément, épousa à Villemarie, le 7 Janvier 1754,
Melle Marie-René Gamelin-Maugras, fille de Mr Pierre
Gamelin-Maugras, négociant, et de Dame Marie-Clémence
Dufrost de la Jemmerais, dont il a été parlé. Après la
mort de son épouse, en 1770, il contracta un nouveau
mariage avec Melle Marie-Anne Claveau, et mourut le 4
Mai 1784. Clément-Christophe-Anne, fils du précédent,
ayant épousé aux Etats Melle Emilie Bower, a été le père
de Melle Marguerite, épouse de Mr de Boucherville. Une
des sœurs de cette dernière avait épousé Mr Benjamin
Trottier des Rivières Beaubien, Avocat à Montréal
Clément-Charles, son frère cadet, Avocat distingué, appelé
au Conseil Législatif par Lord Gosford, après avoir été
Capitaine de Cavalerie volontaire, est mort il y a peu
d'années à Montréal. Il avait épousé Melle Rocher, mais
n'a pas laissé de postérité, en sorte que la Seigneurie de
Bleury, obtenue en 1733, est sortie de la famille.

De son mariage avec Melle M. de Bleury, Mr P. A. de
Boucherville a eu trois enfants : Pierre-George, Cathe-
rine-Emilie, Françoise et Charles-Eugène-Napoléon.—
L'aîné, né à Québec en 1815, réside présentement à
Montréal, où il est marié à Melle Gregory, et a deux
enfants : un fils et une fille.—Melle Catherine, l'ainée des
filles, après avoir épousé Mr Charles de Grosbois, Médecin,
à Chambly, est décédée en 1856, laissant sept enfants.—Mr
Charles, le cadet, né à Montréal, le 4 Mai 1822, demeure
à Boucherville et est membre du Parlement Provincial
pour le Comté de Chambly. Il avait épousé, en 1861,
Melle Suzanne-Elizabeth Morrogh ; cette Dame est décédée, ainsi que son enfant, peu de temps après. Il s'est
remarié récemment à Melle Lussier de Varennes.

Quant à Mr P. A. de Boucherville, il est mort en 1857,
à l'âge de soixante-et-dix-sept ans, après avoir siégé au
Conseil Législatif et rempli les fonctions d'Aide-de-Camp
sous Sir George Prevost, sept ans après son épouse, qui
a fini ses jours le 12 Mai 1850, étant dans la soixante-
quatrième année de son âge.

D. H. M. L. de BEAUJEU.

LE CHEVALIER de SOULANGES .— LE Cᵀᴱ de BEAUJEU

# LA FAMILLE DE BEAUJEU.

—◦◇◦—

Pendant que le Chevalier Benoist remplissait les fonctions de Commandant à la Présentation, aujourd'hui Ogdensburg, un autre Commandant s'immortalisait sur les bords de la Belle-Rivière, dans ces mêmes vallées où s'est élevée depuis une ville florissante : c'est le Commandant du fort Duquesne, le Capitaine de Beaujeu. La famille de ce héros est trop illustre, pour que nous n'en fassions pas mention. C'est, d'ailleurs, un tribut de reconnaissance que nous aimons à rendre à l'Honorable Comte de Beaujeu, qui, avant de mourir, avait bien voulu nous communiquer plus d'une note précieuse.

Suivant la plupart des ouvrages qui se sont occupés des familles marquantes, la maison de Beaujeu tenait en France un des premiers rangs. Voici ce qu'en dit une publication assez récente : " Les origines de cette famille remontent au " onzième siècle. Guichard, Sire de Beaujeu, fut envoyé " en ambassade à Rome près du Pape Innocent III, par " Philippe-Auguste, en 1210. Humbert V, Sire de Beaujeu, " Connétable de France, servit le Roi Philippe-Auguste " et Louis VII, son fils, dans la guerre contre les Albigeois ; " il accompagna Beaudoin II, Empereur de Constanti- " nople, et assista à son couronnement en 1239. Humbert " de Beaujeu d'Aigueperse accompagna St Louis en " Egypte, et se signala à la bataille de la Massoure, en " 1250. Guichard de Beaujeu fut Ambassadeur en Angle- " terre et y mourut en 1265. Eric de Beaujeu, Seigneur " d'Hermane, fut tué au siège de Tunis en 1270. Guillau- " me de Beaujeu, Seigneur de Sevens, fut Grand- Maître " de l'Ordre des Templiers, en 1288. Il périt au siège

" d'Antioche en 1290. Edouard, Sire de Beaujeu et de
" Dombes, Maréchal de France, fut tué au combat d'Ar-
" dres, en 1351. Guichard de Beaujeu, Chevalier, Seigneur
" de Perreux et de Sémur en Briennois, succomba à la
" bataille de Poitiers, en 1356. Humbert de Beaujeu,
" Seigneur de la Juliane, blessé mortellement au siège
" du Château de Varcy, cinquante-deux ans auparavant.
" avait été rapporté à Villefranche et inhumé aux Cor-
" déliers, dans le tombeau de sa mère, Eléonore de
" Savoie. En 1500, fut tué au siège de Monbart le Sei-
" gneur de Beaujeu, qui s'était depuis longtemps dis-
" tingué dans la guerre par son habileté et son expérience.
" Au siège de Fontarabie, en 1638, périt le Sieur de Beau-
" jeu, Lieutenant des Chevaux Légers du Duc d'Enghien.
" Jean Quiqueran de Beaujeu, Chevalier de Malte, Ca-
" pitaine au régiment de St. Nesme, fut tué au siège de
" Lérida, en 1647. François-Joseph-Quiqueran de Beau-
" jeu trouva la mort en Flandre, étant alors Capitaine des
" Dragons, sous le Maréchal d'Humiers. Pierre de Beau-
" jeu, Seigneur de la Mothe, Lieutenant au régiment de
" Berry, fut blessé en 1693, à la défense de la redoute de
" la Mirandole, où, avec vingt hommes, il soutint pendant
" douze heures les attaques de six mille adversaires.
" Eugène de Beaujeu, Commandeur de l'Ordre royal et
" militaire de St Louis, Maréchal de Camp et Gouverneur
" des Invalides, eut une partie du pied emportée au siège
" de Fribourg, et mourut en 1730. Edmond-Louis de
" Beaujeu, Général de Brigade, né le 21 Mai 1740, blessé
" plusieurs fois et retraité après quarante-sept ans de ser-
" vices, fut inscrit, en 1817, parmi les officiers qui avaient
" bien mérité de la patrie." C'est à cette longue suite de
nobles aïeux que se rattache la famille de Beaujeu du
Canada.

### Iº LOUIS LIÉNARD DE BEAUJEU.

Mr Louis-Liénard de Beaujeu, dont la mère avait rempli
des fonctions enviées auprès des Enfants de France, fut le

chef de cette famille distinguée. Dès 1700, on le voit figurer à Québec parmi les membres de l'Adoration Perpétuelle, établie par Msr de St Vallier, à côté des personnages les plus recommandables de l'époque, preuve qu'il ne fut pas moins remarquable par sa haute piété que par ses autres qualités personnelles. Mr de Beaujeu était venu de France vers la fin du XVIe siècle ou au commencement du suivant. Il y avait déjà quelques années qu'il était fixé dans le pays, lorsqu'il épousa Melle Louise-Thérèse-Catherine Migeon de Bransac, fille de Mr Jean-Baptiste Migeon de Bransac, Lieutenant Général à Ville-marie, et de Dame Catherine Gaucher deBelleville, d'ancienne noblesse, originaire de Senlis et veuve de Mr Charles Juchereau de St Denis. Nous avons pu retrouver l'acte de son mariage. Le voici : " Le sixième jour de Sep-
" tembre de l'an 1706, après la publication d'un ban, et
" la dispense des deux autres, accordée par moi soussigné,
" Vicaire-Général de Msr l'Evèque de Québec; après avoir
" pris le mutuel consentement par paroles de présent
" Louis Liénard de Beaujeu, âgé de vingt-quatre ans,
" Lieutenant dans les troupes du détachement de la ma-
" rine, entretenues par Sa Majesté en ce pays, fils de feu
" Philippe Liénard de Beaujeu, vivant Ecuyer, Grand
" Echanson du Roi, Guidon des Chevaux Légers de la
" Garde du Roi, et de Dame Catherine Gobert [1], ses père
" et mère, de la Paroisse de Versailles, d'une part ; et de
" Dame Thérèse Migeon, veuve de feu Monsieur Charles
" Juchereau, Ecuyer, Sieur de St Denis, Conseiller du Roi,
" Lieutenant Général de la Juridiction royale de cette
" Ile, d'autre part : les ai mariés suivant les rites de notre
" mère, la Sainte Eglise, en présence de Messire Claude
" de Ramesay, Chevalier de l'Ordre militaire de St Louis,

---

1 D'après un autre document, la mère de Mr L. de Beaujeu est appelée Mme Despériers : " Le Sieur de Beaujeu, fils de Dame Despériers, " berceuse des Enfants de France, Capitaine en Canada, sert depuis " vingt-deux ans." Ce document porte la date du 30 Mai 1724. Peut-être le père de Mr de Beaujeu se maria-t-il deux fois, ou bien sa Dame joignait-elle à son nom de famille celui de Despériers.

" Gouverneur de l'Ile de Montréal ; de Daniel Migeon,
" Ecuyer, Seigneur de la Gauchetière, Aide Major des
" troupes du détachement ; de Charles LeMoyne, Chevalier
" de l'Ordre militaire de St Louis, Baron de Longueuil,
" Capitaine d'une Compagnie du détachement ; de Nicolas
" d'Ailleboust, Ecuyer, Sieur de Mantet, Capitaine d'une
" autre Compagnie du détachement ; de Jean-Baptiste
" Celoron, Ecuyer, Sieur de Blainville, aussi Capitaine ;
" de René LeGardeur, Ecuyer, Sieur de Beauvais, Lieu-
" tenant d'une Compagnie des dites troupes, et de plusieurs
" autres parents et amis des dites parties, qui ont signé
" avec moi. (Signé) De Beaujeu, Thérèse Migeon de la Gau-
" chetière, de Ramesay, Mantet, La Chassaigne, Migeon
" de la Gauchetière, Gaucher, Elizabeth Souart Longueuil,
" Marguerite Bouat Pascaud, de Blainville, Gertrude Le
" Gardeur, François Vachon de Belmont, Vicaire-Général,
" PRIAT, Ptre." Plus d'un siècle et demi s'est écoulé, et
le 17 Septembre 1866, au milieu d'une foule non moins
brillante, en présence de plusieurs Dignitaires de l'Eglise,
les deux familles de Beaujeu et de Longueuil resserraient
encore une fois les liens qui les unissent, par le mariage
du fils aîné de l'Hon. Saveuse de Beaujeu avec une arrière-
petite-fille de la Baronne de Longueuil.

Par l'acte que nous venons de reproduire, on voit que
Mr de Beaujeu était de Versailles, où sa famille, à cause
de ses emplois à la Cour, était obligée de résider. On voit
également qu'il avait un grade dans l'armée. En effet,
après avoir été fait Enseigne en 1702, il avait été promu
au grade de Lieutenant, deux ans après. Sept ans plus
tard, en 1711, il reçut le brevet de Capitaine, et, après avoir
été décoré de la Croix de St Louis en 1726, il fut nommé
Major des troupes à Québec en 1733, poste qu'il occupa
plusieurs années.

En épousant Melle Thérèse Migeon, Mr de Beaujeu
ne pouvait s'allier à une famille plus vertueuse. Sur
trois Demoiselles, deux se firent Religieuses. L'une,
Melle Jeanne-Gabrielle Migeon, l'ainée, entra à l'Hôtel-

Dieu de Villemarie, où elle se fit remarquer par sa tendre piété envers la Très-Sainte Vierge. L'autre, la cadette, Melle Marie-Anne Migeon, après avoir reçu son éducation chez les Dames Ursulines de Québec, y retourna pour se consacrer entièrement à Dieu, sous le nom de Mère de la Nativité. D'une politesse exquise, de manières aimables, mais surtout d'une piété solide et d'un esprit large, la Mère de la Nativité rendit les services les plus signalés à sa Communauté. Supérieure au moment de la conquête, elle sut, par ses prévenances et ses attentions délicates, par sa prudence et son habileté, autant que par sa fermeté, se concilier les bonnes grâces des vainqueurs, mériter leur estime, et même commander leur admiration. Entrée au Noviciat en 1702, elle ne mourut qu'en 1771, à l'âge de quatre-vingt-sept ans, après avoir rempli dix-neuf ans les fonctions de Supérieure, et été soixante-dix ans Religieuse. Enfin, Mde Migeon de Bransac, la mère de ces jeunes Demoiselles, effectuant après la mort de son mari son premier dessein, alla elle-même rejoindre, à l'âge de soixante-dix ans, l'ainée de ses filles et mourut Religieuse à l'Hôtel-Dieu de Montréal. Quant à Mde de Beaujeu, elle eut l'honneur, après son mariage, d'être appelée à la Cour, pour y remplir les emplois que sa belle-mère avait occupés.

Il y avait plus de trente ans que Mr de Beaujeu était marié, lorsque, dans le but de contribuer à l'avancement de son pays d'adoption, il se détermina à entreprendre des défrichements de terre et à former des établissements. Dans ce dessein, il demanda et obtint une concession, sur la rivière Chambly, de deux lieues de front sur trois de profondeur, à partir du Fief récemment accordé à Mr Denis de la Ronde, et en remontant le lac Champlain. Après avoir honoré le beau nom qu'il portait, par une conduite pleine de distinction, Mr de Beaujeu termina sa carrière au milieu des sentiments les plus chrétiens. De son mariage avec Melle de Bransac, il laissa cinq enfants, trois fils et deux filles. Ces dernières se marièrent toutes les

deux. L'une épousa M^r de Ligneris, [1] Capitaine de grande
réputation ; l'autre entra dans la célèbre famille des
Le Gardeur de Repentigny. Quant aux fils, l'aîné, M^r
Louis de Beaujeu, ayant embrassé l'état ecclésiastique,
devint Confesseur ordinaire de Louis XVI, et, suivant
une tradition de famille, mourut à Paris, en 1781, au
Séminaire de S^t Sulpice. Assez jeune, il avait été confié
par sa tante, la Mère de la Nativité, à M^r de Villars, respectable prêtre français, qui, après avoir rempli plusieurs
années les fonctions de Chapelain auprès des Ursulines
de Québec, était rétourné en France. S'étant chargé
d'en être le protecteur et l'ami, le digne prêtre en écrivait
en ces termes à la bonne tante : " M^r l'Abbé de Beaujeu
" vous honore et vous chérit toujours bien respectueu-
" sement ; il continue à se bien porter, à bien travailler
" et à endurer patiemment toutes les malices que je lui
" fais de temps en temps, et moins souvent que je ne
" voudrais." Plusieurs années après, en 1771, ce vénérable Ecclésiastique écrivait encore, dans une lettre
adressée à M^gr Briand, Evêque de Québec : " M^r de Beaujeu
" se porte assez bien. Il est toujours chez M^r le Curé de
" S^t Sulpice, et continue à édifier cette grande Paroisse
" par ses exemples et par sa direction éclairée." Ce fut
sans doute à sa grande piété qu'il dût de partager, avec
le célèbre Abbé de Firmont, l'honneur d'être le Confesseur du Roi martyr. Ses deux autres frères ont joué
un rôle si brillant dans la Nouvelle-France, que c'est un
devoir d'en parler plus amplement.

---

1 Le Chevalier de Ligneris était fils de M. Marchand de Ligneris, qui,
après avoir servi dans le régiment d'Auvergne en 1675 et rempli les
fonctions de Garde-Marine à Rochefort en 1683, passa, vers 1686, en
Canada, où il fut fait successivement Lieutenant, Capitaine, Chevalier
de St. Louis et Major aux Trois-Rivières. Avant de devenir beau-frère
de M. de Beaujeu, il avait eu un frère, qui, après avoir servi de 1722 à
1723 en qualité d'Enseigne, était mort en 1734. Pour lui, après avoir
servi avec la plus grande distinction de 1733 à 1756, il laissa, pour le
remplacer à l'armée, un fils que l'on retrouve Enseigne de 1757 à 1760.
Après la conquête, ses deux Demoiselles touchaient, chacune, une pension de deux cents livres. Marie-Thérèse, l'une d'elles, se voyait encore
à Paris, en 1777.

Mr Daniel-Hyacinthe-Marie de Beaujeu, l'un d'eux, fut
le héros de la Monongahéla. Il était né à Villemarie, le
19 août 1711. Entré de bonne heure dans la marine, Mr
de Beaujeu parvint rapidement aux différents grades de
l'armée. Il était Capitaine et Chevalier de St Louis,
lorsqu'il fut chargé de remplacer Mr de Contrecœur dans
le commandement du fort Duquesne [1]. Pour occuper ce
poste important et se maintenir dans la vallée de l'Ohio,
si disputée par les Anglais, il fallait un officier expé-
rimenté et d'une valeur à toute épreuve, mais surtout
très influent sur les Sauvages. Mr de Beaujeu ne pouvait

[1] Quoiqu'on en ait dit et pensé jusqu'à présent, c'était Mr de Beaujeu,
et non Mr de Contrecœur, qui commandait au fort Duquesne en 1755.
C'est donc à lui, et à lui seul, que revient la gloire d'avoir triomphé de
l'armée anglaise. Nous tenons à constater ce double point, afin de
rectifier ce que nous avons avancé plus haut, sur la foi des autres.

Iº M. DE BEAUJEU COMMANDAIT SEUL AU FORT DUQUESNE.—" M. de Contre-
" cœur ayant demandé, dans l'hiver précèdent, son rappel, écrit une
" pieuse *contemporaine*, Mr le Marquis Duquesne avait envoyé Mr de
" Beaujeu, Capitaine, pour le *relever*, avec ordre toutefois à Mr de Con-
" trecœur de ne revenir qu'après l'expédition, supposé qu'on fût atta-
" qué, comme on avait lieu de le croire."—" Mr de Beaujeu qui com-
" *mandait* dans ce fort, lit-on dans un mémoire déposé aux *archives*
" *de la marine*, prévenu de la marche des ennemis et fort embarrassé,
" avec le peu de monde qu'il avait, de pouvoir empêcher ce siège, se
" détermina à aller au devant."—" Monseigneur, écrivait à son tour, au
" Ministre des Colonies, Madame de Beaujeu, après la mort de son mari,
" j'espère que vous voudrez bien faire attention au malheur que je viens
" d'avoir de perdre mon mari. Il s'est sacrifié à la rivière de l'Ohio,
" dont Mr le Marquis Duquesne lui avait donné le *commandement* ce
" printemps." Enfin, son acte de sépulture le déclare " *Commandant* au
" fort Duquesne." Ce point nous parait donc bien etabli. Le second qui
en découle, ne l'est pas moins.

IIº C'EST A Mr DE BEAUJEU QUE REVIENT LA GLOIRE D'AVOIR TRIOMPHÉ DE
L'ARMÉE ANGLAISE.— Iº C'est lui seul qui conçoit et exécute le dessein
d'aller attaquer l'ennemi : " Il se *détermina* à aller au devant, dit le
" mémoire déjà cité ; il le proposa aux Sauvages qui étaient avec lui."
Parlant de son beau dévouement, sa tante, la Mère de la Nativité, écrit :
" Le Seigneur nous a enlevé le cher de Beaujeu qui s'est exposé et a
" sacrifié sa vie pour le salut de la patrie."—2º Lui seul commandait en
chef : " Il avait sous lui, rapporte la pieuse Annaliste déjà mentionnée,
" MM. Dumas et de Ligneris, et quelques officiers subalternes." Elle
ne dit pas un mot de Mr de Contrecœur.— 3º Enfin, lui seul décide du
succès de la bataille, comme le prouve Iº son plan d'attaque si hardi
et si habile, 2º sa bravoure à la tête des troupes, et 3º la vengeance
que tirèrent les Sauvages de sa mort, en achevant la victoire.

Suivant deux mémoires, il fut frappé à mort à la première décharge
de l'ennemi ; d'après d'autres, ce ne fut qu'à la troisième, lorsque l'ac-

18

donc être mieux choisi, ainsi que la suite le fit voir. Il
était à peine entré en fonction, que le bruit se répandit
que le Général Braddock s'avançait contre le fort Duquesne, à la tête d'une armée divisée en trois Corps sous
les ordres de Halket, Gage et Dunbar, et précédée d'un
fort détachement de milices virginiennes, commandées par
le célèbre Washington, avec la plus formidable artillerie
qu'on eût encore vue. D'après les mémoires du temps,
cette armée ne comprenait pas moins de deux à trois
mille vétérans de troupes anglaises, sans parler des autres
milices qui étaient considérables. Avec des forces si imposantes, Braddock ne doutait pas du succès de son entreprise. Déjà il se voyait maître du fort Duquesne et de l'immense pays que cette place avait pour mission de défendre.
Mr de Beaujeu n'avait à lui opposer que soixante-douze
hommes de troupes, cent quarante-six Canadiens et six
cent trente-sept Sauvages, ou, suivant l'état officiel : deux
cent cinquante Canadiens et six cent trente Sauvages, c'est-
à-dire de huit cent cinquante-cinq à neuf cents hommes
en tout, commandés par lui, par Mr Dumas et par Mr de
Ligneris, son beau-frère. Que faire avec cette poignée de
monde ? Attendre l'ennemi ? Mais c'était s'exposer à être
foudroyé par son artillerie, d'autant plus que le fort Duquesne n'en avait pas pour y répondre. Abandonner la
partie ? Mais c'était livrer lâchement la plus belle place
du pays à des adversaires redoutables. En cette extrémité,
et ayant confiance au Dieu des armées, Mr de Beaujeu
prit un parti tellement audacieux, qu'il est à peine
croyable : ce fut d'aller au-devant de l'ennemi. La difficulté était de décider les Sauvages à le suivre. Quand il
leur en fit la proposition, tous lui répondirent : " Quoi,

tion était déjà bien engagée : " S'avançant au milieu des foudres et des
" feux, dit encore la même Annaliste, sa contemporaine, il tomba mort
" à la *troisième* décharge de l'ennemi." De son côté, Mr de Vaudreuil
" certifie que le Chevalier de Beaujeu, Capitaine d'Infanterie du déta-
" chement de la marine, a été tué le 9 Juillet 1755, d'un coup de canon
" chargé à cartouche à la *troisième* décharge qu'il fit donner par les
" troupes et les Sauvages de la Colonie qu'il *commandait.*" Nous nous
en sommes rapporté à ce dernier témoignage.

" mon père, tu veux donc mourir et nous sacrifier? Les
" Anglais sont plus de quatre mille hommes, et, nous
" autres, nous ne sommes que huit cent, et tu veux les
" aller attaquer? Tu vois bien que tu n'as pas d'esprit.
" Nous te demandons jusqu'à demain pour nous déter-
" miner." C'est ce que Mr de Beaujeu leur accorda. Pour
lui, profitant de cette nuit suprème, il l'employa, avec la
plus grande partie de la garnison, à remplir ses devoirs
religieux. Après avoir assisté à la messe de grand matin
et fait la communion, il sortit du fort avec le peu de
troupes qu'il avait. On eût dit un de ces preux Chevaliers,
comme sa famille en avait donné, marchant à la conquète
des Lieux-Saints. Arrivé en face de la hutte du Conseil
où se trouvaient réunis les Chefs sauvages, le magnanime Commandant y entra et leur demanda ce qu'ils
avaient résolu. Ils répondirent qu'ils ne pouvaient marcher.
Alors Mr de Beaujeu, qui était bon, affable et plein d'esprit, leur dit : " Je suis déterminé à aller au devant des
" ennemis. Quoi! laisserez-vous aller votre père seul?
" Je suis sûr de les vaincre." Electrisés par ces paroles, les
Sauvages changent tout-à-coup de résolution, et, pleins de
confiance, s'engagent à l'accompagner. Il n'y avait pas de
temps à perdre. L'ennemi n'était plus qu'à trois ou quatre
lieues du fort. Alors Mr de Beaujeu donna ses ordres. Il
fut convenu que les Sauvages se cacheraient dans les
broussailles, derrière les arbres, de chaque côté du ravin
que devait traverser l'armée anglaise, et qu'ils ne com-
menceraient à faire leurs décharges que lorsque les
Français, chargés d'attaquer l'ennemi de front, leur en
donneraient le signal. Ces dispositions étaient à peine
prises, que l'avant-garde de l'armée anglaise, commandée par le Colonel Gage, parut. Elle venait de franchir la
rivière de la Monongahéla, et s'avançait sur une colonne.
Il pouvait être alors une heure d'après-midi. Lorsque
cette avant-garde fut suffisamment engagée, Mr de Beaujeu fit sonner la charge. A l'instant, sortant de leur
retraite et poussant des clameurs qui portaient l'effroi jus-

qu'au fond des âmes et que l'écho des bois, en les multipliant, rendait plus effroyables encore, les Sauvages se
précipitent sur l'ennemi, et, le prenant en écharpe, en
font une horrible boucherie. Surpris, déconcertés et cherchant un adversaire qu'ils entendent, dont ils reçoivent
les coups, mais qu'ils ne peuvent apercevoir et saisir, les
Anglais font une première décharge, mais sans succès.
Mr de Beaujeu, plein d'espoir et rayonnant de joie, fait
charger une seconde et une troisième fois. C'est alors,
suivant des documents officiels que nous avons sous les
yeux, que l'intrépide Capitaine, qui avait tout préparé et
tout conduit, tomba mortellement blessé. Devenus furieux
par cette mort qui les prive de leur chef bien-aimé, et
excités encore par Mr Dumas qui avait pris sa place, les
Sauvages redoublent d'audace et d'adresse, et visent de
préférence les officiers qu'ils abattent et font tomber sur
des monceaux de cadavres. Alors, se voyant décimée de
toutes parts, prise en flanc et en tête, l'avant-garde commence à plier. Vainement le Général anglais fait-il avancer l'arrière-garde pour la soutenir : son arrivée ne fait
qu'augmenter la confusion. Les Compagnies se mêlent et
s'embarrassent. Les soldats, criblés par une mitraille qui
les transperce et qu'ils ne peuvent éviter, refusent d'obéir
à leurs chefs. Ecumant de rage et le désespoir dans le
cœur, Braddock fait un nouvel effort pour les rallier et les
ramener au combat. Il n'est pas plus heureux que les
autres. Ne pouvant plus se faire écouter, il allait donner
le signal de la retraite, lorsqu'il est atteint d'une balle qui
lui traverse les reins et renversé par terre, après avoir eu
cinq chevaux tués sous lui. Alors commence un sauve-
qui-peut général, indescriptible. Ce n'est plus une retraite,
c'est une déroute complète. Officiers et soldats, jetant
leurs armes, s'échappent en désordre. Le combat avait
duré quatre heures. Près de quinze cents hommes, suivant certains récits, et presque tous les officiers, restèrent
sur le champ de bataille. " Nous avons été battus, écrivait
" peu après Washington, et battus honteusement par une

" poignée de Français." Le gain de cette victoire fut immense : outre une quantité prodigieuse de munitions de guerre et de vivres, treize canons, cent bœufs, quatre cents charriots, tous les équipages, la caisse militaire contenant cent mille livres, et tous les papiers du Général Braddock, tombèrent aux mains des vainqueurs. Un autre avantage de cette victoire fut d'affermir les Sauvages dans l'alliance des Français et d'ôter pour un temps aux Colonies anglaises l'envie de faire irruption dans la vallée de l'Ohio.

Mr de Beaujeu fut rapporté au fort Duquesne et inhumé, trois jours après, à côté de ses compagnons d'armes, tombés avec lui au champ d'honneur. C'est là, à cet endroit même où s'est élevée depuis la ville de Pittsburgh, que reposent les cendres du héros qui a fourni à l'histoire du pays une de ses plus belles pages. Nous avons encore l'acte de sa sépulture, que Mr P. Stevens, si dévoué à la famille de Beaujeu, a pris soin d'enregistrer. Le voici : " L'an " 1755, le 9 de Juillet, a été tué au combat donné contre " les Anglais, Mr Liénard Daniel, Ecuyer, Sieur de " Beaujeu, Capitaine d'Infanterie, Commandant du fort " Duquesne et de l'armée, lequel était âgé d'environ " quarante-cinq ans, ayant été à confesse et fait ses dévo- " tions le même jour. - Son corps a été inhumé, le 12 du " même mois, dans le cimetière du fort Duquesne sous " le titre de l'Assomption de la Ste Vierge, à la Belle- " Rivière, et cela, avec les cérémonies ordinaires, par " nous prêtre Récollet soussigné, Aumônier du Roi au " susdit fort. (Signé) F. Denys, Baron, P. R." Espérons que les cendres du héros seront rapportées en Canada. ou qu'un mausolée, élevé au lieu où elles reposent, en perpétuera le souvenir.

N'étant encore que Lieutenant, Mr de Beaujeu, à l'exemple de son père, avait demandé et obtenu, en 1743, une concession de deux lieues de front sur trois de profondeur, sur la rivière Chambly, à partir de la Seigneurie de Mr de Chaussegros de Léry, et comprenant la rivière à la Colle. Neuf ans après, alors qu'il était Capitaine, il

fit application auprès du gouvernement pour que la concession de son père, qui était retournée au domaine du Roi, lui fût rendue et ne formât qu'une seule et même Seigneurie avec la sienne. Ayant égard aux dépenses que Mr de Beaujeu avait faites sur cette dernière, pour procurer aux habitants tout ce qui leur était nécessaire, et à celles qu'il se proposait de faire encore pour augmenter son établissement, Mr de la Jonquière, alors Gouverneur Général, obtempéra à sa demande, en sorte que Mr de Beaujeu devint propriétaire d'une Seigneurie de quatre lieues de front sur six de profondeur. Trois ans auparavant, le 4 Mars 1737, le vaillant Capitaine avait épousé Melle Michel-Elizabeth Foucault, de l'illustre maison des Comtes de Foucault, dont les origines remontent jusqu'aux Croisades. De ce mariage sont nés deux enfants : un fils, qui, après la conquête, passa en France, et une fille qui épousa Mr de Charly, Major dans les troupes, laquelle, après la mort de son mari, passa aussi en France et se retira à Tours.

## IIº LOUIS LIÉNARD VILLEMONDE DE BEAUJEU.

Mr Louis Liénard Villemonde de Beaujeu, frère du vainqueur de la Monongahéla, était le troisième fils de Mr L. de Beaujeu et de Dame T. Migeon de Bransac. Il arrivait à une époque où la patrie allait avoir besoin du bras de tous ses enfants. Il n'eut donc garde de trahir son devoir, et de forfaire à l'honneur. Mr de Beaujeu fut, de tout point, le digne émule de son frère. Après avoir servi comme Enseigne de 1731 à 1738, il fut promu au grade de Lieutenant en 1744, et quelques années après, en 1751, il reçut le brevet de Capitaine. En voici un extrait : "Louis, par la grâce de Dieu, Roi de France et de " Navarre, à notre cher et bien-aimé le Sieur de Beaujeu " de Villemonde, salut. La Compagnie des Soldats de " la marine, qui était ci-devant commandée par le Sieur " de la Verenderye, étant à présent vacante, nous avons

" cru ne pouvoir faire un meilleur choix que de vous, pour
" commander à sa place la dite Compagnie, vu les preuves
" que vous nous avez données de votre vigilance, bonne
" conduite, expérience de la guerre, fidélité et affection à
" notre service. A ces causes, nous vous avons commis,
" ordonné et établi, et par ces présentes, signées de notre
" main, commettons, ordonnons et établissons Capitaine de
" la dite Compagnie. Tel est notre bon plaisir. Donné
" à Versailles, le 1er Avril 1751, de notre règne le 36e.
" (Signé) Louis." Le courage que Mr de Beaujeu déploya
en cette qualité, la conduite pleine d'honneur qu'il tint,
lui valurent la Croix de St Louis, trois ans après, en 1754,
année où Mr de Villiers, après avoir vengé l'assassinat de
son frère de Jumonville, en battant Washington au fort
Nécessité, força ce dernier à capituler. Voici l'acte qui
en fait foi : " Versailles, 20 Janvier 1754. Monsieur, le
" Marquis de Vaudreuil ayant proposé de vous accorder
" la Croix de St Louis, le Roi a bien voulu l'approuver.
" J'ai été bien aise de vous procurer cette marque d'hon-
" neur. Je suis persuadé qu'elle excitera de plus en plus
" votre zèle pour le service. J'envoye à Mr de Vaudreuil
" la Croix avec les ordres nécessaires pour votre réception.
". (Signé) BERRYER."

La guerre n'étant pas encore officiellement déclarée
entre la France et l'Angleterre, Mr de Beaujeu profita de
l'espèce de calme qui suivit la prise du fort Nécessité,
pour se livrer à des travaux de défrichement. Dans ce but,
il demanda et obtint, sur le lac Champlain, une concession de quatre lieues de front sur quatre de profondeur.
Plusieurs années auparavant, il avait épousé Melle Charlotte Cugnet, fille de Mr François-Etienne Cugnet, premier Conseiller au Conseil Souverain de Québec, et de
Dame Louise-Madeleine Dusautoy, et sœur de Mr François-Joseph Cugnet, Jurisconsulte distingué qui a laissé
plusieurs ouvrages estimés sur les lois françaises et anglaises. Melle Julie-Louise Liénard de Beaujeu, issue de ce
mariage, épousa, le 16 Août 1765, Mr Antoine Juchereau

Duchesnay, Sieur de St. Roch, ancien officier des troupes de la marine, fils de Mr Antoine Juchereau Duchesnay, Sieur de Beauport, et de Dame Marie-Françoise Chartier de Lotbinière. Ce mariage fut de bien courte durée : Mde Juchereau mourut huit ans après, et son mari épousa, en secondes noces, Melle Catherine Dupré. Ayant perdu lui-même son épouse, Mr de Beaujeu contracta un nouveau mariage, le 22 Février 1752, avec Melle Marie-Geneviève de Longueuil, fille de Mr Paul-Joseph LeMoyne, Chevalier de Longueuil, et de Dame Marie-Geneviève Joybert de Soulanges [1], ainsi qu'il a été dit ailleurs. Il ne pouvait faire un mariage plus avantageux. Après la mort de son unique frère, Mr.Joseph-Dominique-Emmanuel de Longueuil, connu sous le nom de Colonel de Longueuil, cette Demoiselle, si son frère venait à décéder, sans laisser d'enfants de son mariage avec la veuve du Chevalier de Bonne de Lesdiguières, devait hériter de la belle Seigneurie de Longueuil. Mde de Beaujeu toutefois ne vécut pas assez longtemps pour voir cette propriété passer à sa nouvelle famille. Elle précéda son frère de cinq ans dans la tombe. Elle mourut à Montréal, en 1802. Mr de Beaujeu décéda lui-même, le 5 Juin de la même année, en son

1 La famille de Soulanges, qui a laissé son nom à la Seigneurie que possède aujourd'hui la famille de Beaujeu, appartenait à la plus ancienne noblesse. Originaires de la Champagne, les Joybert étaient Seigneurs d'Aulnay, de Soulanges, etc. François Joybert, fils de Simon Joybert, Echanson du Roi et chef de cette famille, vivait au XIVe siècle. Dans l'espace de sept générations, cette famille, qui se divise en deux branches à la cinquième, a fourni à l'armée grand nombre d'officiers de mérite. Deux d'entre eux passèrent dans la Nouvelle-France, le Sieur de Marson de Soulanges, Lieutenant d'une Compagnie d'Infanterie au régiment de Poitou, et son frère, le Sieur Joybert. Au moment de prendre le commandement en Acadie, en 1672, M. de Marson demanda et obtint, sur la rivière St. Jean, une concession de quatre lieues de front sur une de profondeur, concession que sa veuve fit augmenter encore, en 1691, d'une autre de quatre lieues de front sur deux de profondeur. L'année même où cette concession était faite à M. de Marson, M. Joybert, son frère, en obtenait une autre, sur la même rivière, d'une lieue de front sur une de profondeur. Trente ans plus tard, en 1702, M. Pierre-Jacques de Joybert, Chevalier, Capitaine d'une Compagnie, obtenait la terre des Cascades, comprenant quatre lieues de front sur une et demie de profondeur, Seigneurie qui, par Melle Geneviève de Soulanges, a passé dans la famille de Beaujeu.

Manoir de l'Ile-aux-Grues, à l'âge avancé de quatre-vingt-cinq ans et cinq mois, après avoir rempli plusieurs années la charge de Commandant au fort de Michilimakinac. Pendant la guerre avec les Américains en 1775, il avait été un des plus zélés défenseurs de la patrie. Afin de ravi-tailler le fort St Jean, où s'était enfermée l'élite de la no-blesse, il avait rassemblé un grand nombre d'hommes et les avait conduits au Gouverneur Carleton. Lorsque celui-ci se fût retiré à Québec, il s'efforça encore de lui faire parvenir des secours. De son mariage avec Melle G. de Longueuil, Mr de Beaujeu laissa trois enfants : Charles-François, Jacques-Philippe et Louis-Joseph. Ces illustres rejetons de la noble famille ont fait trop d'honneur au pays, pour que nous les passions sous silence.

Mr le Comte Charles-François de Beaujeu, Chevalier de St Louis et de la Légion d'Honneur, était né à Québec, le 8 Novembre 1756. Après avoir fait partie de l'escadre du Comte d'Estaing, en qualité de Lieutenant de vaisseau, et avoir été blessé à la prise de la frégate l'*Ariel*, ayant reçu une pension de six cents livres à son départ de Toulon, il accompagna le célèbre marin LaPérouse à la Baie-d'Hudson, et, après la reddition de ce pays, fut chargé d'en porter la nouvelle à Louis XVI Le Comte de Beaujeu servit ensuite à St Domingue, dans cette île qui depuis a vu s'opérer tant de changements et qui porte aujourd'hui le nom d'Haïti. La révolution étant venue à éclater sur ces entrefaites, Mr de Beaujeu, alors en France, émigra et suivit l'armée des Princes. Après avoir fait toute la campagne à leur suite, la fortune se tournant contre eux, il alla se fixer en Angleterre, où il séjourna jusqu'à la paix d'Amiens, époque à laquelle il rentra en France. Il avait d'abord épousé Melle Emilie de Bongard, fille du Chevalier de Bongard, Président à Mortier du Parle-ment de Metz, et Intendant Général de St Dominque. Le Vicomte Amédée Bongard de Beaujeu, issu de ce mariage, étant entré simple soldat dans l'armée, conquit tous ses grades à la pointe de l'épée. Il était Colonel de la Garde

19

sous Napoléon 1er, lorsqu'il périt en 1812, au fameux passage de la Bérésina, après s'être illustré sur les champs de
bataille d'Austerlitz, Iéna, et Wagram.  Pendant que son
fils faisait ainsi revivre la gloire de ses aïeux et s'immortalisait à la ·tête des troupes, Mr le Comte de Beaujeu
perdait son épouse. Après avoir contracté un second mariage avec une de ses cousines-germaines, Melle de Bongard, fille du Comte de Bongard, Grand-Veneur de Louis
XV, il est mort à Senlis, le 6 Janvier 1846, à l'âge de
quatre-vingt-dix-sept ans, sans laisser d'enfants de son
second mariage.

Mr Louis-Joseph de Beaujeu, dit le Chevalier de Beaujeu, frère cadet du précédent, étant rentré dans le pays,
fut successivement Lieutenant du régiment *Royal Canadien*,
Major dans un autre Corps, et enfin Lieutenant-Colonel.
En 1812, lorsque survint cette guerre dont il sera parlé
plus amplement ailleurs, et où les Canadiens se couvrirent
d'une gloire impérissable, le Chevalier de Beaujeu donna
la mesure tout à la fois de son courage et de son patriotisme. Dans cette lutte mémorable, il commandait le poste
de Baker sur la rivière Châteauguay.  Après avoir contribué au succès de la journée et bien mérité de la patrie,
il rentra dans la vie privée.  Mr Louis-Joseph de Beaujeu
est mort prématurément en 1816, par suite d'un accident,
sans avoir jamais contracté mariage.

### IIIo JACQUES-PHILIPPE SAVEUSE DE BEAUJEU.

Mr Jacques-Philippe-Saveuse de Beaujeu, second fils de
Mr L. de Beaujeu et de Dame G. de Longueuil, fut, au rapport de ceux qui l'ont le mieux connu, le type du parfait
gentilhomme. D'une grande aménité, d'une piété exemplaire, Mr de Beaujeu avait toutes les qualités qui ins-
pirent la confiance et commandent le respect.  C'était un
de ces hommes sur la tête desquels on aime à voir reposer
tous les bonheurs.  La Providence ne lui fit point défaut.
**Par** le départ de son frère aîné et la mort prématurée du

plus jeune, il devait hériter de la Seigneurie de Beaujeu.
Une succession non moins belle l'attendait encore. Son
oncle maternel, le Colonel de Longueuil, étant venu à
mourir sans postérité, en 1807, cinq ans après la mort
de son père et de sa mère, et la seconde branche des de
Longueuil s'étant ainsi éteinte, il vit passer, à lui et à ses
frères, la riche Seigneurie de Soulanges et de Longueuil,
et, à la mort de ceux-ci, en devint l'unique possesseur.

Ces deux grandes fortunes n'avaient pas encore été
réunies dans la même maison, lorsque Mr de Beaujeu
songea à se donner une épouse. Son choix tomba sur
Melle Catherine Chaussegros de Léry, sœur de l'immortel
Général, qui, après avoir suivi Napoléon Ier dans toutes
ses campagnes, devint Baron de l'Empire, et Lieutenant-
Général à la Restauration. Le mariage eut lieu le 2
Novembre 1802. Devenu seul propriétaire des Seigneuries
dont on a parlé, Mr de Beaujeu s'appliqua à faire le bonheur de ses censitaires. Ferme, mais loyal dans ses transactions, et bon jusqu'à l'excès, il ne sut que faire bénir
son nom. Ce que rapporte Mr de Gaspé, dans *Les Anciens
Canadiens*, de la conduite toute paternelle des Seigneurs,
semble parfaitement s'appliquer à lui. On peut se faire
une idée du sage tempérament qu'il employait avec les
habitants des campagnes par la manière dont en usait
lui-même son oncle, le vainqueur de la Monongahéla,
envers les Sauvages. On nous pardonnera de rapporter
ici cette anecdote qui fait connaitre les principes d'après
lesquels la famille de Beaujeu a toujours aimé à se
conduire. Pendant qu'il exerçait le commandement à
Niagara, avant de passer à celui du fort Duquesne, un
de ces Indigènes s'était permis de faire des vols, au
préjudice des Français. Sans hésiter un instant, et pour
en imposer aux autres, Mr de Beaujeu fit incarcérer
le coupable. Irrités de ce coup de vigueur, les chefs
Sonnontouans viennent réclamer le prisonnier, menaçant
le Commandant des vengeances de leur nation, s'il ne
relâchait leur frère. Mr de Beaujeu leur fit cette réponse :

" Je suis surpris, mes enfants, du langage que vous tenez.
" Je pensais que vous veniez demander grâce pour The-
" ouSayanè, vous obligeant à lui faire réparer sa faute, ou.
" à son défaut, à la réparer vous-mêmes.  Comme il est
" tard et qu'il faut faire fermer les portes du fort, je vous
" donne la nuit pour réfléchir sur ce que vous avez à
" faire.  Pour moi, je n'ai fait que ce que je devais faire.
" Quant à vos vengeances, je n'en ai point peur : je vous
" attends vous et les vôtres."  Le lendemain, les députés
se présentèrent de nouveau, convinrent qu'ils n'avaient
pas d'esprit, mais déclarèrent que leur frère était incapable de restituer, et qu'eux-mêmes ne pouvaient le faire
à sa place.  Alors, Mr de Beaujeu reprenant la parole :
" Mes enfants, leur dit-il, en punissant votre frère, j'ai
" voulu l'empêcher de faire de nouvelles sottises, et en
" empêcher d'autres de l'imiter.  Cette maison est une
" maison de paix, et je tiens à ce qu'il en soit ainsi.  On
" a enlevé les canots aux Sieurs Gaucher-Gamelin et
" Godefroy ; il faut qu'ils leur soient rendus, ou qu'une
" compensation leur soit faite.  Cela est juste et raison-
" nable.  Tant que cette affaire ne sera pas arrangée, ne
" comptez plus sur aucun bienfait de ma part."  Frappé
de la justesse de ces raisonnements, le grand chef Anne-
choteka promit de faire réparation.  Alors Mr de Beaujeu,
satisfait de cette conduite, fit servir des rafraîchissements,
à tous les Sauvages et les renvoya contents dans leurs
cabanes.

Non moins attentif à donner l'exemple de la pratique
du bien, qu'à rendre justice à chacun, Mr de Beaujeu
était le premier à faire ce qu'il recommandait. C'est ainsi
qu'on le voyait chaque année, à la grande édification de
tous, remplir ses devoirs religieux.  Il avait d'autant plus
de mérite, qu'à la suite de la révolution française, et
avec les mauvais livres qui avaient été importés dans le
pays, un funeste levain d'irréligion avait pénétré dans
certaines classes de la société et causé des préjudices sen-
sibles.  Sachant que plus on est haut placé dans l'estime

publique, plus on est tenu à édifier les peuples, M<sup>r</sup> de
Beaujeu n'eut garde de donner dans les écarts qui ont
signalé la carrière de plusieurs.

C'est au milieu de ces occupations et de ces pratiques
si dignes d'un descendant des anciens Croisés, que vint le
chercher l'honneur que lui fit l'Administrateur en chef.
Sir James Kempt, en l'appelant, en 1829, à siéger au
Conseil Législatif. L'Honorable de Beaujeu se montra
dans cette assemblée ce qu'il avait été toute sa vie : mo-
déré, attaché aux bons principes et dévoué à ses compatriotes, en sorte qu'il put dire, comme l'a dit, dans ces
derniers temps, un grand citoyen mourant : *J'aime mon
Dieu et mon pays.* C'était là sa devise et la règle de sa
conduite. M<sup>r</sup> de Beaujeu ne vécut pas assez longtemps
pour être témoin des événements de 1837. Il fut emporté, le 19 Juin 1832, étant alors à Montréal, par une
attaque de ce fléau terrible qui désola le Canada à cette
époque et fit tant de victimes. De son mariage avec
M<sup>elle</sup> C. de Léry, il eut plusieurs enfants, dont deux seulement ont survécu : Madame Baron et le Comte de
Beaujeu qui suit.

### IV° GEORGE-RENÉ SAVEUSE, COMTE DE BEAUJEU.

M<sup>r</sup> le Comte George-René Saveuse de Beaujeu vit le
jour à Montréal, le 4 Juin 1810. Comme son père, il fut
appelé à siéger au Conseil Législatif, non encore électif.
La milice ayant été réorganisée, il fut nommé Colonel du
huitième Bataillon d'Infanterie. Sur ces entrefaites, s'était
formée à Montréal, à l'instar de celle de Québec, la Société Littéraire et Historique, dont le but est d'éclaircir
les points obscurs de l'histoire et de mettre en lumière les
documents qui s'y rapportent. En sa qualité d'archéologue,
l'Hon. de Beaujeu fut prié d'en faire partie. Peu après,
le suffrage de ses concitoyens le porta au fauteuil prési-
dentiel de la Société de S<sup>t</sup> Jean-Baptiste. Comme tout le
monde sait, fondée par un des plus patriotiques enfants

du Canada, cette Société, aujourd'hui répandue par tout
le pays et jusqu'aux Etats-Unis, a pour fin de resserrer
les liens qui unissent ensemble tous ceux qui ont une
commune origine, une même foi et une même langue,
fin magnifique, que quiconque aime sa nationalité doit
s'efforcer d'atteindre. Rejeton d'une race illustre, dévoué
à son pays, Mʳ de Beaujeu, autant que personne, était
digne de marcher à la tête d'une telle Association. Sa
position de grand propriétaire ne lui permettait pas de
rester indifférent à la cause de l'agriculture. En vue
de reconnaître ses services, la Société chargée de venir
en aide aux habitants des campagnes, en excitant partout
une noble émulation et en développant un art qui, dans
tous les pays, est une source de richesse et de bonheur,
lui conféra l'honneur d'en être le premier représentant.
Elle ne faisait que remplir un devoir de justice. Malgré
ses occupations multipliées, Mʳ de Beaujeu sut répondre à la confiance de ses compatriotes : assidu au Conseil,
il ne fut pas moins ponctuel à se trouver aux fêtes de
la Sᵗ Jean-Baptiste, et à assister aux réunions de la Chambre d'Agriculture et de la Société Littéraire et Historique
de Montréal [1].

En 1832, le 20 Septembre, n'ayant pas encore hérité
du titre de Comte du dernier survivant de sa famille en
France, l'Hon. de Beaujeu avait épousé, à Sᵗ Jean-Port-

1 La Société Littéraire et Historique de Montréal qui a à sa tête
M. l'abbé Verreau, l'habile Principal de l'Ecole Normale, et qui compte
parmi ses membres l'Honorable Chauveau, Surintendant de l'Instruction
Publique, qui a tant fait pour l'avancement des Lettres en ce pays ;
M. U. Baudry qui, par ses travaux sur nos lois, a égalé si ce n'est surpassé le célèbre Cugnet, et est si digne de figurer sur le banc des
Juges, M. R. Bellemare, dont les connaissances sont si variées, etc., possède la riche collection de feu le Commandeur Viger qui consacra plus
de trente ans de sa vie à faire des recherches sur notre histoire, à vérifier les dates et à fixer l'orthographe des noms ; les nombreux cahiers
d'annotations de Sir Lafontaine, et, de plus, une foule de livres aussi
rares que précieux se rapportant à l'histoire du Canada, notamment
d'Hozier, l'Armorial de France. etc. Déjà la Société a fait paraître plusieurs publications. Nous formons des vœux pour que le gouvernement
lui alloue, comme à celle de Québec, des fonds qui lui permettent de
mettre au jour une partie de ses trésors et d'en faire part au public.

Joli, M^elle^ Adélaïde-Catherine-Susanne de Gaspé, seconde
fille de M^r^ Philippe-Joseph-Aubert de Gaspé, Seigneur de
S^t^ Jean-Port-Joli et de la Pocatière, auteur des *Anciens
Canodiens*, et de Dame Susanne Allison, fille du Capitaine
Allison, du 5^e^ régiment d'Infanterie, et de Dame Thérèse
du Perron Baby. De ce mariage sont nés onze enfants,
dont six seulement survivent : Adèle-Catherine-Susanne
qui est entrée, en 1859, à la Congrégation de Notre-Dame,
où elle a pris le nom de Sœur *Ste. Marie de la Croix ;*
Blanche-Marie-Vandelmonde-Armandine-Anne ; Philippe-
Arthur-Quiqueran-Villemonde, présentement Comte de
Beaujeu, lequel vient d'épouser M^elle^ Marie-Emma Pritchard, fille unique du Colonel Pritchard, de l'armée anglaise ; Raoul-George-Leobald-Guichard-Humbert ; Marie-
Isabeau, Béatrix-Alice et Laure-Ivone-Athenaïs-Louise.

L'Hon. George-René Saveuse, Comte de Beaujeu, Seigneur de Soulanges et de la Nouvelle-Longueuil,
est mort prématurément, ayant à peine accompli sa
cinquante-cinquième année, le 29 Juillet 1865, à son
Manoir du Côteau du Lac. Il gardait depuis quelques
jours ses appartements, souffrant d'une névralgie sans
gravité, lorsqu'il fut tout à coup frappé d'une attaque
de paralysie des plus sérieuses. Après avoir reçu tous
les Sacrements de l'Eglise avec la foi la plus vive,
et supporté avec une patience héroïque les douleurs
les plus aiguës pendant les quelques jours que dura
sa maladie, ayant fait généreusement le sacrifice de sa
vie, M^r^ de Beaujeu fut ravi à l'amour de sa famille sur les
deux heures du matin, sans avoir perdu un seul instant
sa connaissance. Pendant les quatre jours qui précédèrent ses obsèques, le Manoir ne désemplit pas d'une
foule pieuse et recueillie qui venait pour la dernière fois
contempler les traits de son Seigneur. M^r^ le Comte de
Beaujeu fut inhumé avec cette pompe qui convenait à
son rang. Autour du catafalque qui contenait ses restes
mortels, on voyait réunis les hommes les plus marquants de la société canadienne : les Hon. Juges Aylwin,

Mondelet, Stuart, Drummond, Loranger; les Hons. Chau-
veau, Surintendant de l'Instruction Publique, Alleyn,
Bureau ; le Lieutenant Colonel de Salaberry, le Major
Campbell ; M.M. Fraser, Seigneur de la Rivière-du-Loup;
Harwood Lotbinière, Seigneur de Vaudreuil; les Docteurs
Meilleur et Beaubien, anciens Présidents de la Société St
Jean-Baptiste ; M.M. Bouthillier, Delisle, DesRivières,
Laflamme, Duckett, Masson, Malcolm, Bibaud, Nelson, etc.

Mr. de Beaujeu a laissé sur les familles objet de ce
travail, et sur beaucoup d'autres, la plus riche collection
peut-être de documents que possède le Canada. Ç'a été
le travail de toute sa vie, et, on peut le dire, le travail qui
a épuisé ses forces et abrégé ses jours. Quelques semaines
seulement avant sa mort, il échangeait encore une correspondance avec Mr Shea, le savant Américain qui s'occupe avec tant de succès de l'histoire du pays. Les
documents qu'il a rassemblés, seront une mine féconde
d'où sortira, nous l'espérons, une histoire détaillée des
familles principales. Pour coordonner ces matériaux et
en tirer un ouvrage précieux, la famille n'a pas à aller
loin. Elle a à sa disposition l'écrivain distingué qui nous
a beaucoup aidé pour ce livre. Initié à l'histoire du pays
et des familles, Mr P. Stevens a toutes les qualités nécessaires pour élever un monument digne des familles et
de Mr de Beaujeu lui-même.

de S<sup>t</sup> OURS, SIEUR d'ESCHAILLONS.

URS. DE BOISHÉBERT.— L'H<sup>BLE</sup> de S<sup>t</sup> OURS.

# LA FAMILLE DE ST. OURS.

—◇◇◇—

La noblesse de cette famille remonte au-delà du XIIIᵉ siècle. C'est ce qu'attestent plusieurs documents authentiques de 1640, 1645 et 1668, signés et paraphés par les Conseillers du Roi, où il est prouvé que les MM. Pierre, Antoine, George, Etienne et Henri de Sᵗ Ours sont dûment tenus et dénommés nobles et d'ancienne race. En s'établissant dans la Nouvelle-France, la famille de Sᵗ Ours ne s'est point amoindrie. Alliée aux de Répentigny, aux de Longueuil, aux Godefroy de Tonnancour, aux Deschamps de Boishébert, etc., elle a produit nombre d'hommes qui ont fait honneur à leur glorieuse origine. L'un d'eux, Mʳ Pierre-Roch de Sᵗ Ours, était promu au grade de Capitaine l'année même où le Chevalier Benoist remplissait les fonctions d'Aide-Major à Montréal. Ce n'est donc que justice de donner ici l'histoire abrégée de cette famille remarquable.

### Iᵒ PIERRE DE ST. OURS, SIEUR D'ESCHAILLONS.

Le premier qui franchit les mers, pour venir s'établir dans la Nouvelle-France, fut Mʳ Pierre de Sᵗ Ours, Sieur d'Eschaillons. Il y passa en 1665 avec le célèbre régiment de Carignan-Salières, dont il était un des officiers. Il était fils de Mʳ Henri de Sᵗ Ours, Sieur d'Eschaillons, et de Dame Jeanne de Calignon, et originaire du Dauphiné,

de cette belle contrée plus spécialement habitée par la
noblesse et qui a donné au Canada l'illustre famille de
Rocheblave. Mr de St Ours n'avait pas encore quitté sa
patrie, lorsqu'il fut appelé à hériter de l'un de ses oncles,
de Mr Louis de St Ours. Voici un extrait du testament du
noble vieillard : " Après avoir fait le signe de la Croix de
" notre Rédempteur et recommandé mon âme et toute
" ma conduite à la Providence et à la Bonté divines, afin
" que, par les mérites de la Passion de N.-S. Jésus-Christ
" et l'intercession de la glorieuse Vierge Marie et des
" Saints, je puisse être rendu participant de la gloire
" céleste, je donne et lègue, à l'honneur de Dieu et pour
" la rémission de mes péchés : trente livres à l'Eglise de
" Tuvey ; trente livres aux Religieux Récollets ; trente
" livres aux Religieux Augustins ; trente livres aux Reli-
" gieuses de Ste Claire, les priant, incontinent après mon
" décès, de prier Dieu pour le salut et le remède de mon
" âme ; voulant, de plus, qu'il soit donné à douze pauvres
" qui accompagneront mon corps à la sépulture le drap
" et les vêtements que ceux de ma qualité ont coutume
" de donner." Suivent ensuite les dispositions particulières envers chacun des membres de sa famille, et notamment envers son neveu.

Il n'y avait que peu d'années encore que Mr de St Ours
était dans le pays, lorsque, s'étant décidé à s'y fixer tout-à-
fait, à l'exemple d'un grand nombre d'officiers du régiment
de Carignan, il demanda et obtint diverses concessions,
afin d'entreprendre des défrichements et former des
établissements. La première de ces concessions est de
1672, et comprend tout l'espace qui se trouve entre les
Fiefs accordés à MM. de Sorel et de Contrecœur : "Sa
" Majesté, est-il dit dans le document qui en fait foi,
" ayant de tout temps recherché, avec le zèle qui con-
" vient au fils aîné de l'Eglise, le moyens de propager
" l'Evangile et d'étendre le royaume de Dieu dans les
" pays les plus inconnus, fin première et principale de
" l'établissement de la Colonie française en Canada,

" et estimant qu'il n'y en avait pas de plus sûr que de
" composer cette Colonie de gens capables de la bien rem-
" plir par les qualités de leurs personnes, par leurs tra-
" vaux et leur application à la culture des terres, et de la
" soutenir par une vigoureuse défense contre les attaques
" et les insultes des Iroquois, a fait passer en ce pays bon
" nombre de ses fidèles sujets, officiers de ses troupes dans
" le régiment de Carignan et autres, dont la plupart, se
" conformant aux grands et pieux desseins de Sa Majesté,
" veulent bien se lier au pays en y formant des Seigneu-
" ries. Et comme le Sieur de St Ours, Capitaine au dit
" régiment, nous a requis de lui en répartir, en considé-
" ration des bons et utiles services qu'il a rendus, et en
" vue de ceux qu'il témoigne vouloir rendre encore, nous
" accordons, donnons et concédons, par ces présentes, au
" Sieur de St Ours l'espace de terre qui se trouve entre la
" concession de Mr de Contrecœur et celle de Mr de Sorel,
" pour en jouir à perpétuité, à titre de Seigneurie, lui ou
" ses ayant cause. En témoin de quoi, nous avons signé
" les présentes. A Québec, le 29 Octobre 1672. (Signé)
" TALON." C'est cette concession qui a formé depuis la
belle Seigneurie de St Ours. La seconde est de 1674. Elle
comprend les Iles qui bornaient cette Seigneurie. Les
termes dont se sert l'Intendant, en faisant cette nouvelle
gratification, ne peuvent être plus élogieux : " Le Sieur
" de St Ours nous ayant représenté qu'il se trouvait plu-
" sieurs petites Iles joignant sa concession, qui ne peuvent
" être propres qu'aux pâturages, attendu que la plus
" grande partie de l'année elles sont submergées par les
" eaux, et nous ayant requis de l'en gratifier, nous, en
" considération du zèle avec lequel il se porte en toute
" rencontre à rendre service, avons donné, accordé, et
" concédé les dites Iles au Sieur de St Ours pour les ajou-
" ter à sa Seigneurie. Donné à Québec, le 25 Avril 1674.
" (Signé) FRONTENAC." L'année même où Mr de St Ours
obtenait la Seigneurie, appelée depuis de son nom, il s'en
faisait donner une autre pour son fils, sur la rivière de

l'Assomption, en considération du nom de *Louis*, qui avait été imposé à l'enfant, le jour de son Baptème. C'est ce qui ressort des pièces que voici : " En vertu du pouvoir à nous " donné par Sa Majesté, et en considération du nom im- " posé sur les fonts baptismaux au Sieur de S^t Ours, fils, ".au nom du Roi, nous accordons, donnons et concédons, " par ces présentes, une lieue de front sur une lieue et " demie de profondeur, à prendre au-dessous du premier " rapide de la rivière de l'Assomption, pour en jouir le " dit Sieur de S^t Ours, fils, lui ou ses ayant cause. A " Québec, le 3 Novembre 1672. (Signé) TALON." Le Roi voulant donner une nouvelle preuve du vif intérêt qu'il portait à ces établissements et concourir lui-même à leur avancement, se fit un plaisir d'envoyer de magnifiques chevaux à tous ceux qui étaient à la tête d'une si louable entreprise. M^r de S^t Ours ne fut pas oublié. " Il les fit dis- " tribuer, rapporte l'auteur de l'*Histoire de la Colonie fran-* " *çaise*, aux gentilshommes du pays les plus zélés pour la " culture des terres : une jument à M^r Talon, deux ju- " ments à M^r de Chambly avec un étalon, une à M^r de " Sorel, une à M^r de Contrecœur, une à M^r de S^t Ours, " une à M^r de Varenne, deux juments à M^r de la Ches- " naye, une à M^r de la Touche, une à M^r de Repentigny " et une autre à M^r LeBer." Ces distinctions, jointes à la conduite si honorable que tenait M^r de S^t Ours, ne pou- vaient que lui concilier l'estime universelle. Aussi, après avoir été promu au grade de Capitaine, fut-il investi, en 1693, de la charge de Garde-Magasin, alors place de con- fiance, et décoré, onze ans après, de la Croix de S^t Louis. Déjà, treize ans auparavant, M^r de Frontenac avait fait instance auprès de M^r Seignelay pour lui faire obtenir le commandement du fort de Chambly : " Je vous supplie, " écrivait ce Gouverneur, si Sa Majesté juge à propos " d'établir un Gouverneur, avec une garnison, à Chambly, " d'y mettre le Sieur de S^t Ours, parent de M^r le Maréchal " d'Estrades, et qui a passé ici Capitaine dans les mêmes " troupes. Il est très-propre pour cet emploi."

Lorsque Mr de St Ours fut fait Chevalier de St Louis, il y avait trente-cinq ans qu'il était marié. Il avait épousé à Villemarie, au mois de Janvier 1668, Melle Mullois, fille de Mr Thomas Mullois, Lieutenant dans les Carabiniers, et de Dame Giraud, de la ville de Blois. Le contrat de mariage fut dressé en présence des principaux personnages du pays, de Mr de Courcelles, Gouverneur Général, de Mr Talon, Intendant, du célèbre Père Marquet, de Mr Pézard, Sieur de la Touche, de Mr LeGardeur de Tilly, de Mr de St Luc, de Mr de la Naudière, etc. Après la mort de son épouse, Mr de St Ours contracta une nouvelle alliance avec Melle Marguerite LeGardeur, veuve du Capitaine de Gouat de Grey, [1] ainsi qu'il est rapporté ailleurs, mais n'eut point d'enfants de ce second mariage. Il s'était retiré du service, depuis plusieurs années, avec une pension de six cents livres, lorsqu'il vit arriver la fin de sa carrière. Il laissait, pour perpétuer son nom, huit enfants, issus de son premier mariage : Jean-Baptiste, Marie-Barbe, Louis, Marie-Anne, Pierre, Joseph, Jeanne et Elizabeth. Tous ces enfants furent élévés avec une grande sévérité de mœurs. Comme aux premiers temps de la République Romaine, où les fils de famille recevaient une éducation d'autant plus mâle, qu'ils étaient appelés à de plus hautes destinées, les jeunes de St Ours firent leur apprentissage de la vie des camps au milieu des rudes travaux des champs et des privations qui en sont inséparables. L'état de gène dans lequel se trouvait alors la Colonie, où les appointements étaient peu considérables, ainsi que les revenus des terres encore peu cultivées, contribua aussi pour beaucoup à l'introduction d'un régime qui devait former tant de nobles caractères. Au témoignage du Marquis de Denonville, il n'était pas jusqu'aux jeunes Demoiselles de St Ours qui ne tinssent

1 Ce nom se trouve écrit de tant de manières, qu'il nous est bien difficile de savoir quelle est la véritable. Il en est de même de celui de plusieurs autres personnages mentionnés dans ces pages: Sr Blain. de Ligneris, etc. Le lecteur ne doit donc pas être surpris des variantes que présente l'orthographe de ces noms.

à honneur de venir en aide à leurs frères. Heureux âges
où l'on ne savait encore ce que c'est que de passer la jeunesse dans l'oisiveté et la mollesse, en se reposant, pour
l'avenir, sur des titres et une fortune qui ont coûté tant
d'efforts à d'illustres aieux! Avec une telle discipline, les
résultats ne pouvaient qu'être bons. Aussi, tous ces
enfants furent-ils dignes de leur père.

L'ainée des filles, M^{elle} Marie-Barbe, née en 1670, entra
dans la noble maison des LeGardeur, et fut tout à la fois
le modèle des épouses et des mères. Elle avait épousé, en
1693, Mr le Gardeur de Beauvais. De ce mariage sont
nés plusieurs enfants. L'un d'eux devint par la suite
Capitaine des portes de Québec. Marie-René-Catherine,
une des filles, épousa à Québec, le 13 Octobre 1717, Mr le
Chevalier Gaspard Chaussegros de Léry, fils du Chevalier
Gaspard de Léry, Ingénieur en Chef à Toulon, et de Dame
Anne de Vidal. Après avoir été fait Lieutenant en 1688,
Garde Marine en 1694, Mr de Beauvais, père, fut promu
au grade de Capitaine en 1714, et neuf ans avant sa
mort, en 1733, fut décoré de la Croix de St Louis.

Mr Louis de St Ours, celui-là même auquel son père
avait obtenu une concession sur la rivière de l'Assomption,
étant entré dans le service, fut un vaillant guerrier. D'a-
bord Garde Marine en 1693, il devint Lieutenant, deux
ans après, et signala son courage en plusieurs expéditions.
Pendant ce temps, deux de ses frères, Jean-Baptiste et
Pierre, en épousant, l'un M^{elle} Marguerite le Gardeur de
Repentigny, et l'autre M^{elle} Hélène Celoron de Blainville,
devenaient pères d'une nombreuse postérité, et formaient
les deux branches de St Ours qui se sont perpétuées jusqu'à nos jours.

L'année même où M^{elle} Marie-Barbe contractait mariage
avec Mr de Beauvais, sa sœur, M^{elle} Marie-Anne, épousait
Mr de Vine. Mr de la Potherie nous a conservé sur la
jeunesse de cette Demoiselle un épisode que nous ne
pouvons nous empêcher de rapporter : " M^{elle} Marie-Anne
" de St Ours, âgée de huit à neuf ans, était allée, avec

" des enfants de son âge, à l'Ile de St Ours, à une demi-
" lieue de la maison paternelle, pour chercher des noi-
" settes et pêcher des écrevisses. Tout à coup un parti
" d'Iroquois, dérobant sa marche à la faveur des bois, se
" précipite sur la Seigneurie et met le feu aux maisons.
" A la vue des flammes dont la lueur se projète au loin,
" les enfants comprennent instinctivement que l'ennemi
" est là ; et aussitôt de gagner leur canot et de prendre
" la fuite. Comme ils coupaient droit sur le fort en plein
" canal, les Iroquois se mettent à lancer sur eux une grêle
" de traits. Effrayés par cette décharge, les enfants se
" blottissent au fond du canot et laissent aller leur
" embarcation à la dérive. Alors, la jeune Demoiselle,
" ôtant une partie des vêtements qui l'embarrassaient, se
" jette à l'eau ; et, comme elle savait bien nager, elle
" espère pouvoir atteindre la rive. Les autres enfants, la
" voyant ainsi se précipiter dans les flots, se mirent à
" pleurer, ne doutant pas qu'elle allait se noyer. Pour
" elle, glissant adroitement le long du canot, du côté de
" l'Ile, de manière à n'être pas atteinte par les flèches des
" Iroquois, elle suit doucement les mouvements de la
" frêle nacelle. Le danger que couraient les enfants
" ayant été alors aperçu, on fit une sortie du fort, ce qui
" obligea l'ennemi à prendre la fuite et à aller se cacher
" dans les bois. Tout d'abord, lorsque le canot fût plus
" rapproché et que l'on vit le mouvement de l'eau, on
" crut que ce mouvement n'était autre que celui d'un
" petit barbet qui avait coutume de suivre les enfants.
" Mais ayant fait plus d'attention, les factionnaires ne tar-
" dèrent pas à reconnaître que c'était celui d'une personne
" qui se débattait dans l'eau. Aussitôt un officier s'élance
" sur une embarcation pour aller à son secours. Quelle
" ne fut pas sa surprise, quand il reconnut la belle Marie-
" Anne de St Ours ! L'embarras était de la prendre ; car
" ces canots, qui sont d'écorce de bouleau, épais d'un écu,
" avec de petites varangues plates extrèmement volages,
" pour peu qu'on penche plus d'un côté que de l'autre,

" chavirent à l'instant. C'est ce qui arriva. Le soldat, qui
" s'était trop pressé de tendre les bras à la jeune Demoi-
" selle, tomba lui-même à l'eau et faillit se noyer. Faisant
" alors le plongeon, l'habile nageuse passe sous le canot et
" revient à fleur d'eau. On lui présente un aviron, et, à
" à l'aide de ce secours, elle peut gagner la nouvelle em-
" barcation. Elle avait nagé .plus d'un quart de lieue ;
" mais, nullement déconcertée par le danger qu'elle a
" couru, elle ne songe qu'aux autres enfants et n'a de
" repos que lorsqu'ils sont tous ramenés sur le rivage."
Son mariage avec Mr de Vine fut de courte durée. Etant
passé à Gibraltar, cet officier y fut emporté, au. moment
où on s'y attendait le moins.

Melle Jeanne, la troisième des filles, épousa Mr François-
Antoine Pecaudy de Contrecœur, fils de Mr Antoine Pecaudy de Contrecœur, aussi originaire du Dauphiné, et
Capitaine renommé. Pierre Pecaudy de Contrecœur,
membre de cette famille, fut le célèbre Commandant du
fort Duquesne que lui-même avait élevé. Après avoir
servi de 1729 à 1742, en qualité d'Enseigne et de Lieutenant, devenu Capitaine en 1748, il eut l'insigne honneur
de battre Washington au fort Nécessité, par Mr de Villiers,
l'un de ses Lieutenants, victoire qui a rendu son nom
immortel. Créé Chevalier de St Louis en 1756, il se retira,
trois ans après, du service. Son fils, Lieutenant dans les
troupes, périt en 1761, comme il a été dit, dans le naufrage de l'*Auguste*.

Enfin, Melle Elizabeth, la plus jeune de toutes, unit son
sort, le 11 Mars 1700, ou, suivant d'autres, le 19 Mai, à
celui de Mr Claude-Charles LeRoy de la Potherie. Nous
avons encore l'acte de son mariage, dont nous donnons
un extrait : " Le 11 Mars 1700, aucun empêchement ne
" s'étant présenté, a été célébré le mariage entre Claude-
" Charles Leroy, Conseiller du Roy, Contrôleur de la
" marine et des fortifications en Canada, fils de Charles-
" Auguste LeRoy, Chevalier, Seigneur de la Potherie de
" Cossart, et de feu Dame Catherine-Françoise du Signet

" de Monville, de la Guadeloupe, d'une part, et Demoi-
" selle Elizabeth de St Ours, fille de Pierre de St Ours,
" Sieur d'Eschaillons, Capitaine d'une Compagnie franche,
" et de Dame Marie Mullois, de l'autre." L'ouvrage :
*Histoire de l'Amérique Septentrionale*, sorti de la famille de
la Potherie, est trop avantageusement connu pour qu'il
soit besoin d'en faire l'éloge.

## BRANCHE AINÉE DE LA FAMILLE DE ST. OURS.

Iº JEAN-BAPTISTE DE ST. OURS, SIEUR D'ESCHAILLONS. —
Mr Jean-Baptiste de St Ours, Sieur d'Eschaillons, fut le
chef de cette branche. Il était, comme on l'a vu, le fils
aîné de Mr P. de St Ours et de Dame M. Mullois. Sa nais
sance remonte vers l'année 1668 ou 1669. Dès qu'il fut en
âge de porter les armes, il prit du service. L'avancement
qu'il obtint dans l'armée, les missions qui lui furent con-
fiées, disent assez quel fut son mérite, et en quelle estime
il était auprès de ses chefs. Rendant compte de son expédition contre Orange (Albany), MM. de Vaudreuil et
Raudot s'expriment ainsi : " Ce parti était composé de
" cent Français, tant soldats qu'habitants, et de soixante
" Sauvages, sous le commandement des Sieurs d'Eschail-
" lons, Rouville et la Perrière. Ils sont partis, les Sieurs
" d'Eschaillons et Rouville, par St. François, avec les
" Français et les Sauvages Abénaquis et Nipissings, et le
" Sieur de la Perrière, par le lac Champlain, avec ceux
" du Sault et de la Montagne, tous devant se joindre sur
" un lac près des Anglais." D'abord Cadet dans les troupes,
puis Enseigne, Mr de St Ours fut fait Lieutenant en
1702, et, peu après, Garde-Marine. Cette dernière place
lui avait été obtenue par Mr de Frontenac : " Je vous
" demande principalement des places de Garde-Marine,
" écrivait ce Gouverneur dans sa dépêche au Ministre,
" du 10 Octobre 1692, pour le Sieur de St Ours, Lieu-
" tenant réformé, le Sieur du Gué, aussi Lieutenant

" réformé, et les Sieurs de la Pérade et Berthier. Ils sont
" tous jolis garçons, et fils d'anciens Capitaines." Cinq
ans après, en 1708, il recevait le brevet de Capitaine, et
enfin, en 1731, il était nommé Major à Québec, et était
fait ensuite Chevalier de S⁺ Louis..

Plusieurs années avant d'être promu à la place de
Major, n'étant encore que Lieutenant, Mr de S⁺ Ours avait
épousé, comme il a été dit, Melle Marguerite Le Gardeur de
Repentigny, fille de Mr Pierre Le Gardeur, Sieur de
Repentigny, Lieutenant dans les troupes, et de Damé
Agathe de S⁺ Père. La famille de cette Demoiselle est trop
célèbre dans le pays, et son nom se retrouve trop souvent
sous notre plume, pour que nous n'en disions pas un mot
D'ancienne noblesse, cette famille, était originaire de
Thury-Harcourt, en Normandie. Après la mort de Mr René
Le Gardeur de Tilly, son mari, profitant de l'embarque-
ment de Mr Jean Godefroy et de celui de Mr Jacques
LeNeuf de la Potherie pour la Nouvelle-France, Mde de Repentigny prit passage sur leur vaisseau avec ses deux fils,
Pierre de Repentigny et Charles de Tilly, et avec sa fille
Marguerite, mariée à Mr de la Potherie. Parlant des derniers arrivages, le Père Lejeune ajoute au sujet de celui-
ci : " Notre joie ne s'en tint pas là. La quantité de familles
" qui venaient grossir notre Colonie l'accrut notablement,
" celles entre autres de Mr de Repentigny et de Mr de la
" Potherie, braves gentilshommes, composées de quarante-
" cinq personnes." Une fois rendus dans la Nouvelle-
France, les M.M. Le Gardeur s'y établirent et formèrent
deux branches d'où sont sortis beaucoup d'hommes remarquables.

Mr Jean-Bte fils de Pierre, après avoir été fait successivement Lieutenant en 1688, Capitaine en 1692, Garde-Marine
en 1694, se retira du service en 1702, avec une pension de
six cents livres, et devint Conseiller à Québec, l'année suivante. Peu après son arrivée dans le pays, son père avait
obtenu plusieurs Seigneuries, et avait, dans la suite, fait
divers voyages en France, portant le titre d'Amiral. C'est

vers cette époque qu'il épousa M<sup>elle</sup> Marie Favery, que la Vénérable Mère de l'Incarnation appelle " l'àme la plus " pure qu'elle eût connue parmi les Dames du monde, " celle-là même que M<sup>r</sup> l'Intendant Talon a louée pour " son industrie, et que Salomon, dans toute sa gloire, eût " sans doute aussi louée et admirée, s'il l'eût vue toujours "occupée du soin de sa maison, faisant elle-même ses étoffes " et filant le lin." Du mariage de Jean B<sup>te</sup> sont nés dix garçons, dont deux, à la date de 1701, avaient déjà versé leur sang pour la défense du pays. Les fils qui restaient encore étaient : M<sup>r</sup> LeGardeur de Repentigny, M<sup>r</sup> LeGardeur de S<sup>t</sup> Pierre, M<sup>r</sup> LeGardeur de Courtemanche, et deux autres surnommés, l'un Linctot, et l'autre Dohanson, qui tous devinrent des officiers d'un rare mérite. Quatre d'entre eux furent promus au grade de Capitaine, entr'autres M<sup>r</sup> LeGardeur de S<sup>t</sup> Pierre, dont le fils, aussi aimé que redouté des Sauvages, fut chargé de continuer les découvertes de M<sup>r</sup> de la Vérenderye. Leurs enfants ne furent pas moins distingués. Le plus célèbre de tous est le Chevalier de Repentigny. Après s'être couvert de gloire dans toutes les expéditions qui précédèrent la conquête, avoir tenu tête à l'armée anglaise à Montmorency, et repoussé à Sainte-Foi une partie de son aile droite, il passa en France, où, comme il a été rapporté, il fut créé Marquis et fait Brigadier-Général des armées. Nommé Gouverneur du Sénégal, puis de Mahé, aux Indes Occidentales, il mourut en 1771. Les journaux du pays annoncèrent ainsi sa mort : " Le Mar- " quis LeGardeur de Repentigny, Brigadier des armées et " Gouverneur de Mahé, est mort dans cette partie de l'Inde " qu'il avait, par sa valeur et sa bonne conduite, conservée " à la France, malgré les entreprises d'un prince du pays. " Cet officier avait servi en Canada avec toute la réputa- " tion qu'un vrai militaire doit acquérir."

M<sup>r</sup> de Tilly, chef de l'autre branche des LeGardeur, ne lë céda à l'Amiral, ni en mérite, ni en capacité. Il fut appelé à faire partie du Conseil Souverain de Québec, qui, à cette époque, acquit une certaine notoriété par ses

démêlés avec M^r de Mézy, Gouverneur Général. M^r de
Tilly échappa à la disgrâce de MM. Bourdon et de
Villeray, et fut compris dans le testament du Gouver-
neur, pour un legs de cinq cents livres. Il fut même
chargé par ce dernier de la mission délicate d'expli-
quer sa conduite à son successeur. Ayant épousé à
Québec, en 1648, M^elle Geneviève Juchereau, fille de
M^r Jean Juchereau, Sieur de More, qui apportait pour
dot le Fief de S^t Michel que son oncle, M^r Noël des
Chatelets, lui avait donné, après l'avoir acquis de
M^r de Puiseaux, M^r de Tilly se trouva tout-à-coup à
la tête d'une des plus belles Seigneuries du pays.
De son mariage avec M^elle Juchereau, il eut plusieurs
enfants. L'un d'eux devint, comme son père, membre
du Conseil de Québec. De lui sont sortis les MM de
Tilly qui occupent un rang distingué en France. Les
Demoiselles de Tilly ne furent pas moins remarquables.
Pendant que leurs cousines s'alliaient aux meilleures
familles, ou devenaient Religieuses, soit à l'Hôpital Général de Québec, soit chez les Dames Ursulines, les
Demoiselles de Tilly épousaient, l'une M^r le Capitaine
de Sorel, qui a donné son nom à la ville qu'on a voulu
vainement appeler depuis d'un autre nom, l'autre M^r des
Bordes de Landrief, depuis Officier des Gardes du Corps
de Louis XVI, et héritier du Duc d'Aremberg.

En se choisissant une épouse dans la famille Le Gardeur,
M^r de S^t Ours ne pouvait donc s'allier à une famille plus
honorable. Il n'était pas encore marié, lorsqu'en 1674,
il obtint, sur la rivière du Chesne, une concession de deux
lieues de front sur deux de profondeur. Plusieurs années
s'écoulèrent au milieu des travaux de défrichement qu'il
dût entreprendre, pour mettre cette terre en valeur. Il fut
obligé de les laisser en 1721, pour aller au Lac Supérieur,
où M^r de Vaudreuil lui donnait une mission à remplir.
Nous avons encore le mémoire, en forme d'instruction,
que lui remit, à son départ, cet habile Gouverneur. Comme
il peut intéresser l'histoire, nous en donnons ici un

extrait : " Le Sieur d'Eschaillons partira de Montréal le
" plus tôt qu'il pourra, afin de se rendre au lieu de sa
" destination. Il passera par le Détroit pour y acheter
" des vivres du Sieur de Tonty qui y commande. Tous
" les canots qui partiront avec lui, pour aller au Détroit
" ou aux Miamis, après avoir été visités à la Chine par Mr
" de Ramesay, seront sous ses ordres, et il ne souffrira
" pas qu'aucun s'écarte, ou qu'on fasse la traite avec les
" Sauvages sur le lac Ontario, ou sur le lac Erié. Arrivé
" à son poste, il fera un présent aux Sauvages qui ne
" manqueront pas de se rendre au fort pour le saluer, afin
" de leur témoigner notre satisfaction de leur bonne con-
" duite, leur rappelant qu'en l'envoyant commander à la
" place du Sieur de la Noue, nous avons voulu leur mon-
" trer qu'on ne les laissait pas orphelins. Si les Sioux,
" humiliés par leur défaite, demandent à faire la paix, il
" exhortera les Sauvages à la leur accorder. Il fera tout
" ce qu'il pourra pour attirer à Gamanistigonyo tous les
" Sauvages dispersés le long du Lac Supérieur, afin de
" les réunir, s'il se peut, dans un même village. Il invi-
" tera les Crics à en faire autant, n'étant pas possible
" d'envoyer chez eux autant de marchands qu'il en faut
" pour leurs besoins. Il ne souffrira pas qu'il soit vendu
" d'eau-de-vie aux Sauvages dans son poste, pour quelque
" raison que ce soit. Pour le surplus, nous nous en remet-
" tons à la prudence du Sieur d'Eschaillons. Fait à
" Montréal, le 12 Mars 1721. (Signé) VAUDREUIL."

Mr de St Ours n'était encore que Capitaine, lorsqu'il
entreprit ce voyage. A son retour, après avoir fait
pendant trois ans les fonctions de Major, il fut nommé
Lieutenant du Roi, dans la même ville. Il occupait ce
poste important, lorsque la mort vint terminer sa longue
carrière en 1747. De son mariage avec Melle de Repentigny sont nés huit enfants : Marguerite, qui, ainsi que
Jean-Baptiste-Antoine, décéda sans contracter mariage ;
Charles-Joseph qui fut tué en 1757, dans une expédition ;
Agathe-Geneviève morte à la fleur de l'âge ; Pierre-Roch

qui suit, et trois filles : Marie-Angélique, Jeanne-Eliza-
beth et Angélique.

IIᵒ PIERRE-ROCH, SIEUR D'ESCHAILLONS.—Mʳ Pierre-Roch,
Sieur d'Eschaillons, le cinquième enfant de Mʳ Jean-
Baptiste d'Eschaillons et de Dame Marguerite de Repentigny, avait reçu le jour en 1712, un siècle avant la
mémorable bataille de Châteauguay. Etant entré de bonne
heure dans le service, il prit une part active à tous les
événements qui marquèrent cette époque tourmentée.
Enseigne en 1733, il fut promu au grade de Lieutenant
en 1744, et reçut, quatre ans après, le brevet de Capitaine. Profitant du calme relatif qui régnait en 1752, afin
d'augmenter sa Seigneurie d'Eschaillons il demanda et
obtint une nouvelle concession. Les motifs qu'il apporte
pour appuyer sa requête méritent considération. Les
voici, tels que nous les trouvons dans les pièces de la
Tenure Seigneuriale : " Sur la requête à nous présentée
" par le Sieur Roch de Sᵗ Ours, Capitaine d'Infanterie,
" nous représentant que sa Seigneurie, sur la rivière du
" Chesne, est en grande partie habitée, et que, pour enga-
" ger les familles et enfants des anciens habitants à former
" de nouveaux établissements et à augmenter, conformé-
" ment aux intentions de Sa Majesté, la culture des terres,
" il lui faudrait avoir à sa disposition les profondeurs de
" sa dite Seigneurie, nous, en vertu du pouvoir à nous
" accordé, donnons, accordons et concédons par ces pré-
" sentes, au dit Sieur d'Eschaillons, la dite profondeur
" de quatre lieues et demie, pour en jouir à perpétuité,
·" lui et ses ayant cause. (Signé) DE LA JONQUIÈRE."

Il y avait sept ans que Mʳ d'Eschaillons était marié,
lorsqu'il s'adressa à l'Intendance pour obtenir cette concession. Il avait épousé Mᵉˡˡᵉ Charlotte Deschamps de
Boishébert, dont la famille existe encore en France, où
elle occupe un rang distingué. Cette Demoiselle était
la sœur de Mʳ de Boishébert, [1] d'abord Commandant en

1 Mʳ Charles Deschamps de Boishébert, après avoir commandé à
Niagara, passa en Acadie, où il s'illustra. Après la paix d'Aix-la-

Acadie, puis officier supérieur de l'armée du Général
Montcalm, à la bataille des plaines d'Abraham. Lorsque
furent résolues les attaques contre le fort Oswégo en 1756,
et contre celui de William Henri en 1757, Mr d'Eschaillons
fut des premiers à se rendre au champ d'honneur, où on
le vit donner des preuves de la plus grande bravoure.
C'est le témoignage qu'en portèrent ses chefs. On le
trouve également dans ces immortelles plaines d'Abraham, où fut décidé le sort de la Colonie. C'est à la suite
de ces événements, et comme preuve de sa noble conduite, que Mr d'Eschaillons fut fait Chevalier de St Louis.
Après la victoire de Sainte-Foi, il se retira dans sa Seigneurie. C'est là qu'il termina ses jours en 1782, à l'âge
de 70 ans. De son mariage avec Melle Charlotte de Boishébert sont nés cinq enfants : deux filles, Jeanne-Geneviève
et Geneviève-Charlotte, et trois fils : Paul-Roch, Charles-
Louis-Roch et Charles-Quinson, qui, étant passé aux
Indes Orientales, après avoir épousé, en 1785, Melle Marie-
Anne McKay, y a trouvé la mort.

Mr Paul-Roch d'Eschaillons, l'aîné des fils, né en
1747, épousa, en 1766, Melle Josephte de Tonnancour, de
l'illustre famille de Godefroy de Tonnancour établie aux
Trois-Rivières. Le chef de cette famille dont il faut
bien parler, fut Mr Jean Godefroy, fils de Mr Pierre
Godefroy et de Dame Perette Cavelier, de Linctot au
pays de Caux. Il était passé dans la Nouvelle-France vers
1620, en compagnie de son frère, Mr Thomas Godefroy de
Normanville qui fut pris et brûlé par les Iroquois. Ayant

Chapelle, s'étant fortifié sur la rivière St. Jean, il tint tête au Colonel
Mascarène, puis à Lord Cornwallis. Plutôt que de livrer son fort, il le
reduisit en cendres. Appelé en toute hâte à Québec, en 1759, il commandait le Corps de réserve, composé de 1400 soldats, dont 350 Canadiens
et 450 Sauvages. Il eut sa part de gloire à la victoire de Montmorency.
Etant passé en France à la conquête, il donna en mariage une de ses
Demoiselles à Mr Henri Charles LeBègue de Germigny, d'abord Pair de
France en 1819, puis Préfet en 1826. Le Comte de Germigny, fils du
précédent, après avoir été à la tête du Crédit foncier, Ministre des
Finances sous le Prince Louis-Napoléon Gouverneur de la Banque
de France, a été nommé Sénateur en 1862, et Grand Officier de la
Légion d'Honneur. C'est une des gloires de la Normandie.

fait un voyage en France, en 1636, il épousa M^elle Marie Le Neuf du Hérisson, de la ville de Caen. De ce mariage sont sortis les MM. Godefroy de Tonnancour, de St Paul, de Normanville et de Linctot, qui acquirent les magnifiques Fiefs de Normanville, de Vieux-Pont, de Rocquetaillade, etc., ainsi que les Religieuses Ursulines, qui, sous le nom de Mère de la Croix et de Mère de Ste Hélène, dirigèrent pendant plusieurs années la Communauté des Trois-Rivières. Après s'être distingués dans la Nouvelle-France, eux et leurs descendants, soit en défendant le pays contre les Iroquois et les Colonies anglaises, soit en formant de nouveaux établissements, à l'exemple du fondateur de leur race, qui, pour avoir des premiers entrepris des défrichements de terre et repoussé les barbares avec dix de ses enfants, dont cinq avaient été tués, reçut de Louis XIV des lettres de noblesse, ils continuèrent à s'illustrer tant en Canada qu'en France. Ceux qui aiment à suivre leurs compatriotes sur des rives éloignées, nous sauront gré de reproduire ici ce que rapportent de deux d'entre eux les *Archives de la Marine*. Maurice-Régis, le premier, né à Montréal, était Lieutenant des Chasseurs au régiment de l'Ile de France. "Après avoir fait la campagne " de 1757, où il fut blessé, et avoir pris part à la bataille " des plaines d'Abraham, où il reçut également un coup " de feu, il était entré, en 1766, comme Sous-Lieutenant " dans la Légion de l'Ile de France. Là, il conquit en " peu de temps le grade de premier Lieutenant du régi-" ment des Chasseurs. Aucune occasion ne se présenta, " sans qu'il donnât des preuves de sa valeur. A Madagascar, " en particulier, il se signala dans un engagement qui " eut lieu contre les indigènes, et ne quitta le lieu du " combat que criblé de blessures. Il se retira de l'armée " au bout de vingt-trois ans de service." Pendant que le Chevalier de Linctot faisait ainsi honneur au nom canadien à l'Ile de France, Maurice Godefroy, aussi né à Montréal, se couvrait de lauriers à l'Ile Bourbon. "Déjà " au fort George, à Carillon, sur les hauteurs de Québec,

" à Sainte-Foi, où il avait reçu nombre de blessures,
" Maurice avait donné la mesure de son courage. Ayant
" émigré à la conquête, il suivit Mr de Modave, Mr de
" Suffren, Mr de Cossigny, etc., assista au siège de Nagar,
" de Montgalor, et, après avoir été fait successivement
" Lieutenant, Capitaine et Commandant des Chasseurs,
" reçut en 1784, comme récompense de ses services, la
" Croix de St Louis. Il ne quitta l'armée qu'en 1789,
" après avoir servi vingt-neuf ans.''

En s'alliant donc à cette famille, Mr d'Eschaillons ne
se mésalliait pas. De son mariage avec Melle de Tonnancour,
il laissa trois enfants : Marie-François-Xavier, Marie-
Elisabeth-Marguerite et Charles-Auguste qui épousa Melle
Aurélie Faribault, cousine du regretté Mr Faribault,
auquel la Société Littéraire et Historique de Québec,
ainsi que le pays tout entier, est si redevable pour ses
savantes et fructueuses recherches. Mr d'Eschaillons,
après avoir fait partie du Conseil Législatif et été membre
du Pouvoir Exécutif en 1791, est mort en 1814, à l'âge
de 78 ans.

IIIº CHARLES-LOUIS-ROCH DE ST. OURS.—Mr Charles-Louis-
Roch de St Ours, second fils de Mr Pierre-Roch de St
Ours, et frère du précédent, vit le jour en 1753, et fut
tenu sur les fonts baptismaux par Mr Charles-François de
la Naudière, Sieur de la Pérade, et Melle Marie-Catherine
de Repentigny. Il fut un des hommes les plus marquants
de son temps, tant par les services qu'il rendit au pays,
que par les honneurs qui vinrent le chercher. A son
entrée dans la vie civile, deux partis se présentaient
devant lui : celui de l'abstention et celui de l'action.
Comme le font encore aujourd'hui, en France, quelques
partisans de l'ancien régime, il pouvait se tenir à l'écart
et rester étranger aux affaires. Mieux inspiré, il crut
qu'il servirait davantage son pays en se ralliant au nouveau gouvernement; il s'y rallia franchement. Il n'eut
pas à s'en repentir. Comme son frère, il fut appelé à
siéger au Conseil Législatif. Bien que tenant cette faveur

de la Couronne, il resta fidèle à la cause de ses compatriotes. Loin de se laisser guider par un vil égoïsme, comme il n'arrive que trop, ou de se prêter à de basses ambitions et de s'en faire l'instrument, il n'eut toujours en vue que le bien public et mit à son service toute son influence. Il s'opposa avec la plus grande énergie au Juge en Chef qui voulait faire adopter la langue anglaise, au moins pour les affaires commerciales. Il ne montra pas moins de courage en combattant le projet de confiscation des biens des Jésuites. Sa modération dans les débats, sa courtoisie avec les autres membres de la Chambre, ne donnèrent que plus de poids à sa parole. La milice ayant été alors réorganisée, Mr de St Ours fut nommé Major en 1774, puis, bientôt après, Colonel. Les services qu'il rendit à la tête des Volontaires Canadiens l'ayant signalé à l'attention publique, Carleton, depuis Lord Dorchester. à l'exemple du Général Haldimand, le fit son Aide-de-Camp et lui donna toute sa confiance. L'affection qu'avait pour Mr de St Ours cet illustre Gouverneur, fut partagée par le Duc de Kent, qui, à son départ du pays, lui en laissa une preuve dans la lettre qu'on va lire : " Halifax, ce 10 Novembre 1790. Mon cher Cheva-
" lier, croyez que je suis infiniment reconnaissant pour
" l'attention délicate que vous me montrez par votre lettre,
" en date du 5 Octobre, que je n'ai reçue que le 15 du
" courant. Il est bien flatteur pour moi de recevoir de
" tous côtés l'assurance de la joie qu'a causée la nouvelle
" de mon retour. Mais de tous ceux qui m'ont exprimé
" leur satisfaction, vous êtes celui, soyez-en persuadé,
" que j'estime le plus sincèrement. J'espère que, dans le
" courant de l'été prochain, j'aurai l'occasion de me
" trouver dans le voisinage de St Ours, et certainement
" je ne la laisserai pas passer sans m'informer de votre
" santé et de votre bien-être, ainsi que de Madame votre
" épouse, pour laquelle je vous charge de mille compli-
" ments de ma part. En quelque temps que mes services
" peuvent vous être utiles, je vous prie d'en disposer sans

*His Royal Highness*

EDWARD DUKE of KENT

*Engraved by Armstrong from an Original Painting*

Pub.d by J. Sewell Cornhill May. 1. 1801

" scrupule, car j'aurai un vrai plaisir à vous prouver que
" c'est avec la plus haute considération et la plus parfaite
" estime que je me souscrirai toujours très-sincèrement
" et fidèlement, mon cher Chevalier, votre, etc., EDOUARD,
" Duc de Kent."

Plusieurs années auparavant, en 1685, le Colonel de
St Ours avait profité de la paix qui s'était rétablie dans
le pays, pour visiter l'Ancien Monde. Il parcourut
l'Angleterre, la France et l'Allemagne. En Angleterre,
il fut présenté au Roi George III qui le reçut avec la
plus grande distinction. L'accueil qui lui fut fait en
France ne fut pas moins bienveillant. L'infortuné Louis
XVI était encore sur son trône chancelant. Mr de
St Ours le vit ainsi que toute la famille royale. Jamais
le souvenir de cette entrevue ne sortit de sa mémoire.
Quelques années après, lorsque la nouvelle de la grande
catastrophe qui précipita les Bourbons du trône, se répandit en Canada, les yeux du vieil officier se remplirent de
larmes. Etant passé de France en Allemagne, il eut
l'insigne honneur d'être admis à l'audience du grand
Fréderic, Roi de Prusse. Elevé sur le trône en 1740, ce
Monarque, grand homme d'état, vrai génie militaire, était
alors à l'apogée de sa puissance. Seul, il avait tenu tête
à l'Europe coalisée, et sur quatorze batailles en avait gagné
neuf, préludant ainsi à cet empire d'Allemagne que les
Prussiens sont à la veille de réaliser, au préjudice de
l'Autriche. Lorsque Mr de St Ours arriva sur les terres
de Prusse, il apprit qu'une revue de l'armée par le Roi
devait avoir lieu dans quelques jours. Il demanda la permission d'y assister. Fredéric lui répondit par le billet
suivant, écrit de sa propre main :" " Mr le Capitaine de
" St Ours, c'est avec plaisir que je vous accorde la permis-
" sion d'assister à mes revues prochaines d'ici, de Berlin
" et de Magdebourg ; et sur ce, je prie Dieu qu'il vous ait,
" Mr le Capitaine de St Ours, en sa sainte et digne garde.
" Postdam, le 10 de Mai 1785. FRÉDÉRIC."

C'est au retour de ce long voyage que Mr de St Ours

épousa M^elle Josephte Murray. Après avoir honoré son
pays par d'éminents services et l'avoir fait connaître au
loin, L'Honorable Charles-Louis-Roch de S^t Ours termina
sa brillante carrière en 1834, à l'âge avancé de 81 ans. Il
laissait trois enfants : Josephte-Marie-Anne, qui, après
avoir épousé, en 1815, M^r Pierre-Dominique Débartzch.
membre du Conseil Législatif, est décédée en 1848 ;
Charles-Pierre mort accidentellement à S^t Ours, en 1816 ;
et Roch-François, qui, après avoir été membre de la Chambre Basse, de 1825 à 1830, épousa, en 1833, Melle Hermine
Duchesnay. Voici l'acte de son mariage : '' Le 28 Mai 1833,
'' après avoir obtenu le consentement par parole de pré-
'' sent l'Honorable Roch de S^t Ours, fils de l'Honorable
'' Charles de S^t Ours et de Dame Josephte Murray, Sei-
'' geur de S^t Ours et de S^t Jean d'Eschaillons, Colonel de
'' milice, et aussi de présente Demoiselle Hermine-Marie-
'' Catherine Juchereau, fille de Michel-Louis Juchereau,
'' Député-Adjudant-Général des milices, Seigneur de
'' Fossambault et de Godarville, et de Charlotte-Hermine-
'' Marie-Louise-Catherine de Salaberry, décédée, les ai
'' mariés suivant les lois de la Sainte Eglise, en présence de
'' ses parents et amis qui ont signé avec nous.'' L'Honorable R. F. de S^t Ours, après avoir rempli, à la satisfaction de
tout le monde, les fonctions de Shérif pour le District de
Montréal, est mort en 1839, laissant trois filles : Melles Hermine, Caroline-Virginie, Henriette-Amélie. Cette dernière
a épousé Mr Dorion, fils du D^r Dorion de S^t Ours. Ainsi
s'est éteinte la branche aînée de la famille de S^t Ours.
Que Mr Kierzkowski, Seigneur de S^t Charles, qui a bien
voulu nous donner sur l'intéressante famille de S^t Ours
une partie des détails qu'on vient de lire, reçoive ici
l'assurance de notre vive gratitude.

## BRANCHE CADETTE DE LA FAMILLE DE S^t OURS.

I^o PIERRE DE ST OURS.—M^r Pierre de S^t Ours, troisième
fils de M^r P. de S^t Ours et de Dame M. Mullois, fut le chef

de cette branche. Entré fort jeune dans l'armée, il fut un des officiers les plus marquants de son époque. D'abord Enseigne en 1694, il fut fait Lieutenant en 1710, et, huit ans après, fut promu au grade de Capitaine. Les brillantes qualités qu'il déploya en cette qualité, les services éclatants qu'il rendit à la tête des troupes, lui valurent l'honneur d'être décoré par la suite de la Croix de St Louis.

L'année même où il fut fait Lieutenant des troupes, en 1710, Mr de St Ours avait épousé Melle Hélène Celoron de Blainville, fille de Mr Jean-Baptiste Celoron de Blainville et de Dame Gertrude le Gardeur. Le contrat de mariage fut dressé en présence des personnes les plus marquantes de la Colonie. Outre les parents des deux époux, Mr P. de St Ours, père, Mr de Celoron, frère de l'épouse, Melle Celoron, sa sœur, etc., on y vit Mr Philippe de Rigaud de Vaudreuil, Mr Joseph de la Colombière, Vicaire Général, Mr Louis Liénard de Beaujeu, Lieutenant, le Capitaine Alphonse de Tonty, Mr Joseph d'Ailleboust, Sieur de Musseaux, le Capitaine Louis de la Corne, Mr Bouillet, Sieur de la Chassaigne, Mr Antoine Pécaudy de Contrecœur, une partie des familles de le Gardeur de Repentigny et de Belestre, beaucoup de Dames et de Demoiselles : Mde de la Chassaigne, Mde de Tonty, Mde de Beaujeu, Mde d'Ailleboust, Melle Charlotte de Gray, Melle Marie le Gardeur de Beauvais, Melle Marie-Jeanne de Belestre, etc. De ce mariage sont nés six enfants, dont quatre moururent à la fleur de l'âge. Les survivants furent : Marie-Louise, née en 1713, qui épousa, en 1737, Mr le Gardeur de Courtemanche, de la noble maison de le Gardeur ; et François-Xavier, dont il va être parlé tout à l'heure. Ayant perdu son épouse après vingt-six ans de mariage, Mr de St Ours contracta une nouvelle union, en 1736, avec Melle Marie-Claire Daigneaux Douville, dont le frère obtint, cette même année, sur le lac Champlain, une concession de deux lieues de front sur trois de profondeur.

La guerre ayant été déclarée, quelques années après, entre la France et l'Angleterre, Mr de St Ours prit part

aux premières luttes. Son grand âge l'ayant forcé à la retraite, il se retira dans sa Seigneurie où il finit paisiblement ses jours. Il laissait pour défendre la patrie un fils qui, en succombant glorieusement sur les plaines d'Abraham, devait immortaliser son nom. C'est le suivant

II⁰ FRANÇOIS-XAVIER DE Sᵗ OURS.—Mʳ François-Xavier de Sᵗ Ours, unique survivant des six enfants qu'avait eu Mʳ Pierre de Sᵗ Ours de son mariage avec Mᵉˡˡᵉ Celoron, arrivait à l'époque la plus critique qu'eut encore traversé la Colonie. C'était le moment où l'Angleterre allait mettre sur pied toutes les forces dont elle pouvait disposer pour s'emparer du Canada. Mʳ de Sᵗ Ours parut taillé tout exprès pour les circonstances. D'une grande activité, d'une bravoure qui ne recule devant aucun danger, il avait les qualités nécessaires pour ces temps périlleux. Aussi parvint-il rapidement aux premiers grades de l'armée. Après avoir servi comme Enseigne en 1748, il fut fait Lieutenant en 1751, et, huit ans après, reçut le brevet de Capitaine. C'était le moment suprême. Mʳ de Sᵗ Ours avait déjà fait ses preuves. En 1756, à l'attaque du fort George, où il commandait les milices avec MM. de Repentigny, de Gaspé, de Villiers, de la Corne, de Courtemanche, de Vassan, l'intrépide officier avait fait des prodiges de valeur. Après avoir été placé en observation, il fit partie de l'armée de siège dont Mʳ de Bourlamaque avait la direction, et rendit des services incalculables. " Quoique blessé, écrit Mʳ de Vaudreuil, il " repoussa, à la tête de quelques Canadiens, un gros " d'Anglais. Cette action est des plus belles." Rendant compte de la bataille de Carillon, le 8 Juillet 1758, le Marquis de Montcalm écrivait à Mʳ de Vaudreuil : " Mʳ " de Raymond avait l'honneur de commander les troupes " de la Colonie ; je ne saurais trop me louer de lui. de " MM. de Sᵗ Ours, de la Naudière, de Gaspé." Mais où Mʳ de Sᵗ Ours devait se surpasser, c'était sous les murs de Québec. Avec Mʳ de Bonne il commandait la droite de

l'armée sous les ordres du Général Montcalm, pendant
que MM. de Senesergues et Prudhomme commandaient
le centre. Par l'incurie de Vergor, l'ennemi était parvenu à déboucher sur les plaines d'Abraham. Accourant
aussitôt, le Général Montcalm forme ses troupes en ordre
de bataille, et, " pour ne pas laisser aux Anglais le temps
" de se fortifier, rapporte le Major Joannes, présent à
" l'action, fait sonner la charge." C'est alors que Mr de
St Ours, après avoir soutenu quelque temps le feu de
l'armée anglaise, est atteint, ainsi que Mr de Senesergues,
d'un coup de feu qui le renverse. Comme le Général
Montcalm mourant, il put se consoler en disant : " Du
moins je n'aurai pas vu Québec au pouvoir des Anglais."

Lorsque Mr de St Ours fut ainsi enlevé à la tête des
troupes dans cette journée funeste, il était marié. Il avait
épousé, en 1747, Melle Thérèse Hertel de Cournoyer, de la
noble famille des Hertel. De ce mariage sont nés neuf
enfants : François-Michel, Thérèse, Marie-Geneviève,
Pierre-Joseph, Louise-Catherine, François-Ange, François-
Marie, Philippe-Ignace et Marie-LaCroix, née l'année
même de la mort de son père.

La famille de St Ours, qui a jeté tant d'éclat sur la
Nouvelle-France, a continué d'occuper un des premiers
rangs en France d'où elle est venue. Nous avons encore
sous les yeux une lettre de l'un des membres de cette
antique maison. Nous nous faisons un plaisir de la reproduire. Cette lettre est adressée à Mr L. Roch de St Ours,
à celui-là même qui, en 1785, visita l'Angleterre, la France
et l'Allemagne : " Grenoble, 26 Février 1824. Mon cher
" cousin, l'affection que j'ai toujours eue pour ceux de
" mon sang, et particulièrement pour mon cousin [1] que

---

1 Le cousin qui fit ce voyage en France et auquel il est fait allusion
dans cette lettre, est vraisemblablement Mr J. D. de St Ours, au sujet
duquel MM. de Vaudreuil et Raudot écrivaient en 1708 au Ministre :
" Le Sieur d'Eschaillons s'est trouvé récompensé en arrivant ici par la
" Compagnie du Sieur de St Ours, son père, que vous avez bien voulu
" lui accorder."

" j'ai connu dans ma jeunesse, et avec lequel j'ai passé de
" si agréables moments, pendant les deux semestres que
" nous avons eu le bonheur de le posséder chez mon père,
" qui le regardait comme l'un de ses fils, me fait prendre
" un grand plaisir aux nouvelles que vous me donnez de
" votre famille et de votre pays. Je suis bien aise que
" vous possédiez les titres de noblesse de notre famille.
" Par ceux que nous avons ici, elle remonte au commen-
" cement du XIIe siècle. Il est bien d'autres familles en
" France du nom de St Ours, surtout dans le Périgord ;
" mais aucune n'a joint celui d'Eschaillons qui nous
" distingue. Si l'un de vos petits-fils avait le désir de
" venir s'établir en Dauphiné, dans l'antique maison de
" ses pères, j'en serais charmé, persuadé que je suis qu'il
" y ferait revivre leurs noms et que, comme eux, il
" jouirait de la considération publique. Je suis bien
" fâché que votre service nous ait privé du plaisir de vous
" voir, lorsque vous êtes venu en France. Votre présence
" aurait resserré encore les liens du sang et de l'amitié
" qui nous unissent. Notre patrie a été bien malheureuse
" depuis cette époque, et elle n'est pas encore parfaite-
" ment tranquille : de méchants agitateurs cherchent
" toujours à troubler son repos. Si par malheur, et contre
" le droit d'aînesse, vous veniez à me précéder dans la
" tombe, j'espère que votre fils voudra bien continuer
" cette correspondance avec moi, à moins qu'il ne préfère
" la céder à son cousin, fils de votre ainé. Jugez par là,
" mon cher cousin, de la vive affection avec laquelle je
" suis votre, etc. DE St OURS D'ESCHAILLONS."

L'H<sup>BLE</sup> CHARTIER, MARQUIS de LOTBINIÈRE.

L'H<sup>BLE</sup> HARWOOD. — A.C de LOTBINIÈRE HARWOOD, L.C.

# LA FAMILLE DE LOTBINIERE.

Alliée aux Châteaubriand, aux LaRochefoucault, aux Polignac, aux Montfort, aux Vaudreuil, aux des Meloises, aux Soulanges, aux Duchesnay, etc., cette famille, représentée aujourd'hui par les familles Harwood et Joly, est des plus anciennes et des plus illustres. Pendant que le Chevalier Benoist était chargé de faire défiler une partie de l'armée de Montcalm, avant la bataille de Carillon, un des membres de cette famille, Mr Michel de Lotbinière, par la sagesse de ses conseils, faisait préférer à l'immortel Général les hauteurs de Carillon au fort St Frédéric. Il convient donc de lui consacrer ici quelques lignes.

### Iº LOUIS-THÉANTRE CHARTIER DE LOTBINIÈRE.

Le chef de cette famille, en Canada, fut Mr Louis-Théantre Chartier de Lotbinière. Disons tout d'abord un mot de ses glorieux ancêtres.

Le premier, dont le nom soit venu jusqu'à nous, est Philippe Chartier, Receveur Général des Comptes en 1374. Un de ses fils, Guillaume, devint Evêque de Paris, pendant qu'un autre, du nom de Jean, était fait Abbé de St Germain. Alain, le quatrième de ses enfants, fut le plus illustre de tous. D'abord Receveur Général du vivant de son père, il devint, en 1412, Secrétaire d'Etat de Louis VI, qui lui accorda des lettres de noblesse. D'une

éloquence incomparable, il mérita de fixer l'attention de Marguerite d'Ecosse, épouse de Louis XI, qui ne craignit pas de faire son éloge et de lui donner des marques de sa haute estime en présence de toute la Cour. De son ma- riage avec Melle Françoise de Châteaupenaud, il eut trois filles, dont l'une se fit Religieuse Ursuline à Tours, et trois fils. César, l'un d'eux, ayant embrassé la carrière militaire, fut tué au siège de Péronne en 1468, après avoir épousé Melle Elizabeth LePelletier, dont il eut deux enfants. Clément, l'aîné, épousa une des plus belles et des plus riches héritières de Bretagne : Melle Gillette de Château- bourg. C'est lui qui introduisit dans sa famille le surnom de *Lotbinière*, qui lui est resté. Ayant acheté dans le Bas- Maine une propriété appelée *Binière*, pour la distinguer d'une autre qu'il avait dans le Dijonnais, du nom de *Bignières*, il ajouta le mot *Lot*, à cause des poissons de cette espèce qui pullulaient dans les fossés du Château. Quelques années après, il la fit ériger en Baronnie. Mr Clément de Lotbinière mourut en 1560, à l'âge peu com- mun de 104 ans, laissant trois filles, dont l'une épousa Mr Joseph de Châteaubriand, ancêtre du célèbre auteur du *Génie du Christianisme*, et trois fils, dont l'un fut Con- seiller au Parlement de Paris, et l'autre, Alain de Lotbi- nière, remplit la même charge au Parlement de Rennes, après avoir exercé la profession des armes. Ce dernier est le bisaïeul de Mr Louis-Théantre. Ayant épousé sa cou- sine, Melle Madeleine de Châteaubriand, il en eut trois filles, dont l'une se fit Religieuse, et un fils, Pierre de Lotbinière. Celui-ci embrassa la carrière des armes, à l'exemple de César, et devint Colonel en 1550. Marié, dix ans après, avec Melle Henriette de Polignac, de la même famille que celle du célèbre Ministre de Charles X, il en eut trois fils et deux filles. Une d'elles, l'aînée, Melle Fran- çoise de Lotbinière, épousa, en 1578, le Marquis de La Rochefoucault ; la seconde se fit Bénédictine. Alain de Lotbinière, son second fils, fut le grand-père de Mr Louis- Théantre. Né à Rennes en 1564, il devint Conseiller au

Parlement de Paris. Il épousa dans cette ville, en 1589, Melle Victoire de Montfort. De ce mariage est né Pierre-René de Lotbinière, Conseiller, Médecin du Roi, et père de Mr de Lotbinière du Canada. Comme on le voit, cette famille, qui embrasse huit générations, ne pouvait être plus marquante. Mr Théantre ne dégénéra pas, non plus que sa nombreuse postérité.

Passé dans la Nouvelle-France en 1646, sur les vaisseaux de Mr de Repentigny, d'autres disent en 1650 avec Mr de Lauzon, Mr de Lotbinière fut un des plus ardents promoteurs de la colonisation du pays. Dans le but de former de nouveaux établissements, il demanda et obtint, en 1672, sur le bord du St Laurent, une vaste concession, ainsi qu'en fait foi cet extrait des pièces de la Tenure Seigneuriale : " Sa Majesté désirant qu'on gratifie les per-
" sonnes qui, se conformant à ses grands et pieux
" desseins, veulent bien se lier au pays, en y formant des
" terres et des Seigneuries d'une étendue proportionnée à
" leurs forces, et le Sieur de Lotbinière ayant déjà com-
" mencé à faire valoir les intentions de Sa Majesté, nous,
" en vertu du pouvoir à nous donné par Sa Majesté, avons
" accordé, donné et concédé, accordons, donnons et con-
" cédons, par ces présentes, au dit Sieur de Lotbinière
" l'étendue de terre qui se trouve sur le fleuve St Lau-
" rent, depuis la concession du Sieur Marsollet jusqu'à
" celle des Religieuses Ursulines, sur deux lieues de pro-
" fondeur, pour en jouir lui et ses ayant cause, à titre de
" Fief et Seigneurie. A Québec, ce 3 Novembre 1672.
" (Signé) TALON." Plusieurs années auparavant, les services qu'il avait déjà rendus, sa haute capacité, son illustre origine, avaient fait penser à lui pour la place de Conseiller. Il fut donc nommé membre du Conseil de Québec. Ses talents se révélant de plus en plus, il fut appelé, peu après, à remplir les fonctions de Lieutenant Civil et Criminel de la Prevosté de Québec. Nous avons encore la copie de la Commission qui lui fut donnée : " Le Roi,
" ayant par son édit de l'établissement de la Compagnie

" des Indes Occidentales, du mois de Mai 1664, donné et
" octroyé, en toute Seigneurie, tous les pays de la terre
" ferme d'Amérique, depuis la rivière des Amazones jus-
" qu'à celle d'Orenoc, le Canada, l'Acadie et autres pays,
" avec pouvoir à la dite Compagnie d'instituer des Juges
" et officiers, partout où besoin sera ; et la dite Com-
" pagnie devant se conformer aux intentions de Sa
" Majesté et faire régner la justice dans le Canada, appelé
" la Nouvelle-France, par l'observation des mêmes lois
" que celles établies dans le Royaume, a jugé nécessaire
" d'établir une personne capable d'exercer l'office de Lieu-
" tenant Civil et Criminel dans la ville de Québec.  A
" ces causes, nous, Directeurs Généraux de la dite Com-
" pagnie, savoir faisons que, sur le bon rapport qui nous
" a été fait du Sieur Chartier, de sa bonne vie, mœurs,
" capacité et expérience au fait de la justice, avons, en
" vertu du pouvoir à nous donné par le dit édit, donné
" et octroyé, par ces présentes, au dit Sieur Chartier,
" l'office de Lieutenant Civil et Criminel pour la ville de
" Québec, pour jouir et user des honneurs, autorités,
" prérogatives, prééminences, franchises et émoluments
" qui y sont ou qui pourront y être attribués, et ce tant
" qu'il nous plaira ; requérons les officiers du Conseil
" Souverain, après avoir pris et reçu le serment du dit
" Sieur Chartier, de le mettre en possession et jouissance
" du dit office.  En foi de quoi nous avons signé les pré-
" sentes.  A Paris, le 1er Mai 1666. (Signé) BECHAMEL,
" DALIBERT, etc."  Après avoir rempli quelques années
ces fonctions avec autant d'éclat que de succès, désirant
s'occuper davantage de la concession qui lui avait été faite,
Mr de Lotbinière se démit de sa charge, en faveur de
son fils qui l'avait déjà remplacé comme Conseiller.  Ce
fut le 1er Mai 1677 qu'il renonça ainsi à sa Lieutenance.

Mr Théantre de Lotbinière avait épousé Melle d'Amours
de Clignancourt.  De ce mariage sont nés deux enfants :
René-Louis qui suit, et Françoise, qui, ayant épousé
Mr de Varson de Soulanges, eut aussi deux enfants :

Mr de Soulanges et M{de} la Marquise de Vaudreuil, dont il a été parlé plus haut. C'est à M{de} Marson que fut confirmée, en 1693, après la mort de son mari, la concession que lui avait faite en Acadie, en 1691, Mr le Comte de Frontenac, ainsi que nous l'apprend le document suivant :
" Aujourd'hui 1er Mars 1693, le Roi, étant à Versailles,
" voulant gratifier et confirmer les concessions faites en
" son nom, en 1691, par les Sieurs Comte de Frontenac
" et de Champigny, Gouverneur et Intendant en Canada,
" Sa Majesté a confirmé et ratifié, confirme et ratifie la
" concession qu'ils ont faite à Dame Marie-Françoise
" Chartier, veuve du Sieur de Marson, ci-devant Com-
" mandant en Acadie, d'une terre, sur la rivière St Jean,
" de quatre lieues de front sur deux lieues de profondeur,
" vis-à-vis la concession du Sieur de Chaufours, pour en
" jouir la dite Dame, à titre de Fief et Seigneurie. (Signé)
" Louis "

## II° RENÉ-LOUIS CHARTIER DE LOTBINIÈRE.

Mr René-Louis Chartier de Lotbinière, héritant du zèle de son père pour le défrichement des terres, entreprit à son exemple de grands travaux. Dès 1685, alors qu'il était Lieutenant Général de la Prévosté, il se fit concéder, sur la rivière du Chesne, par Mr de la Barre, une terre de plus d'une demi lieue de front sur deux de profondeur, joignant la Seigneurie de Lotbinière. Voici les termes de cette concession : " Sur la requête à nous présentée par
" le Sieur de Lotbinière, Lieutenant Général de la Pré-
" vosté de Québec, à ce qu'il nous plût lui accorder, à
" titre de Seigneurie, trois quarts de lieue de terre non
" concédée, sur la grande rivière du Chesne, joignant la
" concession du Sieur Charles d'Amours, avec deux
" lieues de profondeur, joignant la concession du Sieur
" de St Ours, pour les unir au Fief accordé par Mr
" Talon, ci-devant Intendant ; nous, en vertu du pouvoir
" à nous accordé, donnons, accordons et concédons, par

" ces présentes, au dit Sieur de Lotbinière les dits trois
" quarts de lieue de front avec les deux lieues de pro-
" fondeur, pour en jouir à perpétuité, lui ou ses ayant
" cause, à titre de Fief et Seigneurie. En foi de quoi nous
" avons signé ces présentes. Donné à Québec, le 1er
" Avril 1685. (Signé) LEFEBVRE DE LA BARRE." Bien que
son prénom ne soit pas indiqué, par le fait seul qu'il est
qualifié Lieutenant Général, il semble évident que c'est
à lui que fut faite cette concession, et non à son père qui
avait alors résigné sa charge. Huit ans après, Mr de
Lotbinière obtint encore une nouvelle concession, tout
près de celle dont il était déjà en possession, après
avoir fait l'acquisition du Fief de Mr Charles d'Amours.
" Nous, en vertu du pouvoir accordé par Sa Majesté,
" donnons, accordons et concédons, par ces présentes, au
" Sieur René-Louis Chartier de Lotbinière, Conseiller de
" Sa Majesté, Lieutenant Général, Civil et Criminel en
" la Prévosté de Québec, trois lieues et demie de front
" sur quatre lieues de profondeur, à l'extrémité de son
" Fief de Lotbinière et de celui appelé la Petite-Rivière,
" qu'il a acquis du Sieur Louviers, ensemble tous les bois,
" prés, iles, rivières et lacs qui s'y trouvent, pour en jouir,
" lui et ses successeurs, à titre de Seigneurie. Donné à
" Québec, le 25 Mars 1693. (Signé) FRONTENAC." A la mort
de Mr de Lotbinière, toutes ces concessions devaient être
partagées en autant de Fiefs qu'il avait d'enfants. C'était
le moyen le plus efficace de hâter la culture des terres et
la formation de nouveaux établissements.

La générosité dont Mr de Lotbinière avait fait preuve
en 1690, envers les Récollets, le rendait plus digne encore
que tout autre des gratifications du gouvernement. Voici
le fait tel qu'il est rapporté dans l'*Histoire de là Colonie
Française :* " Avant 1620, les Récollets possédaient, sur
" le bord de la rivière St Charles, près de Québec, une
" certaine étendue de terres, sur lesquelles ils avaient
" fait construire leur Chapelle et leur Couvent. Ils se
" proposaient de rentrer en possession de ces biens, et,

" dans leur premier embarquement, en 1669, avaient
" porté pour cela avec eux leurs titres de propriété. Mais,
" outre que dans le naufrage de Lisbonne tous ces titres
" avaient péri, il ne restait plus rien de leur ancien Cou-
" vent, la maison étant tombée en ruines, et leurs terres
" se trouvaient occupées par divers particuliers qui ne
" comptaient pas de revoir jamais revenir ces Religieux
" en Canada. Mr d'Avaugour en avait concédé la plus
" grande partie à Mr René-Louis Chartier de Lotbinière,
" le 27 Janvier 1662, et le surplus était possédé par les
" Religieuses Hospitalières de Québec, ainsi que par la
" veuve de Mr de Repentigny. Le Provincial des Récollets,
" pour le bien de la paix, se proposait de laisser les terres
" aux particuliers qui les possédaient, et de se contenter
" d'un petit espace pour se rebâtir. Mais Mr de Lotbinière
" ne voulut pas tirer avantage d'une résolution si géné-
" reuse et remit aux Récollets, par acte du 23 Octobre
" 1670, tout ce qu'il possédait de leurs anciennes terres ; et
" de leur  côté, les Religieuses de l'Hôtel-Dieu, héritières
" de Mde de Repentigny, transigèrent avec eux, de sorte
" que ces Religieux se trouvèrent en possession de dix
" arpents de terre sur cent dix de profondeur." Cette concession fut ratifiée, l'année suivante, par le Roi.

Mr. de Lotbinière avait épousé, en 1677, Melle Marie-
Madeleine Lambert. De ce mariage sont nés huit enfants :
quatre garçons et quatre filles. Des quatre fils, l'un,
l'aîné, mourut à Niagara ; l'autre, le cadet, Pierre-Alain,
étant passé en France, mourut à la Rochelle sans laisser
de postérité ; Valentin, le troisième, se fit Récollet, en
sorte que ce fut le suivant qui continua la lignée. Quant
aux filles, une seule mourut jeune. Les autres se marièrent. Melle Louise-Philippe, l'aînée, épousa le Chevalier Mariaucheau d'Esglis,[1] d'abord Major et ensuite

1 Après avoir été fait successivement Lieutenant, Capitaine, de 1696
à 1704, Mr Mariaucheau fut nommé Major aux Trois-Rivières en 1706.
Quatre ans après, il devint Major des troupes. Enfin, après avoir été
décoré de la Croix de St Louis en 1721, il retourna aux Trois-Rivières,

Lieutenant aux Trois-Rivières, et devint ainsi l'aïeule de Mgr d'Esglis, premier Evêque canadien, et de la Mère de St Eustache, Religieuse Ursuline. Melle Louise, la cadette, fit alliance avec Mr Denis de la Ronde, dont la famille, après avoir produit de vaillants guerriers, s'est perpétuée jusqu'à nos jours. Melle Angélique, la troisième, contracta mariage, en 1722, avec Mr des Meloises.

Après avoir rempli la charge de Lieutenant-Général, Civil et Criminel pendant vingt-six ans, et été nommé premier Conseiller en 1703, Mr R. L. de Lotbinière mourut à Québec, le 5 Mai 1710, laissant à sa famille une magnifique fortune qui devait encore augmenter en valeur avec le temps.

### IIIº EUSTACHE CHARTIER DE LOTBINIÈRE.

Mr Eustache Chartier de Lotbinière, troisième fils du précédent, fit, comme son père, partie du Conseil. Il n'y avait qu'un an qu'il occupait cette place, lorsque, le 7 Juin 1711, il reçut une pension à prendre sur le trésor royal. Trois mois auparavant, il avait épousé Melle Marie-Françoise des Meloises. La mort de cette Dame ayant exercé, par la suite, une grande influence sur la vie de Mr de Lotbinière, c'est le lieu d'en parler, ainsi que de sa famille, qui, aujourd'hui encore, occupe un rang distingué en France.

Melle des Meloises descendait de Mr Edme Renaud d'Avesnes, Seigneur des Meloises et de Bergues, originaire du Nivernois, et de Dame Adrienne de Mont Saulnin,[1]

en qualité de Lieutenant du Roi, charge qu'il remplit jusqu'à sa mort, arrivée en 1730. Un de ses fils, après avoir servi quelque temps dans les troupes, comme Enseigne, passa en Louisiane où il fut fait Lieutenant en 1732. Il périt, deux ans après, dans une embuscade de Sauvages. Le frère de ce dernier, Mr Louis-François Mariaucheau d'Esglis, si longtemps Curé de St Pierre, dans l'Ile-d'Orléans, fut le huitième Evêque de Québec.

1 Les Mont Saulnin, Comtes de Montal, appartenaient, ainsi que les Bussy Rabutin, dont est sortie Ste Chantal, aux premières familles de Bourgogne.

fille d'Adrien de Mont Saulnin, Seigneur des Auber, et de Dame Gabrielle de Bussy-Rabutin. Trois des enfants de M^r des Meloises devinrent des officiers distingués. L'un était Lieutenant au régiment de Condé ; l'autre, Capitaine dans le même régiment, prit part, en 1694, à la bataille de Stenskergue. Le troisième, M^r François-Marie Renaud d'Avesnes des Meloises, passa dans la Nouvelle-France en 1685, avec le corps de troupes qu'il commandait. C'est le chef de la famille des Meloises en Canada. Ayant épousé à Québec, en 1687, M^elle Françoise-Thérèse Dupont, fille de M^r Dupont, Seigneur de Neuville, neveu, dit-on, du Cardinal Dupont, il en eut six enfants, trois fils et trois filles. M^r Nicolas-Marie Renaud d'Avesnes des Meloises, l'un d'eux, après un voyage en France, épousa à Québec, le 18 Avril 1722, M^elle Angélique Chartier de Lotbinière, veuve de M^r Jean-François de Lino, ainsi qu'il est dit plus haut. Entré de bonne heure dans le service, il fut fait Enseigne, puis devint Lieutenant en 1724 et Capitaine en 1735. Il mourut à Québec en 1743, laissant deux filles et trois fils. L'un d'eux, M^r Louis-François des Meloises, après s'être signalé à la bataille de Carillon, en 1758, fut tué en 1760, au siège de Québec, à la tête des Grenadiers, dont il était Lieutenant, n'ayant encore que vingt-neuf ans. Son frère aîné, M^r Nicolas des Meloises, non moins intrépide guerrier, parvint, en peu de temps, au grade de Capitaine. Il remplissait les fonctions de Major-Général à la bataille de S^te Foi, lorsque son frère fut tué à ses côtés. La belle conduite qu'il tint en cette dernière lutte des armées françaises en Canada lui valut, l'année suivante, la Croix de S^t Louis. Étant passé en France après le traité de Paris, M^r des Meloises épousa, le 5 Janvier 1769, M^elle Agathe-Louise de Fresnoy, [1] fille du Marquis de Fresnoy, Chevalier de

---

1 La famille de Fresnoy, dont le nom est déjà venu sous notre plume, appartient au Beauvoisis, où est situé le Château de Fresnoy. Cette famille remonte au XII^e siècle. Robert de Tresnoy fut un des cent Gentilhommes de François I^er. De son mariage avec M^elle Madeleine

St Louis, et de Dame Louise-Elisabeth Blanchard. Après
avoir siégé, en 1787, à l'Assemblée provinciale de l'Ile
de France, comme Député de Senlis, il mourut, laissant
deux filles et un fils. L'une des Demoiselles des Meloises,
Louise-Emilie, épousa Mr Philippe-Antoine Menjot, Comte
de Champleur, et l'autre, Charlotte-Antoine, Mr Pierre-
François Louis, Marquis d'Aux. Mr Nicolas-Marie Renaud, Marquis de Fresnoy, frère des précédentes, devint
Aide-de-Camp du Prince de Broglie. Après avoir contracté mariage, en 1802, avec Melle Aimée-Zéphirine
de Cheverny, de Blois, fille de Mr Jean-Nicolas Dufort,
Comte de Cheverny, Mr des Meloises est mort en 1841,
laissant, à son tour, trois fils. Mr Eugène des Meloises,
l'aîné, Conservateur des forêts, réside à Bourges. De son
mariage avec Melle Thabaud de Linnetières, il a deux
filles. dont l'une, Melle Henriette, a épousé Mr Albert des
Meloises, son cousin. Mr des Meloises, Marquis de Fresnoy,
le second, est présentement Ministre plénipotentiaire à

---

de Villiers de l'Ile Adam, il eut une fille qui épousa Mr de Marinvilliers.
—Georges de Fresnoy, issu du second mariage de son père avec Melle
Bove, devint Chevalier et Capitaine des cinquante hommes d'ordon-
nance, sous les Rois Henri III et Henri IV. Il avait épousé Melle Marie
de Montmirail.—Charles de Fresnoy, fils du précédent, surnommé
Tempête, à cause de son courage impétueux, fut fait Capitaine de
Chevau-Léger et Gentilhomme ordinaire de la Chambre du Roi. Son
épouse, Melle Anne de Vaudevar de Persan, etait Dame ordinaire de la
Reine Marie de Médicis. Il en eut une fille, mariée par la suite à Mr
François de Sens. Baron de Morsan, et trois fils. Henri, l'un d'eux,
épousa Melle Charlotte de Belloy, dont il eut le Marquis François de
Fresnoy. C'est en sa faveur que Louis XIV érigea sa terre en Mar-
quisat. Jean, le second, devint Chevalier de St Jean de Jérusalem,
Grand Prieur de Champagne. Achille-Léonore. Marquis de Fresnoy,
le troisième, fut fait Conseiller, Marechal de Camp. En 1638, il épousa
Melle Eleonore Tusseau, veuve du Comte de Beaujeu, et en eut trois
fils.—Nicolas, un des fils du précédent, épousa Melle Louise-Alexandrine
de Coligny, fille de Jean, Comte de Coligny et de Nicole de Maupas. et
en eut deux enfants.—Marie. Marquis de Fresnoy, l'un d'eux, ayant
épousé, en 1730, Melle Charlotte Rivier, eut un fils qui devint Capitaine
de Cavalerie, après avoir épousé Melle Reine-Modeste de Perthuis. Après
la mort de son épouse, Henri contracta un second mariage avec Melle
Louise-Elizabeth Blanchard. mais n'en eut qu'une fille, de sorte que son
nom et son titre sont passés à un de ses petits-fils. Mr des Meloises,
Marquis de Fresnoy, qui les a repris pour les perpetuer.

Munich. Enfin, M^r Ernest des Meloises, le troisième, a fait alliance avec une Demoiselle anglaise, et a un fils et une fille. Telle est, en peu de mots, l'histoire de cette noble maison, dans laquelle M^r E. de Lotbinière se choisit une épouse. M^elle Marie-Françoise était vraisemblablement l'ainée des filles de M^r F. des Meloises et de D^me F. T. Dupont, et par conséquent était aussi sœur de M^de Pean. Une autre de ses sœurs devint Religieuse Ursuline. Son entrée au Monastère offre des particularités si touchantes, que nous ne pouvons résister au plaisir de les rapporter, ne fût-ce que pour faire diversion à cette nomenclature de noms qui n'a d'intérêt, le plus souvent, que pour ceux qui y sont intéressés.

D'un esprit vif, d'une beauté remarquable, M^elle Marie-Madeleine des Meloises avait, comme ses sœurs, tout ce qu'il faut pour plaire dans le monde. Aussi, l'entrée des premiers salons de Québec, et même celui du Château S^t Louis, lui était-elle toujours ouverte. Les hommages qu'elle y recevait chaque fois, les applaudissements dont elle y était l'objet, n'étaient pas de nature à la déprendre de cette *figure qui passe*. Il fallait un coup du Ciel pour lui ouvrir les yeux et l'en détacher à jamais. Elle était fiancée à l'un de ses cousins, jeune Officier dans l'armée. Or, un jour, qu'après avoir donné la plus grande partie de sa journée à la toilette et à la promenade, elle était en soirée, on vint lui annoncer tout à coup que celui qui avait ses affections avait été blessé... qu'il était mort. On peut se faire une idée de la douleur, du désespoir de la jeune Demoiselle à cette poignante nouvelle. Cependant, telle était l'épaisseur du voile qui couvrait ses yeux, tel était son attachement aux faux plaisirs du monde, qu'elle ne se rendit pas encore à la grâce qui la poursuivait. Le dernier coup devait lui être porté à la vêture de l'une de ses compagnes d'enfance. Entendant parler du malheur du monde et se reconnaissant au tableau qui était fait des agitations d'un cœur partagé entre Dieu et la créature, elle ne put tenir : ses

yeux se remplirent de larmes ; mais craignant d'attirer
l'attention, et sans attendre la fin de la cérémonie, elle
s'esquive. Comme ses larmes coulaient toujours et qu'elle
pouvait être rencontrée par quelqu'une de ses amies, elle
entre dans une Eglise qui se trouvait sur son passage :
" Là, dit une de ses contemporaines, à laquelle nous em-
" pruntons ces détails, prosternée seule devant Dieu et
" cédant à la grâce, elle commence a détester ses vanités
" passées ; elle demande pardon de ses coupables résis-
" tances ; elle conjure le Seigneur de lui donner la force
" et le courage de rompre les liens qui l'attachaient aux
" créatures, lui avouant avec douleur qu'elle ne le pourrait
" jamais faire, sans un secours très-efficace ; elle appelle
" à son aide l'intercession de la très-sainte Vierge et des
" Saints, s'adressant en particulier à St François de Borgia,
" auquel elle avait une dévotion toute spéciale. Cette
" prière terminée, Melle des Meloises essuie ses larmes et
" se relève, se sentant pleinement fortifiée et résolue à
" se donner entièrement à Dieu. Jamais plus on ne la
" vit dans les réunions du monde. Elle régla au plus tôt
" avec son frère et ses sœurs tout ce qui concernait leur
" succession, puis demanda avec instance et humilité
" l'entrée de notre Noviciat." Devenue Religieuse sous
le nom de Mère de St François de Borgia, elle fut un
modèle d'humilité et de mortification. Elle détournait
adroitement la conversation, quand on venait à faire son
éloge, et s'appliquait avec un soin tout particulier à inspirer
aux jeunes filles une vive horreur des faux plaisirs du
monde et de ses vaines parures. Mais revenons à Mr de
Lotbinière.

Il y avait à peine quelques années qu'il était marié,
lorsqu'il perdit son épouse. La douleur que lui causa
cette perte fut si profonde que, comprenant alors le vide
des alliances humaines, il conçut le projet de se consacrer
entièrement à Dieu et de se faire prêtre. En conséquence,
il se démit de la place de Garde des Sceaux qui lui avait
été donnée en 1717, et, après quelque temps de préparation,

reçut les Ordres sacrés de M<sup>gr</sup> de S<sup>t</sup> Vallier. C'était en
1726 Peu après, il fut nommé Vicaire-Général et Archi-
diacre. C'est en cette qualité qu'en 1728, et malgré l'opposition du Chapitre, il procéda à l'inhumation de M<sup>gr</sup> de
S<sup>t</sup> Vallier, mort cette même année. Lui-même décéda
quelques années après, le 14 Février 1749. L'exemple du
détachement du monde qu'il avait donné ne resta pas
sans fruit. De son mariage avec N<sup>elle</sup> des Meloises, il
avait eu huit enfants : trois d'entre eux se consacrèrent à
Dieu. Eustache, l'aîné de ses fils, embrassa, comme son
père, l'état ecclésiastique ; François-Louis, le cadet, se fit
Récollet ; Louise, la troisième des filles, entra, en 1736, à
l'Hôpital-Général, où elle mourut à l'âge de trente-trois
ans. Déjà deux de ses sœurs, du nom de Louise, l'une née
en 1714 et l'autre en 1721, ainsi que Joseph, l'un de ses
frères, l'avaient précédée de plusieurs années dans la
tombe.

Il ne resta donc de cette famille, pour perpétuer son
nom dans le monde, que deux enfants : Marie-Françoise,
l'aînée des filles, qui épousa, le 13 Mai 1737, M<sup>r</sup> Antoine
Juchereau Duchesnay, septième Seigneur de Beauport,
et Michel qui suit.

#### IV° MICHEL-EUSTACHE-GASPARD CHARTIER DE LOTBINIÈRE.

M<sup>r</sup> Michel-Eustache-Gaspard de Lotbinière, né en
1723, était le plus jeune des fils de l'Archidiacre. Ayant
embrassé la carrière militaire, il devint un des plus
habiles Ingénieurs de son temps. D'abord Enseigne en
second en 1744, et Enseigne en pied en 1748, il fut promu
au grade de Lieutenant en 1753. Nommé Ingénieur cette
même année, il rendit les plus grands services à la
Colonie.

Peu après la défaite du Baron Dieskau, dans le but
d'empêcher l'ennemi de pénétrer dans le pays, il éleva,
par ordre du Gouverneur, le fort de Carillon, dont le

commandement fut donné au Chevalier de Lévis, le futur
vainqueur de Ste Foi. Trois ans après, par sa connaissance du pays et la sagesse de ses vues, il contribua plus
que personne à la mémorable défaite des Anglais à
Carillon. A la tète de seize à vingt mille hommes,
dont sept mille de troupes réglées, et le reste de milices,
Abercromby était accouru, comme il est rapporté ailleurs,
et menaçait Montréal. Il s'agissait de lui barrer le passage.
Le Général Montcalm inclinait pour le fort St Frédéric,
comme le meilleur point de résistance. Sur les représentations de Mr de Lotbinière, il abandonna cette place
pour se fortifier à Carillon. Suivant l'Ingénieur, les
hauteurs de Carillon étaient de beaucoup préférables,
tant parce qu'il serait plus facile de s'y retrancher, que
parce que l'ennemi ne pourrait ni les tourner, ni les
franchir. Ces raisons étant justes, le Général les goûta.
L'année précédente, Mr de Lotbinière avait rendu un
service peut-être plus signalé encore. Au lieu d'aller
attaquer le fort William-Henri et d'en chasser les Anglais,
Mr de Montcalm opinait pour faire une descente en
Acadie, afin d'opérer ainsi une diversion. D'après ce
plan, une partie des troupes de la Colonie devait se
joindre à la flotte qui serait envoyée de France. Avec des
forces plus nombreuses, ce projet, bien conduit, pouvait
avoir les meilleurs résultats. Mais dans l'état d'épuise-
ment où se trouvait alors le pays, cette entreprise parais-
sait pleine de périls. D'ailleurs, qui pouvait assurer qu'un
renfort serait envoyé de France ? Mr de Lotbinière combattit donc fortement cette idée. Il démontra si bien le
danger qu'il y aurait à diviser les troupes, et à laisser
ainsi le Canada à la merci de ses agresseurs, que ce plan
fut abandonné. C'est à la suite de ces conférences, où il
fit voir toutes les ressources de son esprit, qu'il reçut le
brevet de Capitaine. Deux ans après, il était fait Chevalier de St Louis et créé Marquis.

Lorsque ces distinctions vinrent le chercher, Mr de
Lotbinière était propriétaire d'une vaste Seigneurie sur

le lac Champlain. Aprés la conquète, il devint encore acquéreur des Seigneuries Rigaud-Vaudreuil, District de Beauce, et de celle de Lotbinière, District de Montréal. Mais, comme plusieurs des Seigneurs de cette époque, il devait ètre victime de l'injustice. Il n'y avait que peu de temps qu'il possédait la Seigneurie du lac Champlain, lorsqu'il en fut dépossédé. Afin de rentrer dans ses droits, il fit des réclamations auprès du nouveau gouvernement ; il entreprit mème plusieurs voyages en Angleterre ; mais malgré les promesses qui lui furent faites de l'indemniser, jamais justice ne lui fut rendue, ni à lui, ni à ses descendants. Il était à New-York, en 1799, pour cette mème affaire, lorsqu'il fut atteint de la fièvre jaune, dont il mourut. Cette perte fut vivement sentie ; car, outre les connaissances que possédait le Marquis de Lotbinière dans l'art des fortifications, il était encore très versé dans les autres branches des sciences humaines, et dès lors pouvait ètre encore très utile à son pays. Lorsque Mr de Lotbinière fut ainsi enlevé à la patrie, il était membre de l'Institut de France.

Il avait épousé M^elle Louise Chaussegros de Léry. Son épouse ne lui survécut que trois ans, étant morte en 1802, à Vaudreuil, où elle fut inhumée dans l'Eglise paroissiale. De ce mariage sont nés deux enfants : Eustache-Gaspard-Michel, dont il reste à parler, et Charlotte qui épousa le Juge de Bonne de Lesdiguières, et qui, après la mort de son mari, se remaria, comme il est rapporté ailleurs, avec le Colonel de Longueuil.

## V⁰ EUSTACHE-GASPARD-MICHEL CHARTIER DE LOTBINIÈRE.

Mr Eustache-Gaspard-Michel Chartier de Lotbinière hérita de son père des Seigneuries de Vaudreuil, Rigaud et Lotbinière, ainsi que du titre de Marquis, bien qu'il n'en ait jamais fait usage. Lors de l'invasion américaine en 1775, ne prévoyant pas sans doute que ses services

seraient récompensés par la perte d'une partie de ses
biens, il prit les armes et se signala à S<sup>t</sup> Jean parmi les
défenseurs de la patrie.

Plusieurs années après, ayant été élu membre de la
Chambre d'Assemblée, M<sup>r</sup> de Lotbinière fut nommé à l'una-
nimité Orateur, en 1793, et succéda à M<sup>r</sup> Panet, fait Juge.
Le parti anglais ayant alors tenté de nouveaux efforts
pour abolir l'usage de la langue française, il s'ensuivit un
long débat auquel prirent part MM. Papineau, Bédard,
de Bonne, de Rocheblave. Lorsque son tour de parler fut
venu, M<sup>r</sup> de Lotbinière se leva et prononça ces paroles
qui ont été enregistrées par l'histoire : " Le plus grand
" nombre de nos électeurs se trouvant dans une situation
" particulière, nous sommes obligés de nous écarter des
" règles ordinaires et de réclamer l'usage d'une langue
" qui n'est pas celle de l'empire. Mais, aussi équitables
" envers les autres que nous espérons qu'on le sera
" envers nous, nous ne voulons pas que notre langue
" exclue celle des autres sujets de Sa Majesté. Nous
" demandons que l'une et l'autre soient permises ; que nos
" procès-verbaux soient écrits dans les deux langues."
M<sup>r</sup> de Lotbinière fut énergiquement appuyé par M<sup>r</sup> de
Rocheblave :[1] " Pourquoi donc, s'écria cet illustre défen-

---

1 La famille Rocheblave, dont nous avons déjà prononcé le nom,
occupe une place trop marquante dans le pays, pour que nous n'en
fassions pas mention dans ce livre. Le premier de cette famille
qui traversa la mer pour venir s'établir en Amérique, fut M<sup>r</sup> Marie-
Pierre-Louis de Rastel, Sieur de Rocheblave, celui-là même, dont il
est ici parlé. Il appartenait à une ancienne famille de Savornon, au
Diocèse de Gap, et était fils de Jean de Rastel, Sieur de Rocheblave, et
de Dame Elisabeth de Dillon. Tout d'abord il s'était rendu en Louisiane, où il avait épousé une créole : M<sup>elle</sup> Dufresne, personne d'une
grande beauté. Après quelque séjour dans ce pays, il vint se fixer en
Canada. Il demeurait depuis plusieurs années à Varennes, lorsque
ses talents distingués firent penser à lui pour la place de Représentant. C'est alors qu'il prononça les paroles mémorables qu'on
vient de lire. Son mérite, comme militaire, était connu. Placé à la
tête des Sauvages en 1759, il avait fait des prodiges de valeur pour
dégager le Commandant de Niagara. Déjà, il s'était signalé à la Belle-
Rivière où son nom vit encore. De son mariage avec M<sup>elle</sup> Dufresne
sont nés plusieurs enfants : Philippe-Auguste, Pierre, Noel et Rosalie.
Pierre fut l'époux de M<sup>elle</sup> Bouthillier. C'est en 1820 que fut béni ce

H<sup>BLE</sup> P. de ROCHEBLAVE.— Le Chev. de LORIMIER.
Le Vice-Amiral BÉDOUT.— de MONTIGNY, G.C.

" seur de nos droits, nos frères anglais se recrient-ils en
" nous voyant décidés à conserver nos usages, nos lois et
" notre langue maternelle, seul moyen qui nous reste
" pour défendre nos propriétés ? Le stérile honneur de
" voir dominer leur langue les porterait-il à ôter leur
" force et leur énergie à ces mêmes lois, à ces usages, à
" ces coutumes qui font la sécurité de leur propre fortune ?
" Maîtres sans concurrence du commerce qui leur livre
" nos productions, n'ont-ils pas infiniment à perdre dans
" le bouleversement général qui sera la suite infaillible
" de cette injustice, et n'est-ce pas leur rendre justice que
" de s'y opposer ? " La mesure oppressive fut rejetée, et,
grâce à Mr de Lotbinière et à ses adhérents, les Députés
Canadiens ont pu parler encore, dans la splendide enceinte
d'Ottawa, la langue des Rouhèr, des Berryer et des Bil-
laud. Aussi conciliant que dévoué à ses compatriotes d'origine française, Mr de Lotbinière sut conquérir l'estime de
tous les partis et mériter même l'affection de Sir George
Prevost. Profitant de la confiance qu'avait en lui cet
habile Gouverneur, il contribua plus que personne à
faire adopter ces sages mesures qui permirent enfin aux
Canadiens de respirer et d'avoir une plus large part à l'administration des affaires.

Mr de Lotbinière mourut en 1821, dans sa Seigneurie, et
fut inhumé dans l'Eglise paroissiale à côté de ses ancêtres.
Telle était la considération dont il jouissait dans le pays,

---

mariage. Longtemps avant d'être sommé au Conseil Législatif, l'Honble
P. de Rocheblave avait fait le commerce des pelleteries, d'abord au
compte de la Compagnie du Nord-Ouest, et ensuite à son propre compte.
C'est alors qu'il fut nommé Représentant pour le Comté de l'Assomption,
et que de la Chambre Basse il passa dans la Chambre Haute. Dans
cet intervalle, il fit un voyage en France, où il eut le plaisir de voir la
Marquise d'Albert, sa cousine. A cette époque, il avait perdu son
frère Noël qui était mort des suites d'un accident, en allant au Détroit.
Pour lui, il est décédé en 1840, à l'âge de 70 ans, deux ans avant Melle
Sophie, sa sœur. De son mariage avec Melle Bouthillier, il avait eu
neuf enfants : deux fils et sept filles. Pierre-Auguste, l'un d'eux, est
mort huit ans après son père, au moment où il venait d'atteindre sa
dix-septième année. De cette belle famille, il ne reste plus que Melle de
Rocheblave qui réside présentement auprès de sa mère.

tant à cause des services réels qu'il avait rendus dans ces
temps orageux, que des vertus dont il n'avait cessé de
donner l'exemple, que le Supérieur du Séminaire de St
Sulpice ne craignit pas de faire publiquement son éloge.
Mr de Lotbinière s'était marié deux fois.   Il avait d'abord
épousé Melle de Tonnancour, qui mourut sans laisser d'enfants.   Il contracta ensuite un second mariage avec Melle
Monro, de l'illustre maison des Munro, célèbre parmi les
Montagnards d'Ecosse, et en eut trois filles.   Ainsi s'est
éteinte, à la treizième génération, la famille de Lotbinière.
La Marquise, plus connue encore par ses grandes libéralités que par sa beauté, est morte en 1834, regrettée des
pauvres, dont elle était le soutien et le conseil   Elle fut
inhumée  près de son mari, dans le caveau de famille.

Cette famille est représentée aujourd'hui par les Demoiselles de Lotbinière, qui toutes ont fait de brillants mariages.   Le haut rang qu'occupent dans le monde leurs
familles, le bien surtout qu'y font ces familles, ne nous
permettent pas de les passer sous silence.

L'ainée,  Melle  Marie-Louise-Josephte de Lotbinière,
épousa, en 1823, Mr Robert Unwin Harwood, négociant
anglais, depuis membre du Conseil Législatif. Mr Robert
Harwood appartenait à l'ancienne famille des Harwood,
une des premières maisons de commerce de Sheffield, en
Angleterre. Etant passé, en 1822, en Canada, pour y fonder
une succursale, il se fixa à Montréal. Après son mariage,
se trouvant riche par lui-même et par son épouse, qui lui
avait apporté la belle Seigneurie de Vaudreuil, il quitta
le commerce et vint habiter le Manoir de Vaudreuil.
Tournant alors toute son attention vers l'agriculture, il
s'appliqua à la faire fleurir et prospérer, ce qu'il ne cessa
de faire pendant trente-six ans. Dans le but d'encourager la classe agricole, au lieu de dépenser ses immenses
revenus à des objets de luxe ou à des voyages de plaisir,
il les consacra à favoriser ses censitaires. pour lesquels
nul peut-être ne fit davantage.  Une si noble conduite lu,
valut l'estime, non-seulement de ceux qui relevaient de

lui, mais encore de tous les habitants des Comtés de Vaudreuil, Soulanges et Jacques-Cartier, qui, sans distinction de race et de croyance, l'honorèrent constamment de leurs suffrages. Nommé Conseiller Législatif, en 1832, par le Gouverneur, il devint, en 1838, membre du Conseil Spécial. Après avoir représenté le Comté de Vaudreuil et de Clark en 1858, ayant résigné son siège en 1860, il fut élu pour la Chambre Haute dans la Division de Rigaud, qu'il a représentée jusqu'à sa mort, arrivée en 1863. De son mariage sont nés dix enfants.—Mr Antoine Chartier de Lotbinière Harwood, né à Montréal en 1825, après avoir fait ses études au Collège de Montréal, et être entré dans le Barreau en 1848, est devenu membre du Parlement Provincial pour le Comté de Vaudreuil. Il a épousé, en 1851, Melle Angélique de Bellefeuille, fille de feu le Colonel de Bellefeuille, Adjudant-Général de la milice pour le Bas Canada en 1830 et co-Seigneur des Mille-Iles, dont nous faisons connaitre la famille avec celle des Hertel à laquelle elle est alliée.—Mr Robert-William Harwood est Préfet du Comté de Vaudreuil, où il jouit d'une grande estime.—Mr William Bingham Harwood est négociant à Montréal.—Mr Alain Chartier Harwood réside à Vaudreuil. —Mr Henry-Stanislas Harwood est Ingénieur Civil et Arpenteur Provincial. Charles-Ladislas Harwood est étudiant en médecine à Montréal.—Parmi les filles, trois sont mariées : Melle Marie-Louise a épousé Mr de Bellefeuille-McDonald, négociant à Montréal. Melle Marie-Antoinette a contracté mariage avec Mr Henri-Elzéar Taschereau, Avocat de Québec et Député pour le Comté de Beauce, dont nous mentionnons aussi la famille, en faisant connaitre celle des Juchereau, à laquelle elle est alliée. Melle Marie-Henriette est devenue l'épouse de Mr Eugène Panet, Avocat et Coronaire pour le District de Québec, petit-fils de feu l'Honorable Panet, premier Orateur Canadien de l'Assemblée Législative, dont nous rappelons également la famille. Melle Elizabeth seule n'est point mariée et réside à Vaudreuil dans sa famille.

M^elle Marie-Charlotte de Lotbinière, seconde fille de M^r E. de Lotbinière et de Dame Mouro, était Seigneuresse de Rigaud. Elle épousa, en 1821, M^r William Bingham, millionnaire de Philadelphie, et fils de M^r Bingham, Sénateur américain, dont la fille est devenue l'épouse du célèbre Lord anglais Ashburton. M^de Bingham est morte à Londres l'année dernière. Son mari était décédé à Paris depuis dix ans. De ce mariage sont nés cinq enfants, deux garçons qui sont morts, et trois filles. M^elle Louise, l'ainée, est mariée au Comte Olivier Brian de Bois Gilbert, de la famille de Brian de Bois Gilbert, le fameux Templier dont parle Walter Scott dans *Yvanhoe*. La cadette, M^elle Charlotte, est mariée au Comte de Douay. La troisième, M^elle Georgina, a épousé M^r le Comte Raoul d'Epresmenil. Toutes les trois résident en France.

Enfin, la dernière, M^elle Julia de Lotbinière, a fait alliance, en 1830, avec M^r Gustave Joly, négociant français. M^r Joly, Seigneur de Lotbinière, est mort en France, il y a un an. M^de Joly est à Québec. Trois enfants sont nés de leur mariage. L'ainé est membre de la Chambre d'Assemblée pour le Comté de Lotbinière. M^elle Aurélie, la cadette, a épousé un officier anglais, M^r Savage. Edmond, le troisième, était Lieutenant dans l'armée anglaise. Il a été tué au siége de Lucknow, dans la dernière révolte aux Indes Orientales.

Que les MM. Harwood, Joly et Taschereau, membres du Parlement, qui nous ont fourni avec tant de complaisance des documents sur leur famille, veuillent bien accepter ici nos plus sincères remercîments.

LE GÉNÉRAL BARON JUCHEREAU
de St DENYS.

Imp lith Bouasse-Lebel, 29 rue St Sulpice

# LA FAMILLE JUCHEREAU DUCHESNAY.

— ⬥ —

Cette famille est des plus anciennes dans le pays. Alliée
aux Giffard, aux de Beaujeu, aux de Lotbinière, aux
d'Eschambault, aux de Salaberry, aux Taschereau, etc.,
elle a produit, de 1630 à 1866, une longue suite d'hommes
remarquables, soit en Canada, soit en France. Pendant
que le Chevalier Benoist défendait Chouëgen contre de
nombreux adversaires, M<sup>r</sup> J. A. Juschereau Duchesnay,
Seigneur de Beauport, suivait le Général Montcalm sur
les plaines d'Abraham. Il n'est donc pas possible de taire
cette honorable famille.

## I° JEAN JUCHEREAU, SIEUR DE MORE.

Le chef de cette famille, en Canada, fut M<sup>r</sup> Jean Juchereau, Sieur de More, de la Ferté Vidame, au Diocèse
de Chartres. On le voit à Québec dès 1634. Il y avait
été précédé par son frère, M<sup>r</sup> Noël Juchereau des Châtelets, lequel étant licencié en loi, membre du Conseil,
Agent principal de la grande Compagnie, alors existante,
jouissait dans la Colonie d'une haute considération.
N'ayant point contracté de mariage et se trouvant sans
famille, M<sup>r</sup> des Châtelets avait reporté toutes ses affections sur ses neveux, qu'il protégea jusqu'à sa mort, arrivée
pendant un voyage qu'il faisait en France.

M<sup>r</sup> Juchereau, Sieur de More, survécut plusieurs années

à son frère, n'étant mort qu'à l'âge de quatre-vingt-dix
ans. Ayant épousé Melle Marie Langlois, sur les parents
de laquelle nous ne savons que peu de chose, il laissa
plusieurs enfants, dont les plus connus sont : Jean Juchereau, Sieur de la Ferté, et Nicolas Juchereau, Sieur de
More, sans parler d'un autre du nom de Paul-Augustin, que
mentionne Mr l'Abbé Langevin dans ses *Notes sur les
registres de Beauport.*

Mr de la Ferté, fils aîné de Mr Juchereau, Sieur de More,
succéda à son frère dans la charge de Conseiller, et devint
Lieutenant Général Civil et Criminel à Montréal. Pendant qu'il était encore à Québec, en 1661, Mr Charles de
Lauzon Charny, qui tint pendant quelque temps les
rênes du gouvernement après son père, lui fit, ainsi qu'à
son frère, une concession dans la Seigneurie de l'Ile
d'Orléans. Bien des années auparavant, en 1644, Mr de
la Ferté avait épousé une des filles du Seigneur de Beauport, Melle Marie Giffard. Par ce mariage, il devint un des
plus riches héritiers du pays. L'usage qu'il fit de ses
biens prouve qu'ils ne pouvaient tomber en de meilleures
mains. Un désastreux incendie ayant réduit en cendres
l'Hôtel-Dieu de Villemarie, au mois de Février 1695, Mr
de la Ferté contribua autant que personne à faire relever
le Monastère de ses ruines. "Mr Juchereau, Lieutenant
" Général de la Juridiction de Montréal, rapporte l'auteur
" de la *Vie de Melle Mance*, et Mr Pezard de la Touche,
" Commissaire des troupes du Roi, se rendirent dès le
" matin chez Mr de Callière, et ils furent tous d'avis de
" faire sans délai un appel à la charité publique, pendant
" que les cœurs étaient ouverts à la compassion. Et
" comme on célébrait ce jour-là la fête de St Mathias,
" qui, étant alors de précepte, attirait à la ville tous les
" habitants des côtes, on résolut de convoquer aussitôt
" une assemblée générale de tous les citoyens dans la
" maison du Gouverneur. A l'heure indiquée, tous les
" officiers du Roi et les autres personnes de marque, les
" bourgeois, les marchands de la ville et les habitants des

" côtes se trouvant donc réunis, Mr de Cailière prit la
" parole, et fit un tableau navrant de la catastrophe qui
" venait d'arriver. Après avoir rappelé les circonstances
" de ce furieux incendie, qui avait fait de tous les bâti-
" ments de l'Hôtel-Dieu un monceau de charbons ardents
" et de ruines fumantes, dont on avait encore le triste
" spectacle sous les yeux, et qui laissait les Religieuses,
" aussi bien que les pauvres, sans asile, sans meubles,
" sans ressource, il fit remarquer que la ville ne pouvait
" absolument se passer d'un Hôtel-Dieu ni de personnes
" vouées à le desservir. Il ajouta que si les citoyens
" avaient quelque zèle, pour le rétablissement d'une
" maison si nécessaire au pays, s'ils étaient disposés à
" faire quelques légers sacrifices, ils pouvaient la remettre
" en état de recevoir les malades avant l'hiver sui-
" vant. Pour profiter de leurs dispositions favorables,
" Mr Juchereau prit à son tour la parole, et demanda que
" chacun dît tout haut ce qu'il voulait donner, afin qu'on
" pût régler la dépense sur les offrandes qui seraient
" faites. C'est alors que, se levant, un pauvre homme dit
" qu'il donnerait une pistole. " Mais où la prendrez-vous ?
" lui demanda-t-on de toutes parts.—Où la prendrai-je ?
" reprit sans se déconcerter ce brave citoyen : je donnerai
" volontiers le blé que j'ai pour me nourrir ; et si l'on ne
" veut pas le prendre, je vendrai mon habitation plutôt
" que de manquer à ma parole, n'étant pas du fait d'un
" honnête homme de promettre et de ne pas donner, sur-
" tout quand il s'agit d'une œuvre comme celle pour
" laquelle nous sommes rassemblés." Afin de joindre
l'exemple aux paroles, et ainsi donner plus de poids à son
discours, Mr de la Ferté fit immédiatement son offrande
et fut imité par tous ceux qui étaient présents à l'assemblée.

De son mariage avec Melle Giffard, Mr de la Ferté eut
plusieurs enfants, qui tous s'efforcèrent de marcher sur
les traces de leur père. C'est à cette famille qu'appartient
la Mère Juchereau de St Ignace, la célèbre Annaliste de

l'Hôtel-Dieu de Québec, qui, à elle seule, suffirait pour
illustrer toute une race. Suivant un document imprimé
que nous avons sous les yeux, quelques-uns des descendants de Mr de la Ferté passèrent en Louisiane et de là
dans les Iles d'Amérique, où l'un d'eux devint Conseiller
à St Domingue, puis Doyen du Conseil, en 1763. Pour
Mr de la Ferté, après avoir rempli à Montréal pendant
douze ans les fonctions importantes de sa charge, il mourut
le 27 Mai 1706. N'ayant pas à suivre ceux qui en sont
sortis, nous passons à son frère.

## IIo NICOLAS JUCHEREAU, SIEUR DE ST DENIS.

Mr Nicolas Juchereau, Sieur de St Denis, second fils de
Mr Juchereau, Sieur de More, devint, comme son père,
membre du Conseil Supérieur de Québec, et occupa
quelque temps cette charge. A l'exemple de son frère,
il se choisit une épouse dans la famille du Seigneur de
Beauport. Cette famille a eu trop de part aux premiers
développements de la Colonie, pour que nous ne la rappellions pas, en peu de mots. Etant, d'ailleurs, intimement
liée à celle des Juchereau, elle trouve ici naturellement
sa place.

Mr Robert Giffard, Sieur de Beauport, chef de cette
famille, était venu une première fois, en 1627, dans la
Nouvelle-France. Il remplissait alors les fonctions de
Chirurgien. L'année suivante, il fut fait prisonnier par
les Anglais. Ayant recouvré sa liberté et obtenu, en récompense de ses services, d'immenses concessions à deux
lieues de Québec, sur la Rivière St Charles, il passa en
France et en emmena quantité d'excellents travailleurs
qu'il établit sur sa Seigneurie à laquelle il donna son
nom. Parmi ses censitaires, le plus connu est Jean
Guyon, marié à Melle Cloutier, lequel eut pour sa part le
Fief du Buisson. Il devint chef d'une nombreuse famille,
dont les descendants se sont perpétués pendant de longues années. Ayant épousé, longtemps auparavant, Melle

Marie Renouard, Mr Giffard en eut plusieurs enfants.
Marie-Louise, une de ses filles, unit son sort à celui de
Mr Lauzon-Charny, dont il a été parlé. L'année même
où eut lieu ce mariage, Mr Giffard donna à son gendre
un Fief dans sa Seigneurie. Son épouse étant venue à
mourir peu après, Mr de Charny se fit prêtre, et la jeune
Marie-Louise, fruit de son mariage avec Melle Giffard,
embrassa l'Institut des Religieuses Hospitalières de la
Rochelle.—Une autre Demoiselle Giffard, Françoise, celle
même qui reçut le jour peu après le retour de son père,
et qui fut marraine du célèbre Joliet, dont il est fait
mention ailleurs, fut la première Religieuse canadienne.
Elle entra à l'Hôtel-Dieu de Québec.—Joseph, surnommé
de Fargy, fils unique de Mr Giffard, après un voyage
qu'il fit en France, en compagnie des MM. Juchereau,
épousa, le 22 Octobre 1663, Melle Michel-Thérèse Nau,
fille de Mr Jacques Nau, Sieur de Fossambault, Conseiller
du Roi, et de Dame Catherine Granger. Devenu Seigneur de Beauport après la mort de son père, Mr Joseph
Giffard en fut aussi le bienfaiteur. De concert avec
quelques particuliers, il donna un emplacement pour
bâtir un presbytère à l'endroit même où l'on venait de
jeter les fondations d'une Eglise. Lui-même avait obtenu,
en 1679, une vaste concession de terre d'une lieue de
front sur quatre de profondeur, entre les Seigneuries de
la Durantaye et de la Bouteillerie.

Après avoir rempli, en 1646, les fonctions de Marguil-
ler à Québec, et ensuite donné naissance à la Paroisse de
Beauport, où, pendant plusieurs années, sa maison avait
été généreusement mise à la disposition des habitants
pour les offices publics, Mr Robert Giffard, père de cette
intéressante famille, vit arriver la fin de sa laborieuse
carrière. Il mourut le 14 Avril 1668, et fut assisté à ses
derniers moments par le Père Cabell, dont la Compagnie s'établit à la *Ferme des Anges* qu'a visitée récemment
Mr Francis Parkman, auteur des *Pioneers of New France*.
Suivant ses dernières volontés, cet homme de bien fut

26

inhumé au pied de la Croix du cimetière, symbole de sa
foi et de ses espérances.

Telle est la famille dans laquelle Mr de St Denis, ainsi
que son frère, prit une épouse. Son mariage avec Melle
Marie Thérèse Giffard fut béni en 1649, au retour de son
voyage en France. Dès lors il tourna ses soins du côté
de la culture des terres ; mais plus d'une fois, dans l'intérêt du bien public, il fut obligé de suspendre ses travaux. Homme de grandes ressources, de talents incontestables, mais surtout d'un dévouement sans bornes, Mr de
St Denis fut pour le pays, à cette époque de lutte, un
trésor précieux. Dans le but de protéger les colons contre
l'insolence des Iroquois, il avait formé une Compagnie
de milices. C'est à la tête de cette Compagnie qu'il
suivit Mr de Courcelles dans son expédition contre les
Agniers. La conduite qu'il tint en cette circonstance
fut si honorable, que le commandement lui en fut donné
à perpétuité. Cinq ans après, en 1670, le Père LeMercier
ayant projeté une mission parmi les Sauvages, Mr de St
Denis ne fit pas difficulté de lui prêter main forte, quelque
danger que présentât l'entreprise. Parlant de cette noble
conduite, le pieux Missionnaire s'exprime en ces termes :
" Par précaution, je demandai deux Français, pour m'ac-
" compagner, à Mr de St Denis, fort zélé pour la gloire de
" Dieu, et autant affectionné pour le bien spirituel des Sau-
" vages que pour l'intérêt de MM. de la Compagnie. Il
" m'accorda volontiers tout ce que je désirais." En 1672, ce
fut le même empressement : " Le 29 Juillet, écrit le Père
" Dablon, nous partîmes du Lac St Jean pour aller à
" Chicoutimi, où Mr de St Denis, Capitaine de Tadousac,
" nous attendait pour nous embarquer dans son vaisseau."
On voit par ces paroles du pieux Jésuite que Mr de St
Denis ne semblait avoir de fortune que pour en faire
profiter les autres, particulièrement les Sauvages.

Mais ce fut surtout en 1690 que Mr de St Denis montra
de quel secours il était pour la Colonie. Québec était
menacé du plus grand danger : Phipps, à la tête de sa

flotte, était venu, comme il a déjà été rapporté, pour s'en
emparer. Trois jours durant, le 18, le 20 et le 21 Octobre,
des combats furent livrés à Beauport. Au premier, bien
que ne dépassant pas trois cents hommes, les milices ne
cédèrent pas un pouce de terrain ; au second, au moment
où les Anglais côtoyaient la rivière St Charles, se précipitant sur eux avec une merveilleuse adresse, elles les
obligèrent à se replier et à se réfugier dans les bois ; enfin,
au troisième, dans un retour agressif de l'ennemi, du côté
de la Canardière, elles en firent un horrible carnage et ne
lui laissèrent de salut que dans la fuite. Rappelant ces trois
mémorables journées, le Père Charlevoix se résume ainsi :
" Le Sieur de St Denis commandait les habitants. Il avait
" plus de 70 ans. Il combattit avec beaucoup de valeur
" jusqu'à ce qu'il eût un bras cassé par un coup de feu."
Les élèves que le Séminaire de Québec avait au Cap
Tourmente, dignes de servir de modèles à ceux qui de
nos jours se sont organisés en Compagnies, eurent une
grande part à cette victoire, en déployant une valeur
qu'on ne devait attendre que de vieilles troupes. S'étant
emparés de six canons, ils en emportèrent deux à St Joa-
chim, en laissèrent trois à Québec, et offrirent le sixième
à leur vaillant Capitaine, comme le trophée le plus digne
d'honorer son mâle courage.

C'est à la suite de cette glorieuse défense, que, voulant
distinguer celui qui s'était distingué entre tous, Louis
XIV accorda des lettres de noblesse à Mr de St Denis. Ces
lettres font trop d'honneur au pays et à la famille, pour
que nous ne les reproduisions pas ici. " Entre les services
" qui méritent récompense, est-il dit dans l'édit royal, il
" n'y en a point que nous mettions en plus haute consi-
" dération que ceux des personnes de cœur qui n'ont
" épargné ni leurs biens, ni leur vie, pour la conservation
" de notre Etat et le bien public. C'est pourquoi, dans le
" partage que nous faisons de nos grâces, nous avons
" estimé que, pour les proportionner aux mérites, il était
" juste de leur départir celles qui pouvaient satisfaire

" leur louable ambition, ainsi que le fait le titre de no-
" blesse, qui les élève autant au-dessus du commun.
" qu'elle les rend recommandables à nos yeux, particuliè-
" rement lorsqu'elle tire son principe d'une véritable
" vertu et générosité. Or, étant bien informé que ces
" belles qualités se rencontrent dans la personne de notre
" cher et bien-aimé Nicolas Juchereau de S<sup>t</sup> Denis, lequel,
" animé par le sang d'une honnète naissance et bonne
" éducation, a, dès ses plus tendres années, fait connaître
" un cœur plein d'ardeur et de générosité, ne cessant de
" nous en donner des preuves, autant que ses forces ont
" pu seconder son courage ; que sa première démarche,
" en passant de France en Canada dans l'année 1640, en
" compagnie de son père qui emportait avec lui un gros
" bien, fut de s'attacher. suivant nos intentions, à faire
" des établissements considérables et à entreprendre de
" nouveaux défrichements ; que, lorsque les Sieurs de
" Tracy et de Courcelles passèrent dans la Nouvelle-
" France en 1665 et voulurent faire la guerre aux Iroquois,
" ils choisirent le Sieur Juchereau de S<sup>t</sup> Denis pour com-
" mander une Compagnie, et que celui-ci se conduisit si
" bien, dans les deux campagnes qui eurent lieu, qu'ils
" lui abandonnèrent le commandement de la dite Compa-
" gnie, à la téte de laquelle il s'est trouvé dans toutes les
" expéditions qui se sont faites depuis ; enfin, qu'en l'an-
" née 1690, étant âgé de soixante-et-dix ans, il s'opposa,
" avec quatre-vingt-dix hommes, à la descente des Anglais
" qui étaient au moins douze cent, et qu'il ne cessa de
" combattre que lorsqu'étant blessé et ayant un bras
" cassé, il fut contraint de se retirer ; que depuis que
" nous avons envoyé des troupes en Canada, ses enfants
" ont continué à servir, tant en qualité de Cadets que
" d'officiers, et voulant user envers le dit Juchereau des
" mèmes faveurs que nous accordons à ceux de son mé-
" rite, et le décorer d'une marque si honorable, qu'elle
" puisse, non-seulement publier ses vertus, mais encore
" exciter l'émulation parmi ceux de sa postérité : de notre

" science certaine, pleine puissance et autorité royale,
" nous avons, par ces présentes signées de notre main, le
" dit Sieur Juchereau de St Denis, ses enfants nés et à
" naître en légitime mariage, annoblis et annoblissons et
" du titre de gentilhomme décorés et décorons ; voulons
" et nous plaît qu'en tous lieux ils soient tenus et réputés
" nobles, et, comme tels, puissent parvenir à tous les
" degrés de Chevalerie et autres dignités, jouir et user de
" tous les privilèges, honneurs, prééminences, franchises
" et exemptions, dont jouissent les anciens nobles de notre
" Royaume.   Et afin que ce soit chose ferme et stable à
" toujours, nous avons fait mettre notre sceau à ces pré-
" sentes.   Donné à Versailles, au mois de Février de l'an
" de grâce 1692, et de notre règne la 49e.   (Signé) Louis.
" (Par le Roi) PHELYPEAUX."

Mr de St Denis ne devait pas jouir longtemps de cet insigne honneur.  L'année même où son nom fut inscrit sur
le catalogue des nobles, en 1692, il mourut à Québec,
après avoir reçu tous les sacrements de l'Eglise, et, con-
formément à ses intentions, fut inhumé, trois jours après,
dans le cimetière de Beauport.   Son épouse lui survécut
onze ans, n'étant morte qu'au mois de Janvier 1704, à
l'âge de soixante et dix-huit ans.   De ce mariage sont nés
grand nombre d'enfants.   Pour ne pas trop nous étendre,
nous n'en mentionnerons que quelques-uns.—Marie-Anne,
une des filles, épousa Mr de LaCombe de la Pocatière,
Capitaine au régiment de Carignan, lequel obtint, en
1672, sur la rivière Ouelle, une concession d'une demi-
lieue. joignant celle de son père, et laissa son nom à
Ste Anne de la Pocatière, grande Paroisse, qui, à côté d'un
Collège florissant, a ouvert encore récemment une Ecole
d'agriculture.— Françoise-Charlotte, sœur de la précédente, devint l'épouse de Mr François Vienney Pachot,
natif de Grenoble, et riche négociant de Québec.   De ce
mariage sont issus plusieurs enfants.—Jacqueline-Cathe-
rine, une autre des Demoiselles de Mr St Denis, entra
dans la famille de Mr Aubert de la Chesnaye ; elle épousa,

en 1679, M^r Pierre Aubert, Sieur de Gaspé, lequel, après la mort de son épouse, contracta une nouvelle alliance avec M^elle Angélique Le Gardeur.—Marie-Thérèse, sœur de M^de de la Chesnaye, épousa de son côté, en 1684, M^r Pierre Gagnon, Sieur de LaLande, du Diocèse de Bayonne. Une de ses filles, M^elle Thérèse, devint à son tour épouse de M^r François Aubert, sieur de la Chesnaye, après la mort de M^elle Denis, sa première femme.—Madeleine-Louise contracta mariage avec M^r Alexandre-Joseph de l'Estringuent, Sieur de S^t Martin, Capitaine dans les troupes, et eut plusieurs enfants, entr'autres Marie-Anne-Joseph qui par la suite épousa M^r de Montéléon, dont le père avait été Echanson du Roi—Enfin, Marie, une autre Demoiselle de S^t Denis, unit son sort à celui de M^r François-Madeleine Ruette, Sieur d'Auteuil, Procureur-Général au Conseil Souverain de Québec. De ce mariage sont sortis plusieurs enfants qui ont été les ancêtres, suivant M^r Ferland, des MM. P. A. et H. de Courcy, écrivains distingués, qui, sous le nom de la Roche-Héron, ont publié de vigoureux articles à l'honneur du Canada. Pendant que ses sœurs formaient ainsi des unions dans le monde, M^elle Jacqueline, portant plus haut ses vues, allait se consacrer à Dieu dans l'Institut des Ursulines de Québec, sous le nom de Marie des Séraphins, indiquant assez par ce nom la vie qu'elle se proposait de mener et qu'elle mena en effet. Malgré les instances que lui firent ses parents pour la ramener à Beauport, après l'incendie qui consuma le Couvent des Ursulines, elle ne voulut jamais consentir à quitter son cher asile, où elle mourut en 1722, après avoir offert en sa personne un modèle achevé de la parfaite Religieuse.

### III^o IGNACE JUCHEREAU, SIEUR DUCHESNAY.

M^r Ignace Juchereau, Sieur Duchesnay, fils de M^r N. Juchereau de S^t Denis et de Dame A. T. Giffard, continua à porter le nom de Duchesnay, que son père avait com-

laisser de postérité, Mr J. Duchesnay hérita de ses vastes domaines. C'est ainsi que cette belle propriété, après avoir appartenu, de 1634 à 1668, à Mr Giffard père, et, de 1668 à 1705, à Mr Giffard fils, passa définitivement à la famille Juchereau, dans laquelle elle est demeurée pendant près de deux siècles. Il semble même que dès 1696, Mr Joseph Giffard s'était désaisi de ses titres; au moins les partageait-il avec Mr J. Duchesnay qui, dès cette époque, signait Seigneur de Beauport. Peut-être aussi Mr Duchesnay, comme co-propriétaire, ajoutait-il cette qualification à son nom.

Quoiqu'il en soit, pendant que ce magnifique héritage passait sur sa tête, un de ses frères, dont nous avons différé à parler, s'illustrait en Louisiane, en se montrant aussi habile négociateur qu'intrépide guerrier. C'était Barbe Juchereau. [1] La Motte Cadillac, alors Gouverneur Général de cet immense pays, l'avait envoyé auprès du Vice-Roi du Mexique, afin de l'engager à faire avec lui un traité de commerce. Après avoir traversé des pays considérables et s'être abouché avec plusieurs Gouver-

1 D'après le document imprimé que nous avons sous les yeux, c'est *Barbe*, et non *Charles*, que s'appelait celui des Juchereau qui passa en Louisiane, où déjà, d'après le même imprimé, étaient passés d'autres Juchereau. On ne voit pas, du reste, comment il s'agirait de Charles, puisque ce dernier épousa Melle Migeon de Bransac et devint Juge à Villemarie. Jusqu'à plus amples éclaircissements, nous nous en tenons donc à cette assertion. A une si grande distance et au milieu de tant de variantes, il est parfois difficile de démêler la vérité.

neurs et Commandants, S' Denis était parvenu à Mexico.
Arrivé chez le Vice-Roi, il présente ses lettres de créance ;
mais celui-ci, au lieu de l'écouter, le fit saisir et jeter en
prison. Il y fût sans doute resté sans le nom d'Iberville,
dont le souvenir vivait toujours dans ces contrées. Apprenant que S' Denis était l'oncle de la femme de cet homme
célèbre, le Vice-Roi s'empressa de lui rendre la liberté.
Davantage appréciant le mérite du jeune officier, il le fit
manger à sa table, le combla de caresses et mit tout en
œuvre pour le retenir au service de l'Espagne. Le Père
Charlevoix, qui aime à assaisonner ses récits d'anecdotes
piquantes. raconte ainsi la suite de cette affaire : " Saint-
" Denis n'avait aucun grade à la Louisiane et n'y servait
" que comme Volontaire. On lui offrait une Compagnie
" de Cavalerie, et cette offre pouvait tenter un gentil-
" homme canadien. Il la refusa néanmoins, et, quoi-
" qu'on pût lui dire, il persista dans son refus. Le Vice-
" Roi, pour ébranler sa constance et le faire changer de
" détermination, lui dit qu'il était déjà à moitié Espagnol,
" puisqu'il recherchait la fille de Don Pedro de Vilescas,
" et qu'il devait l'épouser à son retour au fort S' Jean. Je
" ne puis dissimuler, repartit Saint-Denis, puisqu'on en a
" informé Votre Excellence, que j'aime cette Demoiselle ;
" mais je ne me suis point flatté de l'obtenir pour épouse.
" Vous l'obtiendrez, repliqua le Vice-Roi, si vous voulez
" accepter l'offre que je vous ai faite : je vous donne deux
" mois pour y penser. Au bout de ce temps-là, il le
" sonda encore, et, l'ayant trouvé inflexible, il le congédia
" en lui remettant entre les mains une bourse de mille
" piastres : "C'est, dit-il, pour les frais de vos noces. J'es-
" père, ajouta-t-il, que Dona Maria aura plus de pouvoir
" que moi, pour vous déterminer à demeurer dans la
" Nouvelle-Espagne." Le lendemain, il lui envoya un
" très-beau cheval bay de son écurie, et le fit reconduire
" par un officier et deux cavaliers. Arrivé chez Don
" Pedro de Vilescas, Saint-Denis le trouva dans un grand
" embarras. Tous les habitants des quatre bourgades

" sauvages, fatigués des vexations des Espagnols, venaient
" de partir pour se retirer ailleurs, et ce Commandant
" craignait qu'on ne le rendît responsable de cette déser-
" tion. Il communiqua sa peine à Saint-Denis, lequel
" s'offrit pour ramener ces barbares. Don Petro l'em-
" brassa, mais l'avertit qu'il s'exposait beaucoup. " Je ne
" crains rien, repartit Saint-Denis," et sur le champ, il
" monta à cheval. Il eut bientôt rejoint les Sauvages, et,
" du plus loin qu'il les aperçut, mettant son mouchoir
" au bout d'une baguette, en guise de pavillon, il leur fit
" signe de s'arrêter. Ils s'arrêtèrent en effet, et Saint-
" Denis leur remontra si bien l'imprudence de leur dé-
" marche, qu'il les fit consentir à revenir, leur promettant
" qu'à l'avenir aucun Espagnol ne mettrait le pied dans
" leurs villages qu'ils ne le voulussent bien. Après un
" si grand service, Saint-Denis n'eut aucune peine à
" obtenir de Vilescas qu'il lui donnât sa fille en mariage,
" et les noces se firent avec toute la pompe et la magni-
" ficence espagnoles." Quelques temps après, Saint-Denis
fut fait Chevalier de St Louis et promu au grade de
Capitaine. Ayant été alors placé à la tête d'un détachement, il fut envoyé, par ordre de la Cour, à Natchitoches,
où son épouse vint le rejoindre. C'était l'époque où, revenu
de France avec la qualité de Lieutenant du Roi, Chateaugay reprenait le commandement du fort St Louis, à
Mobile. Après avoir préservé, par sa sagesse, sa modération et sa prudence, le poste qu'il commandait des horreurs commises à Natchez, St Denis eut encore la gloire
de mettre en fuite les féroces ennemis des Français et de
leur tuer quatre-vingt-deux hommes, dont grand nombre
de chefs.

D'après le document cité plus haut, un autre de ses
frères, à moins qu'on ne le confonde avec l'un des
fils de N. de la Ferté, dont-il a été parlé, l'avait suivi en
Louisiane. Après y avoir fait plusieurs établissements,
il était passé à St. Domingue, où il devint propriétaire
d'une des plus belles et des plus riches habitations, dans

la fertile plaine du Cap Français. Ayant épousé M^elle de Casel, il en eut plusieurs enfants, dont deux prirent du service dans la marine et furent tués à la guerre. Une de ses filles épousa le Comte de Lantillac. Louis Juchereau, un autre de ses fils, passa en France, et s'y couvrit de gloire. Etant entré dans le régiment des Gardes françaises en qualité de Lieutenant-Colonel, il servit avec la plus grande distinction pendant la guerre de sept ans, et donna des preuves d'une brillante valeur dans les deux batailles de Hastembeck et de Mindon. C'est à la suite de ces pénibles campagnes qu'il fut décoré de la Croix de S^t Louis et fait Marquis. De son mariage avec M^elle de Barbançois, il laissa plusieurs enfants. Une de ses filles épousa le Baron d'Harvey, Maréchal de Camp, pendant que l'autre devenait la Comtesse de Marne. La Baronne d'Harvey a laissé trois enfants : le Baron Juchereau d'Harvey, écrivain distingué ; la Comtesse de Luppè, dont le mari compte parmi ses ancètres, aussi bien que les Montesquiou, les anciens Ducs d'Aquitaine ; et la Comtesse de Noé, dont le mari est célèbre comme homme de lettres, et remonte par ses pères à d'illustres Croisés. André Juchereau, autre enfant du Marquis L. Juchereau, servit aussi avec gloire dans les armées françaises, et se fit remarquer en Espagne à la bataille d'Ocana, à celle d'Albuera, et au siège de Badajoz. En récompense de ses utiles services, il fut fait Chevalier de la Légion d'Honneur, et plus tard Chevalier de S^t Louis. Promu au grade de Chef de Bataillon en 1813, il reçut une blessure grave à la bataille de Toulouse. Dans le même temps, Charles, son frère, donnait des preuves de son zèle pour la défense de la patrie, en servant comme Volontaire dans les Gardes d'Honneur. Admis, à l'âge de dix-huit ans, dans une des Compagnies de Mousquetaires de la Garde du Roi, il accompagna, en 1815, Louis XVIII jusqu'aux frontières. Il devint ensuite Capitaine dans le régiment des Lanciers, et fut décoré de la Croix de la Légion d'Honneur.

Pendant que les Juchereau faisaient ainsi honneur à leur race à l'étranger, ils ne dégénéraient pas dans la patrie. Charles, l'un d'eux, après avoir été gratifié, en 1689, par M. de Lauzon Charny, son oncle par alliance, de la Seigneurie de Beaumarchais qu'il possédait, par substitution, depuis la mort de Mr Charles Lauzon, son neveu, avait épousé Melle Louise-Thérèse Migeon, et était devenu Conseiller du Roi et Lieutenant Général Civil et Criminel à Montréal. Il occupait cette charge, lorsque la mort vint l'arracher à ses fonctions et plonger sa famille dans le deuil. C'est alors que, devenue veuve, son épouse contracta un nouveau mariage avec Mr Louis Liénard de Beaujeu, comme il a été dit ailleurs. Des deux Demoiselles qu'elle avait eues de sa première union, l'une, suivant une publication récente, épousa Mr de Repentigny; l'autre, Louise-Thérèse, désabusée des vains plaisirs du monde, embrassa l'Institut des Ursulines de Québec, où, après quinze ans de profession, elle prit son essor vers le Ciel.

Mais c'est assez parler des frères de Mr Ignace J. Duchesnay. Revenons à lui-même: nous l'avons laissé au moment où la Seigneurie de Mr Giffard passait entre ses mains. Par ses soins et les travaux d'exploitation qu'il entreprit, cette grande propriété ne tarda pas à doubler de valeur. Il y avait dix ans qu'il appliquait toute son énergie à cette œuvre de défrichement, lorsque la mort vint l'enlever à sa nombreuse famille. Il décéda au mois d'Avril 1715, et fut inhumé, le 8, dans le cimetière de Beauport. Son épouse lui survécut plusieurs années, n'étant morte qu'en 1739. Ce fut Mr Eustache-Chartier de Lotbinière, Doyen du Chapitre de Québec, qui lui rendit les devoirs de la sépulture. De leur mariage étaient nés un grand nombre d'enfants, dont dix avaient vu le jour au Manoir de Beauport : Ignace-Augustin, plus tard Sieur de St Michel ; Ignace-Alexandre-Thérèse, Claude-Alexandre, mort jeune, Marie-Josephte, Jeanne-Catherine, Ursule-Louise, Marie-Madeleine, Ma-

deleine-Louise, Anne et un autre qui mourut le jour de sa naissance.

Marie-Madeleine épousa Mr de Monceau, fils de Mr Christophe Marie, Sieur de Monceau, Procureur du Roi au Châtelet de Paris, et de Dame Catherine Dieueure, de la Paroisse de Sᵗ André des Arts, à Paris. Ce mariage fut béni le 4 Septembre 1729, à Beauport.

L'année précédente, le 29 Mars, Marie-Anne-Louise, sa sœur, avait contracté mariage avec Mr Philippe d'Amours de la Morandière, Lieutenant d'un détachement de la marine, et parent de Mr de Chavigny de la Chevrotière. Par cette union, elle entrait dans l'illustre famille qui avait donné au Conseil Supérieur un Garde des Sceaux.

Quatorze ans plus tard, étant devenue veuve. de Mr Denis de Vitré, Marie-Thérèse, autre fille de Mr Duchesnay, entrait de son côté dans la célèbre maison d'Ailleboust. Nous avons encore l'acte de son mariage :
" Le 5 Janvier 1742, mariage entre Antoine d'Ailleboust,
" Ecuyer, Sieur de Mantet, ci-devant marié à feue Dame
" Marie-Louise Villedenay, de Villemarie, et Dame Marie-
" Thérèse Duchesnay, veuve de Denis de Vitré, Ecuyer,
" Sieur de Sᵗ Simon, de la Paroisse de Notre-Dame de
" Beauport, en présence de Charles François de la Pérade,
" officier dans la marine, de Sieur Ignace Hubert, Ecuyer,
" de Sieur Jean-Baptiste de Rigauville, Ecuyer, de Sieur
" Véron de Grandmenil, marchand de Québec, etc. (Signé)
" Norey, Pᵗʳᵉ."

Enfin, Madeleine-Louise faisait alliance, le 30 Juillet 1740, avec Mr Michel de Salaberry, dont nous faisons connaitre plus loin la noble famille, pendant qu'une autre de ses sœurs épousait Mr Sarrazin.

Le monde ne devait pas être seul à posséder toute cette famille. Bien des années avant que ses sœurs ne se fûssent engagées dans les liens du mariage, Mᵉˡˡᵉ Geneviève, touchée d'une grâce d'en-haut, avait dit adieu au siècle et était allée s'enfermer derrière les grilles de l'Hôpital Général. Elle fit son entrée au Monastère le 8 Décembre

1709, et prit le nom de Mère St Augustin. Si on en croit la tradition, elle fut une des colonnes de sa Communauté naissante, qu'elle dirigea pendant cinq ans. Après y avoir mérité sa couronne, elle alla la recevoir de l'Epoux des Vierges le 27 Mars 1730. En mourant, elle laissait à l'Hôpital Général une héritière de ses vertus. Voici, en effet, ce que rapportent les chroniques du Couvent : " Le " 3 Novembre 1713, est entrée Melle Marie-Joseph Du- " chesnay, âgée de quatorze ans et demi. Elle fit pro- " fession le 23 Avril 1715, sous le nom de l'Enfant Jésus, " et est décédée le 20 Octobre 1760, après avoir été Supé- " rieure pendant dix-neuf ans et demi." Cette biographie est bien courte, mais elle dit beaucoup : une Religieuse qui a pu être Supérieure pendant tant d'années, a dû laisser beaucoup de bonnes actions à enregistrer aux Anges.

### IVo JOSEPH-ANTOINE-THOMAS JUCHEREAU DUCHESNAY.

Mr Joseph-Antoine-Thomas Juchereau Duchesnay, fils du précédent, fut un des plus brillants officiers de son temps. Il prouva que le sang de son grand-père coulait toujours dans ses veines. Après s'être distingué dans plu- sieurs combats, il se surpassa à la bataille de Carillon, où il gagna ses épaulettes de Capitaine. La patrie le retrouva encore sur les plaines d'Abraham, où il fit des prodiges de valeur. Pour reconnaitre ses services, la Cour lui accorda la Croix de St Louis.

Lorsque Mr Juchereau s'exposait ainsi à tous les ha- sards de la guerre, il était Seigneur de Beauport. Son frère Joseph étant venu à mourir en 1720, sans avoir con- tracté mariage, il lui avait succédé dans tous ses droits, comme l'aîné de la famille. C'est alors qu'ayant songé à se donner une épouse, il avait jeté les yeux sur Melle Françoise Chartier de Lotbinière, dont nous avons fait connaitre la famille. Quelques particuliers s'étant permis, plusieurs années après, de laisser la voie battue pour se

frayer un chemin sur ses terres et en enlever le bois,
Mr Duchesnay fit porter la défense suivante : " Sur la
" requête à nous présentée par Antoine Juchereau, Sei-
" gneur de Beauport, ordonnons aux habitants de prati-
" quer à l'avenir l'ancien chemin qui a été ouvert pour
" faciliter l'entrée et la sortie de leurs terres ; leur défen-
" dons pareillement d'enlever ou de couper aucun bois
" sur les terres qui se trouvent de chaque côté du chemin,
" sous peine d'encourir la peine portée par les Ordon-
" nances rendues à ce sujet. Fait à Québec, le 8 Mars
" 1742. (Signé) HOCQUART." Mr Duchesnay voyait sa famille augmenter, et il tenait à lui laisser intact le domaine de ses pères. Déjà plusieurs enfants lui étaient
nés. Trois d'entre eux avaient reçu le jour à Beauport :
Marie-Catherine, Marie-Eustache et Antoine. On nous
permettra de suivre l'un d'eux sur des rives étrangères.

Devenu grand, et ne pouvant se résoudre à vivre sous
la domination anglaise, Marie-Eustache passa en France
et entra dans le Corps royal d'artillerie, où il avait le rang
d'officier. Promu au gradé de Capitaine, il coopéra, en 1769,
à la conquête de l'Ile de Corse. Il avait été élevé au grade de
Colonel d'artillerie et nommé Directeur des manufactures
d'armes de Charleville, lorsqu'il fut tué dans une émeute
qui eut lieu le 4 Septembre 1792, au moment où la révolution française allait se déchaîner sur toute l'Europe.
Antoine Juchereau, un de ses fils, laissa alors la France.
Il venait d'être admis à l'Ecole du génie, à Mézières.
Brûlant du désir de revoir le pays de ses ancêtres, il se
rendit à Québec. Le Général Prescott tenait à cette
époque les rênes du Gouvernement. Le courageux jeune
homme lui offrit ses services. N'en ayant reçu que des
refus, il profita de la paix d'Amiens pour repasser en
France. C'était en 1803. La France lui accorda ce que le
Gouvernement de son pays lui avait dénié : le droit d'utiliser ses talents. Il fut envoyé en Turquie, où il devint
Directeur en chef du génie militaire ottoman. En 1807,
ses travaux défensifs sauvèrent Constantinople et les Dar-

danelles. Rappelé en France en 1809, il fut envoyé en Espagne, par ordre de l'Empereur Napoléon, et y servit comme Colonel du génie. En cette qualité, il prit part au siége de Cadix et à diverses opérations d'attaque et de défense, dans la péninsule espagnole. En 1814, le Duc de Dalmatie le choisit pour asseoir le célèbre champ de bataille de Toulouse, où vingt mille Français se battirent avec gloire et succès contre quatre-vingt mille Anglais, Portugais et Espagnols. Après avoir rempli diverses missions diplomatiques, le Colonel Juchereau fut nommé Chef d'Etat-Major du deuxième Corps d'armée, durant la campagne de 1823, en Espagne. C'est alors qu'il fut décoré du titre de Commandeur de la Légion d'Honneur. Appréciant de plus en plus son mérite, le Gouvernement français le choisit pour remplir les fonctions de plénipotentiaire de France en Grèce, lors de l'établissement de l'indépendance de ce pays. En 1830, Mr Juchereau coopéra à la glorieuse expédition d'Alger, en qualité de Sous-Chef d'Etat-Major Général. A son retour en France, il fut nommé Maréchal de camp, et fait Chevalier de St Louis, Commandeur de plusieurs Ordres : du Croissant ottoman, du Sauveur de la Grèce et de St Ferdinand d'Espagne. Ces insignes ne pouvaient briller sur un plus vaillant cœur. Non moins habile écrivain que militaire distingué, le Général Baron Juchereau de St Denis a publié plusieurs ouvrages, dont quelques-uns ont été traduits dans des langues étrangères. Ces écrits sont : *Révolutions de Constantinople* de 1807 à 1808,—*Considérations sur l'Algérie* et les campagnes de 1830 et 1831,— *Histoire de l'Empire ottoman* de 1792 à 1844, en quatre volumes in-8. Ayant contracté mariage avec Melle Pasqualini, il en a eu une fille qui est devenue l'épouse du Général L'Espinasse.

Un autre des fils de Marie-Eustache ayant embrassé la carrière de la Magistrature, était devenu Conseiller à la Cour royale de Bastia. L'aîné de ses fils, Eustache Juchereau de St Denis, avait suivi son oncle en Grèce en 1828, en qualité d'attaché à cette Légation. Ayant préféré la

carrière consulaire, après avoir été Vice-Consul en 1834, il a été successivement Consul à Tarsous dans l'Asie Mineure, à Bilbao en Espagne, et à St Domingue. L'insurrection des colons espagnols venait d'éclater, lorsqu'il fut envoyé dans cette Ile, théâtre de tant de révolutions. Il y rendit de très-grands services, en s'opposant le plus possible à l'effusion du sang. En récompense de sa noble conduite, il fut décoré de la Croix de la Légion d'Honneur, comme il l'avait été, quelques années auparavant, de celle de l'Ordre du Sauveur de la Grèce.

Il ne fallait rien moins que cette gloire si légitimement acquise, pour consoler Mr J. A. T. Duchesnay de l'absence de son fils et de ses petits-fils, et apporter quelque adoucissement à la peine qu'il en éprouvait. Depuis le départ de Marie Eustache, une de ses filles l'avait encore quitté pour se faire Religieuse. Marie-Catherine, n'ayant encore que quinze ans, était entrée, en 1753, à l'Hôpital-Général, où elle fit profession deux ans après, sous le nom de St Ignace. C'est cette Religieuse remarquable qui a écrit la relation du Siège de Québec, reproduite dans plusieurs publications de nos jours. Son père la précéda de plusieurs années dans la tombe. Il mourut à son Manoir de Beauport, le 14 Septembre 1772, à l'âge de soixante-neuf ans, et fut inhumé par Mr de Rigauville, Chanoine de l'Eglise Cathédrale de Québec. La Mère de St Ignace ne décéda qu'en 1798, au mois de Décembre.

### Vo ANTOINE JUCHEREAU DUCHESNAY.

Mr Antoine Juchereau Duchesnay, fils de Mr J. A. T. Duchesnay et de Dame F. de Lotbinière, contrairement à son frère, Marie-Eustache, demeura en Canada, où il servit, d'abord comme Enseigne, et ensuite comme Second dans la deuxième Compagnie des Canonniers.

Cinq ans après la conquête, le 12 Août 1765, il épousa Melle Julie-Louise de Beaujeu. Nous avons encore l'acte de son mariage. Le voici : " Mariage fait par Mr de Rigau-

A. J. DUCHESNAY.

L'H<sup>ble</sup> A. DUCHESNAY.

L'H<sup>ble</sup> E. DUCHESNA

Dᴿ Fˢ Blanchet

Dᴿ Meilleur

Dᴿ Painchand

Mᴿ J M Lemoine

Mᴿ J. Crémazie

Lith by Burland Lafricain Cᵒ Montreal

" ville, entre M<sup>r</sup> Antoine Juchereau Duchesnay, Ecuyer,
" Seigneur de S<sup>t</sup> Roch, ci-devant officier des troupes de la
" marine, fils de M<sup>r</sup> Antoine Juchereau Duchesnay, Ecr.,
" Seigneur de Beauport et autres lieux, ancien Capitaine
" dans les troupes, et de Dame Marie-Françoise de Lotbi-
" nière ; et Demoiselle Julie-Louise Liénard de Beaujeu,
" fille de M<sup>r</sup> Louis Liénard de Beaujeu, Ecuyer, Che-
" valier de l'Ordre de S<sup>t</sup> Louis, Capitaine des troupes
" de la marine, et de feue Dame Louise-Charlotte
" Cugnet, de Québec, en présence de François-Joseph
" Cugnet, Seigneur de S<sup>t</sup> Etienne, Grand Voyer de la
" Province, oncle de l'épouse ; de Dame Louise-Magde-
" leine Dusautoy, veuve Cugnet, grand'mère de l'épouse ;
" de Michel Chartier, Ecuyer, Seigneur de Lotbinière,
" d'Allainville et autres lieux, oncle de l'époux, etc." De
ce mariage sont nés trois enfants : Antoine-Louis, Louise-
Françoise et Julie-Marguerite. Après la mort de son épouse,
en 1773, M<sup>r</sup> Duchesnay contracta un nouveau mariage
avec M<sup>elle</sup>. Catherine Dupré, fille de M<sup>r</sup> Jean-Baptiste
le Comte Dupré et de Dame Catherine Brouague, qui, en
1773, donna son nom à la cloche de Beauport, dont elle
fut marraine. Il était alors Seigneur de Beauport, S<sup>t</sup> Roch
des Aulnets, S<sup>t</sup> Denis, Godarville et Fossambault. Une
constitution ayant été enfin accordée au pays, M<sup>r</sup> Duchesnay eut l'honneur de faire partie de la première
Chambre d'Assemblée.   Pendant qu'il servait dans cette
enceinte les intérêts de ses compatriotes, sa famille s'était
multipliée. Trois enfants lui étaient nés de son second
mariage : Jean-Baptiste, Michel-Louis et Henriette.

Cette dernière entra dans la famille de M<sup>r</sup> Blanchet, si
connue et si estimée à Québec. Elle épousa le Dr. F.
Blanchet, [1] l'un des premiers médecins de son temps, et

1 Le Docteur Blanchet, que la cité de Québec revendique à bon droit
comme une de ses illustrations, fut à la fois un célèbre Médecin et un
ardent patriote. Comme homme politique, il s'opposa de toutes ses
forces, avec MM. Papineau, Bedard, Viger, Taschereau, aux mesures
injustes qui devaient priver les Canadiens de leurs droits les plus chers.
Il a laissé plusieurs écrits qui témoignent à la fois de son énergie et de

pendant plusieurs années membre de la Chambre d'Assemblée. De ce mariage sont nés plusieurs enfants : M^{des} Chaffers, Hudon, Poulin, et feu le Dr. Denis Blanchet.

Julie-Marguerite avait suivi une autre voie. Voici, en effet, ce que nous lisons dans les registres de l'Hôpital-Général de Québec : " Le 14 Mars 1784, est entrée Julie-
" Marguerite Juchereau Duchesnay, âgée de dix-sept ans,
" fille d'Antoine J. Duchesnay, Ecuyer, Seigneur de Beau-
" port, et de Dame Julie de Beaujeu.  Elle fit profession
" le 14 Mars 1786, sous le nom de S^t Antoine.  Elle est
" décédée le 28 Avril 1818."

Louise-Françoise devint l'épouse de M^r Gabriel-Elzéar Taschereau.  La famille Taschereau, si répandue dans le District de Québec, occupe dans la société un rang trop distingué, pour ne pas trouver place ici.

Le chef de cette famille, en Canada, fut M^r Thomas-Jacques Taschereau, originaire de Touraine, et fils de M^r Christophe Taschereau, Conseiller du Roi. Directeur de la Monnaie et Trésorier de la ville de Tours. Etant passé dans la Nouvelle-France, il devint lui-même Trésorier de la Marine.  En 1736, il obtint, sur la rivière de la Chau-dière, une concession de trois lieues de front sur deux de profondeur, de chaque côté de la rivière. Ayant épousé M^{elle} Claire Fleury-d'Eschambault de la Gorgendière, fille de M^r Joseph Fleury-d'Eschambault et de Dame Claire Joliet, il en eut un grand nombre d'enfants.  A sa mort, arrivée en 1749, huit étaient encore vivants : Joseph, qui, étant devenu officier dans l'armée, passa à S^t Domingue, où il mourut ;—Marie qui reçut le jour à l'Ile Royale ;—

---

sa capacité.  Comme Médecin, il fit le plus grand honneur à sa pro-fession.  Après de solides études médicales, prenant au sérieux l'état qu'il avait embrassé, il demanda à la science, jointe à la pratique, cette connaissance approfondie des maladies et des remèdes, sans laquelle le médecin est souvent plus nuisible qu'utile à la société.  Il est demeure pour les hommes de l'art un maître à suivre et un modèle à imiter.  Il a trouvé dans le Doyen de la Faculté de Médecine de l'Université Laval, un héritier de son savoir et de son habileté.

L'H<sup>ble</sup> G. E. Taschereau.

Le Juge Guy.

Le Juge Taschereau

L'H<sup>ble</sup> J. T. TASCHEREAU.    LE JUGE VALLIÈRE.

M. E. PARENT.    LE JUGE CARON

Charlotte, qui, de son mariage avec Mr Conterot, Capitaine et Chevalier de St Louis, eut quatre enfants, lesquels,
à la conquête, passèrent avec leur père en France ;—
Charlotte-Claire, qui, vraisemblablement, ne se maria.
point ;—Charles-Antoine, qui, après avoir rempli à Québec
les fonctions de Major et reçu la Croix de St Louis, passa en
France, où il épousa Melle Mahut, laquelle, après la mort
de son mari, se retira en Touraine ;—Pierre-François,
dont l'épouse, Melle Marie-Anne Desaulniers, après la mort
de son mari, arrivée en 1773, contracta un second mariage
avec l'aïeul .paternel de l'Honorable Juge Amable Berthelot ;—enfin, Marie-Anne-Louise.   Cette dernière se fit
Ursuline.  Assistant un jour à la Neuvaine de St François-
Xavier, à Montréal, et entendant prêcher sur ces paroles :
*Que sert à l'homme de gagner tout l'univers, s'il vient à
perdre son âme ?* elle fut si touchée de ces paroles et des
réflexions qui les accompagnaient, que, ne pouvant résister
à la grâce qui la sollicitait, elle quitta le monde et se consacra à Dieu.   Par reconnaissance pour le grand Apôtre
des Indes, auquel elle se croyait redevable de cette faveur,
elle prit le nom de St François-Xavier.  Après avoir rempli,
pendant plusieurs années, les fonctions d'Assistante, elle
devint Supérieure de sa Communauté et en fut un des
soutiens.

Mr Gabriel-Elzéar Taschereau, frère des précédents, est
celui-là même qui épousa Melle L.-F. Duchesnay.  Il était
resté veuf de Melle Marie-Louise-Elizabeth Bazin, dont il
avait eu huit enfants.  De talents distingués, mais surtout
d'une piété éminente, Mr G. E. Taschereau fut un des
hommes les plus marquants et les plus utiles de cette
époque.  Par ses lumières et un dévouement sans bornes,
il tira les Ursulines de l'état de gêne dans lequel elles se
trouvaient alors.  Après avoir été promu au grade de
Colonel du deuxième Bataillon de la milice, il fut, tour
à tour, Conseiller Législatif, Grand-Voyer et Surintendant
des Postes.  Il était Seigneur de Ste Marie, Linière, Joliet,
etc., lorsqu'il mourut à son Manoir, le 18 Septembre 1809,

laissant sept enfants, quatre du premier lit et trois du second. C'est cette belle génération qu'il faut à présent faire connaitre.

Melle Marie-Louise, l'aînée des filles, épousa l'Honorable J. O. Perrault [1], si longtemps Juge, et eut, comme il est rapporté ailleurs, sept enfants : Mdes L. Lindsay, C. M. Duchesnay, E. H. Duchesnay, R. Kimber, et J. O. Perrault de Linière, gendre de Mde de Montenack, le seul survivant des trois garçons. Pendant que Melle Marie-Louise contractait ainsi mariage, Gabriel-Elzéar, son frère aîné, embrassait l'état ecclésiastique et devenait un Prêtre distingué.

Thomas-Pierre-Joseph, frère des précédents, fut appelé au Conseil Législatif. Durant la guerre de 1812, il commandait le premier Bataillon de la milice incorporée, dont il était Colonel. Ayant épousé Melle Françoise Boucher de la Bruère de Montarville, il en eut sept enfants : Pierre-Elzéar, l'aîné, fit alliance, en 1834, avec Melle Catherine-Hénédine Dionne, de Kamouraska, fille de l'Honorable Amable Dionne, et eut six enfants : Henri-Elzéar, Avocat, membre du Parlement Provincial, marié à Melle Marie-Antoinette Harwood, dont il a trois enfants : Elzéar, Marie-Louise et Auguste ; Pierre-Adolphe, Méde-

1 L'Honorable O. Perrault ne doit pas être confondu avec Mr Joseph-François Perrault, autre illustration du pays, et dont le petit-fils, aujourd'hui membre du Parlement et gendre de Madame Couillard, nous donnera sans doute la biographie. Mr J. F. Perrault, que Quebec est fière de compter au nombre de ses enfants, était fils d'un célèbre traiteur, dont le commerce s'étendait aux Colonies anglaises et à St Domingue. Devoué à son pays jusqu'à la passion, il mit tout en œuvre pour faire progresser l'éducation, en fondant des ecoles et en publiant des livres. On lui doit, entr'autres productions, un *Abrégé de l'Histoire du Canada*, un *Traité d'Agriculture* couronné par la Société d'Horticulture de New-York. Convaincu qu'avec les manufactures, l'agriculture est la source la plus feconde du bien-être materiel, il s'appliqua à la faire marcher de pair avec l'instruction. Dans ce but, il etablit des fermes modèles et se mit en rapport avec les plus célèbres agronomes de l'Union. Heritier de son zèle, M. Joseph Perrault, après avoir suivi les cours de l'Ecole Impériale de Grignon, à Paris, s'est voué de tout cœur à la cause de l'Agriculture, et publie, chaque mois, des bulletins qui font les delices des cultivateurs.

cin à Québec ; Eugène-Arthur, Avocat ; Gustave, mort
jeune ; Léonce, négociant à Québec, lequel a épousé Melle
Eugénie Chinic ; Amélie, épouse de Mr Charles Lindsay,
Avocat à Québec.—Joseph-André, autre fils de Thomas-
Pierre-Joseph, est Juge de la Cour Supérieure à Kamou-
raska, où ses éminentes qualités lui ont concilié l'estime
générale.—Thomas-Jacques est Notaire et Shérif pour le
District de Beauce ; après la mort de Melle Marie-Louise
de la Gorgendière, sa première épouse, dont il avait eu
plusieurs enfants, entr'autres : Gustave, Notaire, et Jules,
Médecin, il contracta un second mariage avec Melle
Josephte Massue, qui lui a donné les suivants : Alphonse-
Eliza, Marie-Louise, Thomas, Jacques et Henriette. —
Parmi les filles de Thomas-Pierre-Joseph, l'une, Melle
Françoise-Rachel, épousa Mr Joseph - Paul Charlton ;
l'autre, Melle Catherine-Zoé, Mr Charles Pentland, et a
trois enfants : Zoé, Charles et un autre.—Restaient encore
deux fils : ils sont morts tous les deux, Victor-Henri en
1832, et Charles-Philippe en 1841.

Jean-Thomas, troisième fils de Mr Gabriel-Elzéar Taschereau, fit alliance avec Melle Louise Panet. La famille
de cette Demoiselle est trop avantageusement connue,
pour que nous ne lui consacrions pas quelques lignes. Le
premier des Panet qui vint se fixer dans la Nouvelle-
France, fut Mr Claude Panet, Notaire royal à Québec en
1747. Il était fils de Mr Nicolas Panet, Caissier de la
Marine à Paris. Ayant épousé Melle Louise Barolet, qu'on
dit être parente du célèbre Bedout, Contre-Amiral de
France, il en eut plusieurs enfants : Bernard - Claude,
qui devint Evêque de Québec, après Msgr Plessis ; Jacques,
qui fut pendant tant d'années Curé à l'Islet ; six filles
dont deux furent Religieuses Ursulines : Marie-Anne sous
le nom de Mère St Bernard, et Françoise sous le nom de
Mère St Jacques, et deux autres se marièrent, Louise
avec Mr Besançon, et Geneviève avec Mr LeBourdais. Le
plus illustre de cette famille, sans contredit, fut, avec le
successeur du grand Plessis, l'Honorable Jean-Antoine

Panet, premier Orateur canadien, si célèbre dans l'histoire
de nos Parlements. Ayant épousé Melle Louise-Philippe
Badelar, [1] il en eut cinq enfants : Bernard-Antoine qui
devint Médecin et Coronaire pour le District de Québec ;
Philippe qui, lui aussi, eut l'honneur d'être Juge de la
Cour du Banc de la Reine ; Louis, comme son frère,
fut appelé à siéger au Conseil Législatif ; Charles, Avocat,
et naguère encore Représentant pour le Comté de Québec.
L'unique Demoiselle, fruit de ce mariage, fut l'épouse de
Mr I. T. Taschereau, lequel, après avoir siégé pendant
vingt-sept ans au Parlement et avoir été fait Juge, est
mort en 1832.  Les enfants issus de cette union sont :
Marie-Louise, Elisabeth-Susanne, Jean-Thomas, Claire-
Caroline, Agnès et Alexandre.— Melle Marie-Louise épousa
Sir Randolph T. Routh, R. C. B., Commissaire-Général
de l'armée anglaise.  Lady Routh se trouve aujourd'hui
à la tête d'une belle famille.  Edward John, M. A., est
Professeur à Cambridge, en Angleterre ; Thomas-Alfred
est Officier de la Douane à Londres ; Francis-Alexander
est un des riches négociants de Québec ; Melle Louise-
Isabel s'est mariée au Dr Charles Kilkelly, Médecin dans
l'armée anglaise ; Ellen-Adèle a épousé Mr William Sills,
Avocat à Londres ; Marie-Blanche, dédaignant les faux
biens de la terre, est entrée au Couvent de *Marie Répa-
ratrice*, à Londres, où elle a pris le nom de Marie du
Sanctuaire, comme pour dire à sa famille que c'est aux
pieds de Marie qu'elle prie pour les siens ; enfin Virginie,
la plus jeune, réside à Québec, auprès de sa mère.—
Susanne-Elisabeth est devenue l'épouse de l'Honorable
Elzéar Duchesnay, dont il va être parlé tout-à-l'heure.
L'Honorable Jean-Thomas Taschereau est le savant Juge
de la Cour Supérieure de Québec. Il avait d'abord épousé
Melle Louise-Adèle Dionne, aussi fille de l'Honorable A.
Dionne, dont il a eu trois enfants: Henri-Thomas, aujour-

---

1 Melle Badelard était fille de Mr Philippe-Louis-François Badelard,
Chirurgien dans les troupes, celui-là même qui eut l'insigne honneur de
panser le Général Montcalm, lorsqu'il fut blessé à mort sur les Plaines
d'Abraham.

L'H<sup>ble</sup> J. A. PANET.

d'hui Avocat distingué à Québec et marié à Melle Pacaud
dont il a deux filles : Marie-Eugénie et Marie-Lida. Aprés
la mort de son épouse, il a pris, en secondes noces, Melle
Joséphine Caron, fille du Juge Caron [1] de Québec, et en a
trois enfants : Joseph-Edouard, Antoine-Jean-Thomas et
Marie-Joséphine. — Mr Elzéar - Alexandre est le prêtre
éminent, qui, après avoir reçu ses degrés de Docteur à
Rome, a rempli avec tant d'éclat, pendant ces dernières
années, la charge de Recteur de l'Université Laval, dont
il a été la gloire et le soutien.

Antoine-Charles, issu du second mariage de Mr G. E.
Taschereau, a représenté au Parlement, un grand nombre
d'années, le Comté de Beauce. De son mariage avec Melle
Louise-Adélaïde de la Gorgendière, sont nés cinq enfants.
Melle Adèle avait épousé Mr J. R. Angers ; l'un et l'autre
sont décédés. Melle Elmina, sœur de la précédente, a fait
alliance avec Mr Angers et a plusieurs enfants. Melle
Hélène s'est mariée avec son cousin-germain, Mr Louis-
Achille Taschereau, et est mère aussi de plusieurs enfants :
Hélène-Odile, George, Richard et Anna. — George-Louis,
également du second lit, avait épousé Melle Malhiot, dont
il a eu trois enfants : Louis - Achille qu'on vient de
nommer, George-Gabriel et Adèle, actuellement épouse
du Dr Blanchet. — Louise-Julie, sœur des précédents,
unit son sort à celui du Dr Richard-Achille Fortier, de
Ste Marie. Leurs enfants se sont alliés aux familles De-
lorme et Simard, si justement appréciées.

Mais revenons à la famille Juchereau. Après avoir
utilement servi son pays, particulièrement pendant les
années 1775 et 1776, et avoir fortifié le courage de ses
compatriotes dans les luttes politiques qui marquèrent
toute cette époque, Mr J. Duchesnay finit paisiblement
ses jours à son Manoir de Beauport, en 1806. Il laissait,

---

1 L'Honorable R. E. Caron, une des gloires de Québec, après avoir
rempli les fonctions de premier Magistrat de cette cité, avoir été Président de la Société de St Jean-Baptiste et Orateur de la Chambre, est
devenu un des savants Juges de la Cour du Banc de la Reine.

outre les Demoiselles dont on a parlé, plusieurs fils qui
devaient faire briller le nom de Juchereau d'un éclat
nouveau.

### VIº ANTOINE-LOUIS JUCHEREAU DUCHESNAY.

Mr Antoine-Louis Juchereau Duchesnay, fils aîné de
Mr A. J. Duchesnay et de Dame J. L. deBeaujeu, après
avoir représenté, conjointement avec Mr François Huot.
le Comté appelé alors Hamsphire, et plus tard celui de
Portneuf, devint membre du Conseil Législatif d'abord,
et ensuite du Conseil Exécutif. Lors des obsèques du
Duc de Richmond, si tristement emporté, il fut un des
porteurs du poële, comme on peut le voir par les journaux
de l'époque.

Pendant que l'Honorable A. L. Duchesnay parvenait
ainsi aux premières charges de l'Etat et jouissait des honneurs attachés à sa haute position, ses frères ne restaient pas sans gloire. Jean-Baptiste, l'un d'eux, plus connu
sous le nom du Chevalier Duchesnay, étant entré dans le
soixantième de Ligne, avait été fait Officier de son
régiment. Après avoir épousé en Angleterre Melle Eliza
Jones, de Gosport, il était revenu en Canada, où il possédait la Seigneurie de St Roch des Aulnets. Lorsque
survint la guerre de 1812, il fut mis à la tête d'une Compagnie de Voltigeurs, qu'il commanda avec la plus grande
distinction. Pour honorer sa valeur et récompenser son
mérite, le Gouverneur le nomma Aide-de-Camp Provincial, place qu'il occupa jusqu'à sa mort, arrivée en
1833. En 1828, lorsqu'il était Inspecteur des Milices avec
MM. de Bellefeuille et Hériot, il reçut les compliments
les plus flatteurs de Lord Dalhousie sur le point de
repasser en Angleterre : " Le Gouverneur en chef, est-il
" dit dans l'Ordre du 2 Avril, croit plus particulièrement
" de son devoir de remarquer que le Lieutenant-Colonel
" Chevalier Duchesnay a présenté d'excellents dia-
" grammes de chaque bataillon sous son inspection, sans

" aucun frais pour le service public. Son Excellence les
" regarde comme une addition précieuse à être déposée
" dans le Bureau de l'Adjudant-Général, afin qu'on puisse
" y avoir recours en tout temps." Michel-Louis, frère du
précédent, après avoir également servi dans le soixantième,
fut aussi un des héros de Châteauguay.    Comme l'Aide-
de-Camp Provincial, il commandait une Compagnie de
Voltigeurs, sous les ordres de Mr de Salaberry, dont il
avait épousé la sœur.    Parlant de ses habiles évolutions
à la tête de ce Corps immortel, et de celles de son frère,
l'auteur de la *Relation de la bataille de Châteauguay* dit :
" Les deux Capitaines Duchesnay se sont grandement
" distingués dans le commandement de leurs Compagnies
" respectives, en exécutant plusieurs mouvements diffi-
" ciles avec autant de sang-froid et de précision qu'en un
" jour de parade." Nommé plus tard Surintendant des
Sauvages et Député-Adjudant-Général des Milices pour le
Bas-Canada, il déploya dans ce double poste toutes les
ressources qu'on devait attendre de sa longue expérience
et de ses talents incontestables. La mort vint le frapper au
moment où il pouvait rendre encore de grands services.
Il fut enlevé dans la cinquante-deuxième année de son
âge, et inhumé à Ste Catherine. De son mariage avec Melle
Hermine de Salaberry, sont nés plusieurs enfants :—Antoine Juchereau Duchesnay, Seigneur de Godarville et
de Fossambault, qui, après avoir représenté en Chambre
le Comté de Portneuf en 1858, a été élu Conseiller Législatif pour la Division LaSalle ;—Melle Hermine, qui, comme
il est dit ailleurs, épousa l'Honble Roch de St Ours, membre
du Conseil Législatif avant l'Union des deux Canadas, et
depuis Shérif de Montréal ;—Melle Henriette, épouse du
Colonel J. E. Campbell, de St Hilaire, récemment encore
Major du septième Hussards, et Compagnon du Très-
Honorable Ordre Militaire du Bain ;—Melle Amélie, décédée en 1835 et inhumée à Ste Catherine ;—Melle Caroline,
épouse du Lieutenant-Colonel William Ermatinger, lequel, comme le rappelle si bien Mr William Coffin dans sa

récente publication, a fait le plus grand honneur au
Canada par ses brillants services en Espagne ;—Charles,
qui, après avoir épousé M^elle^ H. Bradburry, de Boston,
est mort en 1857 ;—Philippe, qui est entré dans la famille
de l'Honorable Charles Wilson, Conseiller Législatif, Commandeur de l'Ordre de S^t^ Grégoire le Grand, en épousant
M^elle^ Marguerite Wilson, sa nièce ;—et enfin, Auguste,
qui, après avoir fait alliance avec M^elle^ Marie-Angélique
Heney, fille de M^r^ Heney si connu comme homme de
lettres, est mort en 1862, sans laisser d'enfants.

De son côté, M^r^ A. L. J. Duchesnay avait épousé M^elle^
Marie-Louise Fleury de la Gorgendière. De ce mariage
sont nés trois fils et une fille : Antoine-Narcisse, Charles-
Maurice, Elzéar-Henri et Sophie. A la mort de son père,
arrivée en 1825, Antoine-Narcisse devint Seigneur de
Beauport. Quoique très-jeune, lors de l'invasion américaine, il prit les armes et servit sous son oncle avec la
bravoure d'un vétéran. Il est mort après s'être établi, et
a laissé plusieurs enfants.—Charles-Maurice a professé
comme avocat ; il est mort, ainsi que M^elle^ Claire Perrault,
son épouse. M^elle^ Sophie, après avoir contracté mariage
avec le Colonel Gugy, est morte à Montréal en 1841 et a
été inhumée à Beauport.—Elzéar-Henri a été élu membre
du Conseil Législatif deux fois ; la première, en 1856, et
la seconde en 1862, pour la Division de Lauzon. Ayant
d'abord épousé M^elle^ Julie Perrault, fille du Juge Perrault,
dont il a été parlé, l'Honorable E. H. J. Duchesnay a eu
trois enfants : M^elle^ Amélie, la seule survivante, est mariée
à M^r^ Lindsay. Après la mort de son épouse, il a contracté
un second mariage, ainsi qu'il a été dit plus haut, avec
M^elle^ Elisabeth-Susanne Taschereau, fille de l'Honorable
J. F. Taschereau, et a eu six enfants : Henri qui a embrassé
la carrière du Barreau, Maurice, Marie-Louise, Corinne,
Agnès et Edmond.

L'H<sup>BLE</sup> A. de GASPÉ . — Ph.A. de GASPÉ

<sup>ELLE</sup> A. de GASPÉ . — L'ABBÉ T de GASPÉ . — Ph A. de GAS

# LA FAMILLE DE GASPÉ

—◇—

Que d'autres familles se glorifient de s'être fait un nom, celles-ci dans le négoce, celles-là sur les champs de bataille, d'autres dans les lettres ; la gloire de la famille de Gaspé est de s'être signalée dans tous les genres. Alliée aux Couillard, aux Juchereau, aux Tilly, aux Villiers, aux Galifet, aux Lanaudière, aux de Beaujeu, cette famille a de tout temps tenu un des premiers rangs dans le pays. D'elle sont sortis plusieurs Conseillers remarquables, des officiers distingués, des écrivains du premier ordre. L'un d'eux, le Chevalier de Gaspé, était chargé de garder les portes de Québec, pendant que le Chevalier Benoist remplissait à St Jean une mission non moins importante. Après avoir parlé de la famille de l'un, il convient donc de parler de la famille de l'autre.

## I° CHARLES AUBERT, SIEUR DE LA CHESNAYE.

Avant de prendre le nom de Gaspé, cette famille portait celui d'Aubert de la Chesnaye. Le premier de ce nom qui vint s'établir dans la Nouvelle-France, vers 1655, fut Mr Charles Aubert, Sieur de la Chesnaye. Il était fils de Mr Jacques Aubert, Sieur de la Chesnaye, Ingénieur des fortifications de la citadelle d'Amiens, et de Dame Marie Goupy, dont un des frères, après avoir accompagné dans ses voyages le célèbre Beslain d'Esnambuc, de concert

avec les Sieurs Jean Dupont, Lieutenant-Colonel, Drouain, Capitaine, etc., et avoir pris possession de la Martinique en 1635, était devenu Lieutenant du Roi, en 1640, à St Christophe. S'étant fixé à Québec, il s'appliqua au commerce et devint en peu de temps un des plus riches négociants de cette ville. Il eut à la fois plusieurs vaisseaux sur mer.

Se voyant à la tête d'une grande fortune, et désirant se rendre utile au pays en faisant de nouveaux établissements, Mr de la Chesnaye demanda et obtint de la Compagnie des Indes, dont il était l'Agent principal, une concession de terre, sur la Rivière du Loup, d'une lieue et demie de front, sur une lieue et demie de profondeur. Suivant les sages règlements passés alors et qui ont été remis en vigueur de nos jours, cette concession lui fut accordée à la condition qu'il ferait commencer les défrichements dans l'espace de deux ans, après que l'arpentage aurait été fait et les limites de la terre tracées. C'était en 1673. Deux ans après, il obtint pour ses enfants, Antoine et Angélique, une nouvelle concession, sur la rivière St Jean, de trois lieues de front, de chaque côté de la rivière Madouaska. Enfin, en 1689, s'étant associé à d'autres négociants, en vue d'exploiter la pêche dans le golfe St Laurent, le long du Blanc-Sablon, il demanda et obtint, de concert avec eux, une étendue de terre de trois lieues de front, et autant dans l'Ile de Terreneuve.

C'est alors qu'étant devenu un des hommes les plus importants de la Colonie, il fut revêtu de la charge de Conseiller au Conseil Souverain de Québec. L'estime de ses concitoyens ne l'avait pas élevé trop haut. Un vaste incendie ayant consumé, en 1682, toutes les maisons de la Basse-Ville, excepté la sienne, Mr de la Chesnaye fit voir en cette circonstance tout ce qu'il y avait de dévouement et de patriotisme dans son cœur, et combien il avait l'âme grande et généreuse. " Voyant, dit la Sœur Juche-
" reau, Religieuse de l'Hôtel-Dieu, qu'on n'avait pu rien
" sauver de toutes les marchandises dont les magasins

" étaient remplis, et qu'on avait perdu plus de richesses
" en une seule nuit que tout le Canada n'en possédait,
" plusieurs années ensuite, il épuisa ses fonds pour prêter
" à tout le monde, de manière qu'il n'y avait aucune mai-
" son dans le quartier qui ne lui fût redevable."

Une si noble action, jointe à tant d'autres, ne pouvait
rester sans récompense. Aussi le grand Roi qui avait
toujours les yeux ouverts sur le bien qui se faisait dans
la Nouvelle-France, n'eut garde de la laisser dans l'oubli.
Il s'empressa d'accorder à Mr de la Chesnaye des lettres
de noblesse. " L'attention particulière que nous avons
" toujours donnée, dans les occasions, à récompenser la
" vertu, dans quelque état qu'elle se soit rencontrée, est-
" il dit dans ce document qui mérite de passer à la posté-
" rité, nous a porté à donner des marques de notre estime
" et de notre satisfaction, non-seulement à ceux de nos
" sujets qui se sont distingués dans l'épée et dans la robe,
" mais encore à ceux qui se sont attachés à soutenir et à
" augmenter le commerce : c'est ce qui nous a convié à
" accorder des lettres de noblesse aux uns et aux autres,
" et à faire passer à leur postérité les marques de la con-
" sidération que nous avons pour eux, afin de reconnaitre
" leurs services, de renouveler leur émulation, et d'enga-
" ger leurs descendants à suivre leurs traces. Et comme on
" nous a fait des relations très-avantageuses du mérite du
" Sieur Aubert de la Chesnaye, fils du Sieur Aubert,
" vivant Intendant des fortifications de la ville et cita-
" delle d'Amiens, et des avantages considérables qu'il a
" procurés au commerce du Canada, depuis l'année 1655
" qu'il y est établi, nous avons cru que nous devions le
" traiter aussi favorablement, d'autant plus qu'ayant
" formé, par notre édit de l'année 1664, une nouvelle
" Compagnie au dit pays, pour la propagation de la Foi,
" l'augmentation du commerce et l'établissement des
" Français du dit pays et des Indes, il a fait avec succès
" des établissements pour la dite Compagnie, sous notre
" autorité, jusqu'à la réunion du dit pays à notre do-

" maine, dans laquelle Compagnie il a travaillé avec
" beaucoup de succès ; il a même employé des sommes
" très-considérables pour le bien et l'augmentation de la
" Colonie et particulièrement pour le défrichement et la
" culture d'une grande étendue de terre, en divers éta-
" blissements séparés, et à la construction de plusieurs
" belles maisons et autres édifices ; il a suivi les Sieurs de
" la Barre et Denonville, ci-devant Gouverneurs et nos
" Lieutenants-Généraux du pays, dans toutes les courses
" de guerre qu'ils ont faites, et dans toutes les occasions
" il s'est exposé à tous les dangers et a donné des marques
" de son courage et de sa valeur, et notamment dans les
" entreprises que ces deux Lieutenants-Généraux ont
" formées contre les Iroquois et les Sonnontouans, nos
" ennemis, dans le pays desquels il prit possession, en
" notre nom, des principaux postes et du fort des Iroquois,
" ainsi que de toutes les terres conquises par nos armes ;
" il a eu un de ses fils tué à notre service, et les aînés de
" cinq qui lui restent y servent actuellement et se sont
" déjà distingués au dit pays. A ces causes, voulant user
" envers le dit Sieur de la Chesnaye des mêmes faveurs
" que nous accordons à ceux de son mérite, de notre
" grâce spéciale, pleine puissance et autorité royale, nous
" l'avons annobli et annoblissons par ces présentes,
" signées de notre main, ensemble ses enfants nés et à
" naître en légitime mariage, que nous avons décorés et
" décorons du titre de noblesse, de telle sorte qu'ils
" puissent acquérir et posséder tous Fiefs et terres nobles,
" et jouir de tous les honneurs, prérogatives et privilèges,
" franchises, exemptions et immunités dont jouissent les
" autres nobles de notre Royaume. Donné à Versailles,
" au mois de Mars de l'an de grâce 1693, et de notre
" règne le cinquantieme. (Signé) Louis."

M⟨r⟩ de la Chesnaye survécut neuf ans à cet acte qui le
distinguait aux yeux de ses concitoyens et assurait à ses
enfants une place à part dans la société. Il mourut à Québec
le 25 Septembre 1702, et, par un acte d'humilité qui l'ho-

nore, voulut être inhumé dans le cimetière de l'Hôtel-Dieu, à côté des pauvres. Mr de la Chesnaye était dans sa soixante-douzième année quand il décéda. Il avait épousé en premières noces, le 6 Janvier 1664, Melle Catherine-Gertrude Couillard, sœur de Marguerite, dont l'illustre Champlain, Fondateur de Québec, avait été parrain, et fille de Mr Guillaume Couillard [1], Sieur de l'Epinay, et de Dame Guillelmette' Hébert, les premiers qui aient habité le pays et d'où sont sorties tant d'honorables familles canadiennes. Son épouse étant morte cette même année, après lui avoir donné un fils qui décéda à vingt et un ans, Mr de la Chesnaye contracta un nouveau mariage avec Melle Louise Juchereau de la Ferté, fille de Mr Jean Juchereau, Sieur de la Ferté, dont il a été parlé plus haut, et de Dame Marie Giffard, fille du premier Seigneur de Beauport. Cette nouvelle union ayant encore été brisée par la mort, quelques années après, Mr de la Chesnaye épousa en troisièmes noces, le 11 Août 1680, Melle Marie-Angélique Denis de la Ronde, de la célèbre famille Denis dont les membres, propriétaires de plusieurs Fiefs, se sont perpétués dans le pays et ont illustré leur nom sur les champs de bataille, sous les noms de Denis de la Ronde, Denis de Bonaventure et Denis de Morampont. A la tête d'un faible détachement, le Chevalier Denis de la Ronde attaqua le Colonel Marc à Port-Royal et le contraignit à abandonner la place. Un autre, Mr Charles Denis de Vitré, appartenant à la même famille, devint Conseiller à Québec en 1675. Originaires de Touraine, les Denis de la Ronde étaient venus dans le pays dans le but de se vouer à la conversion des Sauvages, et plusieurs d'entre eux tombèrent sous le fer de ces barbares, entr'autres le frère de Melle Gabrielle qui se fit Religieuse-Hospitalière à Québec, sous le nom de l'Annonciation. Par ce mariage avec

---

1 Suivant le *Journal de l'Instruction Publique*, c'est de ce vénérable patriarche que descend la famille Couillard, si répandue et si estimée dans le District de Montréal, où elle est alliée aux familles Wilson, de Lery, etc.

Melle Denis, Mr de la Chesnaye devint, aussi bien que Mr
d'Eschambault, beau-frère de Mr de Ramezay, Gouverneur
de Montréal. Mdⁱ de la Chesnaye survécut onze ans à son
mari, étant morte le 7 Novembre 1713. De ces divers
mariages sont nés un grand nombre d'enfants : François,
Pierre, Louis, Ignace et Charlotte, du second lit ; Marie-
Anne-Catherine, Marguerite-Angélique, Antoine, Françoise, Joseph, Jacques, Louis, Françoise-Charlotte, François et Marie-Angélique, du troisième lit. Il faut en dire
un mot.

Mr François Aubert, Sieur de More, ainsi appelé en mémoire de son grand-père, devint, comme son père, membre
du Conseil Supérieur de Québec. En 1693, au mois
d'Avril, il épousa Melle Anne-Ursule Denis de la Ronde,
fille de Mr Pierre Denis de la Ronde et de Dame Catherine
Le Neuf. De ce mariage sont issus six enfants : Charlotte-
Catherine, Ignace-Gabriel-François, Marie-Ursule, Pierre,
Louise-Barbe et Ignace-Gabriel. Ce dernier épousa, le 27
Novembre 1730, Melle Marie-Anne-Josephte de l'Estringuent, fille de Mr Alexandre-Joseph de l'Estringuent,
Sieur de St Martin, et de Dame Madeleine-Louise Juchereau, veuve de Mr Louis de Montéléon, et en eut une
fille, Charlotte, qui épousa, en 1757, le Comte Marie Luc,
Marquis d'Albergati-Véza, fils du Comte Fabien d'Al-
bergati et de Dame Ange Bondy, celui-là même que nous
avons vu servir comme officier sous le Chevalier Benoist,
alors Commandant au fort de la Présentation. Après la
mort de son épouse, arrivée le 28 Janvier 1709, Mr F.
Aubert, Sieur de More, se remaria en secondes noces, en
1711, avec Melle Marie-Thérèse Gayon de Lalande, fille
de Mr Pierre Gayon, Sieur de Lalande, du Diocèse de
Bayonne, Capitaine des vaisseaux du Roi, Seigneur de
l'Ile Mingan, et de Dame Thérèse Juchereau. De ce
second mariage sont nés neuf enfants : François, Ignace-
Augustin, Marie-Louise, Pierre-François, Marie-Thérèse,
Joseph, Barbe-Thérèse, Claire-Agathe et Madeleine-Louise.
Cette dernière devint l'épouse de Mr Amable-Côme-Joseph,

Sieur de S<sup>t</sup> Aigne, officier à l'Ile Royale. M<sup>r</sup> Aubert précéda dans la tombe son épouse, qui décéda au mois de Mai 1738. Deux ans avant de mourir, cette Dame avait obtenu, sur la rivière de la Chaudière, une concession de terre de deux lieues de front sur deux de profondeur.

M<sup>r</sup> Louis Aubert, Sieur du Forillon, frère consanguin de M<sup>r</sup> F. Aubert, Sieur de Nore, épousa, au mois de Novembre 1702, M<sup>elle</sup> Barbe LeNeuf de la Vallière, fille de M<sup>r</sup> Michel LeNeuf de la Vallière, Sieur de Beaubassin, et de Dame Denis. Pendant ce temps, Charlotte, leur unique sœur de père, attirée par les charmes de la vie religieuse, disait adieu au monde et entrait chez les Sœurs Hospitalières de Québec, ouvrant ainsi la route à celles de sa famille qui ne devaient pas tarder à la suivre. Quelques autres passèrent en Louisiane et aux îles d'Amérique, où ils remplirent des charges importantes et firent honneur, au nom de la Chesnaye.

M<sup>elle</sup> Marie-Anne Aubert de la Chesnaye, fille aînée de M<sup>r</sup> C. de la Chesnaye et de Dame Denis de la Ronde contrairement à sa sœur Marguerite-Angélique, qui, en 1736, devenait, dans le Cloitre, la digne émule de Charlotte, et à l'exemple de Françoise qui épousait M<sup>r</sup> Paul LeMoyne de Maricourt, et ensuite M<sup>r</sup> Josué de Bois-Berthelot de Beaucourt, ainsi qu'il est rapporté ailleurs, contractait mariage, le 14 Janvier 1697, avec le Marquis de Galifet de S<sup>t</sup> Castin [1], fils de Pierre, Marquis de Galifet de S<sup>t</sup> Castin, et de Dame Marguerite de Bonfils. La noblesse des Galifet remonte au treizième siècle. Le Marquis de Galifet, père du mari de M<sup>elle</sup> de la Chesnaye, était mort en 1690, laissant huit enfants. Joseph, le cadet, qualifié noble et illustre Seigneur, d'abord Lieutenant dans le régiment de Picardie, ensuite Capitaine dans celui de Champagne, fut fait Capitaine d'une Compagnie franche

1 Originaire du Dauphiné, la famille de Galifet existe toujours en France. Ses armoiries sont : de gueules, au chevron d'argent, accompagné de trois trèfles d'or. Sa devise est : *Bien faire et laisser dire.* C'est celle qu'il convient le plus souvent d'adopter.

de la marine et devint Commandant de l'Ile à la Tortue.
En 1698, il fut élevé au poste de Gouverneur de l'Ile de
Sᵗ Croix et nommé Commandant des Colonies françaises
du Cap et côtes Sᵗ Domingue, où Mʳ Ignace de la Gorgendière remplit si longtemps les fonctions d'Ordonnateur,
de Commissaire de la marine et de Commissaire des
guerres. Il mourut à Paris, le 26 Mars 1706. Par son
testament, en date du 23 Mai 1702, il ordonnait que
tous ses biens d'Amérique et d'Europe fussent vendus,
afin qu'avec le prix on achetât des propriétés en Pro-
vence, dans le Comtat Vénaissin. François, son frère,
troisième fils du Marquis de Galifet, et époux de Melle
de la Chesnaye, d'abord Capitaine en 1688, Major à
Québec en 1692, devint Lieutenant du Roi à Montréal,
le 23 Mai 1699, reçut la Croix de Sᵗ Louis le 15 Mai 1705,
et enfin fut nommé Gouverneur des Trois-Rivières, le 5
Mai 1710. Etant repassé en France en 1717, il fut appelé
au commandement de l'Ile à la Tortue et des Colonies
françaises, à Sᵗ Domingue, en remplacement de son frère,
et fut, comme lui, Gouverneur de l'Ile de Ste Croix.

## IIᵒ PIERRE AUBERT, SIEUR DE GASPÉ.

Mʳ Pierre Aubert, Sieur de Gaspé, était le deuxième
fils de Charles Aubert et de Dame L. Juchereau de la
Ferté. Dès 1695, on le voit signer avec Marie-Catherine,
sa sœur : Pierre Aubert *de Gaspé*, de même que son frère
aîné, François, signait en 1706 : François, Sieur de Mille-
vaches, et Louis, son frère cadet : Louis, Sieur du Forillon,
à cause, sans aucun doute, des Fiefs de ce nom, passés
dans la famille. Quoiqu'il en soit, depuis lors les De la
Chesnaye ne portèrent plus d'autre nom que celui de
Gaspé. Ayant épousé, le 19 Septembre 1699, Melle Jacque-
line-Catherine Juchereau, fille de Nicolas Juchereau,
Sieur de Sᵗ Denis, et de Dame Marie-Thérèse Giffard,
Mʳ P. de Gaspé, à l'exemple de son beau-père et du grand-

père de son épouse, s'appliqua au défrichement des
terres.

Déjà, en parlant de M$^r$ Giffard, Sieur de Beauport, nous
avons vu que ce grand colonisateur, aux premiers âges du
pays, avait obtenu, sur la rivière S$^t$ Charles, d'immenses
terres, et que, pour les livrer plus promptement à la culture, il était allé chercher dans le Perche un renfort de
bras ; que, de retour en Canada, il avait bâti une maison
convenable sur sa Seigneurie, avec une Chapelle, et avait
obligé ses censitaires à en faire autant. A sa mort, arrivée
en 1668, il se trouvait à la tête de quatre grandes concessions, tant à Beauport qu'à Montmorency et à Tadousac.
Afin de ne pas laisser tomber son œuvre, il avait partagé
ses biens entre Joseph, son fils, et les Juchereau, ses
gendres, qui, à la mort de ce dernier, devinrent seuls
maîtres de ce riche domaine. Se piquant d'une noble émulation, M$^r$ de Gaspé entreprit plusieurs travaux. Son
épouse étant morte sur ces entrefaites, il épousa au Manoir
de Beauport, le 3 Octobre 1711, M$^{me}$ Angélique LeGardeur,
fille de M$^r$ Noël LeGardeur de Tilly [1] et de Dame Madeleine Boucher. Ce nouveau mariage, loin de le détourner de
ses occupations accoutumées, ne fit que les favoriser. Etant
allé se fixer, en effet, à S$^t$ Antoine de Tilly, propriété de
sa nouvelle épouse, il y passa la plus grande partie de sa
vie, s'efforçant de mettre ses terres en valeur et de rendre
labourables celles qui ne l'étaient pas encore. Le mérite
de M$^r$ de Gaspé, en agissant ainsi, fut d'autant plus réel,
qu'il eut plus de difficultés à surmonter, et que le pays
devait par la suite retirer de plus grands avantages de ses
travaux. Pour s'en faire une juste idée, il faut se reporter

---

1 Un des descendants de cette illustre famille, le Comte de Tilly,
était Vice-Amiral de France, au moment où le Comte de Soulanges et
M$^r$ de Senneville, Chefs d'Escadre, allaient, victimes innocentes de la
révolution française, porter leur tête sur l'échafaud, en même temps
que Louis XVI. Que d'autres noms, également honorables et chers au
Canada, nous pourrions retrouver, si le temps et les documents ne nous
faisaient défaut ! Presque à chaque page de l'Histoire de France et des
Colonies, on rencontre des Canadiens-Français glorifiant ainsi leur
ancienne patrie.

au temps où il vivait et se rappeler les divers phases
par lesquelles passa la Nouvelle-France. Primitivement,
comme il est dit ailleurs, les concessions, faites sur les
deux rives du St Laurent, avaient pour but, en donnant
naissance à des Paroisses reliées ensemble par des com-
munications faciles, de former comme une ceinture de
protection qui devait assurer la sécurité du pays. Ces
concessions, si elles étaient bien exploitées, devaient être,
en outre, une source de richesses pour ceux auxquels
elles étaient accordées et pour les habitants qui vien-
draient s'y fixer. Malheureusement, absorbés par les
guerres qu'il fallut soutenir. contre les Iroquois d'abord
et ensuite contre les Colonies anglaises, les Seigneurs, à
quelques exceptions près, ne purent réaliser qu'en partie,
soit les grands desseins de Louis XIV et de l'Intendant
Talon, soit leurs propres intentions à eux-mêmes. De là
l'état de gène dans lequel se trouvèrent la plupart des
grands propriétaires au moment de la conquête. Ayant
négligé leurs propres affaires pour le service du Roi et la
défense du Canada, ils se virent dans la nécessité, pour
se soutenir, de recourir à la munificence royale. Les descendants de ces hommes illustres, au moins ceux qui
n'ont pas été évincés injustement, ont pu seuls profiter
des grands domaines qui leur avaient été légués, en mettant la dernière main à des entreprises que leurs pères
avaient eu le mérite de commencer. Mr de Gaspé fut de
ceux qui purent laisser à leurs enfants une terre passa
blement cultivée. C'est là, dans un des démembrements
de la Seigneurie de St Antoine de Tilly, que l'un des descendants de cet homme entreprenant applique aujourd'hui
son zèle, non plus à l'exploitation des terres, mais à la
sanctification de ses compatriotes.

Après une vie si sagement employée, Mr de Gaspé mourut à St Antoine de Tilly, le 20 Mai 1731. Son épouse se
retira alors à Québec, où elle décéda le 16 Juin 1752, à
l'âge de soixante-neuf ans. De leur mariage sont nés sept
enfants: Angélique, Ignace-Philippe, Marie-Charlotte,

Pierre-Joseph, Barbe, Charlotte-Joseph et Jean-Baptiste.
ᴹᵉˡˡᵉ Angélique, l'aînée, à l'exemple de ses tantes Charlotte et Marie-Angélique, se fit Religieuse et entra à
l'Hôtel-Dieu de Québec, où elle acheva sa sainte vie le
22 Novembre 1793. Les autres se fixèrent dans le monde.

### IIIᵒ IGNACE-PHILIPPE DE GASPÉ.

. Mr Ignace-Philippe de Gaspé, fils aîné de Mr P. de
Gaspé et de Dame A. LeGardeur de Tilly, fut un des plus
brillants officiers de son temps. Né en 1714, le 5 Avril,
après avoir servi comme Enseigne en second en 1739 et
comme Enseigne en pied en 1744, il fut fait Lieutenant
en 1749, et, sept ans après, reçut le brevet de Capitaine.
Sa vie militaire est trop intéressante, pour que nous ne la
rappelions pas en peu de mots.

Mr de Gaspé entra pour la première fois dans les troupes
en 1727 et servit dans les garnisons jusqu'en 1735. A
cette époque, il fut détaché pour faire, sous les ordres de
Mr de Noyelle, la campagne contre les Renards, tribus
sauvages que les Colonies Anglaises excitaient sans cesse
contre les Français. Quatre ans après, en compagnie du
Chevalier Benoist récemment arrivé de France, il suivit
le Baron de Longueuil sur les bords du Mississipi, dans
son expédition contre les Natchez et les Chicachas ¹. Au
retour de cette campagne, il passa à Michilimakinac, où
commandait Mr de Verchères, fils de l'illustre Capitaine

---

1 On aimera sans doute à connaître les noms de ceux qui firent
partie de cette expédition. Les voici ; on les retrouvera encore, au
moment des luttes suprêmes : Le Baron de Longueuil, Commandant :
Mr de Celoron, Capitaine : Mr Sabrevois de Bleury, Mr du Vivier, Mr de
Vassan, Lieutenants : Enseignes : MM. LeVerrier, de St Pierre, de la
Corne du Breuil, de Portneuf (Major). Richardville, de Villiers, de
Lery ; Cadets : de Belestre, Benoist, de St Ours, de Varennes, Denis
de la Ronde, de la Noue, de Gannes, de Gaspé, de la Frenière. Carqueville, Niverville, Joncaire, de Repentigny, Marin, Hertel de Beaubassin, de Montesson, Jumonville, Bouät, Bailleul, Raimbault, de Lino,
Rouville de Chambly, Langis, Merville, Rouville Tavenet, de Sel. de
l'Epinay, de Villiers.—Mr de Gannes fut blessé , MM. Hertel de Chambly
et Hertel Tavenet restèrent en Louisiane.

de ce nom, et propriétaire des Seigneuries de Verchères.
Il y demeura trois ans, faisant sans cesse des courses sur
le pays ennemi. Mr de Ramezay ayant été chargé en
1746, par Mr de Beauharnois, alors Gouverneur, d'aller
porter secours aux Acadiens, Mr de Gaspé fit partie de
l'expédition et se trouva au siège d'Annapolis. Une attaque
contre Grand-Pré, dans les Mines, où commandait le
Colonel Noble, ayant été résolue l'hiver suivant, l'intrépide officier s'offrit à Mr de Villiers qui se trouvait à la
tête de trois cents hommes. Pour atteindre l'ennemi, il
fallait faire le tour de la Baie de Fondy et parcourir au
moins soixante lieues de pays à travers les neiges et les
broussailles. Sans s'effrayer ni de la distance ni de la difficulté des chemins, cette poignée de braves se mit en
marche, raquettes aux pieds. Arrivée sur les onze heures
du matin devant les retranchements anglais, elle commença un feu des plus vifs qu'elle continua jusqu'à trois
heures d'après-midi. A ce moment, le Colonel Noble
tomba percé de coups et sa garnison fut forcée de capituler. La perte de Louisbourg était vengée.

Après avoir été employé en 1750 à élever un fort sur la
rivière St Jean, et y avoir commandé pendant plus de deux
ans, Mr de Gaspé était monté, pendant l'hiver de 1753,
à la Belle-Rivière, où divers établissements avaient été
projetés et où commandait Mr de Beaujeu. Sur ces entrefaites, on apprit le sort qui venait d'arriver à Mr de
Jumonville, et, de plus, on sut par des éclaireurs que,
pour se fortifier dans la vallée de l'Ohio, le Colonel
Washington avait élevé sur la Monongahéla le fort
Nécessité. Aussitôt, Mr de Villiers, le vainqueur du
Colonel Noble, est dépêché pour aller attaquer cet autre
Colonel. Mr de Gaspé l'avait suivi dans la précédente expédition, il le suivit encore dans celle-ci. Le détachement
se composait de six cents Canadiens. A son approche,
l'ennemi se replia dans ses retranchements, protégés par
six pièces d'artillerie. Sans s'inquiéter du feu de ces bat-
teries, les Canadiens fondent sur l'ennemi, et, après un

combat de dix heures, l'obligent à poser les armes.
Washington était vaincu et expiait ainsi par sa défaite la
mort donnée à Mr de Jumonville. C'est peu de temps
après cet exploit mémorable que Mr de Gaspé fut fait
Capitaine.

Il venait, de concert encore avec Mr de Villiers, de couvrir le fort de Niagara, et ensuite de prendre le commandement du fort St. Frédéric, lorsqu'en 1758, au moment
où il était nommé Capitaine des portes à Québec, il
reçut ordre de se rendre à Carillon, pour y commander sous la conduite de Mr de Montcalm. Tout le
monde connait les détails de cette grande bataille, si
bien décrite par Mr Garneau dans son *Histoire du Canada*,
et si parfaitement reproduite par Mr LeMoine dans ses
*Maple Leaves*. Mr de Gaspé y commandait les milices
canadiennes, avec Mr de St Ours et plusieurs autres
officiers de mérite, et ne contribua pas peu au résultat de
cette lutte gigantesque, où, suivant Mr Dussieux, trois
mille cinquante-huit Français triomphèrent de seize à
vingt mille Anglais. Là, comme au fort George, payant
de sa personne, on le vit à la tête de sa Brigade donner
l'exemple du plus grand sang-froid et de la plus intrépide
valeur. Après la victoire de Carillon, Mr de Gaspé resta
dans le fort avec deux piquets de troupes de la marine,
et de là se rendit à l'Ile aux Noix, où il passa la fin de
l'année 1759.

Pendant que le Capitaine de Gaspé tenait garnison à
l'Ile aux Noix, de grands évènements qui devaient avoir
un triste retentissement dans la suite des âges, s'étaient
passés : la bataille des plaines d'Abraham avait été perdue,
et Québec était tombé aux mains des Anglais. Il s'agissait
de reprendre cette ville. Mr de Lévis, successeur du
Général Montcalm dans le commandement des troupes,
vint donc offrir le combat. L'issue en fut telle qu'on
devait l'attendre d'une armée qui avait à venger son
honneur et qui eût reconquis le pays, s'il ne fût entré
dans les desseins de la Providence d'en décider autrement.

La victoire de Sainte-Foye resta comme le dernier trophée des armes françaises en Amérique [1]. Mr de Gaspé y commandait les Grenadiers, formés des troupes de la Colonie, en remplacement de Mr Denis de la Ronde, qui était tombé au plus fort de la mêlée. Après s'être distingué à la tranchée pendant dix-huit jours, le siège ayant été levé, Mr de Gaspé se retira à d'Eschambault avec ses Grenadiers. Ainsi finit pour ce guerrier une carrière qui n'avait été marquée que par d'éclatants succès. En récompense de ses services, il fut décoré de la Croix de St Louis, au mois de Mars 1761.

Longtemps auparavant, le 30 Juin 1745, Mr de Gaspé avait épousé Melle Marie-Anne Coulon de Villiers, fille de Mr Nicolas de Villiers et de Dame Angélique Jaret de Verchères. C'est ici le lieu de rapporter quelques particularités du beau fait d'armes que nous venons de toucher tout à l'heure, et qui a rendu immortel le nom des Villiers. En 1754, au mois de Mai, comme il a été rapporté ailleurs, contre toutes les lois reçues entre nations civilisées, Mr de Jumonville, au moment où il faisait lire la sommation qui enjoignait aux colons anglais d'évacuer le territoire français, avait été entouré et percé de coups. Son escorte, composée de trente-quatre hommes, avait été tuée, ou faite prisonnière. Pour venger un pareil attentat commis contre le droit des gens, en même temps que pour chasser les Virginiens de la vallée de l'Ohio, Mr de Contrecœur, Commandant au fort Duquesne, avait envoyé Mr de Villiers, frère de la victime, avec le détachement que nous avons dit. La commission donnée à ce brave officier était ainsi conçue : " Il est ordonné au Sieur de

---

1 On peut voir dans *Jacques et Marie*, ouvrage émouvant dû à la plume de Mr N. Bourassa, et destiné à perpétuer le souvenir des luttes et des malheurs des Acadiens, et à attacher une flétrissure indélébile au front des bourreaux de cette nation infortunée, une description des plus saisissantes de la bataille de Ste Foye. Justes aperçus, peintures vives, rien n'y manque. Le reste du livre est de même vigueur. De semblables productions honorent un recueil tel que la *Revue Canadienne*.

" Villiers, Capitaine d'Infanterie, de partir incessamment
" avec le détachement français et sauvage que nous lui
" confions, pour aller à la rencontre des ennemis.  Nous
" lui ordonnons de les attaquer, s'il voit jour de le faire,
" de les détruire même, pour châtier l'action inouïe
" qu'ils ont commise.  S'il ne trouvait plus les Anglais et
" qu'ils se fussent retirés, il les poursuivra autant qu'il
" le jugera à propos pour l'honneur des armes du Roi.
" Et dans le cas où ils se seraient retranchés, et qu'il lui
" serait impossible de les attaquer, il ravagera leurs
" bestiaux et tâchera de s'emparer de leurs convois.
" Malgré.l'indignité dont ils se sont rendus coupables,
" nous recommandons au Sieur de Villiers d'eviter toute
" cruauté, autant qu'il sera en son pouvoir.  S'il peut les
" battre et nous venger de leur mauvais procédé, il déta-
" chera un de leurs prisonniers pour dire à leur Com-
" mandant qu'il aura la paix s'il veut renoncer à ses pré-
" tentions et nous renvoyer nos prisonniers. Il ne laissera
" pas ignorer que nos Sauvages sont indignés de leur
" action.  Pour tout le reste, nous nous en rapportons à
" la prudence de Mr de Villiers. Fait au camp Duquesne,
" le 28 Juin 1754.  (Signé) CONTRECOEUR."
L'issue du combat fut telle que nous l'avons rapportée.
" Nous pourrions venger un assassinat, dit Mr de Villiers
" à Washington : nous ne l'imitons pas." Alors fut signée
la Capitulation qui dût singulièrement humilier le
futur chef de l'Indépendance américaine.  En voici les
termes ; nos voisins pourront l'insérer dans leur histoire :
" Capitulation accordée par Mr de Villiers, Capitaine
" d'Infanterie, Commandant des troupes de Sa Majesté
" très-Chrétienne, à celui des troupes anglaises actuel-
" lement dans le fort Nécessité, construit sur les terres
" du domaine du Roi. Ce 5 Juillet 1754, à huit heures
" du soir.  Comme notre intention n'a jamais été de
" troubler la paix et la bonne harmonie qui régnait entre
" deux princes amis, mais seulement de venger l'assassinat
" commis sur l'un de nos officiers, porteur d'une som-

31

" mation, et sur son escorte, comme aussi d'empêcher
" tout établissement sur les terres du Roi, nous voulons
" bien accorder grâce à tous les Anglais qui sont dans le
" dit fort, aux conditions suivantes :

 " Art. I.—Nous accordons au Commandant anglais la
" permission de se retirer avec toute sa garnison et de
" s'en retourner dans son pays, et lui promettons d'em-
" pêcher qu'il lui soit fait aucune insulte.

 " Art. II.—Il lui sera permis d'emporter tout ce qui
" lui appartient, à l'exception de l'artillerie que nous
" nous réservons.

 " Art. III. — Nous lui accordons les honneurs de la
" guerre, permettant à ses troupes de sortir tambour
" battant, avec une pièce de canon, afin de lui prouver
" par là que nous les traitons en amis.

 " Article IV.—Aussitôt les articles signés de part et
" d'autre, ils amèneront le pavillon anglais.

 " Art. V.—Demain à la pointe du jour, un détachement
" français fera défiler la garnison et prendra possession
" du fort.

 " Art. VI.—Les Anglais n'ayant plus ni chevaux, ni
" bœufs, pourront mettre leurs effets en lieu de sûreté,
" sous la garde de quelques officiers, en tel nombre
" qu'ils voudront, pourvu qu'ils donnent leur parole
" d'honneur de ne plus travailler à aucun établissement
" dans ce lieu, ni en deçà des hauteurs des terres, et ils
" seront libres de venir les chercher lorsqu'ils auront
" leurs chevaux.

 " Art. VII.—Comme les Anglais ont en leur possession
" un officier, deux cadets, et tous les prisonniers qu'ils ont
" faits dans l'assassinat du Sieur de Jumonville, et qu'ils
" promettent de les renvoyer sous bonne escorte jusqu'au
" fort Duquesne, MM. J. Wambram et R. Stobo, tous
" deux Capitaines, pour sûreté de cet article, nous seront
" remis en otages, jusqu'à l'arrivée de nos Canadiens et
" Français.

 " Nous nous obligeons, de notre côté, à donner escorte et

" à reconduire en sûreté les deux officiers qui s'engagent
" à ramener les Français dans deux mois et demi, au
" plus tard.

" Fait double sur un des postes de notre blocus, ce jour
" et an que dessus. (Signé) JAMES MACKAY, GEORGE WASH-
" INGTON, COULON DE VILLIERS."

Mr de Gaspé, en demandant la main de Melle de Villiers,
n'avait donc pu s'allier à une famille plus recommandable. Lorsqu'eut lieu ce mariage, il était devenu Seigneur
de St Jean Port-Joli. Une coupable négligence, plus
préjudiciable encore aux Censitaires qu'au Seigneur.
s'étant introduite, Mr de Gaspé fit rappeler l'Ordonnance
qui enjoint aux habitants de payer les arrérages des cens
et rentes, et d'exhiber les contrats de concession. Voici
un extrait de la pièce qui en fait foi : " Vu les contrâts
" du Sieur de Gaspé, ensemble les règlements du Conseil
" du 11 Mai 1676, et tout considéré : nous avons ordonné
" et ordonnons que les habitants de Port-Joly aient à
" payer à leur dit Seigneur tous les arrérages des cens et
" rentes qu'ils lui doivent, depuis la date de leurs contrats,
" attendu que leurs terres étant bornées depuis 1725, ils
" n'ont plus de raisons de se dispenser de payer ; et pour
" ceux qui n'ont point de contrats, ils seront tenus de lui
" en fournir et passer une expédition incessamment, et,
" en outre, tiendront feu et lieu sur leurs terres, ainsi
" qu'il est ordonné par l'arrêt du Conseil d'Etat du Roi ;
" pour ce à quoi satisfaire nous leur accordons un nouveau
" délai, passé lequel, nous déclarons réunies au domaine
" du Sieur de Gaspé les terres de ceux qui n'auront point
" tenu feu et lieu, après qu'il en aura fait tirer la pro-
" fondeur à leurs frais et dépens. Fait à Québec, le 21
" Février 1731. (Signé) HOCQUART."

Après avoir donné tous ses soins pour mettre sa Seigneurie sur un bon pied, Mr de Gaspé termina sa vie, le
19 Juin 1787, à l'âge de soixante-et-dix ans. De son
mariage avec Melle de Villiers sont nés six enfants : Marie-
Anne-Angélique, Pierre-Ignace, Geneviève, Ignace, Marie-

Anne et Pierre-Ignace.— Marie-Anne-Angélique épousa,
le 14 Juin 1778, Mr Michel Fortier.—Geneviève, après
s'être mariée à Mr Michel Bailly de Messein, fils de Mr
François-Augustin Bailly et de Dame Marie-Anne de
Goutin, famille qui a donné au Diocèse de Québec Mgr C.
Bailly, Evêque de Capse, est morte à St Thomas, le 25
Décembre 1834.

### IVᵒ PIERRE-IGNACE DE GASPÉ.

Mr Pierre-Ignace de Gaspé, fils aîné du précédent, fut,
comme son père, Seigneur de St Jean Port-Joli. Ayant
été appelé alors au Conseil Législatif, il en fut un des
membres les plus utiles, si ce n'est par de pompeux discours, au moins par la sagesse de ses votes.

Pour se faire une juste idée des services importants
qu'il rendit dans cette enceinte, il faut se reporter en
arrière de plusieurs années et se rappeler le temps où il
vivait. A la vérité, le pays n'était plus sous le régime
militaire qui avait donné lieu à tant d'abus criants ;
après avoir été supprimées d'une manière tyrannique,
les lois françaises, grâce à d'énergiques réclamations,
avaient été de nouveau remises en vigueur ; le catholicisme n'était plus autant l'objet d'une haine sauvage ;
l'ostracisme si prononcé contre les Canadiens avait perdu
beaucoup de sa rigueur primitive. Les évènements qui
venaient de se passer à nos portes et jusque sur le territoire canadien, la conduite surtout si loyale et si ferme
du peuple et de ses chefs, étaient pour beaucoup dans ces
changements. Mais que d'efforts encore à faire avant d'obtenir une égale justice ! Le commerce était entre les
mains des vainqueurs ; les terres étaient en partie accaparées aussi bien que les places ; l'éducation était, comme
aujourd'hui, une question brûlante ; la langue française
elle-même était également devenue un sujet d'altercation.
Pour tout dire en un mot, le peuple canadien était encore
debout, mais sa nationalité était gravement exposée. Il

fallait donc de l'énergie, de la prudence et de la persévérance pour sauver cette épave qui avait échappé à tous les désastres. On en montra. C'est cette conduite à la fois digne et courageuse qui assure aux Bédard, aux Plessis, aux Papineau, aux Viger, aux Parent, aux Taschereau et à tant d'autres, une place à part dans l'histoire. Nouveaux O'Connell, ils ont combattu pour la patrie avec une vigueur et une ténacité qui durent faire tressaillir dans la tombe leurs glorieux ancêtres. Dans la mesure de ses forces, Mr de Gaspé appuya toujours les sages mesures et défendit la bonne cause. C'est là sa gloire.

Pendant que Mr de Gaspé se livrait à ces travaux utiles, ceux de sa famille qui étaient en France se couvraient de gloire, en défendant la cause du bon droit. L'un d'eux, devenu Chef de Légion [1], voyant arriver sous les murs du Château plusieurs bataillons armés de piques, dans le but de protéger le Roi, mais en réalité pour l'intimider jusque dans son propre palais, ne craignit pas de s'exposer à la colère de ces forcénés. C'était le 10 Août 1792. Il les contraignit à laisser leurs canons dans la cour du Château et les fit passer sur la terrasse, située sur le bord de la Seine, à une certaine distance des Tuileries. Mais que pouvait le dévouement le plus généreux contre un peuple en délire, qui, comme une mer en fureur, se déchaînait contre son Roi ? Après avoir rempli ses devoirs au dehors, Mr de la Chesnaye voulut le remplir au dedans. Il rentra donc dans le palais. La famille royale était alors dans la

---

1 D'après le grand ouvrage de Mr Mortimer : *Histoire de la Terreur*, d'où nous avons tiré tous ces détails, la Garde Nationale, nouvellement constituée, se composait de six Légions, dont chacune avait un Commandant particulier, qui, à tour de rôle, remplissait les fonctions de Commandant Général. Ces six chefs étaient : MM. Mandat, de la Chesnaye, Bouillard de Blair, Aclocque, Pinon et Romainvilliers. Voici l'ordre que reçut pour sa part Mr de la Chesnaye : " Nous, officiers " municipaux, requérons, en vertu de la loi contre les attroupements, " donnée à Paris le 3 Août 1791, Mr de la Chesnaye, Chef de Légion, " Commandant Général de la Garde Nationale, de prêter le secours des " troupes de Ligne et de la Gendarmerie nationale, nécessaire pour " repousser l'attroupement qui menace le Château, et de repousser la " force par la force."

Chambre du Conseil, où le Roi, avec ses Ministres, déli-
bérait sur ce qu'il y avait à faire.   Il pouvait être six
heures du matin.  Craignant que le fer des Marseillais ne
surprit ses enfants dans leurs lits, la Reine les avait fait
lever et habiller   Il n'y avait dans ce moment autour
d'elle que la princesse de Lamballe, la princesse de Ta-
rente, Mᵈᵉ Tourzel et sa fille.  La municipalité était représentée par deux de ses membres, et le Département par
le Procureur-Syndic et deux Administrateurs.

Mr de la Chesnaye avait à peine pris place près de la
Reine, que la multitude, qui s'était organisée pendant la
nuit, au son lugubre du tocsin, débouchait par toutes les
rues à la fois sur la place du Carrousel en colonnes
serrées, traînant avec elle des canons et des munitions de
guerre.  En un instant les portes du palais sont enfoncées
à coups de hache, et, passant sur le corps des Gardes, ces
bandes de forcénés pénètrent dans tous les appartements.
en criant: " la déchéance ou la mort!"  Voyant arriver
les Gardes nationaux tout près du Roi, et suspectant les
dispositions de quelques-uns, Mr de la Chesnaye veut les
éloigner.  "Non, dit la Reine, après les avoir considérés :
" je vous réponds de tous les hommes qui sont ici.  Ils
" marcheront devant, derrière, dans les rangs, comme
" vous voudrez ;. ils sont prêts à tout ce qui pourra être
" nécessaire : ce sont des hommes sûrs."

Cependant, les flots du peuple ameuté sont parvenus
jusqu'à la personne du Roi, brisant, saccageant tout ce qui
se rencontre.  Alors, les cris redoublent, les vociférations
les plus affreuses se font entendre.  La vie du Roi et de
sa famille est en danger.  Se voyant débordé de toutes
parts, Mr de la Chesnaye se tourne vers la Reine et lui
dit : " Madame, tout est perdu ; le peuple est le plus fort.
" Quel carnage il va y avoir!  Au moins, reprend Marie-
" Antoinette, sauvez le Roi, sauvez mes enfants!"  Dans
ce but, on conseille à Louis XVI de se retirer à la salle
d'Assemblée avec sa famille, et c'est Mr de la Chesnaye
qui est chargé de l'escorter.  A la tête de trois cents Gre

LA FAMILLE DE GASPÉ.

nadiers, il s'ouvre un passage à travers les brigands, et
parvient avec ces nobles infortunés jusqu'aux Représentants du peuple.

Cette mission remplie, M<sup>r</sup> de la Chesnaye retourne au
Château, où le Roi le conjure d'aller protéger ses serviteurs, dont la vie est en danger. " Messieurs, dit-il aux
" Représentants du peuple, je suis chargé en ce moment
" de la garde du Château : les portes en sont enfoncées. Je
" demande à l'Assemblée qu'elle m'indique la marche à
" suivre : il y a là des citoyens qui sont au moment d'être
" égorgés." Tant de dévouement devait avoir sa récompense. Quelques semaines après, le 2 Septembre, M<sup>r</sup> de
la Chesnaye était massacré dans une des prisons de Paris,
presque en même temps que la Princesse de Lamballe,
échangeant ainsi contre une vie passagère une couronne
immortelle.

M<sup>r</sup> de la Chesnaye ne fut pas le seul, dans ces jours
mauvais, à couvrir de gloire sa famille. De leur côté,
les MM. de Galifet, ses parents, faisaient honneur au beau
nom qu'ils portaient. L'un d'eux, M<sup>r</sup> Charles-François de
Galifet, était promu au grade de Capitaine au régiment
des Gardes françaises, et devenait Chevalier de S<sup>t</sup> Louis.

M<sup>r</sup> de Gaspé avait épousé, le 28 Juillet 1786, M<sup>elle</sup> Catherine Tarieu de Lanaudière, fille de l'Honorable Charles
Tarieu de Lanaudière la Pérade et de Dame Catherine
LeMoyne de Longueuil. Après trente-neuf ans du plus
heureux mariage, il mourut à son Manoir de S<sup>t</sup> Jean
Port-Joli, le 13 Février 1823, à l'âge de soixante-six ans,
regretté de tous ses censitaires, qui avaient trouvé en lui
plutôt un père et un ami qu'un maître, ainsi que l'insi-
nue si bien M<sup>r</sup> P. J. de Gaspé, dans son magnifique ouvrage : les *Anciens Canadiens*. De son mariage avec M<sup>elle</sup>
de Lanaudière, il avait eu huit enfants : Philippe-Joseph,
Charles-Guillaume, Antoine-Thomas, Antoine-Frédéric,
Xavier-Ignace, Marie-Anne, Marie-Catherine et Antoine-
Thomas, qui tous, à l'exception de deux, Philippe-Joseph
et Antoine-Thomas, moururent à la fleur de l'âge.

## Vo PHILIPPE-JOSEPH DE GASPÉ.

Mr Philippe-Joseph de Gaspé, fils aîné de Mr P. de Gaspé
et de Dame Catherine Tarieu de Lanaudière, est l'illustre
auteur des *Anciens Canadiens*, que nous venons de nommer. Qui veut apprécier son talent hors ligne, ou connaître les épisodes variées de sa longue et noble existence,
peut lire l'ouvrage tout à l'heure mentionné et parcourir
les *Mémoires* que ce vénérable octogénaire vient de laisser
tomber de sa plume toujours facile. Contemporain de
presque toutes les illustrations du pays, mêlé à la plupart
des évènements, en rapport avec les premières familles,
il en parle comme quelqu'un qui possède les choses à
fond.

Après avoir consacré quelques pages pleines de verve
au Docteur Pierre de Sales Laterrière, Chirurgien-Major
dans le Corps des Voltigeurs, à l'Honorable Louis-Joseph
Papineau, le grand Orateur de la Chambre, et au Docteur
Joseph Painchaud, le spirituel Lectureur de Québec, Mr
de Gaspé fait le portrait suivant de l'Honorable Rémi
Vallières de St Réal : " Orphelin dès l'âge le plus tendre,
" il réunissait aux talents les plus brillants un cœur de la
" plus exquise sensibilité. On eût dit que Dieu, en le
" créant, n'avait rien refusé à cet homme privilégié. Son
" génie se faisait jour à travers tous les obstacles. Elevé
" par Mgr Plessis, il n'oublia jamais la dette de recon-
" naissance qu'il devait à son généreux protecteur. Aussi,
" à l'encontre de beaucoup de jeunes gens qui évitent,
" s'ils ne font pas pis, la société de ceux qui leur ont
" ouvert le chemin des honneurs et de la fortune, il se
" faisait un devoir de rendre de fréquentes visites à son
" bienfaiteur, et la mort seule de l'éminent prélat a mis
" fin à leur commerce d'amitié." Il termine par ces touchantes paroles qu'on voudrait pouvoir adresser à tous les
" Juges et à tous les Avocats : " Combien de fois, ô mon
" ami, ai-je vu couler tes larmes sur les malheurs d'au-

Portraits

de

Bédard

père

et

fils

" trui ! L'hermine dont tu étais revêtu n'a jamais été
" souillée. Elle était aussi pure, aussi blanche, lorsque
" tu te présentas au tribunal de Dieu, précédé des prières
" de la veuve et de l'orphelin, que le jour où ta Sou-
" veraine t'en décora aux acclamations de tous tes com-
" patriotes."

Parlant du Juge Bedard, [1] incarcéré pour son intrépidité à défendre ses compatriotes, Mr de Gaspé rapporte
cette anecdote qui nous reporte au temps d'Archimède :
" Homme d'études, profond mathématicien, il profitait
" de ses heures solitaires pour se livrer à ses goûts favoris.
" Après quelque temps de détention, on lui annonça qu'il
" était libre. " Je ne sortirai d'ici, répondit le futur Juge,
" que lorsqu'un corps de Jurés aura déclaré mon inno·
" cence." Dix jours après, comme le geôlier le pressait de
" sortir, au moment où il était occupé à ses calculs algé-
" briques : " Au moins, Monsieur, repartit Mr Bedard,
" laissez-moi terminer mon probléme." Cette demande
" parut si raisonnable, que le Sieur Reid la lui accorda
" de bonne grâce. Au bout d'une heure, satisfait de la
" solution de son problème, Mr Bedard sortit et s'achemina
" vers sa demeure."

Mr de Gaspé épousa, le 25 Septembre 1811, Mᵉˡˡᵉ Susanne
Allison, fille de Mr Thomas Allison, Capitaine dans le cinquième régiment d'Infanterie, et de Dame Thérèse Du-

---

1 Par ses discours en Chambre, où l'argumentation répond à la
véhémence ; par ses écrits dans la presse, où l'on ne sait ce que l'on
doit le plus admirer, ou de la vigueur du style, ou des traits acérés,
Mr Bedard s'est placé au premier rang des grands jouteurs de cette
époque, et peut être regardé comme le chef de cette génération d'hommes
remarquables à qui le pays est redevable de la conservation de ses
libertés civiles et religieuses. Il apprit au gouvernement à compter
avec un peuple qui produisait de tels hommes. Après avoir défendu
son pays de la plume, il le défendit encore avec les armes en 1812,
prouvant ainsi qu'il ne prenait conseil que du patriotisme le plus pur.
Mr Elzear Bedard, premier Maire de Québec, Juge Puine de la Cour
du Banc de la Reine, soutint dignement sa gloire. Après avoir occupé
une place marquante au Parlement, il est devenu une des célébrités
de la magistrature. C'est sous cet habile maitre que s'est formé
l'Honorable Juge Berthelot, une des notabilités de Montréal.

péron Baby. Cette Dame, modèle achevé des épouses et des mères, est décédée en 1847, laissant, pour perpétuer ses vertus, une nombreuse postérité. Melle Susanne, l'ainée de la famille, avait épousé le Juge Power, décédé il y a quelques années, et a plusieurs enfants. Philippe, l'ainé des fils, est mort à Halifax en 1840. C'était un jeune homme de talents distingués. Son ouvrage : l'*Influence d'un livre*, dit assez ce qu'il aurait été pour les lettres canadiennes, si la mort n'était venue trancher le fil de ses jours. Melle Adélaïde avait épousé le Comte George-René Saveuse de Beaujeu, dont tout le monde déplore la perte récente, et se trouve à la tète d'une charmante famille. Melle Elmire-Charlotte est l'épouse du Juge Stuart et a plusieurs enfants. Melle Zélie-Elizabeth s'est mariée à Mr Eusèbe Borne, fils de Mr George Borne, originaire du Dauphiné ; sa Demoiselle est l'épouse de l'Honorable Juge Loranger. Melle Zoé a contracté mariage avec l'Honorable Charles Alleyn, et est mère de plusieurs beaux enfants, parmi lesquels Melle Marguerite, élève du Mont Ste Marie. Mr Thomas est entré dans l'état ecclésiastique et dessert présentement la Paroisse de St Apollinaire. Mr Edouard est décédé en 1862, laissant plusieurs enfants. Melle Azéline est cette pieuse et aimable Demoiselle, qui, après avoir fait l'édification et le bonheur de ses connaissances, tant à Montréal qu'à Québec, a été trop tôt ravie à leur affection, laissant un vide difficile à combler. Puissent les larmes versées sur la tombe de cet Ange de bonté, l'engager à se souvenir dans la patrie des personnes qui l'ont tant aimée ! Melle Anaïs, dont se plaisait souvent à parler Melle Azéline, a épousé Mr William Fraser, Seigneur de la Rivière-du-Loup, et a quatre ravissants petits enfants. Melle Atala réside à Québec près de son père, pendant que Melle Philomène habite près de Mde de Beaujeu, sa sœur, au Côteau du Lac. Mr Alfred-Patrice de Gaspé, quatrième fils de Mr P. de Gaspé et de Mde S. Allison, continue la lignée. Il a épousé, en 1859, Melle Madeleine Fraser, fille du Colonel Fraser, et a plusieurs enfants.

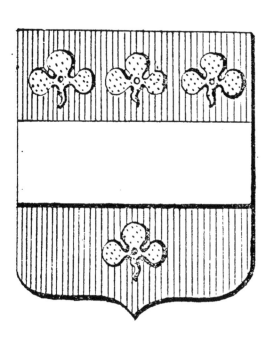

J. FLEURY D'ESCHAMBAULT.
Agent de la Compagnie des Indes.

Imprimerie Lebei Imp. Edit 18 et 23 rue St Sulpice Paris

# LA FAMILLE D'ESCHAMBAULT.

—◇◇◇—

Par son ancienneté, sa fortune, ses alliances, les charges qu'elle a remplies et les hommes distingués qu'elle a produits, cette famille tient aussi un des premiers rangs dans le pays. Les relations d'intérèt qu'elle eut avec celle du Chevalier Benoist, comme on peut le voir par l'état des biens de ce dernier, sont un motif de plus pour ne pas la passer sous silence.

### Iº JACQUES-ALEXIS FLEURY, SIEUR D'ESCHAMBAULT.

Le chef de cette famille, en Canada, fut Mr Jacques-Alexis Fleury, Sieur d'Eschambault. Il était originaire de St Jean de Montaigu, Diocèse de Luçon, en Poitou, où ses ancètres avaient été annoblis. Etant passé dans la Nouvelle-France vers le milieu du seizième siècle il épousa à Québec, le 28 Septembre 1667, Melle Marguerite de Chavigny, de la mème famille que celle de l'illustre Dame de la Pelterie.

Mr François de Chavigny, Sieur de Berchereau, père de cette Demoiselle, était Seigneur Champennois, en France. Venu en Canada un peu avant Mde de la Pelterie, avec laquelle il était très-lié, il avait épousé Melle Eléonore de Grandmaison, et résidait à Sillery, où il avait obtenu plusieurs terres. Après avoir occupé un rang très-élevé dans la Colonie naissante et avoir mème remplacé le

Gouverneur pendant son absence, il était repassé en France pour raisons de santé et y était mort en 1651. Mᵈᵉ de Chavigny n'avait que vingt-neuf ans lorsqu'elle perdit ainsi son mari. C'était une de ces femmes fortes, comme le pays en a produit de tout temps. Restée chargée de plusieurs enfants, elle eut à défendre leurs droits. Ses terres ayant été à la veille d'être confisquées, elle fit si bien valoir ses droits, que Mr de Lauzon, successeur de Mr de Montmagny dans l'administration de la Nouvelle-France, fit défense de l'inquiéter à l'avenir à ce sujet. Elle était à peine sortie de cet embarras, qu'elle se vit exposée à de nouvelles épreuves. La maison qu'elle avait à l'Ile d'Orléans devint la proie des flammes. Elle la fit rebâtir et alla l'habiter. Les Hurons ayant été alors chassés de leurs villages par les Iroquois, cette Dame, aussi charitable que courageuse, leur offrit une retraite sur ses terres. On y éleva, au lieu encore appelé l'*Anse-du-Fort*, un fort en pieux capable de protéger leurs cabanes, et tout à la fois la maison des Missionnaires et la modeste Chapelle qu'on y avait construite. Ce fut dans cet Oratoire que le Père Chaumonot bénit, en 1662, le nouveau mariage de Mᵈᵉ de Chavigny avec Mr Nicolas Gourdeau de Beaulieu, ancien Procureur au Siège Royal de Niort, en Poitou. Cette nouvelle union fut de courte durée. Au mois de Mai 1663, son mari, ainsi qu'un des hommes de sa maison, fut assassiné par un méchant serviteur qui fut pris, convaincu et condamné à mort. La noble veuve, pour donner à ses enfants un autre protecteur, contracta un nouveau mariage avec Mr de la Tesserie, membre du Conseil Supérieur de Québec. Elle mourut en 1692, à l'âge de quatre-vingt-deux ans. Telle fut la mère de Mᵈᵉ d'Eschambault. Elle même, avant d'épouser Mr J. A. Fleury d'Eschambault, avait été mariée à M. Douaire de Bondy, dont les descendants s'allièrent par la suite à la famille de Mr de Montigny. Elle avait une sœur, Mᵉˡˡᵉ Marie-Madeleine de Chavigny, qui, de son côté, avait épousé Mr Jean LeMoine, proche parent de Mr Charles LeMoyne de

Longueuil, et ancêtre des MM. LeMoine de Québec et de
Château-Richer, ainsi que de la célèbre Sœur LeMoine-des-
Pins qui succéda à Mde d'Youville dans la Supériorité de
l'Hôpital-Général, dont elle fut un des plus beaux or-
nements. C'est après la mort de son mari, qui se noya en
1667, près de l'Ile d'Orléans, que Mde Douaire épousa Mr
d'Eschambault. Toutes les notabilités de la Colonie prirent
part au contrat de mariage, que nous avons encore : Mr de
Courcelles, Gouverneur Général ; Mr Talon, Intendant ; Mr
de Grandmaison, Mr Henri Chastels Salières, Mr Juchereau
de la Ferté, Mr Aubert de la Chesnaye, Mr Demonteil, etc.

Avocat ès-lois, Avocat au Parlement, Mr d'Eschambault
devint successivement Bailli, Juge Civil et Criminel,
Procureur du Roi et enfin Lieutenant Civil et Criminel à
Villemarie. Ce fut dans cet intervalle que, laissant la
toge de Juge pour le mousquet, il suivit, à la tête des milices,
Mr de Frontenac dans son expédition contre les cantons
iroquois. Rendant compte de cette campagne si célèbre
dans l'histoire du pays, la *Gazette de France*, du 5 Janvier 1697, s'exprime ainsi : " Frontenac partit de Québec le
" 14 Juin et arriva le 22 à Montréal, où il trouva les
" bateaux, les munitions et provisions nécessaires, grâce
" aux soins de Mr de Champigny, Intendant. Il divisa en
" trois corps ses troupes qui consistaient en 2,200 hommes,
" y compris cinq cents Sauvages. Frontenac menait le corps
" de bataille, ayant sous lui de Ramezay, Gouverneur des
" Trois-Rivières. De Vaudreuil, Commandant des troupes
" du Canada, conduisait l'arrière-garde. Le Sieur de
" Subercase faisait les fonctions de Major-Général, et le
" Sieur LeVasseur de Neré, Capitaine, celles d'Ingénieur.
" L'armée se mit en marche le 4 Juillet, remonta le fleuve
" St. Laurent et entra dans la rivière des Iroquois. Après
" une marche très-pénible, à cause de la rapidité des
" rivières et des fréquentes chutes qu'elles font, ce qui
" oblige de porter fort loin par terre les bateaux, elle
" arriva au quartier-habité par les Onnontagués. Ces bar-
" bares, assistés par les Anglais, avaient construit un

" grand fort carré, long, flanqué de quatre bastions régu-
" liers et revêtus d'une, triple palissade d'une grosseur et
" d'une hauteur extraordinaires. C'est là qu'ils avaient
" résolu d'attendre les Français. Mais à leur approche,
" ils manquèrent de courage. Après avoir mis le feu à
" leur fort et à leurs cabanes, ils s'enfuirent à vingt lieues
" de là, avec leurs femmes et leurs enfants, n'emportant
" que pour deux jours de vivres. Ainsi, Frontenac, qui
" arriva deux ou trois jours après leur départ, ne trouva
" aucune résistance. Le canton iroquois des Onnéiouths,
" ayant appris l'arrivée de Frontenac, envoya des dépu-
" tés nous demander la paix, offrant de venir s'établir
" auprès de Montréal. Le 9 Août, le Comte de Frontenac
" se mit en marche pour revenir, et il arriva le 20 à
" Montréal. Il se loue extrèmement de l'activité et du
" zèle que les officiers et les soldats ont fait paraitre dans
" cette expédition, où il a fallu faire deux-cent-quatre-
" vingts lieues. On a pris ou tué plus de cent cinquante
" Iroquois, tant chemin faisant que du côté des Outaouais."
Faisant à son tour la relation de cette campagne, Charlevoix ajoute : " Les troupes étaient partagées en quatre
" Bataillons, de deux cents hommes chacun, sous les
" ordres de quatre anciens Capitaines : MM. de la Duran-
" taye, DeMuy, DuMesnil et le Chevalier DeGrais. On
" fit aussi quatre Bataillons de Milices canadiennes·
" Celui de Québec était commandé par Mr de St Martin,
" Capitaine ; celui des Trois-Rivières, par Mr de Grandpré,
" Major de la place ; celui de Beaupré, par Mr de Grand-
" ville, Lieutenant ; celui de Montréal, par Mr d'Escham-
" bault, Procureur du Roi de cette ville."
De retour de cette expédition, Mr d'Eschambault s'appliqua à affermir dans sa maison le bel héritage qu'il tenait,
par son épouse, de sa belle-mère, Mde Eléonore de
Grandmaison. Il obtint à cet effet la ratification de
plusieurs concessions qui lui avaient été faites, et après y
avoir fait construire le Manoir et le moulin qu'on y voyait
encore, il y a quelques années, changea le nom de la

Seigneurie en celui d'Eschambault, ou'elle porta depuis.
C'est alors qu'ayant perdu son épouse, il contracta
une nouvelle union avec Mde Marguerite-René Denis,
veuve de Mr de la Morandière, et devint ainsi beau-
frère de Mr de Ramezay, Gouverneur de Montréal, ce qui
nous amène naturellement à parler de ce haut fonctionnaire et de sa famille.

Le chef de cette famille fut ce Gouverneur lui-même.
Lieutenant en 1685, Capitaine en 1687, il avait été
nommé Gouverneur des Trois-Rivières en 1690. Après
avoir été appelé, neuf ans après, au commandement des
troupes du Canada, avec droit de préséance sur les Lieutenants du Roi, tant de Québec que de Montréal, et avoir
été décoré de la Croix de St Louis, il avait été pourvu, le
15 Mai 1704, du Gouvernement de Montréal, qu'il garda
pendant vingt ans. Ayant épousé Melle Charlotte Denis
de la Ronde, sœur de Mde d'Eschambault, il en avait eu dix
enfants : six filles et quatre fils. Deux de ses Demoiselles se
firent Religieuses, l'une à l'Hôpital-Général de Québec,
l'autre chez les Ursulines de Québec. " Revenant un matin
" de Notre-Dame de Bonsecours, rapporte l'ouvrage : les
" *Ursulines de Québec*, le lendemain d'un bal, elles furent
" surprises de trouver leur mère déjà debout. "Quoi !
" chère maman, s'écrièrent-elles, déjà debout, vous qui
" vous êtes couchée si tard, ou plutôt si matin !—Il le faut
" bien, mes enfants, répondit Mde de Ramezay : votre père
" doit se rendre avant neuf heures au Champ-de-Mars pour
" faire la revue du nouveau régiment, dont nous avons eu
" hier soir les principaux officiers.— Mais vous êtes aussi
" pâle ce matin, chère mère, que si vous aviez été malade
" au lit un mois entier. C'est ce malheureux bal qui vous a
" brisée. Pour nous qui avons dormi depuis onze heures
" jusqu'à huit heures du matin, nous dormions encore
" dans la voiture, et c'est à grand'peine si nous avons pu
" entendre la messe... Dites, chère maman, est-ce que
" cette vie bruyante et dissipée ne vous ennuie pas?
" —Cela ennuie bien un peu, repartit la mère.—Pour-

" quoi alors, répliqua Catherine, donner ces grands
" dîners ?—Ah ! mon enfant, répondit la mère en soupi-
" rant, j'avoue que nous aurions plus de joie et de paix,
" si nous pouvions vivre retirées sur nos terres ;[1] mais de
" quel œil nous regarderait-on, si nous refusions de nous
" associer aux officiers de Sa Majesté, aux citoyens haut
" placés ?" Comprenant par ces dernières paroles la position gênante de sa famille, Catherine, en embrassant sa
mère, s'écria :   " Ah ! chère maman, je vois que vous
" avez plus de soucis que de plaisirs ! En ce cas, permettez
" à vos filles d'embrasser un état qui n'offre jamais de
" pareils ennuis."

Tout en restant au milieu du monde, les autres Demoiselles ne furent pas moins édifiantes.  " Par leur haute
" vertu, écrit une pieuse contemporaine, et surtout par
" leur héroïque charité, elles pouvaient servir de modèle,
" même aux personnes vouées par état à la perfection
" religieuse. Elles était ravies de trouver quelque occa-
" sion d'assister les pauvres, ou de servir les infirmes :
" elles n'eussent pas hésité à exposer leur santé et leur
" vie pour procurer à un pauvre mourant quelque sou-
" lagement corporel ou quelque consolation spirituelle."
Lors de l'épidémie qui enleva à Villemarie plusieurs
Hospitalières, elles donnèrent une preuve éclatante de ces
nobles sentiments.  Au fort de la contagion et lorsque
personne n'osait approcher des Religieuses, ces nobles
filles du Gouverneur, Melles Angélique, Louise et Elizabeth,
allèrent s'offrir à elles pour les aider dans le service des
malades, ne demandant d'autre récompense d'un sacrifice
si héroïque que la grâce d'être soignées à l'Hôtel-Dieu,
si elles venaient à être atteintes elles-mêmes de la maladie,
et, en cas de mort, d'être enterrées avec les Hospitalières
dans la Chapelle de Notre-Dame-de-Bonsecours.

Pendant que les Demoiselles de Ramezay donnaient de

---

[1] Mr de Ramezay était alors Seigneur de Sorel et de Ste Marie de
Monnoir.

si beaux exemples de vertu à la Colonie, leurs frères
exposaient leur vie pour la défense du pays, en s'engageant dans tous les hasards de la guerre. L'un d'eux
ayant pris part à la bataille de Rio Janeiro, y fut tué.
Un autre, après avoir été fait successivement Lieutenant,
Garde-Magasin, s'étant avancé à la tête de 30 Français, en
1716, contre les Chirakis, tribus sauvages, trouva la mort
dans le combat. Un troisième, Mr de Ramezay, surnommé
*de la Gesse*, après avoir été Garde-Magasin à Rochefort en
1713, Enseigne de vaisseau en 1715, puis Lieutenant en
1718, périt en 1725, dans le naufrage du *Chameau*, vaisseau
parti des ports de France, et qui portait grand nombre
d'officiers et de personnes de marque.

L'unique survivant fut le Lieutenant du Roi à Québec,
au moment de la conquête, celui-là même qui remit la ville
aux Anglais. Sans exonérer de tout blâme cet illustre
officier, pour la précipitation avec laquelle, contrairement aux instructions qu'il avait reçues de son Supérieur, il s'empressa de capituler, il semble qu'on peut
dire que s'il fut coupable, il ne fut pas le seul. Abandonné qu'il était à lui-même, entouré d'une population qui se mourait de faim et qui craignait de se voir
livrée à chaque instant aux horreurs d'un assaut, il lui
était difficile de ne pas céder à l'opinion du plus grand
nombre. Peut-être un homme plus ferme et plus confiant
en ses forces eût-il pris sur lui de résister à l'entraînement
général. Le mieux est de croire que, pour le plus grand
bien du peuple canadien, la Providence le permit ainsi.

Quoiqu'il en soit, Mr d'Eschambault ne vécut pas assez
longtemps pour pressentir ces funestes évènements. Il mourut en 1715, à l'âge de soixante-douze ans, laissant plusieurs enfants de son premier mariage avec Melle de Chavigny. Charles, l'aîné, passa en France et se fixa à la Rochelle,
où on le voyait en 1705 faisant les affaires de la Compagnie
du Canada. Simon-Thomas, Sieur de la Janière, alla
s'établir à la Martinique. Au mois de Septembre 1716, il
revint à Québec pour régler les affaires de la succession.

33

Il abandonna à son frère Joseph tous ses droits à l'héritage paternel. De son côté, Charles, toujours à la Rochelle, céda la part qui lui revenait sur ses biens du Canada, en échange de la propriété de Gromières, en France, en sorte que Joseph se trouva seul maître de la Seigneurie d'Eschambault. Jeanne-Charlotte, une de leurs sœurs, avait, à cette époque, épousé Mr François LeVerrier, Capitaine d'une Compagnie du détachement de la marine. C'est le fils de cette Dame, qui, après avoir été élevé au grade de Lieutenant en 1739 et de Capitaine en 1754, et avoir été décoré de la Croix de St Louis en 1755, fut nommé Major à Québec en 1759.

### IIº JOSEPH FLEURY, SIEUR DE LA GORGENDIÈRE.

Mr Joseph Fleury, Sieur de la Gorgendière, était le second fils de Mr J. A. d'Eschambault et de Dame M. de Chavigny. Il avait reçu le jour à Villemarie, le 23 Mai 1673. Il devint un des riches négociants du pays, et fut le principal Agent de la Compagnie des Indes. Le 11 Mai 1702, il épousa Melle Claire Joliet, fille de l'illustre Louis Joliet, le célèbre découvreur du Mississipi.

Mr Louis Joliet était fils de Mr Jean Joliet, natif de Sezane, en Brie, et de Dame Marie d'Abancour, fille de Mr Adrien Lacaille et de Simonne d'Orgeville, de Soissons. Il reçut le jour à Québec et fut baptisé, le 21 Septembre 1645, par le Père Vimont. Il eut pour parrain Mr Louis Maher et pour marraine Melle Françoise Giffard, qui se fit par la suite Religieuse. Il était l'ainé de Zacharie et d'Adrien, ses deux frères. Après avoir terminé ses études, ne se reconnaissant pas de vocation pour l'état ecclésiastique auquel il se croyait d'abord appelé, il tourna ses vues du côté des voyages. Appréciant le mérite du jeune Joliet, Mr le Comte de Frontenac se détermina à utiliser ses talents. On parlait beaucoup alors d'une grande rivière qu'on disait se décharger dans le golfe de la Californie. Mr Joliet fut donc chargé d'aller la reconnaitre,

et il eut pour associé le Père Marquet. Parlant de cet explorateur renommé, le Père Dablon s'exprime ainsi : " Ils ne se trompèrent pas dans le choix qu'ils firent du " Sieur Joliet, car c'est un jeune homme qui, pour un " tel dessein, a tous les avantages qu'on peut souhaiter : " il a l'expérience et la connaissance des langues du pays " des Outaouais, où il a passé plusieurs années ; il a la con- " duite et la sagesse qui sont les principales parties pour " faire réussir un voyage également dangereux et " difficile."

Les espérances que Mr Joliet avait fait concevoir ne furent pas déçues. Cette même année 1673, il découvrit le Mississipi, et ainsi immortalisa son nom, resté à une ville de l'Union américaine, et que porte encore un des Comtés du District de Montréal. Rendant compte de son voyage, il dit: " Je descendis jusqu'au trente- " troisième degré, entre la Floride et le Mexique, par une " rivière sans portages ni rapides, aussi grande que le " fleuve St Laurent, devant Sillery, laquelle va se dé- " charger dans le golfe du Mexique. Mais étant à cinq " jours de la mer, et ne pouvant éviter de tomber entre " les mains des Européens, je conclus de retourner." Faisant part à son tour au Ministre du résultat de l'entre- prise, le Comte de Frontenac parle ainsi : " Le Sieur " Joliet, que Mr Talon m'a conseillé d'envoyer à la décou- " verte de la mer du Sud, lorsque j'arrivai de France, est " de retour depuis trois mois, et a découvert des pays " admirables, et une navigation si aisée, par les belles " rivières qu'il a trouvées, que du lac Ontario et du fort " Frontenac on pourrait aller en barque jusque dans le " golfe du Mexique. Il a été jusqu'à dix journées du " golfe. Je vous envoye par mon secrétaire la carte qu'il " en a faite."

Deux ans après son retour, Mr Joliet épousa, à Québec, Melle Claire-Françoise Bissot, fille de Mr François Bissot, de Normandie, et de Dame Marie Couillard, dont le nom de Claire passa, de génération en génération, aux filles

aînées, et que récemment encore le Juge Taschereau a donné à une Paroisse de la Seigneurie de Joliet. Cinq ans après son mariage, en récompense de ses services, Mr Joliet fut mis en possession de l'Ile d'Anticosti, à la vérité peu fertile, mais qui, par sa position avantageuse sur le fleuve et la facilité qu'elle offrait pour le commerce des pelleteries, était de beaucoup préférable aux autres Seigneuries du pays. C'est à partir de cette époque qu'il commença à signer : Joliet d'Anticosti. Le titre de Concession porte que cette Ile lui est accordée " en con- " sidération de la découverte que le dit Sieur Joliet a " faite du pays des Illinois, dont il nous a donné le plan, " sur lequel a été faite la carte que nous avons envoyée, " il y a deux ans, à Msr Colbert, Ministre et Secrétaire " d'Etat, et du voyage qu'il vient de faire à la Baie- " d'Hudson, pour l'intérêt et l'avantage du Roi. En con- " séquence, nous avons au dit Sieur Joliet donné, accordé " et concédé, par ces présentes, l'Ile d'Anticosti, à l'em- " bouchure du fleuve St Laurent, pour en jouir à titre de " Seigneurie, lui ou ses ayant-cause. Donné à Québec, " au mois de Mars 1680· (Signé) DUCHESNEAU." Mr Joliet reçut, en outre, le titre d'Hydrographe du Roi. D'après un recensement de 1681, on voit que dès cette année-là il était établi avec sa famille à Anticosti, où déjà il avait fait défricher deux arpents de terre. A cette époque, il n'avait encore que quatre enfants : Louis, Jean, Anne et Claire, tous à la fleur de l'âge. Jean, le cadet, ajouta par la suite à son nom celui de Mingan. C'est celui-là même qui donna en mariage sa fille Anne à Mr Jean Taché, ancêtre des MM. Taché, dont le père était négociant, et non médecin, comme nous l'avons avancé par erreur, sur la foi d'autrui.

Huit ans après le recensement dont on vient de parler, Mr Joliet fut encore employé à l'Ouest et y rendit des services signalés. C'est au retour de l'un de ces voyages que son Ile, où il avait élevé un fort et fait construire plusieurs habitations, fut assaillie et dévastée par la flotte

anglaise. Lui-même, au moment où il entrait dans la
rade de Québec, tomba entre les mains de l'Amiral Phipps,
avec son épouse et sa belle-mère. A la levée du siège de
Québec, il recouvra sa liberté ; mais son vaisseau resta
capturé et tous ses biens furent perdus. Ce fut sans
doute pour le dédommager que, sept ans après, on lui
accorda la Seigneurie de Joliet, possédée encore aujour-
d'hui par ses descendants, dont l'un, l'honorable Barthélemi Joliet, fils de Mr Antoine Joliet et de Dame Catherine
Faribault, a immortalisé son nom, en remplaçant l'épaisse
forêt de la Seigneurie de la Valterie par une belle ville
qui compte présentement plus de trois cents habitations
et près de deux mille âmes, et en la dotant d'une magnifique Eglise et d'un Collége des plus utiles. Mr Louis
Joliet décéda vers la fin de l'année 1700, ou au commencement de l'année suivante, laissant une nombreuse
postérité.

Le mariage de sa fille Claire avec Mr Fleury de la
Gorgendière fut célébré avec beaucoup de pompe et au
milieu d'un grand concours de parents et d'amis. Tout
entier à son commerce, Mr de la Gorgendière augmenta
beaucoup sa fortune. Il élargit aussi ses domaines, en
obtenant, sur la rivière de la Chaudière, une concession
de trois lieues de front sur deux de profondeur, concession
qui a été désignée par la suite sous le nom de Seigneurie
de Vaudreuil, celle-là même qui, par ses mines précieuses,
est aujourd'hui une source de richesses pour le pays.
Cette concession est du 22 Septembre 1736. Vers cette
même époque, il aida deux de ses gendres à obtenir
chacun une concession sur la même rivière, l'une appelée
depuis du nom de Ste Marie, et l'autre de celui de St
Joseph. Aussi dévoué à la Religion que zélé pour sa
famille, Mr de la Gorgendière fit bâtir dans sa Seigneurie
une Chapelle qui servit au culte jusqu'en 1700, époque
où, tombant en ruines, elle fut abandonnée. Ayant de
grandes propriétés en plusieurs endroits, il avait aussi
plusieurs résidences : une à Québec, où se trouvaient ses

magasins de pelleteries ; une autre à d'Eschambault.   La
plus splendide était à Ste Foye. C'est là qu'après la bataille
de 1760, Mr de Bourlamaque blessé se fit transporter.
Obligé de voyager constamment pour ses affaires, Mr de
la Gorgendière passa plusieurs fois en France, avec son
épouse, et fit quelque séjour dans les Iles d'Amérique.   Il
était devenu puissamment riche et avait beaucoup contribué à étendre le commerce de la Nouvelle-France, lorsqu'il mourut, emportant la réputation d'habile financier
et de parfait administrateur.   Il avait eu, de son mariage
avec Melle Joliet, la plus nombreuse postérité peut-être
qu'ait jamais eu père de famille en Canada.   De cette
union étaient nés trente-deux enfants ; sept seulement
survécurent : Louis, Joseph, Ignace, Marie-Claire, Louise,
Charlotte et Thomasette.

Marie-Claire épousa, comme il a été rapporté ailleurs,
Mr Thomas-Jacques Taschereau, Trésorier de la Marine,
et ancêtre de la nombreuse et respectable famille que
le District de Québec a l'avantage de posséder.   Le mariage
eut lieu le 27 Janvier 1728.   Melle de la Gorgendière avait
alors dix-neuf ans.   Cette union fut brisée vingt ans après
par le décès de Mr Taschereau, qui arriva le 25 Septembre
1749. Son épouse lui survécut de longues années, n'étant
morte que le 19 Février 1797.

Louise entra dans la célèbre famille de Vaudreuil,
comme il a aussi été dit.   Le 2 Mai 1732, elle fit alliance
avec Mr Pierre-François Rigaud de Vaudreuil, alors Capitaine d'une Compagnie d'Infanterie, et fils du premier
Gouverneur de ce nom.   La cérémonie du mariage eut
lieu à Québec. Après la conquête, Mde de Vaudreuil suivit
son époux en France et alla se fixer à St Germain-en-
Laye, ou à Tours, suivant d'autres.

Charlotte, la troisième des filles survivantes, d'après
Mr Ferland que nous avons suivi, après avoir formé une
première alliance avec Mr LeVerrier, Procureur-Général,
épousa, en secondes noces, Mr Pierre Rigaud de Vaudreuil-
Cavagnal, dernier Gouverneur du nom. D'après la généa-

logie de la famille Bissot, que nous possédons encore, elle unit son sort à celui du célèbre Capitaine Marin, alors Chevalier de S$^t$ Louis. Nous laissons ce point d'histoire à éclaircir à ceux qui sont plus à même de le faire. D'après d'autres documents que nous avons sous les yeux, cette Dame eut de son premier mariage un fils qui devint Commandant à Mikilimakinac, et qui, après la conquête, passa en France avec Mr de Vaudreuil, son protecteur. Suivant ces mêmes documents, le mariage de M$^{elle}$ Charlotte avec Mr LeVerrier eut lieu le 15 Juin 1704, en présence de Mr Philippe Rigaud de Vaudreuil, Gouverneur Général; de Mr de Beauharnois, Sieur de la Chaussaye, Intendant; de Mr Claude de Ramezay, Gouverneur de Montréal; de Mr François Galifet, Lieutenant du Roi, et enfin de Mr Jacques-Alexis d'Eschambault, Lieutenant-Général Civil et Criminel.

Enfin, suivant la même généalogie de la famille Bissot, dont descendait M$^{de}$ Claire de la Gorgendière, fille de M$^{elle}$ Claire Bissot, épouse du célèbre Joliet, Thomasette, la plus jeune des filles, fit alliance avec Mr Thomas Dufy Desauniers, Colonel des Milices. C'est tout ce que nous savons sur elle. Passons donc aux fils.

Marchant sur les traces de leur père, les Messieurs de la Gorgendière continuèrent le commerce sur une vaste échelle. Louis, l'aîné, né au mois d'Avril 1705, hérita des Seigneuries d'Eschambault et Vaudreuil. Après avoir épousé, en 1735, M$^{elle}$ Marie-Anne Langlois, d'autres disent Marie-Anne Peire, il se remaria en secondes noces, en 1764, avec M$^{elle}$ Athalie Boudreau. De ce second mariage sont nés plusieurs enfants. Louis, l'un d'eux, fut le dernier propriétaire des Seigneuries de ses ancêtres, possédées aujourd'hui par le Juge Stuart. Ayant perdu en mer plusieurs vaisseaux qui voyageaient entre le Canada et la Martinique, il se trouva tout à coup ruiné. Il avait épousé M$^{elle}$ Aubry. Louis-Laurent de la Gorgendière, un de ses enfants, servit dans la milice en 1812. Il était Lieutenant-Colonel du premier régiment du

Comté, lorsqu'il mourut en 1832, à d'Eschambault, d'une attaque de choléra, laissant une fille, depuis épouse de Mr Thomas Jacques, Notaire à la Beauce. Melle Adélaïde, sœur du Lieutenant-Colonel, était entrée dans la famille Taschereau. Elle avait épousé Mr Antoine-Charles Taschereau, d'abord Membre du Parlement et ensuite Président de la Douane à Québec. Melle Marie-Louise, autre enfant de Mr de la Gorgendière et de Dame A. Boudreau, épousa l'Honorable Antoine-Louis Juchereau Duchesnay, Seigneur de Beauport, ainsi qu'il a été rapporté ailleurs. De ce mariage sont nés plusieurs enfants : Antoine Narcisse, Charles-Maurice, Elzéar-Henri et Melle Sophie mariée à Mr Gugy. [1]

[1] Mr Gugy descendait de Mr Conrad Gugy qui devint membre du Conseil Législatif, après la conquête, et dont le nom s'est déjà rencontré sous notre plume. Cette famille était originaire de Suisse. Ce n'est pas la seule que ce beau pays, si renommé par les Gardes qu'il fournissait à l'ancienne Monarchie française, nous ait donnée. Outre les familles de Montenack, Gugy, etc., nous avons encore la famille d'Orsonnens, une des plus illustres de la Confédération helvétique. Sa noblesse remonte aux temps les plus reculés. Suivant le catalogue des nobles, imprimé à Fribourg, que nous avons sous les yeux, elle compte parmi ses membres de hauts et puissants Seigneurs, des Conseillers, des Présidents de la Chambre, des Officiers distingués. Ainsi, en 1749, pendant que Mr Charles Simon Odet faisait partie du Corps d'armée du prince Diesbach, et que MM. Jean-Henri et Claude-Joseph Odet étaient, l'un Banneret des Places, l'autre Capitaine Commissaire-Général. Mr Pierre Odet, Seigneur d'Orsonnens, remplissait la charge de Président des Chambres d'Admortarisation, de Provision et du Droit rural. Non moins remarquable par ses vertus que par sa haute extraction, cette famille offrit en 1793, à son Château d'Orsonnens, un asile aux prêtres que la révolution forçait à s'éloigner de leurs troupeaux, et ce fut pour reconnaître ses services que le Pape Pie VII lui envoya une médaille d'argent. De cette famille, il ne reste plus en Suisse que deux membres, dont l'un, le Capitaine Jean d'Orsonnens, concourut en 1849, avec l'armée française, à remettre Pie IX sur son trône. Mr P. Odet d'Orsonnens, petit-fils du Président de la Chambre d'Admortarisation, est le chef de cette famille en Canada. Il y vint avec le régiment des Meurons, en qualité de Capitaine des Grenadiers. Après la guerre de 1812, où il se signala, son régiment ayant été licencié, il suivit le Comte de Silkirk à la Baie-d'Hudson et s'empara, à la tête des troupes, du fort Williams qu'il remit au Gouverneur. Le Comte étant venu à mourir peu après, il perdit les immenses domaines qu'il en avait reçus en récompense de sa belle conduite. Mr d'Orsonnens avait épousé la sœur de Mme Sabrevois de Bleury. De ce mariage sont nés plusieurs enfants, entr'autres Mr Thomas-Edouard d'Orsonnens, aujourd'hui Médecin et Professeur distingué à l'Ecole de Médecine de Montréal.

Ignace, autre fils de M^r J. de la Gorgendière et de Dame Joliet, épousa Melle Prost: après avoir été Garde-Magasin à Rochefort, il passa à S^t Domingue où il acquit de grandes propriétés. A sa mort arrivée en 1753, il laissa une fille, Melle Marie-Elizabeth Geneviève, laquelle épousa, en 1772, M^r le Vicomte de Choiseul. Après quinze ans de mariage, elle perdit son mari, alors qu'il était à Brennan, ville libre de la Basse-Saxe. Avant de mourir, la Vicomtesse laissa par testament à ses cousins-germains du Canada le cinquième des biens qu'elle avait à S^t Domingue.

### III° JOSEPH FLEURY D'ESCHAMBAULT.

M^r Joseph Fleury d'Eschambault, second fils de M^r J. de la Gorgendière et de Dame C. Joliet, avait reçu le jour le 1^er Mai 1709. Il fut, comme son père, Agent de la Compagnie des Indes. [1] Entreprenant et actif, autant que loyal et intègre dans ses transactions, M^r d'Eschambault fut, aux jours des grandes épreuves, la ressource du pays. Ayant entre ses mains d'immenses capitaux, jouissant de la confiance publique, il mit à la disposition du gouvernement sa fortune et son crédit, uniquement préoccupé du salut de sa patrie.

Il avait épousé Melle Marie-Catherine Veron de Grand-

---

1 La Compagnie des Indes avait succédé, en 1664, à la Compagnie des Cents Associés, formée vers 1628. Elle fut remplacée à son tour, quelques années après, par celle du Canada qui s'adjoignit la Compagnie de la Baie-d'Hudson, fondée peu auparavant. Cette nouvelle Société disparut au bout de quelques années pour faire place à celle d'Occident qui eut une durée plus éphémère encore. Formée en 1717, elle n'existait plus dès l'année 1722, époque où reparut la Compagnie des Indes. Toutes ces Sociétés avaient principalement pour but le commerce des pelleteries, alors une des sources les plus fécondes de richesses pour le pays. Mais comme les abus se glissent partout, ces Sociétés ne tardèrent pas à dégénérer. Les fourrures furent accaparées et revendues à des prix exorbitants; les coureurs de bois se multiplièrent, et, en se multipliant, compromirent les forces de la nation. Et ce qu'il y eut de plus déplorable encore, c'est que les fonctionnaires publics, loin de réprimer ces désordres, ne firent que les aggraver, en prenant part à ces gains illicites. La vérité cependant nous oblige de dire qu'il y eut d'honorables exceptions.

mesnil. Cette Demoiselle descendait de Mr de Grandmesnil, si renommé pour son courage et son dévouement à
toute épreuve, et qui, avec le Gouverneur du Plessis, avait
été massacré, en 1652, aux Trois-Rivières, par les Iroquois.
Jeune fille, elle avait, par la distinction de ses manières,
son esprit cultivé, autant que par ses grâces extérieures,
fixé sur elle l'attention. Devenue épouse et mère, elle
fut la gloire et l'ornement des personnes de son sexe.
Toute entière à ses devoirs de maitresse de maison, elle
trouvait encore du temps pour visiter les pauvres et les
assister dans leurs besoins. Elle leur consacrait tous les
moments qui lui restaient. après les soins donnés à sa
famille. C'est dans la pratique de ces touchantes vertus
que se passa la plus grande partie de sa vie  Elle était
arrivée à une extrème vieillesse, lorsque la ville toute
entière lui donna une preuve de son estime et de sa confiance. D'épaisses ténèbres, accompagnées de coups de
tonnerre, avaient tout à coup changé le jour en nuit.
Commencée à une heure, cette obscurité profonde, appelée *la grande noirceur*, durait encore à quatre heures du
soir. Croyant presque toucher à la fin du monde, chacun
tremblait pour soi. En un instant les Eglises se remplirent.
La foule se porta surtout à l'Eglise de Notre-Dame-de-
Bonsecours. Cependant les ténèbres continuaient toujours. Alors une pensée vint à ces pieux fidèles : "Allons
" chercher M[de] d'Eschambault, s'écria-t-on de toutes parts,
" afin qu'elle unisse ses prières aux nôtres." La vertueuse
octogénaire demeurait alors à l'endroit où a été bâti
depuis le marché Bonsecours, sur la rue St Paul. Quelques
Dames se rendent donc à son domicile, et la conjurent
de venir. Cédant à leurs instances, M[de] d'Eschambault se
rend à la Chapelle, appuyée sur leurs bras. Arrivée dans
l'antique sanctuaire, elle commence des prières auxquelles toute l'assistance répond. La confiance ne fut
pas vaine. Ces prières n'étaient pas encore achevées, que
le soleil reparut à l'horison, faisant renaître la joie dans
tous les cœurs.

Telle était la compagne que Mr d'Eschambault s'était
choisie. Il était marié depuis plusieurs années et se
trouvait à la tête d'une belle famille, lorsque, l'amour du
bien public l'emportant dans son cœur sur ses intérêts
particuliers, il donna l'exemple du plus rare dévouement.
On touchait à la dernière crise. A une armée nombreuse
et pourvue de tout, le pays n'avait à opposer qu'une
poignée de braves qui manquaient même du nécessaire.
Les terres n'ayant pu être ensemencées, faute de bras,
les familles se trouvaient dans la plus affreuse détresse ;
les troupes elles-mêmes étaient sans approvisionnements.
Pour venir au secours de ces dernières, on eut recours à
Mr d'Eschambault. Le Gouverneur, le Général, l'Intendant surtout, lui écrivirent lettres sur lettres, le priant, le
conjurant de leur venir en aide. Dans sa lettre du 19
Juin 1759, le Général Montcalm lui disait: " Qu'il savait
" combien il était aimé des habitants et que dès lors il le
" pensait seul capable de lui procurer des vivres, article
" essentiel. C'est pourquoi il le suppliait de se transporter
" dans toutes les Paroisses et d'engager les habitants à
" lui en fournir le plus qu'ils pourraient ; que pour le
" prix, l'Intendant s'en rapportait à lui et attendait le
" résultat de ses démarches." Ne pouvant tenir devant
des instances si pressantes, Mr d'Eschambault se trans-
porta dans les campagnes. Faisant assembler les vieillards,
les femmes et les enfants, seuls restés chez eux pendant
le siège, il leur disait : " Mes chers amis, vos pères, vos
" frères, vos enfants sont actuellement à se sacrifier pour
" conserver votre liberté et vous arracher à la fureur
" d'un ennemi implacable ; mais ils manquent de vivres.
" Si vous ne les secourez, tout va succomber. Repré-
" sentez-vous alors l'horreur de votre situation !.. Rendez-
" vous donc service à vous-mêmes : donnez ce que vous
" pouvez et retranchez, s'il le faut, sur votre nécessaire.
" Les circonstances l'exigent ; elles sont pressantes." Et
ces pauvres gens qui avaient caché leurs dernières provisions aux émissaires de Bigot, venaient les apporter à

cet homme loyal et intègre, se condamnant à ne vivre
que de laitage jusqu'à la prochaine récolte. Alors, sur
les trompeuses promesses de l'indigne Intendant, Mr d'Eschambault les payait argent comptant avec ses propres
deniers. N'ayant plus rien, il leur donnait sa parole, et
ces bons habitants, qui avaient pleine confiance en lui,
s'en contentaient. D'autres fois, lorsqu'il se trouvait dans
des Paroisses où l'on faisait difficulté de fournir ainsi
des denrées à crédit, il avait recours à la bourse de ses
amis. Satisfaits de ses opérations et de la promptitude
avec laquelle les envois étaient faits, les Commandants le
comblaient de remerciments. Mr de Vaudreuil lui marquait " qu'il voyait avec un sensible plaisir le progrès
" qu'il faisait dans ses levées, et qu'il ferait valoir, il pou-
" vait y compter, son zèle et ses services auprès du
" Ministre." Mr de Montcalm lui écrivait de son côté:
" qu'il lui avait la plus grande obligation, et qu'il se
" ferait un devoir de faire connaître au Ministre sa noble
" conduite, afin qu'il voulût bien lui accorder des dis-
" tinctions, en considération du plus grand service que
" jamais citoyen ait pu rendre au Roi et à la patrie." Et
comme si ces félicitations et ces assurances n'eûssent pas
suffi, MM. de Vaudreuil et Bigot, dans une lettre
commune, lui disaient encore : " qu'en fournissant des
" subsistances, il avait sauvé l'armée de l'Ile-aux-Noix
" et celle de Québec; qu'il avait par là rendu un des plus
" grands services qu'on pût rendre, et que ce serait avec
" joie qu'ils rendraient la chose publique, ajoutant que son
" expérience leur était déjà connue par différentes opéra-
" tions difficiles, dont il s'était acquitté avec le plus grand
" succès, mais qu'il s'était surpassé dans ce qu'il venait
" de faire ; déclarant, en outre, qu'en avançant de l'or et
" des récipissés de castor, il avait hâté le fruit de ses
" travaux ; qu'ils souhaitaient que le témoignage qu'ils
" avaient à rendre de sa conduite au Roi, pût le disposer
" en sa faveur ; qu'il méritait beaucoup, et que ce serait
" avec une vraie satisfaction qu'ils apprendraient que Sa

" Majesté a bien voulu avoir égard aux représentations
" qu'il serait dans le cas de lui faire."

Si mérités que fussent ces éloges, si éclatantes que
fussent ces promesses, les services de Mr d'Eschambault
ne furent point récompensés. Davantage, il fut victime
de sa bonne foi : jamais les sommes qu'il avait avancées
ne lui furent remboursées, et ce qui était plus pénible
encore pour un homme d'honneur, jamais il ne put rem-
bourser celles qu'on lui avait avancées à lui-même.
Toutes ses démarches à ce sujet demeurèrent infruc-
tueuses. Sur deux cent trente-neuf mille six cent
soixante-deux livres qu'il avait déboursées, tant pour
approvisionner l'armée que pour pourvoir aux besoins
des malades et des blessés, entassés à l'Hôpital-Général
de Québec, c'est à peine s'il toucha onze mille quatre
cent cinquante-trois livres, en sorte qu'il se trouva ruiné,
et que, sans le vouloir, il fut cause que d'autres le furent
à son occasion. Afin de satisfaire, autant qu'il était en
lui, aux engagements qu'il avait pris, il n'hésita pas un
instant à vendre à vil prix les propriétés qu'il tenait de
ses pères ou que lui-même avait acquises, jugeant avec
raison que le plus bel héritage qu'il pouvait léguer à ses
enfants était celui de l'honneur, de beaucoup préférable
à celui de la fortune.

C'est au milieu de ces déboires et des peines qui en
furent la suite, que Mr d'Eschambault passa les dernières
années de sa vie. Il mourut en 1789, à l'âge de quatre-vingts
ans, laissant, de son mariage avec Melle de Grandmesnil, six
enfants : trois fils et trois filles. Avant de mourir, il avait
eu la consolation de voir ces dernières toutes bien établies.
Marie-Catherine, l'aînée, était entrée dans la famille de
Longueuil. Elle avait épousé, comme il a été dit ailleurs,
Mr le Baron de Longueuil. Claire, la seconde, avait fait
alliance avec l'Honorable Jean Fraser, d'abord Colonel
dans les troupes, et ensuite Juge des Paidoyers Communs
pour le District de Montréal. De ce mariage sont nés
trois enfants : l'épouse de l'Honorable James Cuthbert,

lequel, après avoir reçu son éducation à Paris avec MM. de
Selby et Morangh, devint membre du Conseil Législatif ;
Marie-Josephte, épouse de l'Honorable Chaussegros de
Lery, de Québec ; et Hélène, mariée au Capitaine Ployart,
dont le fils est mort dans les Indes, au service de l'Angleterre. Thérèse, la plus jeune, unit son sort à celui du
Capitaine Dunbar et fut mère des Dames Bruyer et de
Selby. M^{de} Bruyer a eu à son tour trois enfants : M^{de} I.
O'Sullivan, M^{de} A. Pothier et Henri, qui, après s'être fixé
à Deel, près de Douvres, a épousé M^{elle} Factor, fille d'un
riche banquier anglais. Quant à M^{de} de Selby, elle n'a
laissé qu'un fils qui, s'étant marié à M^{elle} Baby, a eu plusieurs enfants, entr'autres M^{tes} des Barats et M. Derbyshire.

Les fils de M^r d'Eschambault furent dignes de leur
père. L'un d'eux, quand survint la première guerre
américaine, prit les armes et fut un des vaillants défenseurs du fort St Jean. Après l'échange des prisonniers, il
entra, comme Capitaine, dans le régiment des Volontaires
Royaux. Il est mort en 1810, à l'âge de soixante et huit
ans. Un autre de ses frères passa en France, et, après
avoir séjourné quelque temps à Guernesey, prit du service
dans l'armée anglaise.

### IV^o LOUIS-JOSEPH D'ESCHAMBAULT.

M^r Louis-Joseph d'Eschambault, fils aîné du précédent et de M^{de} de Grandmesnil, reçut le jour à Montréal,
comme ses frères. Tout jeune encore, il suivit en France
sa tante, la Marquise de Vaudreuil, et, après avoir fait
ses études à la Flèche, entra dans le régiment de la Couronne, où il fut fait officier, et devint Page de Louis XVI.
Aux premiers symptômes de la révolution française, M^r
d'Eschambault revint en Canada.

S'étant alors décidé à continuer le service, il s'agrégea
à l'armée et fit son entrée dans le régiment anglais avec
le costume d'officier français. Le Prince Edouard ayant
honoré le Canada de sa visite en 1791, M^r d'Eschambault,
devenu Lieutenant-Colonel, commanda en même temps

que lui un Bataillon à Longueuil. Tous deux simulèrent
un combat. Le Lieutenant-Colonel laissa tout l'avantage
à son royal adversaire; mais, de l'aveu de tous les officiers,
ses manœuvres furent mieux conduites. Ces faciles
triomphes et la joie qu'il éprouvait de se retrouver dans le
pays de sa naissance, ne lui firent pas oublier la France.
A la nouvelle des malheurs de la famille royale, du triste
sort surtout de Marie-Antoinette et de la princesse de Lamballe, il ne put comprimer sa douleur. Après avoir été
fait Aide-de-Camp du Gouverneur Milnes en 1800, il fut
nommé, l'année suivante, Agent des affaires indiennes,
et devint en 1812, sous Sir George Prevost, Quartier-
Maitre-Général de la Milice.

N'étant encore que Lieutenant-Colonel, Mr d'Eschambault avait épousé, le 6 Octobre 1792, Melle Gilles Boucher de Montarville, fille de Mr Joseph Boucher de la
Bruère, Sieur de Montarville, Juge de Paix et Seigneur
de St Denis, et de Dame Pécaudy de Contrecœur. Le
contrat de mariage, que nous avons encore, fut signé par
l'Honorable Jean Fraser, Etienne Fleury, Sieur d'Eschambault, Capitaine, et père de l'époux; Mr René Boucher de
la Bruère, Lieutenant Colonel des milices; Mr François
Boucher Piedmont, Mr François Boucher, Sieur de la
Perrière, aussi officier, et une foule d'autres parents et
amis. De ce mariage sont nés plusieurs enfants. Melle
Gillette épousa le Capitaine Rodolphe de Steigner. Louis
fit alliance avec Melle Noyelle de Fleurimont,[1] dont il n'eut

---

1 Melle Noyelle de Fleurimont appartenait à cette famille qui avait
donné à la Colonie plusieurs officiers distingués. L'un d'eux, après
avoir été fait Chevalier en 1749, Major en 1751, était devenu Lieutenant du Roi aux Trois-Rivières en 1759. Deux de ses fils servirent
également dans l'armée. L'un était Lieutenant en 1760; l'autre,
l'ainé, après avoir ete fait Lieutenant en 1756, fut decore de la Croix
de St. Louis en 1761. Parlant du fils de l'un d'eux, une note des
*Archives de la marine*, de 1771, porte ce qui suit : "De Noyelle, fils
"d'un père Capitaine dans les Volontaires d'Afrique, est un officier
"des plus sages. Il a supérieurement profite des exemples et de l'edu-
"cation qu'il a reçus de ses parents, tous gens de qualité. Mr Dagues-
"seau, son parent, le voudrait faire passer à la Martinique où à la
"Guadeloupe."

qu'un fils, George, lequel s'est marié avec Melle Caroline
Lacoste, fille aînée de l'Honorable Louis Lacoste, et a été
quelque temps Secrétaire de l'Institut de Boucherville et
Lieutenant du 1er Bataillon du Comté.—George contracta mariage avec Melle McKenzie. Devenu un des
associés de l'Honorable Compagnie de la Baie-d'Hudson,
il fut très-utile à la Religion, en offrant en toute occasion
ses services à l'Evêque catholique.—Charles-Henri est le
Seigneur actuel de St Denis.   D'abord Avocat, puis Major
du 1er Bataillon de Chambly, il est devenu Juge de
paix. Ayant épousé, à Boucherville, Melle Marie-Léocadie
Proulx, fille de feu M. L. B. Proulx, Ecuyer, cousine-ger-
maine de Messire Antoine Tabeau, décédé au moment de
recevoir les Bulles qui le consacraient Evêque de Montréal, et sœur du Révérend J. Proulx, Missionnaire, et
fondateur de la Mission de l'Ile Manitouline, il en a eu
plusieurs enfants, dont trois seulement survivent : Arthur,
qui, après avoir reçu son éducation au Collége Ste Marie
de Montréal, est allé suivre les cours de Droit à l'Université Laval, le rendez-vous des talents distingués ;
Marie, actuellement au Couvent des Ursulines de Québec,
et Alexandre.   Melle Sophie, la plus jeune des enfants du
Colonel d'Eschambault, demeure à Chambly avec son
frère Charles-Henri, père des enfants qu'on vient de
nommer.

### Vo WILLIAM-HENRI D'ESCHAMBAULT.

Mr William-Henri d'Eschambault, troisième fils du
précédent et de Dame Boucher de Montarville, après
avoir fait ses études médicales à Paris en 1824, vint se
fixer à Montréal, à la suite de l'incendie qui désola Laprairie. Il avait épousé Mme Esther Raymond, fille de
l'ancien Représentant pour le Comté de Hungtindon, et
sœur de Mde J. Masson, [1] la bienfaisante Seigneuresse de

1 Le Collège do Terrebonne, les Missions. nombre de familles sont
grandement redevables à Mme Masson dont les libéralités rappellent les

Terrebonne, ainsi que de M^{de} Pinsonnault, mère de l'Evêque démissionnaire de Sandwich.

Le D^r d'Eschambault a été enlevé prématurément aux nombreux amis que lui avaient acquis son caractère plein de franchise et ses manières engageantes.  De son mariage avec Melle Raymond sont nés sept enfants : Guillaume-Henri, Théodore, Esther, Lœtitia, Arthur, Alphonse et Henri. Sur ces sept enfants, déjà deux ont été moissonnés par la mort.  Théodore, ayant pris du service dans la dernière guerre américaine, a succombé au moment où on espérait le voir revenir grandi et rayonnant de santé. Guillaume-Henri, ce jeune homme si distingué sur lequel la société aimait à fonder les plus belles espérances, venait d'embrasser la carrière où il devait rendre d'éminents services, quand la mort a tranché le fil de ses jours. Après de solides études dans l'antique Collége de Montréal,[1] où tant de citoyens remarquables ont puisé leur édu-

---

insignes bienfaitrices des premiers temps de la Colonie.  Cette Dame a trouvé de dignes émules de sa charité dans Mr O Berthelet, Mr S. Valois, M^{me} Quesnel, M^{me} de St Ours, Melle Symes, etc.—Par les immenses travaux qu'il a fait exécuter de concert avec sa sœur, dans la plupart des Communautés religieuses de Montréal, Mr Berthelet s'est placé au premier rang des bienfaiteurs de ce continent.—Le vaste établissement que Mr Valois a élevé, sur ses propriétés, aux Sœurs des Sts Noms de Jesus et de Marie, suffit, à lui seul, pour faire passer son nom à la postérité.—M^{me} Quesnel, si longtemps la providence vivante des Orphelins des Récollets et de la maison du Bon-Pasteur, a laissé un nom qui sera toujours en bénédiction dans ces pieux asiles.  Les aumônes qu'elle versait chaque année dans le sein des pauvres ne sont connues que de Dieu.  Pour venir au secours de l'indigence, elle se faisait pauvre elle-même.  M^{me} Quesnel est restée la gloire des estimables familles Côté, Chaboillez, Quesnel et Laframboise.—La munificence de M^{me} de St Ours est connue au Sacré-Cœur et dans sa Seigneurie.—Celle de Melle Symes, aussi généreuse que riche, n'a presque point de limites ; elle s'étend plus particulièrement aux Orphelines de la Providence, qui chérissent cette jeune Demoiselle comme une mère.  Ces faits honorent trop le catholicisme pour que nous ne les proclamions pas bien haut, en dépit de la modestie de leurs auteurs.  Leurs œuvres pourront disparaître, mais leur mérite demeurera eternellement.

1 Du Collège de Montréal, où ont laissé un souvenir ineffaçable les Houdet, les Roque, les Rivière, etc., et qui est encore dirigé aujourd'hui par des hommes qui ont la confiance publique, sont sortis grand nombre de prêtres distingués, de prélats éminents et d'illustres

cation, le brillant élève était passé en Europe pour y com-
plèter ses connaissances légales. A Paris, Son Excellence le
Ministre de l'Instruction publique, M. Rouland, après avoir
visité les attestations qui lui avaient été remises à son
départ, rendait l'arrèt suivant: "Vu les pièces produites par
" Mr d'Eschambault; vu l'article 5 du Décret du 22 Août
" 1824, arrète: le Diplôme de Droit délivré, le 14 Juin
" 1859, par le Recteur du Collège Ste Marie de Montréal,
" à Mr Guillaume-Henri d'Eschambault, est déclaré
" équivalent au Diplôme français de Bachelier ès-lettres et
" confère au dit Mr d'Eschambault les droits et  préroga-
" tives attachés à ce Diplôme. Fait à Paris, le 25 Janvier
" 1861. (Signé) ROULAND." Après avoir suivi le cours de
Droit dans la Capitale de la France, Mr d'Eschambault
se rendit à l'Université de Louvain, en Belgique. Tels
furent ses succès dans cette célèbre Ecole, qu'après un
an d'études, il obtint le Diplôme qu'on va lire : " Pierre-
" François-Xavier de Ram, Prélat de la maison de Sa
" Sainteté, Consulteur de la Sacrée Congrégation de
" l'Index, Chanoine honoraire de l'Eglise Métropolitaine
" de Paris, Docteur en Droit Canon, etc., Recteur de
" l'Université Catholique de Louvain, à tous ceux qui ces
" présentes verront, salut. Le *très-distingué* Guillaume-
" Henri Fleury d'Eschambault, de la cité de Montréal,
" ayant pleinement satisfait à tout ce qui est requis pour
" le grade de Docteur en Sciences politiques, suivant les
" règlements de l'Académie, et ayant été trouvé digne

---

citoyens.  Parmi les prélats, on compte, dans ces derniers temps, NN.
SS. les Evèques de Boston, de Portland, d'Hamilton, etc. ; et dans le
Clergé du second ordre, la plupart des Curés des principales Paroisses
de Montréal et de St Hyacinthe.  Le nombre des citoyens marquants
qui ont reçu leur éducation au Collège de Montréal est si grand, qu'il
est impossible de les nommer tous.  Qu'il suffise de citer MM. D. B.
Viger, L. J. Papineau, Sir Lafontaine, Quesnel, Cartier, etc , que le
pays tout entier regarde avec raison comme ses gloires. Ce vaste et
important Etablissement est sous la dépendance des MM. de St Sulpice
qui, depuis un temps immémorial, desservent aussi la Paroisse de
Montréal, à l'embellissement et à la prospérité de laquelle ils ont contribué pour une large part, tant par les temples magnifiques que par
les nombreuses écoles dont ils ont doté cette ville.

" d'être admis *avec éloge* à ce grade, tant par le Recteur
" de la Faculté de Droit, que par les Professeurs, et nous
" étant d'ailleurs assuré de l'intégrité de ses mœurs et de
" l'orthodoxie de sa foi ; nous, suivant le pouvoir qui
" nous a été conféré, nous l'avons solennellement reçu
" et qualifié Docteur *très-distingué* en Sciences politiques.
" En conséquence, il peut jouir ici et partout des hon-
" neurs, privilèges et droits, dont ont coutume de jouir
" ceux qui ont légitimement acquis ce grade. En foi de
" quoi nous avons signé le présent Diplôme avec le
" Recteur et les Professeurs de la Faculté de Droit,
" et y avons fait apposer le sceau de l'Université. Fait
" à Louvain,[1] le 12 Mai 1862. (Signé) A. J. Nameily,
" Vice-Recteur ; C. Delcour, Recteur de la Faculté de
" Droit ; C. Lérin, L. Borré, L. B. de Bruyn, E. de Zaer,
" A. Thimus, L. Ruggests, Birgaet, Secrétaire de l'Université."

Ce Diplôme était accompagné d'un certificat qui, en
rendant témoignage à sa conduite, lui faisait le plus
grand honneur. Il est ainsi conçu : " Vu l'avis de la
" Faculté de Droit, le Recteur de l'Université certifie
" que M. Guillaume-Henri d'Eschambault, de Montréal,
" ancien élève en Droit, Sciences politiques et admini-
" stratives, a fréquenté avec assiduité les cours prescrits
" par les règlements académiques depuis le mois d'Octobre
" 1861, et s'est distingué par une conduite tout-à-fait
" exemplaire. M. Fleury d'Eschambault, également
" recommandable par la fermeté de ses convictions reli-
" gieuses, par la bonté de son caractère, par l'intelligence
" et le talent, emporte toute notre estime et nous laisse
" les meilleurs et les plus honorables souvenirs. Delivré à
" Louvain, le 15 Mai 1862. (Signé) A. J. NAMEILY."
Puissent tous ceux qui franchissent la mer, pour aller

[1] L'Université Laval, don de la munificence des MM. du Séminaire
de Québec, est calquée sur celle de Louvain et sur les principales
Universités d'Europe. Sous ce rapport, le Canada n'a rien à envier
aux autres pays.

achever leurs études à l'étranger, ne rapporter que de semblables attestations! Le jeune Docteur en Droit n'était encore qu'élève du Collège de Montréal, lorsque plein de vénération et d'amour pour ses ancètres, il rédigea un travail sur sa famille, celui mème d'où nous avons extrait la plupart des détails qu'on vient de lire Ce travail nous a été communiqué avec une grâce charmante par ses sœurs, M<sup>elles</sup> Esther et Lœtitia, auxquelles nous sommes heureux, en terminant, de pouvoir offrir nos plus sincères remerciments.

M<sup>r</sup> Arthur d'Eschambault, filleul de M<sup>de</sup> de Montenach, est devenu, par la mort de ses deux aînés, le représentant de cette famille.

JEAN BAPTISTE HERTEL.
Seigneur de Rouville.

Boussac-Lebel Imp Edit 28 et 30 rue S Sulpice Paris

# LA FAMILLE HERTEL.

Pour se faire une idée des services qu'a rendus au pays cette importante famille, il suffit de savoir qu'au moment de la conquête, elle avait encore plus de douze de ses membres sous les armes : MM. Hertel de Chambly, Hertel de St François, Hertel de Montcourt, Hertel de Cournoyer, Hertel de Beaulac, Hertel de Beaubassin, etc. Alliée aux de St Ours, aux de Boucherville, aux de Bellefeuille, aux de Salaberry, etc., cette famille s'est perpétuée jusqu'à nos jours et compte encore de nombreux rejetons. Le Chevalier Benoist ayant servi sous Mr Hertel de Rouville, nous avons un motif de plus de la rappeler. Cette tâche est d'autant plus facile, que ce qu'on va lire est, en grande partie, l'ouvrage de l'un de ses descendants, de Mr E. Lefebvre de Bellefeuille, au crédit duquel nous aimons à mettre cette étude.

## Iº JACQUES HERTEL, SIEUR DE LA FRENIÈRE.

Mr Jacques Hertel, Sieur de la Frenière, chef de cette famille en Canada, était encore un enfant de ce beau pays qui a donné à la Nouvelle-France les de Longueuil, les de Répentigny, les Godefroy, etc., et, on peut le dire, la majeure partie de ses premiers habitants. Il quitta Fécamp, sa ville natale, pour passer en Canada, vers le commencement du seizième siècle, époque qui vit arriver,

soit de la Normandie, soit du Perche, soit de la Champagne, les Nicolet, les la Potherie, les Chavigny, les
Brassard, etc. S'étant appliqué, dès 1626, à l'étude des
langues sauvages, il devint un des interprètes les plus
habiles et les plus utiles. A cette époque, les interprètes
étaient des hommes tout-à-fait considérés : " ils étaient
" chargés par le Gouvernement et par les Compagnies,
" dit Mr Ferland, de traiter les affaires et d'entretenir des
" relations avec les tribus indiennes. Adoptés par la
" nation, ils étaient regardés comme des frères, et acqué-
" raient par leur énergie une grande autorité dans les
" Conseils." Ainsi en fut-il pour Mr Hertel.

En même temps qu'il était interprète, il était encore
Lieutenant dans les troupes, ce qui lui donnait entrée
dans les meilleures familles. Il profita donc de la considération dont il jouissait pour s'établir avantageusement. Le 29 Août 1641, il épousa, aux Trois-Rivières,
Melle Marguerie, de la famille de Mr François Marguerie,
aussi interprète de grande réputation. Cette union ne
devait pas être de longue durée. Douze ans après son
mariage, Mr Hertel mourut accidentellement, laissant
trois enfants : François, Marie-Madeleine et Marguerite.
L'ainée des filles, filleule de Mde de la Peltrie, après avoir
reçu son éducation chez les Dames Ursulines de Québec,
de 1650 à 1656, épousa Mr Louis Pinart, Chirurgien de
la garnison. De son côté, Mde Hertel, sa mère, se remariait
en secondes noces avec Mr de St Quentin.

## IIo FRANÇOIS HERTEL, SIEUR DE CHAMBLY.

Mr François Hertel, fils ainé du précédent, fut sans
contredit le plus illustre de sa race. C'est un héros, et
un héros chrétien dans toute la force du terme, compa-
rable aux plus célèbres athlètes de la primitive Eglise.
Suivant le Père Charlevoix, il fut un des plus vaillants
guerriers de cette époque, et peut être mis en parallèle
avec d'Iberville. Par son audace et ses succès, il mérita,

dès son vivant, d'être acclamé par ses concitoyens comme
le plus intrépide champion de la Nouvelle-France contre
ses éternels ennemis : les Iroquois et les colons de la
Nouvelle-Angleterre. Nous devons donc à son beau caractère, à ses nobles exploits, d'entrer dans quelques particularités de sa vie.

Mr François Hertel naquit aux Trois-Rivières, vers
l'année 1643. ' Tout jeune encore, il embrassa la carrière
des armes et ne tarda pas à s'y distinguer. Dieu, qui voulait le donner en exemple à la Colonie et en faire un
instrument de salut pour les Sauvages, permit qu'en 1661
il fût fait prisonnier par les Iroquois. Amené à Agniers,
où déjà gémissaient d'autres compatriotes, aussi faits
captifs, il eut à endurer toutes sortes de mauvais traite-
ments de la part des barbares, qui, après lui avoir brûlé
un doigt de la main droite dans un calumet, lui cou-
pèrent le pouce de la main gauche. Le jeune chrétien
supporta tous ces tourments sans laisser échapper une
plainte, sans pousser un soupir, heureux de souffrir ainsi
pour son Dieu et mettant toute sa force dans la prière.
Telle était sa patience, qu'elle inspirait à ses ennemis
eux-mêmes des sentiments d'admiration. C'est pendant
les jours de cette longue et cruelle captivité que, pour
rassurer ses amis sur la constance de sa foi, autant que
pour consoler ses bons parents, il écrivit ces lettres touchantes qu'on croirait détachées des *Actes des martyrs*. La
première, écrite sur une écorce, est adressée au Père
LeMoine, à Onnontagué. Elle est digne de passer à la
postérité. La voici dans toute sa simplicité : " Mon Ré-
" vérend Père, le jour même que vous partîtes des Trois-
" Rivières, je fus pris, sur les trois heures du soir, par
" quatre Iroquois d'en-bas. La cause pour laquelle je ne
" me fis pas tuer, à mon malheur, c'est que je craignais
" de n'être pas en bon état. Mon Père, si je pouvais donc
" avoir le bonheur de me confesser !... Si vous veniez ici,
" je crois que l'on ne vous ferait aucun mal, et je crois
" aussi que je m'en retournerais avec vous. Je vous prie

" d'avoir pitié de ma pauvre mère qui doit être bien
" affligée : 'vous savez, mon Père, l'amour qu'elle a pour
" moi. J'ai su par un Français qui a été pris aux Trois-
" Rivières, le 1er Août, qu'elle se porte bien et qu'elle
" espère que je me retrouverai auprès de vous. Nous
" sommes ici trois Français qui aurons la vie, si vous
" venez. Je me recommande à vos bonnes prières, parti-
" culièrement au St Sacrifice de la Messe, et je vous prie
" d'en dire une pour moi. Veuillez, s'il vous plaît, faire
" mes baise-mains à ma pauvre mère et la consoler." Il
ajoute en Postcriptum : " Mon Père, je vous prie de bénir
" la main qui vous écrit, et qui a un doigt brûlé dans un
" calumet, pour amende honorable à la Majesté de Dieu
" que j'ai offensé. L'autre a un pouce coupé ; mais ne le
" dites pas à ma pauvre mère. Je vous prie de m'honorer
" d'un petit mot de votre main, et de me dire si 'vous
" viendrez passer ici l'hiver. Votre, etc. F. HERTEL."
On ne sait ce qu'on doit le plus admirer dans ce confesseur de la foi, ou de sa tendre piété, ou de son amour
filial. Cette lettre fut suivie peu après d'une autre qui
n'est pas moins attachante. La première faisait connaître
sa triste situation, sa résignation ; la seconde laisse
deviner ses pieuses occupations pendant ses tristes heures
de captivité : " Mon Révérend Père, je vous prie de me
" faire l'honneur de m'écrire, et de donner votre lettre à
" celui qui vous portera celle-ci. Mandez-moi si vous
" viendrez avant l'hiver. J'ai eu la consolation de trouver
" ici un de vos bréviaires ; je m'en sers pour prier Dieu.
" Mandez-moi, s'il vous plaît, en quel temps vous pourrez
" être ici. Je vous prie de présenter mes respects à tous
" les Révérends Pères des Trois-Rivières et de Kébec ; je
" les prie de se souvenir de moi au Saint-Sacrifice de la
" Messe, et vous particulièrement, en attendant que j'aye
" le bonheur de vous revoir. Je demeure, mon Père,
" votre, etc. F. HERTEL." La troisième lettre est adressée
à sa mère ; elle ne pouvait être plus consolante : " Ma
" très-chère et très-honorée mère, je sais bien que la prise

" qui a été faite de ma personne vous a bien affligée. Je
" vous demande pardon de vous avoir désobéi. Ce sont
" mes péchés qui m'ont mis en l'état où je suis. Vos
" prières m'ont redonné la vie, ainsi que celles de M^de
" de S^t Quentin et de mes sœurs. J'espère que je vous
" reverrai durant l'hiver. Je vous prie de dire aux bons
" confrères de Notre-Dame, qu'ils prient Dieu et la S^te
" Vierge pour moi, pour vous, ma chère mère, et toutes
" mes sœurs. C'est votre pauvre Fanchon."

Après avoir langui un temps considérable parmi ses
cruels ennemis, au moment où il allait être immolé à
leur fureur, en haine de sa Religion et du nom français,
il fut arraché de leurs mains comme par miracle. Déjà
le poteau auquel il devait être attaché, était dressé; déjà
le feu qui devait le brûler était allumé, lorsque, touchée
de compassion à la vue de ce Français si calme, si jeune,
si plein de santé, une vieille Iroquoise, moins inhumaine
que les autres, intervient et déclare qu'elle l'adopte.
D'après les usages reçus chez ces barbares, on ne pouvait
le lui refuser. Le prisonnier est donc détaché et remis
à l'Iroquoise, qui, fière de sa conquête, l'emmène dans sa
cabane. Après avoir remercié sa bienfaitrice, M^r Hertel
vécut quelque temps sous son toit et lui rendit toutes
sortes de services. Ne pouvant se résoudre à y vivre toujours, il profita d'un moment où elle était absente pour
s'enfuir, et revint au milieu des siens qui le pleuraient
déjà comme mort.

Ne voyant dans sa délivrance qu'un motif de plus de
mieux servir son Dieu et son pays, M^r Hertel reprit sa
place parmi les troupes. L'occasion de signaler son courage ne se fit pas longtemps attendre. Dans le but de
relever la Colonie et de réparer les échecs qu'elle avait
éprouvés les années précédentes, M^r de Frontenac, ainsi
qu'il est rapporté ailleurs, s'était décidé à porter la guerre
dans les provinces anglaises. Il avait, dans ce dessein,
rassemblé une petite armée, et pour exciter une noble
émulation entre tous, l'avait divisée en trois corps. Le

commandement du corps levé dans le District des·Trois-
Rivières fut donné à Mr Hertel. Bien que le moins nombreux, puisqu'il ne comprenait que cinquante Canadiens
et vingt-cinq Sauvages, ce corps se distingua entre tous les
autres. Outre ses trois fils, Mr Hertel y avait encore ses
neveux: MM. Crevier et Gatineau. Il partit des Trois-
Rivières le 28 Janvier 1690. Après une longue marche à
travers les·neiges et les glaces, il arriva devant Sementels,
bourgade anglaise. Partageant alors son monde en trois
bandes, il donne à chacune ses ordres. La première,
composée de quinze hommes, devait s'emparer d'une
grande maison des mieux fortifiées ; la seconde, ne comprenant que onze hommes, devait enlever un fort en
pieux, protégé par quatre bastions ; la troisième, dont il
s'était réservé le commandement. était destinée à prendre
un fort plus considérable et muni d'artillerie. Cette triple
attaque fut dirigée avec tant d'habileté et poussée avec·
tant de vigueur, que les Anglais, après avoir·fait quelque
résistance. jugeant qu'il était inutile de prolonger davantage la lutte, posèrent les armes et se constituèrent prisonniers, au nombre de cinquante-quatre. Dans cette glorieuse action, vingt-neuf maisons furent détruites, et pas
un Français ne perdit la vie, preuve qu'une entreprise de
ce·genre ne pouvait être confiée à des mains plus sûres;
ainsi que Mr de Frontenac en écrivit à Mr de Seignelay,
alors Ministre. Ce succès, toutefois, faillit coûter cher à
Mr Hertel. Ayant appris ce qui était arrivé à Sementels,
les· habitants de Pescadowët prirent les armes et s'avancèrent, au nombre de deux cents, contre les Français avec
intention de les cerner. Averti à temps du danger, Mr
Hertel mit ses hommes en ordre de bataille, et, s'em-
parant du pont de la rivière qui le séparait de l'ennemi, il
l'attendit de pied ferme. Reconnaissant qu'ils n'avaient
affaire qu'à une poignée de Français, les Anglais s'élancent
sur le pont. Mr Hertel les laisse avancer, sans faire une
seule décharge ; mais lorsqu'ils sont assez près, se précipitant sur eux l'épée à la main, il en tue huit, en blesse

dix, et oblige les autres à abandonner la partie. Cette victoire coûta la vie à Mr Crevier, son neveu, et Mr Hertel de la Frenière, son fils aîné, fut grièvement blessé au genoux.

Après ce beau fait d'armes, apprenant que les troupes levées dans le District de Québec n'étaient qu'à deux journées de marche, Mr Hertel, sans songer à prendre de repos, et après avoir fait prévenir le Gouverneur de ses succès, par Mr Gatineau, son neveu, s'empressa de faire sa jonction avec Mr de Portneuf [1] qui était à leur tête. C'est alors que fut décidé le siége de Kaskebé. Après avoir sacrifié ses meilleures troupes dans une sortie, la garnison, ayant perdu tout espoir de se maintenir, se rendit. Par sa bouillante ardeur, et tout à la fois par ses habiles manœuvres, Mr Hertel ne contribua pas peu à ce résultat. Il fut d'un égal secours le reste de la campagne qui eut tout le succès que Mr de Frontenac en attendait. Intimidées par l'indomptable courage d'hommes que n'arrêtaient ni les distances, ni la rigueur du climat,

1 Après avoir servi en France, dans le régiment de Turenne, et avoir été fait Chevalier de l'Ordre de St Michel, Mr de Portneuf était passé dans la Nouvelle-France, où il devint Grand Voyer. Ayant epousé, en 1655, Melle Le Neuf de la Potherie, fille du Gouverneur des Trois-Rivières, il en eut grand nombre d'enfants. L'un d'eux passa en France, entra dans l'armée et devint Capitaine des Dragons, puis revint en Canada. Parmi les Demoiselles, une se fit Religieuse, sous le nom de Marie-Anne de la Trinité, chez les Dames Ursulines de Québec, où, après cinquante-six ans de profession, elle finit saintement sa vie. Sa belle-sœur, Melle Dumais, pour se rapprocher le plus possible de ce genre de vie, se rètira, après la mort de son mari, à l'Hôpital-Général de Villemarie, où, quoique âgée de quatre-vingt-un ans, elle jeunait, faisait maigre et servait les pauvres, comme la plus fervente Novice, charmant tout le monde par sa belle humeur. De cette famille sont sortis plusieurs officiers de merite. L'un d'eux passa en Louisiane en 1740 ; un autre, après avoir eté fait successivement Enseigne en 1744, Lieutenant en 1748, Capitaine en 1759 et Chevalier de St Louis en 1761, trouva la mort dans le naufrage de l'*Auguste*. En 1681, pour recompenser Mr Rene Robineau des services que lui et son père avaient rendus, Louis XIV érigea en Baronnie la Seigneurie de Portneuf qu'il avait acquise. Après avoir passe par plusieurs mains, cette Seigneurie devint la propriete des Ursulines de Quebec, qui s'en sont definitivement désaisies en 1851. Elle appartient aujourd'hui à Melle Symes, dont nous avons admire la charité.

ni les fatigues, ni les dangers de toute espèce, les Colonies anglaises n'osèrent plus remuer. Les perfides Iroquois
eux-mêmes, un instant ébranlés par des présents et de
séduisantes promesses, revinrent à l'alliance des Français,
ou au moins renoncèrent pour un temps à leurs iniques
desseins.

Tant de services ne pouvaient rester sans récompense.
A la vérité, M^r Hertel avait été promu au grade de Lieutenant en 1691, et confirmé en 1693 ; mais une distinction
plus flatteuse l'attendait. A raison de ses longs et nombreux services, Louis XV lui fit délivrer, en 1716, les
lettres de noblesse qui lui avaient été promises en 1690.
Ces lettres sont un monument qui honore trop M^r Hertel
et sa famille, pour ne pas leur donner place ici. Les voici
telles qu'elles se trouvent aux *Archives de la Marine :*
" Louis, par la grâce de Dieu, Roi de France et de
" Navarre, à tous présents et à venir, salut. Les services
" que le Sieur François Hertel, Lieutenant réformé de nos
" troupes en Canada, a rendus au Roi, notre très-honoré
" Seigneur et bisaïeul, dans les différents partis où il a
" été employé contre les Sauvages, nous ont porté à lui
" donner des marques de notre satisfaction, qui puissent
" passer à la postérité. Nous nous y sommes déterminé
" d'autant plus volontiers, que la valeur du père est héré-
" ditaire dans ses enfants, dont deux ont été tués au ser-
" vice, et les sept autres qui servent actuellement dans
" nos troupes du Canada et à l'Ile Royale, ont donné dans
" toutes les occasions des marques de leur bravoure et
" de leur bonne conduite. Et comme le père et les
" enfants continuent à nous servir avec le même zèle et
" la même affection, nous avons bien voulu accorder au
" chef de cette famille des lettres de noblesse. A ces
" causes, de l'avis de notre très-cher et bien-aimé oncle,
" le Duc d'Orléans, Régent, et de notre science cer-
" taine, pleine puissance et autorité royale, nous avons
" le dit François Hertel annobli et annoblissons par ces
" présentes, signées de notre main, et du titre de noble

" et d'Ecuyer l'avons décoré et décorons, voulons et nous
" plait qu'en tous lieux et actes il soit tenu et réputé noble,
" ensemble ses enfants et descendants nés et à naître en
" loyal mariage, qu'ils puissent tenir et posséder tous Fiefs
" nobles et qu'ils jouissent des mêmes honneurs, préroga-
" tives, prééminences et privilèges que les autres nobles de
" notre royaume. Donné à Paris, au mois d'Avril, l'an de
" grâce 1716, et de notre règne le 1er (Signé) Louis."

Mr Hertel était dans sa soixante-treizième année, lorsqu'il fut ainsi annobli. Il vécut encore sept ans après
que cet honneur lui eût été accordé, faisant l'édification
de toute la Colonie par l'exemple de ses vertus. "Je l'ai
" vu en 1721, rapporte le Père Charlevoix, âgé de quatre-
" vingts ans, plein de force et de santé ; toute la Colonie
" rendait témoignage à sa vertu et à son mérite." Mr
Hertel mourut à Boucherville, le 29 Mai 1722. Il avait
épousé Melle Marguerite-Josephte Tavenay, native de
Bourges et venue dans la Nouvelle-France à la suite de
Mde de La Pelterie. D'abord fiancée à Mr de Chambly,
Capitaine dans le régiment de Carignan, qui a laissé son
nom à la Paroisse et au Comté de Chambly, Melle Tavenay n'épousa Mr Hertel qu'après la mort du Capitaine,
passé en Italie, où le service l'avait appelé. Elle était alors
héritière de la Seigneurie que ce dernier avait obtenue
en 1672, sur la rivière Richelieu, et qui ne contenait pas
moins de six lieues de front sur une de profondeur. Mde
Hertel précéda son mari de plusieurs années dans la
tombe, étant morte à Chambly, le 16 Septembre 1708,
dans la soixantième année de son âge. De ce mariage
sont nés quinze enfants qui ont été la tige des belles
familles de Hertel de la Frenière, Hertel de Rouville,
Hertel de Chambly, Hertel de Cournoyer, Hertel de
Beaulac, Hertel de St Louis, Hertel de Moncourt, Hertel
de St François, Hertel de Beaubassin et Hertel de St Jean.
Nous ne pouvons nous dispenser de dire un mot de
quelques-uns, réservant pour la fin ceux qui forment les
deux branches principales.

L'ainé de la famille, jeune homme plein d'avenir et
qui donnait les plus belles espérances, après avoir été
promu au grade d'Enseigne, en 1690, fut tué, l'année
suivante, dans un combat livré contre les Sauvages.  Il
ne fut pas le seul à être ainsi enlevé à la fleur de l'âge.
Un autre de ses frères, Mr Hertel de Chambly, ayant suivi,
en 1704, Mr de Rouville dans son expédition contre la
Nouvelle-Angleterre, trouva la mort en combattant. Mr
Garneau rapporte ainsi les circonstances qui précédèrent
sa mort :" Désespérant de s'emparer également de Haver-
" hill par surprise, Rouville passa la nuit avec sa troupe
" dans une forêt voisine.  Le lendemain matin, ayant
" rangé ses gens en bataille, il exhorta ceux qui pouvaient
" avoir ensemble quelque différend à se réconcilier.  Ils
" s'agenouillèrent ensuite au pied des arbres, pour faire
" leur prière, puis marchèrent à l'attaque du fort. Après
" un combat très vif, ils l'enlevèrent la hache à la main.
" Hertel de Chambly et Verchères, deux jeunes officiers
" de grande espérance, restèrent sur le champ de bataille."
Pendant que ses frères donnaient ainsi leur vie pour la
patrie, Melle Marie-Françoise Hertel allait s'enfermer
dans un Couvent.  Après avoir fait profession aux Trois-
Rivières, chez les Dames Ursulines de cette ville, sous le
nom de St Exupère, elle passa dans la Communauté de
Québec, où elle vécut cinquante-sept ans, donnant l'exemple des plus touchantes vertus, particulièrement de
l'humilité et de la charité.  Chargée de mérites autant
què d'années, elle s'éteignit doucement en 1770, et alla
recevoir la récompense promise aux Vierges fidèles.
Mr François-Zacharie Hertel, Sieur de la Frenière,
devenu l'aîné de la famille par la mort de son frère,
marcha sur les traces glorieuses de son père et sembla
avoir hérité de sa bravoure.  Après avoir pris part à l'expédition de 1690, ainsi qu'on l'a vu, il fit également partie
de celle qui fut dirigée, quelques années après, contre les
Iroquois.  C'est alors qu'il fut fait prisonnier.  Le Père
Charlevoix raconte ainsi ce triste évènement : " Des Sau-

" vages alliés, étant venus à Montréal pour la traite des
" pelleteries, demandèrent une escorte pour s'en retour-
" ner. Le Sieur Michel s'offrit pour les accompagner et
" son offre fut acceptée. On lui donna une escorte de
" trente hommes, commandée par Mr de la Gemmerais,
" Lieutenant, qui avait sous lui la Frenière, fils aîné de
" Mr Hertel, et un autre de ses frères, tous deux En-
" seignes. Cette troupe, étant arrivée au Long Sault de
" la Grande Rivière, devait faire un portage. Pendant
" qu'une partie des hommes était occupée à monter les
" canots, et que l'autre marchait le long du rivage, pour
" les couvrir, une décharge de fusils, faite par des gens
" qu'on ne voyait pas, écarta tous les Sauvages qui étaient
" de la seconde bande, et fit tomber plusieurs Français
" morts ou blessés. Les Iroquois, sortant aussitôt de leur
" embuscade, se jettent avec furie sur ce qui restait des
" nôtres, et, dans la confusion qu'une attaque si brusque
" et si imprévue avait causée, ceux qui voulurent gagner
" leurs canots les firent tourner, de sorte que l'ennemi
" eut bon marché des gens qui avaient à se défendre à la
" fois contre eux et contre la rapidité du courant qui les
" entraînait. La Gemmerais, les deux Hertel et St Michel
" se défendirent pourtant avec une bravoure qui les
" aurait sauvés, si les Sauvages ne les eûssent pas aban-
" donnés ; car on sut depuis que la Chaudière-Noire,
" leur Chef, n'avait avec lui que cent quarante hommes.
" Mais ces Messieurs, ayant bientôt perdu l'élite de
" leurs soldats, n'eurent plus d'autre parti à prendre
" que de s'embarquer au plus vite, pour faire retraite.
" Par malheur, le canot où St Michel et les deux Hertel
" s'étaient jetés, tourna, et ils furent pris tous les trois."
Mr Hertel fut retenu deux ans en captivité, pendant lesquels il eut à souffrir toutes sortes d'ennuis et de tourments. Après ce laps de temps, " Oureouharé, dit encore
" le Père Charlevoix, revint avec treize prisonniers qu'il
" avait délivrés, et parmi lesquels étaient les deux Hertel
" pris avec Mr de la Gemmerais, et qu'on croyait morts."

Mr Hertel décéda à un âge très-avancé ; mais, quoique marié, il ne laissa pas de postérité. Lieutenant réformé en 1695 et confirmé en 1700, il reçut le brevet de Capitaine en 1731. Le Père Charlevoix fait ainsi son éloge en deux mots : " Il se distingua en plusieurs occasions, " et, comme l'aîné de la famille, hérita de la piété de son " père."

## BRANCHE AINÉE.

Iº JACQUES HERTEL DE COURNOYER, quatrième fils de Mr F. Hertel et de Dame A. J. Tavenay, fut le chef de cette branche. Tout en prenant part, à l'exemple de son père, aux luttes de la patrie, il s'occupa, de concert avec son frère, Mr François Hertel, Sieur de la Frenière, dont on vient de parler, à former des établissements et à assurer à sa famille de riches propriétés. Dans ce dessein, il demanda et obtint, sur la rivière Richelieu, côte nord, une concession de deux lieues de front sur deux lieues de profondeur. Son frère en obtint autant, au súd de la même rivière. Ces gratifications furent faites en 1695.

A cette époque, Mr de Cournoyer était marié. Il avait épousé aux Trois-Rivières, le 9 Octobre 1691, Melle Marguerite Godefroy, fille de Mr Michel Godefroy, Sieur de Linctot, Capitaine réformé dans les troupes de la marine. De ce mariage sont nés quatre enfants : Michel, Sieur de Cournoyer ; Joseph, Sieur de la Frenière ; Jacques Lambert, Sieur de Cournoyer, et Agnès.

IIº MICHEL HERTEL, SIEUR DE COURNOYER.—Mr Michel Hertel, Sieur de Cournoyer, fils aîné du précédent, hérita de l'ardeur martiale de ses frères, et fut comme eux le type du vrai guerrier. Il épousa Melle Anne de Goutin et en eut sept enfants qui marchèrent sur ses traces : Jacques-Ange, Michel, Charles, Thérèse, Marie-Josephte, Elizabeth et une autre fille encore.

Mr Jacques-Ange Hertel, Sieur de Cournoyer, l'aîné, passa en France et s'y établit. Il mourut laissant, du

mariage qu'il avait contracté, plusieurs enfants qui honorèrent le nom de Hertel. Dans la liste des nobles récemment publiée à Paris, se trouve le nom de M<sup>r</sup> Hertel de Cournoyer, un de ses descendants.

M<sup>r</sup> Michel Hertel, aussi Sieur de Cournoyer, suivit son frère dans la patrie de ses aïeux. Etant entré dans l'armée, il devint officier et Chevalier de S<sup>t</sup> Louis. Il décéda au moment où la révolution allait se déchaîner sur la France, sans avoir contracté mariage.

M<sup>r</sup> Charles Hertel, Sieur de Chambly, fut moins heureux. Etant également passé en France, en compagnie de ses frères, il fut victime de la tourmente révolutionnaire. Sa tête tomba sur l'échafaud en 1792. Il était alors Chevalier de S<sup>t</sup> Louis et propriétaire de grands biens à Cayenne et dans la Guyanne française.

Les filles seules restèrent en Canada et s'y établirent.— M<sup>elle</sup> Thérèse, née à Louisbourg, alors que son père servait à l'Ile Royale, épousa M<sup>r</sup> François-Xavier de S<sup>t</sup> Ours, Capitaine d'Infanterie, le même qui fut tué en 1759, à Québec, à la bataille des Plaines d'Abraham. Après la mort de M<sup>r</sup> de S<sup>t</sup> Ours, elle passa en France et se retira à Saintes, où elle touchait trois cents livres de pension, en considération des services de son mari, ainsi qu'en fait foi un acte de reconnaissance qui se trouve encore aux *Archives de la Marine.*—M<sup>elle</sup> Elizabeth épousa M<sup>r</sup> Pacaud qui, étant passé en France, obtint le grade de Major du Génie dans les armées françaises et mourut vers la fin du dix-huitième siècle.—M<sup>elle</sup> Marie-Josephte contracta mariage, le 16 Mai 1749, avec M<sup>r</sup> Lefebvre, Sieur de Bellefeuille, Seigneur de Pabock, dans la Baie des Chaleurs, Commandant pour le Roi dans la côte de Gaspé, et Subdélégué de l'Intendant du Roi. M<sup>r</sup> Hertel de Cournoyer ayant été tué en 1759 sur les hauteurs de Québec, sans laisser d'autres enfants que ceux qui passèrent en France, la branche aînée des Hertel fut représentée, en Canada, par la famille de Bellefeuille.

LA FAMILLE DE BELLEFEUILLE. I<sup>o</sup> M<sup>r</sup> François Lefebvre de

Bellefeuille, époux de Melle M. J. Hertel, descendait de Mr Jean-François Lefebvre, Sieur de Bellefeuille, du Diocèse de Rennes, en Bretagne.

Après avoir servi dans les armées françaises, Mr J. F. de Bellefeuille vint se fixer à Plaisance, en Acadie, où il épousa Melle Beaudry, dont il eut cinq enfants: George, François, Pierre, et deux filles. George, l'aîné, passa en France et servit dans la marine. Après avoir été promu au grade de Capitaine en 1764, il fut élevé à celui de Chef d'Escadre. Il mourut après avoir contracté mariage, mais ne laissa pas de postérité.—Pierre, Sieur des Iles, le cadet, est mort peu de temps avant la conquête sans s'être marié; à cette époque, une de ses sœurs épousait Mr d'Augeac, Gouverneur des Iles de St Pierre et de Miquelon.

Mr F. de Bellefeuille, second fils de Mr F. de Bellefeuille, et frère des précédents, après avoir servi dans les armées françaises, fut nommé Commandant dans la Baie des Chaleurs et la côte de Gaspé, par Mr Hocquart, alors Intendant du Canada, et continué dans ses fonctions par son successeur. Par cette charge, il avait mission, à part les droits de l'Amiral quand ses vaisseaux mouillaient dans la Baie, de régler les différends qui pouvaient s'élever entre les habitants et les traiteurs, au sujet des boissons. C'est ce que porte l'acte qui lui fut adressé, le 22 Mai 1749. Alors il s'établit dans la Seigneurie de Pabock, que sa famille avait acquise des MM. Hubert. Il continua à y demeurer avec son épouse jusqu'en 1759, époque où, après avoir réalisé une fortune assez considérable, il se proposait de passer en France, afin d'y finir ses jours. L'invasion du Canada par les Anglais ayant eu lieu sur ces entrefaites, il ne put réaliser ses projets. Tous ses vaisseaux furent coulés à fond; ses établissements et ceux des Basques qu'il avait avec lui, furent ruinés. Lui-même ne put échapper au fer des envahisseurs, qu'en gagnant Québec sur une barque avec sa famille. Là encore, le peu qu'il avait pu soustraire au pillage et à l'incendie fut détruit à la prise de Québec. Dans cette extrémité, il

vendit à vil prix sa Seigneurie au Colonel Haldimand, et alla se fixer aux Trois-Rivières. C'est là qu'il mourut en 1783, à l'âge de soixante-quatorze ans. Son épouse lui survécut plusieurs années, n'étant morte qu'en 1803. De ce mariage sont nés huit enfants : Pierre-François, Antoine, Jeanne, Josephte, Louise-Exupère, Françoise, Joseph et François. Françoise, la plus jeune des filles, épousa, en 1774, Mr Louis-Joseph LeProust, et mourut aux Trois-Rivières en 1823, laissant deux enfants : Julie qui réside toujours aux Trois-Rivières ; et Françoise qui épousa, en 1802, Mr François Rieutard, Médecin, et est décédée en 1819, laissant une fille, laquelle s'est mariée à Mr Pierre Benjamin Dumoulin, Avocat, et est décédée aux Trois-Rivières en 1836, laissant six enfants. Les autres, à part le suivant, ou ne se marièrent pas, ou n'eurent pas de postérité.

IIo Mr Antoine Lefebvre de Bellefeuille, second fils du précédent, était né le 13 Août 1755, dans la Paroisse de la Ste Famille de Pabock. Lors de l'invasion du Canada en 1775 par les Américains, ayant atteint sa vingtième année, il demanda et obtint de son père la permission de marcher à la frontière, en qualité de Volontaire, afin de repousser l'ennemi. Il servit sous Mr de Rouville, son parent, et sous Mr de Salaberry. Il était à St Jean, lorsque cette place fut attaquée. Après quarante-cinq jours de siège, les provisions étant venues à manquer, force fut de capituler, ainsi qu'il a été dit. Ses défenseurs furent élargis, mais à la condition de ne pas reprendre les armes avant d'avoir été échangés. Lié par cet engagement, Mr de Bellefeuille ne crut pas y contrevenir en acceptant la charge de Secrétaire auprès du Gouverneur Hamilton, Commandant au poste de Vincennes. Il y avait peu de temps qu'il remplissait ces fonctions, lorsque ce fort fut attaqué à son tour et obligé à capituler, le 24 Février 1779. Mr de Bellefeuille, ainsi que le Gouverneur et plusieurs autres, fut conduit en Virginie et détenu dans la prison de Williamsbourg, où, pendant treize mois, il eut beaucoup

de privations à endurer, malgré les promesses faites au moment de la capitulation. Une fois élargi, il se rendit dans l'Etat de New-York, où il se présenta au Général Clinton, avec une lettre des plus bienveillantes de la part du Gouverneur Hamilton. De là il revint en Canada, où il épousa à St Eustache, le 7 Février 1793, Melle Louise-Angélique Lambert Dumont, fille de Mr Louis Dumont, Seigneur des Mille-Iles, et de Dame Marguerite Boisseau. C'est dans cette Paroisse qu'il est mort, le 8 Juin 1816, laissant de son mariage avec Melle Dumont, dix enfants : Eustache-Antoine, Louis-Charles, François-Louis, Henri-Nicolas, Joseph, Angélique-Marguerite, Prosper, Edouard-Louis, Jean-Baptiste et Grégoire.

Louis-Charles entra dans l'état ecclésiastique et devint membre du Séminaire de St Sulpice en 1821. Après avoir exercé pendant cinq ans le saint ministère au Lac des Deux-Montagnes, Mr de Bellefeuille revint à Montréal où il se fit remarquer par ses éminentes qualités. L'ardeur de son zèle s'enflammant de plus en plus, il entreprit plusieurs missions au Lac Témiscaming, dont il donna un récit qu'on trouve dans le rapport de 1840. C'est à la suite de l'une de ces missions fatiguantes qu'il contracta la maladie dont il est mort, le 25 Octobre 1840. Plus qu'aucun autre, ce digne prêtre seconda les efforts de Mgr Lartigue pour l'établissement de la Propagation de la Foi dans le Diocèse de Montréal, et l'extension de l'Evangile parmi les infidèles.

Joseph, le cinquième fils de Mr A. de Bellefeuille, épousa à Montréal, le 10 Juin 1839, Melle Caroline-Flavie-Anne Leprohon, fille de Mr Edouard-Martial Leprohon [1] et de Dame Marie-Louise Lukin, et en a eu trois enfants : Joseph-Edouard, Caroline-Angélique et Charles-Henri.

---

1 Mr Leprohon a laissé plusieurs enfants, parmi lesquels le Docteur Leprohon, non moins distingué par sa politesse exquise que par ses autres qualités, et dont l'épouse, à l'exemple de Mme Sadlier, s'est fait un nom dans les lettres. Nous souhaitons vivement qu'elle trouve des imitatrices dans les Dames canadiennes sorties des Couvents.

IIIº Mr Antoine Lefebvre de Bellefeuille, fils aîné de Mr A. de Bellefeuille et de Dame A. Dumont, épousa, en 1823, Melle Marguerite McGills, de Williamstown, Glengary. Il est mort à St Eustache en 1836, après avoir rempli les fonctions de Député-Adjudant-Général du Bas-Canada en 1827, sous Mr Vassal de Montviel, charge qui lui fut conférée par Lord Dalhousie. De son mariage avec Melle McGills sont nés quatre enfants : Marguerite-Angélique, mariée à Mr K. C. Harwood, membre du Parlement ; Marie-Antoine, Eustache-Marc-Antoine, Joseph et Louis-Charles-Auguste.

## BRANCHE CADETTE.

Iº Mr Jean-Baptiste Hertel, Sieur de Rouville, septième fils de Mr F. Hertel et de Dame T. Tavenay, fut le chef de cette branche. Il était né en 1670. Plusieurs années après, en 1694, son père lui fit obtenir, ainsi qu'à Joseph, l'un de ses frères, une concession sur la rivière Chambly, près de sa Seigneurie. Cette concession était de deux lieues de front sur une lieue et demie de profondeur. Celle de son frère n'était pas moins étendue. Cinquante ans plus tard, en 1744, un autre membre de sa famille, Mr Hertel de Beaubassin, Lieutenant dans les troupes en 1756, obtenait à son tour, près du fort St Frédéric, quatre arpents de terre, pour y faire un établissement.

Ayant embrassé la carrière des armes, Mr de Rouville fut le digne émule des d'Ailleboust de Mantet, des de St Ours, et de tous ces intrépides guerriers qui, à cette époque, firent repentir les Colonies anglaises de leurs injustes attaques. Dès 1703, on le voit à la téte de deux cent cinquante hommes, traversant les Alléghanys et tombant sur Derfield, dont il tuait ou faisait prisonniers tous les habitants. Ainsi vengeait-il les malheureux Abénaquis que l'excès même de leurs maux avait forcés à appeler les Français à leur secours. A cette époque, Mr de Rouville était Lieutenant et avait quatre de ses frères sous

ses ordres. Ayant repris son expédition, l'année suivante.
il attaqua l'ennemi et lui fit cent cinquante prisonniers, ne
perdant que trois Français et quelques Sauvages. Malheureusement, Mr de Chambly, son frère, fut du nombre des
morts, ainsi qu'il a été rapporté, et lui-même fut blessé.

Les Colonies anglaises ayant, quelques années après, mis
une armée en campagne, Mr de Rouville fut chargé d'aller
faire une reconnaissance sur le lac Champlain, à la tête
de cinquante hommes. C'était vers le milieu de l'année
1710. Au mois de Juillet suivant, il fit partie, avec Mr de
Montigny, de l'expédition contre la Nouvelle-York. C'est
à la suite de cette campagne qu'il fut envoyé à Boston.
avec Mr Dupuy, par Mr de Vaudreuil, pour régler les
différends restés sans solution. Parlant de cette mission.
Mr de Vaudreuil écrivait à Mr de Pontchartrain, alors
Ministre, "qu'il avait été heureux de faire tomber son
" choix sur ces deux officiers, les plus capables de tout le
" Canada de reconnaître un pays qu'ils pouvaient être
" appelés à combattre d'un moment à l'autre." La guerre
était plus proche qu'on ne pensait. Pendant que l'Amiral
Walker remontait le St Laurent à la tête d'une flotte nombreuse, le Général Nicholson s'avançait avec trois ou
quatre mille hommes et six cents Sauvages vers le lac
Champlain. Le péril était grand. Mr de Rouville fut
envoyé en toute hâte avec deux cents hommes pour avoir
des nouvelles de son approche. C'est alors que, le Ciel
intervenant, on apprit le désastre arrivé à la flotte anglaise,
ce qui obligea Nicholson à rebrousser chemin.

Trois ans après cet évènement, Mr de Rouville reçut
ordre de passer au Cap-Breton, pour y former un établissement. Après huit ans de séjour dans ce pays, il mourut
le 30 Juin 1722, au fort Dauphin, dont il avait été fait
Commandant. Mr de Rouville s'était marié deux fois.
Il avait d'abord épousé, en 1709, Melle Jeanne Dubois.
Cette dame étant morte peu après, il contracta un nouveau
mariage avec Melle Marie Beaudoin, fille de Mr Gervais
Beaudoin et de Dame Aubert. De ce dernier mariage

sont nés cinq enfants : Anne, Jean-Baptiste, Thérèse,
Thavenet et René-Ovide.—Jean-Baptiste fut, comme son
père, un vaillant guerrier, et comme lui devint Capitaine
et Chevalier de S$^t$ Louis. Il était Seigneur de Rouville et
co-Seigneur de Chambly, lorsqu'il mourut en 1777. Il avait
épousé M$^{elle}$ Legras de Montréal, mais n'en eut point d'enfants.—Thérèse, la seconde des filles, fit alliance avec M$^r$
Boucher de Grosbois et eut six enfants, dont deux furent
tués à la guerre de 1775. Les autres furent : Charles,
Anne, Charlotte et Louise. Charles épousa M$^{elle}$ René
de la Perrière, dont sont issus deux enfants ; Anne se
maria à M$^r$ Soumande, mais n'a pas laissé de postérité ;
Charlotte est morte sans s'être mariée ; Louise épousa M$^r$
de Jordis.—Thavenet, après avoir été fait Lieutenant de
marine et s'être choisi aussi une épouse dans la famille
Soumande, passa en Louisiane, où il est mort en 1774.—
René-Ovide continua la lignée.

II$^o$ M$^r$ René-Ovide Hertel de Rouville était né en 1720
au Cap-Breton, et, pour cette raison, porta longtemps
le surnom de Labrador. De haute taille, bien fait de sa
personne, M$^r$ Hertel avait toutes les qualités qui en im-
posent et qui charment tout à la fois. Il épousa, en 1740,
M$^{elle}$ Louise-Catherine de Leigne, fille de M$^r$ Pierre-André
de Leigne, Lieutenant Général Civil et Criminel du
District de Québec, et de Dame Claude Fredin. Ayant
alors embrassé la carrière du Barreau, il fut nommé
Lieutenant Criminel et Civil au Siège des Trois-Rivières.
Peu après, il fut chargé de la direction des forges de St
Maurice. Ayant perdu sa place à la conquête, il passa en
France et devint Intendant de la maison du prince de
Condé. La paix ayant été conclue sur ces entrefaites
entre la France et l'Angleterre, il revint dans son pays,
où le Général Murray, juste appréciateur du mérite, le
nomma, en 1766, Grand-Voyer pour le District de Montréal.
Ayant perdu son épouse dans cette même année, il se
remaria, l'année suivante, avec M$^{elle}$ de Verchères, veuve
de M$^r$ de St Blain. Sept ans après, il fut nommé Juge des

Plaidoyers Communs, avec MM. Jean Fraser et John Marteille. L'année suivante, les Américains s'étant jetés sur le Canada, il prit les armes et alla défendre le fort St Jean, où il fut fait prisonnier et conduit en Pensylvanie. Elargi en 1777, il revint en Canada et reprit ses fonctions de Juge. Après quelques démêlés avec le Procureur Général, qui se terminèrent à son avantage, il fut nommé Juge de la Cour du Banc du Roi, à Montréal.

Mr Hertel remplissait encore ces dernières fonctions en 1793, lorsqu'il mourut le 12 Août, laissant, de son premier mariage, six enfants, dont trois seulement ont survécu : Louise-Catherine, Jean-Baptiste et Marie-Anne. Louise-Catherine est morte à Montréal vers l'année 1797, et Marie-Anne est décédée à Québec en 1822. Ni l'une ni l'autre ne contracta mariage.

IIIᵒ Mr Jean-Baptiste-Melchior Hertel de Rouville, fils aîné du précédent, né en 1748, entra, en 1760, dans le régiment du Languedoc, en qualité d'Enseigne, et le suivit en France, où il resta jusqu'en 1766· S'étant alors embarqué pour la Corse, il fit la guerre contre Paoli, [1] et, après la conquête de cette Ile, revint en France, qu'il laissa en 1772 pour repasser en Canada.

Comme son père, Mr Hertel fut un des défenseurs de la patrie en 1775, et comme lui fut fait prisonnier et conduit aux Etats. Après vingt mois de captivité, il entra dans l'armée anglaise où il reçut une commission de Capitaine, et y servit jusqu'en 1783. Sept ans après, en 1790, il fut fait Colonel de Milice, et bientôt après fut élu membre de

---

[1] Dans l'espoir d'en être nommé Vice-Roi, Paoli avait lâchement remis la souveraineté de la Corse aux Anglais. Bloquée par leur flotte, attaquée par l'armée de Paoli, la garnison française de Bastia, se voyant dans l'impossibilité d'être ravitaillée, avait déjà capitulé. Il n'y avait plus que celle de Calvi qui tint encore. Après avoir résisté pendant cinquante-et-un jours aux forces combinées de Paoli, du Général Stuart qui commandait un corps de débarquement, et au célèbre Nelson lui-même, cette héroïque garnison, en proie aux dernières extrémités, sans vivres, sans munitions, décimée par la maladie, fut contrainte à son tour de poser les armes. Pour Paoli, il eut la récompense que méritent les traîtres : il fut ignominieusement mis de côté.

la Chambre d'Assemblée. Il venait d'être appelé au Conseil Législatif, lorsqu'en 1812 il reçut le commandement du deuxième Bataillon de milice incorporée ; mais son grand âge ne lui permit plus de continuer le service actif. Il mourut à Chambly, le 30 Novembre 1817, à l'âge de soixante-et-neuf ans.

L'Honorable Hertel de Rouville avait épousé, en 1784, Melle Marie-Anne Hervieux, fille de Mr Jean-Baptiste Hervieux, Capitaine de milice, et de Dame Charlotte Marin, dont le père avait été aussi Capitaine et Chevalier de St Louis. De ce mariage sont nés huit enfants, dont deux seulement ont survécu : Marie-Anne et Jean-Baptiste-René. Marie-Anne, née à Montréal en 1788, épousa à Chambly, en 1812, l'Honorable Charles-Michel-Irumbery de Salaberry, le héros de Châteauguay, et eut quatre enfants, ainsi qu'il est rapporté plus loin.

IVo Mr Jean-Baptiste-René Hertel de Rouville, fils du précédent, né en 1789, devint Lieutenant dans la milice canadienne en 1807, fut fait Capitaine des Voltigeurs canadiens, le 15 Avril 1812, et servit en cette qualité sous son beau-frère, le Colonel de Salaberry, à la bataille de Châteauguay.

Trois ans après, en 1815, il fut nommé Lieutenant-Colonel de la Milice pour la Division de Chambly, et, l'année suivante, après la résignation de son père, il prit le commandement de cette Division. Cette même année, le 3 Septembre 1816, il épousa Melle Anne-Charlotte Boucher de la Brocquerie, fille aînée de Mr Joseph-Ignace Boucher de la Brocquerie et de Dame Charlotte-Sophie Boucher de Niverville de Montizambert. Huit ans après, il fut élu membre du Parlement pour le Comté de Bedford, et fit ensuite partie du Conseil Législatif. Après avoir habité St Hilaire, il vint se fixer, en 1843, à Sorel, qu'il quitta en 1858, pour venir résider à Belœil, où il est mort le 14 Janvier 1859, sept ans avant son épouse, laissant plusieurs enfants : Marie-Anne-Charlotte, Henriette-Louise-Sophie, Hermine-Julie-Hippolyte, Marie-

Louise - Eugénie - Mélina et Jean-Baptiste-René-Melchior.
Louis-Charles-Jacques.

Marie-Anne-Charlotte épousa à St Hilaire, en 1840, Mr
Jean-Baptiste Brousseau, Médecin à Belœil, et élève distingué du Dr Meilleur, un des Fondateurs du Collège de
l'Assomption, et ancien Surintendant de l'Instruction
publique.—Henriette-Louise-Sophie se maria l'année suivante, dans la même Paroisse, avec Mr Louis-Isaac La-
Mocque, de Rigaud, et est morte en 1845, ne laissant
qu'un fils.—Hermine-Julie-Hippolyte est entrée en 1847
au Couvent des Sœurs des SS. Noms de Jésus et de
Marie, à Longueuil, et a depuis rempli les fonctions
d'Econôme dans la maison que possède cet Institut à
Hochelaga.—Marie-Louise-Eugénie-Mélina, après avoir
épousé à Sorel, en 1843, le Capitaine Joseph-Robert Sincennes, décédé en 1856, s'est remariée en 1859 avec Mr
Joseph Daigle, négociant à Belœil. De son premier mariage sont nés quatre enfants : l'aîné, Mr Félix Sincennes,
est Président de la florissante Compagnie du Richelieu.
Après avoir épousé Melle St Louis, il s'est remarié à Melle
Douaire Bondy, ensuite à Melle Denyse Perrault, veuve
de Mr Bourgeau, et a plusieurs enfants.—Mr Jean-Baptiste-
René-Melchior-Louis-Charles-Jacques Hertel, frère des
précédentes, a épousé, le 30 Janvier 1861, Melle Emilie-
Hermine Daigle, fille du Lieutenant-Colonel Antoine
Daigle, de St Ours, et a plusieurs enfants.

E. DE MONTIGNY.

M<sup>elle</sup> DE LOUVIGNY.
son Epouse

M<sup>elle</sup> TROTTIER DES RIVIÈRES.
son Epouse.

LE CHEVALIER DE MONTIGNY.

Bonasse Leur Imp Edit 28 et 30 rue S¹ Sulpice Paris

# LA FAMILLE DE MONTIGNY.

———❦———

Cette famille qui de tout temps s'est signalée par d'éminents services, est d'ancienne noblesse.  Ses armes sont :
d'azur, au chevron d'argent, avec trois canettes de même,
posées, deux en chef, et l'autre en pointe.  Alliée aux
Godefroy, aux d'Amours, aux de Louvigny, aux Hoens-
broci, aux Trottier des Rivières, aux de Lorimier, etc.,
elle s'est perpétuée jusqu'à nos jours.  Nous devons donc
lui donner place dans cet ouvrage.

### Iº JACQUES TESTARD, SIEUR DE MONTIGNY.

Mr Jacques Testard, Sieur de Montigny, nous apparaît
comme le héros de cette famille remarquable.  Il appartenait à cette race d'hommes qui, à eux seuls, valent
des armées.  Plus de trente-cinq ans de services, quarante blessures, tels sont les titres qui le rendent cher à
ses contemporains et le recommandent à l'admiration de
la postérité.

Comme Mr LeMoyne de Longueuil, Mr Jacques Testard,
Sieur de la Forest, son père, avait reçu le jour en Normandie, et était fils de Mr Jean Testard, de la Paroisse
de St Vincent, de Rouen, et de Dame Anne Godefroy, de
la famille des Godefroy de Tonnancour, Linctot, Roc-
taillade, Vieux-Pont, etc.  Etant passé dans la Nouvelle-
France vers le milieu du seizième siècle, en compagnie

de son frère, Mr Charles Testard, Sieur de Folleville, et
de sa sœur, Melle Anne Testard, il s'y établit. Il épousa,
au mois de Novembre 1659, Melle Poumin, veuve de Mr
de la Bardillière, dont la Demoiselle administra l'Hôtel-
Dieu de Montréal, pendant un des voyages de Melle Mance
en France. De leur côté, son frère et sa sœur firent
alliance, le premier avec Melle Anne LaMarque, la seconde
avec Mr François LeBer, aussi de Rouen, grand-oncle de
la célèbre recluse de ce nom, et frère de Mr Jacques
LeBer, grand-père de l'épouse du Chevalier Benoist.

Mr J. T. de Montigny était le second fils de Mr Jean
Testard, Sieur de la Forest. Il naquit vers l'an 1662.
Après la mort de son père, arrivée peu après, il se détermina à embrasser la carrière militaire. L'exemple de son
oncle qui était entré dans la milice de la Ste Famille, et
dont un des fils devint Capitaine de milice à la Prairie,
contribua sans doute à lui en inspirer le goût. Après
avoir servi d'abord sur les galères du Roi et avoir fait
trois campagnes, dans le régiment des Dragons, étant de
retour en Canada, il s'adjoignit, en qualité de volontaire,
à un des partis que le Comte de Frontenac envoyait contre
Corlar. " Ce parti, rapporte Charlevoix, était composé
" de cent dix hommes, et avait pour les commander
" MM. d'Ailleboust de Mantet et LeMoyne de Ste Hélène,
" qui avaient sous leurs ordres M M. d'Iberville, de Repen-
" tigny, de Montigny, de la Brosse, de Bonrepos, qui
" voulurent bien servir comme volontaires." Tout d'abord,
ce parti devait se porter sur Orange ; mais comme les
Sauvages qui n'étaient plus accoutumés depuis longtemps à ces coups de vigueur, refusaient de prendre part à
l'expédition, force fut de se borner à Corlar. On y arriva
sur le soir, après des fatigues incroyables à cause de la
saison avancée et des cours d'eau qu'il fallut franchir.
Sans prendre le temps de se reposer, Mr de Mantet commande l'attaque, et, après une lutte des plus vives, s'empare du fort, dont il fit passer la garnison au fil de l'épée.
Le reste eut le même sort. On ne fit de grâce qu'aux

femmes et aux enfants, et au Major de la place, qui, dans
une occasion précédente, avait montré beaucoup d'humanité pour les Français. C'est alors que s'étant obstiné à
enlever une maison remplie de monde, Mr de Montigny,
fut blessé de deux coups de pertuisane. La maison où il
fut transporté fut, avec celle du Major dont on vient de
parler, la seule épargnée. Parlant de la prise de Corlar,
Mr Garneau s'exprime ainsi : " Les Français, après avoir
" reconnu la place, y entrèrent sans bruit sur les onze
" heures du soir, à la faveur d'une grosse tempête de
" neige, et investirent les maisons. Couverts de frimas,
" l'œil ardent, la vengeance dans le cœur, [1] ces hommes
" ressemblaient aux terribles fantômes, si souvent évoqués
" dans les poésies du Nord. C'était la mort qui entrait
" dans ce bourg destiné à périr pendant cette nuit fatale·
" Au signal donné, chacun se précipite dans les maisons,
" dont les portes sont enfoncées à coups de hache. Surpris
" au milieu du sommeil et saisis d'effroi, les habitants
" opposent une vaine résistance. Tout tombe sous les
" coups des vainqueurs."

L'affaire de Coriar avait eu lieu dans les derniers mois
de l'année 1690. C'est à la suite de cette glorieuse expédition que Mr de Montigny fut fait Lieutenant. Trois ans
après, étant rétabli de ses blessures, il fut nommé Garde
Marine. Il ne devait pas jouir longtemps du repos que
lui assurait cette place Une nouvelle expédition ayant
été résolue afin de chasser les Anglais de l'Acadie et leur
enlever Pémaquid, d'où ils dominaient tout le pays, il fut
choisi pour en faire partie. MM. d'Iberville et Denis de
Bonaventure, qui étaient chargés de l'exécution de cette
entreprise, arrivèrent le 26 Juin 1696, à la Baie des Espagnols. Après s'être emparé du *Nieuport*, vaisseau anglais
de vingt-quatre canons, d'Iberville poursuivit sa route et
parut le 14 Juin devant la place. Sans être des plus

1 Ils avaient à venger le massacre de la Chine, arrivé l'année précédente et attribué aux instigations des Anglais.

fortifiées, cette place avait une bonne garnison et des
munitions abondantes, plus de quinze bouches à feu.
Mais comment tenir devant des hommes que n'arrêtaient
ni les distances, ni les obstacles, et qui ne comptaient
jamais avec le nombre de leurs adversaires? Après quelque résistance, le fort se rendit et tous ses défenseurs
furent faits prisonniers. En cette circonstance encore,
Mr de Montigny fut à la hauteur de sa réputation. A la
tête des Sauvages, il avait sommé le Commandant de se
rendre, le menaçant, par ordre de Mr de St Castin, s'il ne
le faisait pas, de l'abandonner à toute la fureur de ces
barbares.

Après avoir délivré l'Acadie du voisinage des Anglais,
par la destruction de Pémaquid, que l'on mit deux jours
à raser de fond en comble, d'Iberville, en exécution des
ordres de la Cour, se mit en devoir de rendre le même
service à Terreneuve. En conséquence, il fit voile pour
l'Ile Royale et, de là, vint mouiller dans la Baie de Plaisance. Il conduisait avec lui Mr de Montigny qu'il avait
fait son Lieutenant. Après s'être concerté, non sans
peine, avec Mr de Brouillan, Gouverneur de Plaisance, il
partit pour St Jean, Mr de Brouillan d'un côté, et lui de
l'autre. Mr de Montigny avait ordre d'aller à la rencontre
du premier, et, pour lui faciliter la route, de prendre
possession des hauteurs par où il devait passer. C'est
alors qu'ayant rencontré un parti anglais, il le tailla en
pièces. Après avoir fait sa jonction avec les deux Commandants, il fut mis à la tête de l'avant-garde. Le poste
était des plus périlleux: d'une part, les chemins étaient
affreux, car on était en plein hiver, et de l'autre, on pouvait être surpris à tout instant par l'ennemi qui était
instruit de la marche des Français. Pour faire face à
toutes les éventualités, l'intrépide officier, après avoir fait
distribuer à ses hommes des rations pour plusieurs jours,
commanda de marcher en ordre de bataille. La précaution n'était pas inutile. Il n'avait encore fait que
quelques lieues, lorsqu'il se trouva en face d'un nombreux

détachement anglais, retranché derrière des fascines et couvert par les bois. Il fallait lui passer sur le corps, ou périr. Communiquant alors à sa petite troupe l'ardeur qui l'anime, M' de Montigny fond sur l'ennemi l'épée à la main. Reconnaissant qu'il n'avait pas assez de monde pour le déloger, il prolonge l'attaque, et, par la sagesse de ses habiles manœuvres, donne à Mr d'Iberville le temps d'arriver. Sorti vainqueur de cette lutte inégale, il continua sa marche sur St Jean. Par sa position avantageuse sur l'Océan et protégée qu'elle était par de hautes montagnes, cette place était du plus grand prix pour les Anglais. Aussi firent-ils tous leurs efforts pour la défendre. Mais apprenant que le parti envoyé à la rencontre des Français avait été défait, et voyant que déjà deux des forts étaient tombés aux mains d'Iberville, le Commandant du fort, qui tenait encore, se décida à capituler. Toutes les maisons furent réduites en cendre et la garnison renvoyée en Angleterre. Ce brillant fait d'armes avait été l'affaire de deux jours. Entrée dans la ville le 28 Novembre 1696, l'armée en était maîtresse le 30, n'ayant perdu que peu de monde.

Après cette glorieuse conquète, jugeant qu'elle serait sans résultat tant qu'il n'aurait pas chassé les Anglais du reste du pays, d'Iberville, de concert avec ses autres officiers, se résolut à enlever les autres places. Pour son compte, M' de Montigny, à la tète de douze Canadiens déterminés comme lui, se jeta sur Portugalcove et l'emporta de vive force. S'étant adjoint quelques autres guerriers, il se rendit de là, malgré le verglas et les neiges, à la Baie de la Conception, distante de vingt-cinq lieues. Il y arriva en un jour et demi. C'est alors que, traversant une rivière où il perdit son épée, il faillit périr. Plus de neuf cents prisonniers furent le trophée de cette pénible mais fructueuse campagne. N'ayant ni assez de monde pour les garder, ni assez de places pour les contenir, force fut de les acheminer vers la Nouvelle-Angleterre et de repasser en Canada. Parlant de cette

expédition, Charlevoix dit : "Après Mr d'Iberville qui
"donna en cette rencontre de grandes preuves de sa
"capacité, et Mr de Montigny qui prenait pour l'ordinaire
"les devants et laissait peu de chose à faire à ceux qui
"le suivaient, ceux qui se distinguèrent le plus, furent :
"MM. Boucher de la Perrière et D'Amours de Plaine."

Lorsque Mr de Montigny prit part à ces diverses entreprises, il n'était pas encore marié.   De retour en Canada,
il songea à s'établir.   Il jeta ses vues sur Melle d'Amours,
sœur de celui qu'on vient de nommer.   Cette Demoiselle
était la neuvième fille de Mr Mathieu d'Amours, dont il
faut faire connaître la famille.   Le premier de ce nom
qui vint se fixer dans la Nouvelle-France, fut Mr Louis
d'Amours, originaire de Paris et appartenant à une
illustre famille dont la noblesse remonte au treizième
siècle. S'étant marié vers 1641, il eut plusieurs enfants. Mr
Mathieu d'Amours, l'un d'eux, devint Conseiller à Québec
en 1663, et peu après Garde des Sceaux. Ayant épousé Melle
Marie Marsolet, dont la famille était établie depuis longtemps en Canada, il se vit bientôt à la tête d'une nombreuse famille. Son fils, Mr d'Amours, Sieur de Freneuse,
lui succéda dans la charge de Conseiller qu'il occupa
jusqu'en 1698, époque de sa mort.   Pendant ce temps,
Mr d'Amours, Sieur de Louviers, frère du précédent, à
l'exemple de son père qui avait obtenu, en 1672, la Seigneurie de Matane, se faisait concéder pour son fils celle
de Matapédiac, à dix lieues de Matane.   De son côté, Mr
d'Amours, Sieur de Plaine, dont le Père Charlevoix vient
de parler, étant encore en Acadie, avait été mis en possession d'un Fief d'une lieue et demie de front sur deux de
profondeur.   On le retrouve en 1712 assistant au mariage
de Mr Margane de la Valterie.   Lui-même avait épousé
Melle Delisle, dont il eut plusieurs enfants. Outre ces trois
fils, Mr d'Amours en eut encore un autre : Mr d'Amours,
Sieur de Clignancourt.   Après avoir pris part, en 1696, à
l'attaque du fort de Naxoat contre la flotte anglaise, ce
jeune officier fut chargé par les habitants de la contrée

d'aller faire des représentations à Mr de St Castin sur les vexations qu'ils avaient à souffrir de la part du Commandant de Port Royal. Parmi les filles de Mr Mathieu d'Amours, outre Mme de Montigny, on connaît encore Melle Marguerite qui devint l'épouse de Mr Nicolas Jauffret; une autre, Melle Geneviève, fut marraine de Mr Pierre Jacques de Joybert, celui-là même qui obtint par la suite la Seigneurie des Cascades. La famille d'Amours s'est perpétuée dans le pays longtemps encore après la conquête. Parmi les d'Amours qui ont eu le plus de célébrité à cette époque, est Mr Philippe d'Amours, Sieur de la Morandière, qui épousa Melle Marie-Louise Juchereau Duchesnay. Après avoir servi comme Enseigne de 1723 à 1725, il fut fait Lieutenant en 1726 et devint Commandant en 1739, dans les pays d'en-haut.

Mr de Montigny n'était marié que depuis peu de temps, lorsqu'il lui fallut s'arracher de nouveau aux douceurs du foyer et recommencer sa vie des camps. En 1696, faute de monde, on n'avait pu achever de chasser les Anglais de Terreneuve. Le projet fut repris en 1705. Alors, à Mr de Brouillan, qui était mort l'année précédente, avait succédé Mr de Subercase, un des plus vaillants Capitaines qu'ait eu la France à cette époque. Mr de Montigny fut choisi pour faire partie de l'expédition. Chaque homme portait des vivres pour vingt jours, avec ses armes et une couverture. Partie le 15 Janvier, l'armée arriva le 26 au milieu des habitations anglaises. Cette longue marche n'avait pu s'effectuer qu'au milieu de difficultés de toutes sortes, les rivières charriant partout des montagnes de glace et les arbres, le long de la route, s'affaissant sous le poids des neiges. Après s'être reposée deux jours et avoir pris possession du Petit Havre, l'armée se porta sur St Jean. On n'y attendait pas si tôt les Français. Cependant la garnison, prise à l'improviste, fit bonne contenance, et ce ne fut pas sans difficulté qu'on s'empara du premier fort. L'armée se fût également rendue maîtresse des deux autres, mais ses munitions ayant été endom-

magées au passage des rivières, force fut d'en remettre
l'attaque et de tourner d'un autre côté ses armes. Après que
toute la côte eût été soumise, M' de Montigny, qui avait
toujours avec lui son fidèle Nescambouët, [1] fut détaché
avec les Sauvages et une partie des Canadiens, pour
tomber sur la Carbonnière et Bonneviste, avec ordre de
tout détruire, ce qu'il exécuta sans perdre un seul homme,
tant était grande la terreur de son nom parmi les Anglais.
" Son nom seul, dit Charlevoix, fit tomber les armes des
" mains des plus résolus et lui livra quantité de pri-
" sonniers qu'il n'eut que la peine de prendre.  La Car-
" bonnière étant inabordable en hiver, il fallut y renoncer.
" Tout le reste fut forcé.  MM. de Linctot, de Villedonné
" et de Belestre secondèrent parfaitement M' de Montigny.
" Cette campagne ruina entièrement le commerce des
" Anglais à Terreneuve."

Ayant perdu son épouse peu à près son retour, M' de
Montigny contracta un nouveau mariage avec M^elle Marie
de Louvigny, fille du Gouverneur des Trois-Rivières, dont
il convient de dire un mot.  M' de la Porte de Louvigny,
natif de Paris, appartenait à une famille d'ancienne noblesse.  Après avoir servi dans le régiment de Navarre.
étant passé, vers 1687, dans la Nouvelle-France, il devint
successivement Lieutenant et Capitaine.  En 1693, ayant
à régler des affaires de famille, il fit un voyage en France.
Il venait d'être fait Garde-Marine à Rochefort et Enseigne
de vaisseau, lorsqu'étant de retour en Canada, il fut
nommé Major aux Trois-Rivières.  C'était en 1700.  Trois
ans après, il passa à Québec, en cette qualité, et, en 1708,
il fut fait Chevalier de S' Louis.  Il s'était retiré du service avec une pension de quatre cents livres, lorsqu'en
1716, il fut appelé à remplir à Québec, les fonctions de
Lieutenant du Roi, et, quatre ans après, celles de Com-

---

[1] Ce Nescambouët était ce même chef qui, étant passé en France,
fut accueilli avec une faveur marquée par la Cour.  Pour honorer sa
bravoure et récompenser sa fidélité, le Roi, après l'avoir comblé de
présents, lui donna la Croix de S' Louis.

mandant dans les pays d'en-haut. Ce n'était pas le dernier
honneur réservé à son mérite. En 1724, le 26 Décembre,
il fut nommé Gouverneur des Trois-Rivières. Etant de
nouveau passé en France, il périt dans le funeste naufrage du *Chameau*, le 27 Août 1725. Une pension de huit
cents livres fut accordée à sa veuve. Il avait eu de cette
Dame plusieurs enfants. L'un d'eux devint officier de
l'armée. En 1776, Mr François-Mouët de Louvigny alla
s'établir à Remoulin, Diocèse d'Uzès. Il était alors âgé
de quarante-neuf ans, et était un des petits-fils de l'ancien
Gouverneur des Trois-Rivières. Telle était la famille
dans laquelle Mr de Montigny se choisit une seconde
épouse.

Mais il était de sa destinée de ne jamais rester en repos.
Pour venger les désastres des années précédentes, les
Anglais avaient fait des armements considérables et ne
se proposaient rien moins que la conquête du Canada.
Six mille hommes de troupes réglées devaient, de concert
avec les milices et les Sauvages détachés de l'alliance des
Français, se porter sur Chambly, par le lac Champlain.
Le bruit de cette nouvelle s'étant confirmé, Mr de Ramezay, Gouverneur de Montréal, marcha à la rencontre
de l'ennemi. Il partit le 28 Juillet 1710 : " Son avant
" garde, dit Charlevoix, était conduite par Mr de Montigny,
" fait Capitaine cette même année. Elle était composée
" de cinquante Français et de deux cents Abénakis et
" soutenue par Mr de Rouville avec cent Canadiens. Après
" eux marchaient cent soldats des troupes du Roi, sous
" les ordres de Mr de la Chassaigne. Le Gouverneur de
" Montréal, suivait à la tête de cinq cents Canadiens, dis-
" tribués en cinq Compagnies, commandées par MM.
" d'Eschaillons, de Ligneris, de Sabrevois, des Jordis et
" de St Martin." C'était bien peu pour s'opposer à des
forces si imposantes ; mais, s'étant communiquée à l'armée
anglaise par la malice de leurs perfides alliés, la peste
délivra le Canada du danger dont il était menacé. Un
fort détachement s'étant alors avisé d'élever un fort à

l'extrémité du lac St Sacrement, MM. d'Eschaillons et de
Montigny, à la tête de cinquante hommes chacun, furent
envoyés par Mr de Vaudreuil, pour reconnaître les travaux : "Mr de Montigny, rapporte Charlevoix, alla même
" avec deux Sauvages, compter et mesurer les canots de
" l'ennemi ; des Abénakis de sa troupe, s'étant avancés
" jusqu'aux pieds des retranchements, cassèrent la tête à
" deux Anglais." Ainsi se termina une expédition qui
devait ensevelir le Canada sous ses ruines. Découragée
par tant d'échecs, l'armée anglaise se hâta de se retirer à
Manhattan, aux environs de la Nouvelle-York.

En récompense de ses services, Mr de Montigny fut
décoré de la Croix de St Louis, deux ans après. Il survécut à cet honneur de longues années encore, n'étant
mort qu'en 1737, au mois de Juillet. Faisant l'éloge de
ce Capitaine renommé, le Père Charlevoix a laissé tomber
de sa plume ces lignes qui rendent témoignage à sa vertu :
· "Mr de Montigny, Chevalier de l'Ordre Militaire de St
" Louis, est célèbre dans les fastes de la Colonie. C'était
" un Capitaine pour le moins aussi estimable pour sa
" probité et son caractère plein de droiture, que pour sa
" valeur et ses exploits de guerre."

De son mariage avec Melle d'Amours, Mr de Montigny
avait eu quatre enfants, qui tous, à l'exception de Marie-
Louise, épouse du Capitaine Raimbault, moururent à la
fleur de l'âge. Du second mariage sont nés : Jean-
Baptiste, Marie-Anne-Louise, Marie-Anne, Marie-Anne-
Amable.—Marie-Anne-Louise entra dans la famille Trottier des Rivières, si répandue aujourd'hui dans les Districts de Québec et de Montréal, où elle jouit à bon droit de
la plus haute considération.—Marie-Anne fit alliance, en
1759, avec Mr Charles de Mézières, Sieur de l'Epervanche,
dont la famille était unie à celle de Trevet.—Enfin, Marie-
Anne-Amable devint l'épouse de Mr Gauthier de la Verenderye, dont la famille a produit plusieurs hommes
remarquables.

## IIᵒ JEAN-BAPTISTE TESTARD DE MONTIGNY.

Mʳ Jean-Baptiste Testard de Montigny, fils du précèdent
et de Dame de Louvigny, reçut le jour à Villemarie, le
16 Juin 1724. Il eut pour parrain le Capitaine Celoron
de Blainville, qui, en 1748, prit possession au nom de la
France, du pays situé au pied des monts Apalaches, et
pour marraine Mᵐᵉ Fleury de la Gorgendière, épouse
de Mʳ le Verrier, Major de Montréal.

Entré tout jeune dans le service, Mʳ de Montigny soutint dignement la gloire que son père s'était acquise dans
les combats Il n'avait encore que douze ans, lorsqu'en
1736, il se rendit au fort Sᵗ Frédéric. C'est là, au milieu des
troupes qui y tenaient garnison, que, sous les ordres de
MM. de Verchères et de Fondeville, dont l'un était fils du
célèbre Capitaine, qui a laissé son nom à la Paroisse de
Verchères, et l'autre devait parvenir aux premiers grades
de l'armée, il fit l'apprentissage de cette vie guerroyante,
qui devait un jour le rendre si redoutable. Quatre ans
après, sur le bon témoignage que rendirent ses Supérieurs de sa conduite, il fut fait Enseigne. C'est en cette
qualité qu'il continua à servir au fort Sᵗ Frédéric jusqu'en 1745.

Alors, devenu presque homme fait, on le vit prendre
part à toutes les expéditions, tantôt sous les ordres du
célèbre Marin, tantôt sous la conduite de l'intrépide
d'Ailleboust de Cuisy, d'autres fois seul. Ayant rencontré,
dans une de ces occasions, un parti ennemi de beaucoup
supérieur en nombre, il ne laissa pas que de lui tenir tête
et ne se retira qu'après lui avoir fait plusieurs prisonniers.
Son audace augmentant avec ses succès, il attaqua encore,
peu après, avec quatorze Canadiens, un autre détachement de quarante Anglais. Le combat fut des plus
acharnés, mais la victoire resta de son côté. Toute l'année
1746 se passa ainsi en courses qui ne s'élevèrent pas à
moins de vingt-neuf et qui toutes s'accomplirent avec le

plus rare bonheur. Mais ce n'était là que le prélude de combats plus sérieux.

En vue de réprimér l'audace des Colonies anglaises que les échecs antérieurs n'avaient pu réduire, il fut résolu qu'on irait les attaquer sur leur propre terrain. En conséquence, Mr Rigaud de Vaudreuil prit la route du Connecticut, à la tête d'un fort détachement. Mr de Montigny, dont la valeur était de plus en plus appréciée, fut désigné pour en faire partie. On était parvenu sans encombre au cœur du pays, lorsque le bruit se répandit que l'ennemi était en marche et qu'il ne tarderait pas à paraître. Aussitôt le jeune officier est détaché avec vingt-neuf hommes, pour aller le reconnaître. Il avait à peine fait quelques lieues, lorsqu'au détour d'un bois, il se trouva en face d'un parti anglais, fort de soixante hommes. Sans se déconcerter, il forme son monde en ordre de bataille et donne le signal de commencer le feu. Lui-même, mettant l'épée à la main, fond sur l'ennemi et lui fait huit prisonniers. La lutte se prolonge encore quelque temps avec une égale vivacité de part et d'autre ; mais ayant perdu vingt de ses hommes, l'ennemi se retira en désordre. Effrayés de tant d'audace, les autres partis se dispersèrent, sans oser en venir aux mains.

Cette affaire avait lieu en 1748. Six ans après, ayant été fait Lieutenant, Mr de Montigny fut envoyé à la Belle-Rivière avec cent Sauvages. "En arrivant à la Presqu'Ile, " lui marquait Mr de Vaudreuil, qui n'avait pas moins " d'estime pour le jeune officier que le Marquis de Beau-" harnois, son prédécesseur, le Sieur de Montigny " fera diligence pour se rendre au fort Duquesne, à " moins que Mr de Beaujeu, à qui nous avons donné tout " pouvoir, ne change le lieu de sa destination, suivant " les circontances." Mr de Montigny ne pouvait venir plus à propos. C'était le moment où Braddock, à la tête d'une armée nombreuse, s'avançait à marches forcées contre le fort Duquesne. On connait toute la répugnance que manifestèrent d'abord les Sauvages à prendre part à

la lutte ; on sait aussi comment, animés par leurs chefs,
et encouragés par l'exemple des Français, ils se précipi-
tèrent sur l'ennemi et en firent un horrible carnage. Telle
fut la conduite de Mr de Montigny en cette mémorable
journée, que Mr Dumas, qui avait succédé à Mr de Beaujeu
dans le commandement des troupes, le proposa à Mr de
Vaudreuil pour la Croix de St Louis.

Il n'avait encore que trente-deux ans ; mais son mérite
devançant les années, il fut appelé à remplir un des postes
les plus importants et le plus difficiles. Voici l'instruction
que lui donna à cette occasion Mr de Vaudreuil : "Le
" poste des Miâmis exige depuis quelques années une
" attention particulière.   Les désordres auxquels les Sau-
" vages qui l'habitent se sont livrés, sur les paroles et les
" présents que les Anglais n'ont cessé de leur faire pour
" les éloigner de leur attachement aux Français, sont
" connus de Mr de Montigny, en ayant été lui-même
" témoin.  Et comme, dans les circonstances présentes,
" il est de la dernière importance de les maintenir dans
" notre alliance, et d'empêcher les obséquieuses dé-
" marches des Anglais, nous nous sommes décidé à
" confier ce poste à Mr de Montigny qui est connu et
" aimé de ces nations.  En conséquence, il voudra bien
" se conformer à nos intentions exprimées ci-après :

" Article Ier—Lorsque le Sieur de Montigny sera
" arrivé aux Miâmis, il prendra une connaissance exacte
" de ce poste. Il pourvoiera à tout ce qui peut contribuer à
" sa sûreté et prendra de sages précautions pour éviter
" toute surprise.

" Article IIe—Il s'appliquera à pénétrer les dispositions
" des Sauvages de ce poste.  Comme il en est parti plu-
" sieurs pour aller au fort Duquesne, il s'enquèrera de
" la manière dont ils se sont comportés avec Mr de
" Belestre, leur témoignant notre satisfaction de leur
" zèle, s'ils en ont donné des preuves, et, dans le cas
" contraire, leur fera des reproches modérés, ne négligeant
" rien pour les disposer à faire mieux à l'avenir.

" Article IIIe—Comme la guerre a été déclarée entre
" la France et l'Angleterre, il raffermira la hache que ces
" nations ont prise contre nos ennemis. Il usera de tout
" son crédit pour engager ces peuples à se tenir prêts à
" marcher et à frapper, dès que nous leur en donnerons
" l'ordre.

" Article IVe—Il fera en sorte que ces nations n'entre-
" prennent pas d'autre guerre que celle que nous avons
" à soutenir avec l'Anglais. Il les informera que telle est
" la disposition des autres nations, et les engagera à
" rester en paix avec elles.

" Article Ve—Le Sieur de Montigny aura soin d'entre-
" tenir une sage discipline dans son poste, et de maintenir
" la bonne intelligence entre les Français et les voya-
" geurs. Il fera attention surtout pour qu'ils n'aient
" aucun démêlé avec les Sauvages.

" Article VIe—Il profitera de toutes les occasions pour
" nous informer de l'état des choses dans son poste, et en
" usera de même avec les Commandants des Illinois, du
" Détroit, etc. Pour tout le reste, nous nous en rapportons
" à sa sagesse, prudence, grande expérience et à son zèle.
" Fait à Montréal, le 12 Août 1756. (Signé) VAUDREUIL."

Quatre mois auparavant, le Gouverneur ayant résolu
de se rendre maître d'Oswégo, et Mr de Lery ayant été
envoyé au mois de Mars, avec plus de trois cents hommes,
pour enlever tous les postes en communication avec cette
place, Mr de Montigny avait été chargé de coopérer au
succès de l'entreprise. Le résultat est connu : tout tomba
entre les mains de ces valeureux guerriers, notamment le
fort Bull qui servait d'entrepôt à l'ennemi et renfermait ses
munitions de guerre et de bouche. Après avoir enlevé
les palissades, Mr de Montigny enfonça les portes à coups
de hache et tua tout ce qui se rencontra. Alors commença le siège d'Oswego. Là, comme à la Monongahéla, l'intrépide officier fit des prodiges de valeur, au
point de mériter les éloges du Général Montcalm, qui le
recommanda pour le brevet de Capitaine. Il venait d'être

élevé à ce grade, lorsque le fort de Frontenac tomba aux mains des Anglais. Craignant que celui de Niagara n'eût le même sort, Mr de Vaudreuil se hâta d'y envoyer Mr de Montigny. Voici l'ordre que lui intima ce Gouverneur :
" Nous ordonnons à Mr de Montigny, Capitaine d'une
" Compagnie de troupes de la marine, de prendre le
" commandement de trois cents hommes, pour se rendre
" à Niagara, que les Anglais soient restés ou non à
" Frontenac. Il mettra tout en usage pour pénétrer à
" Niagara, et, dans le cas où les Anglais seraient encore
" à Frontenac, il prendra la route qu'il trouvera la plus
" convenable pour se rendre à sa destination. Son déta-
" chement sera formé de cinquante soldats, du maître
" canonnier, des canonniers de milice de Montréal, et le
" surplus en militaires. Il emportera la poudre qui est
" destinée pour Niagara et fera son possible pour que son
" détachement soit prêt à partir aussitôt que les canots
" seront arrivés. S'il rencontre des canots de voyageurs,
" il les fera rétrograder et les emmenera avec lui à
" Niagara. Fait à Montréal, le 31 Août 1758. (Signé)
" VAUDREUIL. "

Mr de Montigny était à peine de retour à Montréal, l'année suivante, qu'il fut de nouveau envoyé en toute hâte, avec cinq cents cinquante hommes, au secours du même fort. Cette place était serrée de près par les Anglais, qui, comprenant son importance, tenaient à s'en rendre maîtres. Ils l'avaient investie de toutes parts et ne cessaient de faire pleuvoir sur elle un feu terrible. A une force écrasante, Mr Pouchot qui y commandait, n'avait que cinq cents combattants à opposer. Encore plusieurs de ses hommes étaient-ils hors de combat ; les autres qui n'avaient pas pris de sommeil depuis dix-sept jours, étaient exténués de fatigues. Tout son espoir était dans les renforts qu'il avait demandés. Ces renforts arrivèrent enfin ; mais, surpris dans une embuscade de plus de deux mille hommes, lâchement abandonnés par les perfides Sauvages, ils furent coupés en deux, puis enveloppés et

40

anéantis. " Une cinquantaine d'hommes seulement, rap-
" porte Mr Garneau, restèrent debout et essayèrent de se
" dégager en combattant ; mais, la plupart, chargés eux-
" mêmes à la baïonnette, demeurèrent sur la place. Presque
" tous les officiers furent tués, blessés ou pris." Mr de
Montigny reçut pour sa part trois coups de feu. Fait prisonnier avec MM. Aubry et de Ligneris, il fut conduit dans
la Nouvelle-Angleterre où il resta deux ans. Ainsi finit
pour cet officier distingué une vie où il avait donné tant
de preuves de courage.

Après la cession du Canada, les Anglais qui avaient eu
occasion d'apprécier son mérite, s'efforcèrent de le retenir
sous leur drapeau, ainsi que le prouvent divers documents
que nous avons sous les yeux. Mais toujours dévoué de
cœur à son pays, Mr de Montigny ne voulut jamais y
consentir. Il préféra se retirer en France, où le Duc de
Choiseul l'invitait à passer. " Lorsque Mr de Montigny
" sera de retour en France avec sa famille, lui écrivait
" ce Ministre, dans une lettre en date du 30 Mars 1764,
" je lui procurerai du Roi une gratification annuelle de
" dix mille francs sur les Colonies, en attendant qu'il
" soit remboursé des deux cent soixante-trois mille francs
" qu'il a en effets du Canada." Encouragé par des promesses aussi flatteuses, Mr de Montigny s'embarqua sur le
*Nancy* et arriva à Calais le 19 Novembre 1764· Ayant
alors appris qu'il courait risque de n'être jamais indemnisé de la perte de ses biens, il alla aux informations.
C'est alors que, pour dissiper ses craintes, le Ministre
écrivit la lettre suivante à Mr de Vaivre : " Paris, 20
" Février 1765. Monsieur, il n'a jamais été question de
" diminuer l'état que je vous ai promis de procurer à
" Monsieur de Montigny, lorsqu'il serait en France. Il
" est juste même qu'il y jouisse du bien-être auquel il
" était accoutumé en Canada. La liquidation des effets
" dont il est porteur devant lui rendre quatre mille huit
" cents livres, reste à lui trouver cinq mille livres, pour
" parfaire les dix mille livres que je lui ai fait espérer.

" Je compte que le Roi voudra bien lui accorder une
" gratification annuelle de cette somme, au moyen de
" quoi Mr de Montigny n'aura plus qu'à jouir des bontés
" de Sa Majesté. (Signé) LE DUC DE CHOISEUL." Répondant
à Mr de Montigny lui-même, le Ministre ajoutait : " J'ai
" rendu compte au Roi, Monsieur, de vos services dis-
" tingués et des blessures que vous avez reçues en diffé-
" rentes occasions, ainsi que de l'état de votre nombreuse
" famille en France, et Sa Majesté a bien voulu, pour
" différentes considérations, vous accorder une grati-
" fication annuelle de cinq mille deux cents livres, dont
" vous jouirez sur le fond des Colonies, à partir de ce
" jour. C'est avec plaisir que j'ai contribué à vous pro-
" curer une récompense aussi distinguée de la part de Sa
" Majesté Je suis, Monsieur, etc. (Signé) LE DUC DE
" CHOISEUL."

Ce n'étaient là que de vaines promesses. Mr de Montigny, non plus que la plupart des autres, ne fut jamais
indemnisé et ne toucha point les sommes qu'on lui avait
fait espérer. Il ne reçut que sa pension de Chevalier. Il
s'était retiré à Blois. C'est là qu'il mourut le 20 Novembre 1786, laissant à sa famille, à défaut d'une grande
fortune, une mémoire sans tache et un nom honoré.
Voici le témoignage qu'il avait reçu de sa conduite, au
moment où il quitta le Canada. C'est un monument
trop précieux, pour ne pas lui donner place ici : " Pierre
" de Rigaud, Marquis de Vaudreuil, Grand'Croix, etc.,
" certifions que Mr de Montigny, Chevalier de St Louis,
" Capitaine dans les troupes du Canada, a servi dans cette
" Colonie avec la plus grande distinction, notamment
" dans la dernière guerre où il a signalé son courage aux
" batailles de la Belle-Rivière, de Niagara, au siège des
" forts Bull et Chouëgen, d'une manière qui lui a mérité
" l'estime de tous les militaires et la confiance du soldat
" auquel il a toujours donné des exemples d'intrépidité
" dans les différentes affaires où il s'est trouvé. Ce fut
" lui qui donna le premier coup de hache à la porte du

" fort Bull et qui décida les troupes à la bûcher, sous le
" feu de l'ennemi. Cet officier, qui jouit d'une réputation
" ·peu commune, a d'ailleurs montré autant d'intelligence
" que de zèle et d'ardeur dans une infinité de postes qui
" lui ont été confiés. Il a reçu plusieurs blessures et a
" été fait prisonnier à Niagara par les Sauvages anglais
" qui ne lui ont laissé la vie qu'en considération de l'es-
" time que leur inspirait sa bravoure. Ses ancêtres ont
" aussi rendu de grands services. Son aïeul, Mr de Lou-
" vigny, était Gouverneur des Trois-Rivières, et son père.
" ancien Capitaine, était, lorsqu'il mourut, couvert de
" blessures. Paris, 17 Mars 1764. (Signé) Vaudreuil."

Etant en Canada, où, le 15 Mars 1745, il avait perdu ·
une de ses proches parentes. la Sœur de Montigny, Religieuse de St Joseph, Mr de Montigny avait épousé, le 25
Octobre 1748, Melle Charlotte Trottier des Rivières, fille
de Mr Julien Trottier des Rivières, Président au Conseil
Supérieur de Québec, et de Dame Marie-Louise-Catherine
Raimbault. Déjà nous avons eu occasion de mentionner
la famille Trottier des Rivières. C'est une des plus anciennes qui soit en Canada.

Etablie primitivement à la Rivière-du-Loup, où elle
possédait une Seigneurie, la famille Trottier de Beaubien
s'est partagée en plusieurs branches. L'une est restée
dans le District des Trois-Rivières, où elle s'est perpétuée.
Le Dr Beaubien [1] de Montréal, si estimé pour sa science
médicale et ses autres belles qualités, appartient à cette
branche qui se trouve présentement à Nicolet. L'autre ·

---

1 Le Dr Beaubien, après avoir suivi les cours de médecine à Paris
sous les plus habiles maitres, est revenu à Montréal où il exerce sa
profession depuis de longues annees. Il est un des medecins de l'Hôtel-
Dieu, et, avec les Docteurs Trudel, Pelletier, d'Orsonnens, Monro.
Bibaud, Coderre, Boyer. etc., si justement renommés, est un des professeurs de la celèbre Ecole de Medecine de Montreal. Ses concitoyens
l'ont appelé, ainsi que le vénerable Dr Meilleur. à presider la Sociéte
St Jean-Baptiste. Un de ses fils a épouse une des petites-filles de Mr
Ph. de Gaspé ; l'autre, à l'exemple de son aine qui est décede, a em-
brassé l'état ecclésiastique. Melle Marie, l'unique fille, est entrée à la
Congrégation de Montréal, où elle a pris le nom de Ste. Marie Alfred.

est passée dans le District de Québec où elle s'est multipliée. Une autre est allée se fixer au Détroit, où elle est devenue puissamment riche  C'est un des membres de cette famille qui a concédé le terrain où s'élève aujourd'hui la ville qui domine le Michigan et qui appartint si longtemps aux Français.

De son mariage avec Melle Trottier des Rivières, Mr de Montigny eut dix enfants : Charlotte, Jean-Baptiste-Pierre, Jérémie, Amable-Jean, Marie-Amable, Catherine, Louis-Etienne, François-Marie, Pierre-Marie-Joseph et André-François.—Charlotte, l'ainée, née le 5 Décembre 1749, passa avec son père en France, où elle épousa, le 10 Janvier 1780, Mr Charles Douaire, ancien Major des troupes en Canada.—Jean-Baptiste-Pierre, dit Louvigny, né en 1750, entra dans le service. Après avoir accompagné son père en France, il revint en Canada, où il fit alliance, en 1771, avec Melle Charlotte Trottier des Rivières, fille de Mr Pierre-Julien Trottier des Rivières et de Dame Marie-Anne Testard de Montigny, dont il a été parlé plus haut. Il fut nommé Capitaine dans le département des Sauvages. Après la mort de son épouse, il contracta une seconde union, en 1790, avec Melle Hay, fille du Gouverneur de Détroit. Fait prisonnier dans la guerre de 1812, il fut conduit à Albany, et échangé ensuite contre un Colonel américain. Il mourut à son retour des blessures qu'il avait reçues, laissant plusieurs enfants. L'un d'eux, Mr B. de Montigny, professa longtemps comme Avocat, à Montréal.—Jérémie, frère des précédents, alla aussi se fixer en France, ainsi que François-Marie, un autre de ses frères. N'ayant pu s'accommoder de ce séjour, il revint en Canada et passa de là aux Iles d'Amérique, où déjà un autre membre de sa famille s'était rendu en 1720.

André-François, le plus jeune des fils du Capitaine de Montigny, avait reçu le jour à Blois, le 5 Septembre 1767. Il eut moins de peine à demeurer en France. Il entra dans les Gardes du Corps de Louis XVI et y servit jusqu'au moment de la révolution. Alors il passa en Alle-

magne, où il épousa, le 20 Janvier 1794, la Comtesse de
Hoensbroc, fille de François Lothaire, Marquis de Hoen-
sbrock, Maréchal héréditaire des Duchés de Goeldres, etc.
La cérémonie du mariage eut lieu à Thorn. Cette union
fut de courte durée. Douze ans après, il mourut à Ham-
bourg. Son épouse le suivit dans la tombe six ans après.
Elle décéda, en 1812, au Château de la Haye, près de
Goeldres. De ce mariage sont nés quatre enfants, dont
trois sont vivants. M^elle Sophie-Joséphine-Charlotte, née
le 17 Octobre 1794, habite le Château de Koolk, près
Brukieysen. M^elle Marie-Anne-Louise, née le 8 Juin 1795,
a uni son sort à celui du Comte Charles-Alexandre Conrad
de Rurtsrockz, et demeure à Wellings Cûttel, près
Mayence. M^elle Clémentine-Elisabeth-Jeanne réside au
Château de la Haye, où sa mère a fini ses jours.

### IV° LOUIS-ÉTIENNE TESTARD DE MONTIGNY.

M^r Louis-Etienne Testard de Montigny, autre fils de
Jean-Baptiste de Montigny et de Dame C. Trottier des
Rivières, continua la lignée. Après quelque temps de
séjour en France, ne pouvant résister à l'amour du pays
natal, il revint en Canada. Il n'était pas encore marié.
Peu après, il épousa M^elle Louise-Archange Gamelin,
sœur de la grand-mère du Juge Alywin, et fille de M^r
Pierre Gamelin et de Dame Marie-Louise de Lorimier.
Comme on le voit, par ce mariage, M^r de Montigny
s'alliait à la famille de Lorimier qui a produit trop
d'hommes distingués, pour que nous n'en parlions pas
dans un livre qui a pour but de rappeler les familles
remarquables.

Le premier de cette famille, dont le nom soit tombé
sous nos yeux, est le Capitaine de Lorimier de la Rivière
qui fut un des défenseurs de la Nouvelle-France vers la
fin du seizième siècle. Il était à peine arrivé en Canada,
qu'il fut fait Lieutenant. C'était en 1785. Huit ans après,
il fut nommé à la place de Garde-Magasin. Il s'acquitta

M. DE LORIMIER

LE C<sup>hier</sup> DE LA CORNE.

M. J. BÉDARD

M. R. DE LA BRUHÈRE.

si bien de son emploi, que, l'année suivante, il fut promu
au grade de Capitaine. Alors, on le vit donner, à la tête
des troupes, ces exemples de bravoure qui devinrent de
tradition dans sa famille. A sa mort, arrivée en 1711, il
laissait plusieurs enfants, qui tous marchèrent sur les
traces de leur père. L'un d'eux, après avoir été fait Lieutenant en 1741, reçut le brevet de Capitaine huit ans
après. C'est ce brave officier qui, après s'être signalé à
la prise du fort George, fut blessé à la prise de Corlar,
au mois de Septembre suivant. Parlant de cette expédition, une pieuse Annaliste dit : " Ils ont frappé le 11
" Septembre et ont fait cent trente prisonniers. Ils se sont
" emparés de deux forts, et ont brûlé trente-cinq maisons
" avec les hangards remplis de vivres. Nous n'avons
" perdu personne dans cette affaire. Mr de Lorimier,
" l'aîné, a été blessé, et deux Sauvages." Deux ans après,
pour honorer sa valeur et récompenser ses services, le
Roi lui envoya la Croix de St Louis. Après la prise du
pays par les Anglais, les trois fils du Chevalier, alors
Enseignes, passèrent en France sur *la Jeanne*, vaisseau
sur lequel se trouvaient aussi MM. de Rocheblave, Mouët
de Louvigny, Hertel de Louisbourg, etc. L'un d'eux,
Joseph-Antoine-Guillaume, s'était marié l'année précédente, comme le prouve l'extrait suivant de son contrat
de mariage : " L'an 1760, le 12 Janvier, furent présents :
" Claude-Nicolas-Guillaume de Lorimier, Ecuyer, Che-
" valier de l'Ordre royal et militaire de St Louis, Capi-
" taine d'Infanterie, demeurant ordinairement à la Chine,
" stipulant pour Joseph-Antoine-Guillaume de Lorimier,
" Ecuyer, officier d'Infanterie, son fils, et de Dame Louise
" LePallieur ; et Sieur Joseph-Urbain Guyon Duprez,
" négociant, demeurant à Montréal, agissant comme
" tuteur de Demoiselle Madeleine d'Amours de Clignan-
" court, fille mineure de feu Louis-Mathieu d'Amours,
" Ecuyer, Sieur de Clignancourt, et de feue Dame Made-
" leine Guyon Duprez, son épouse. Les parties étant
" convenues et s'étant accordées sur ce qui est porté en

" la minute des présentes, les ont signées avec leurs
" parents et amis."

Le pays, toutefois, ne devait pas être privé pour toujours
de l'appui de ces vaillants officiers. Plusieurs y restèrent
ou y revinrent, et lorsqu'éclata la première guerre américaine, on vit les frères de Lorimier, à la tête des Sauvages, contraindre le Général Schuyler, accouru avec
mille hommes de troupes pour prendre le fort S' Jean, à
abandonner honteusement la partie et à se replier sur
l'Ile-aux-Noix, ainsi qu'il a été rapporté plus haut.

Pendant que les frères de Lorimier faisaient revivre
sur les bords du S' Laurent l'héroïsme guerrier de leur
père et de leur grand-père, un autre membre de cette
famille s'immortalisait par sa fidélité et son dévouement
à l'infortuné Louis XVI : c'est Claude-Christophe Chamilly de Lorimier, Chambellan du Roi, dont le nom est
resté associé à celui du brave Clery. " Pendant le sac des
" Tuilleries, lorsque le Roi était réfugié à l'Assemblée
" avec la famille royale, rapporte Mr de Beauchesne dans
" la *Vie de Louis XVII*, on vit accourir près de l'infor-
" tuné Monarque le Prince de Poix, le Duc de Rohan, le
" Marquis de Tourzel, nombre de Dames attachées au
" service des princesses ; MM. Hue, Thierry, Chamilly,
" père et fils, tous serviteurs dévoués. Au moment d'être
" transféré du Couvent des Fueillants à la prison du
" Temple, le Roi reçut ordre de désigner les personnes
" qu'il désirait garder auprès de sa famille. Alors il fit
" dresser une liste. Sur cette liste étaient comprises les
" personnes suivantes : MM. de Fresne, de Lorimier Cha-
" milly, Beligny et Testard, pour le service du Roi ; Mᵈᵉ
" Thibaud, Augié et Basire, pour le service de la Reine ;
" Mᵐᵉ de S' Brice et Mr Hue, pour le service du Dauphin.
" Ce choix n'ayant pas rencontré l'agrément du Conseil
" de la Commune, on voulut présenter d'autres per-
" sonnes. Louis XVI obtint cependant, à force d'in-
" stances, que MM. Hue et Chamilly lui fussent conservés.
" Ce ne devait pas être pour longtemps. Dans la séance

" du 17 Août, la Commune ordonna leur enlèvement de
" la Tour.   La notification de cet arrêt fut transmise le
" lendemain au Temple par deux officiers municipaux.
" C'était à l'heure du dîner, à deux heures.   " Messieurs,
" dit alors le Roi, si l'on persiste dans le dessein d'éloi-
" gner de nous les serviteurs qui nous restent ici, je
" déclare que ma famille et moi nous nous servirons
" nous-mêmes.   Qu'on ne me présente donc qui que ce
" soit."  Nonobstant ces justes réclamations, dans la nuit
" du 19 au 20, deux officiers municipaux vinrent les en-
" lever.   On les fit monter dans des voitures de place,
" sans leur dire où on les conduisait.   On les conduisait
" à la barre de la Commune et de là à la prison de la
" Force, d'où ils devaient être arrachés, pour être traînés
" à l'échafaud."  Voici, en effet, ce que nous apprend un
autre document de l'époque : " MM. Chamilly de Lori-
" mier, père et fils, restés auprès du Monarque pendant
" le pillage des Tuileries, après l'avoir rejoint, au péril
" de leur vie, à l'Assemblée, furent renfermés avec lui
" pendant trois jours aux Feuillants.   Ils voulurent aussi
" l'accompagner à la prison du Temple, mais le père
" seul obtint, avec Mr Hue, cette honorable et périlleuse
" faveur.   Après la mort de Louis XVI, un instant ren-
" dus à la liberté, les MM. Chamilly de Lorimier furent
" de nouveau incarcérés, le 9 Février 1794.   Le père fut
" conduit au Luxembourg et ne tarda pas à payer de sa
" tête l'attachement qu'avait eu pour lui le Roi.   En effet,
" le 5 Messidor, an 2, le tribunal révolutionnaire rendit
" l'arrêt suivant : Claude-Christophe Chamilly de Lori-
" mier, serviteur du tyran Roi, âgé de 62 ans, né et
" domicilié à Paris, département de la Seine, est con-
" damné à mort comme contre révolutionnaire."  Son
fils, longtemps oublié dans les prisons, en fut tiré par la
révolution du 9 Thermidor.   Resté alors en France, Mr
de Lorimier s'enveloppa de l'obscurité la plus profonde
et ne reparut qu'au retour de Louis XVIII.   Ce prince
n'eut garde d'oublier un serviteur si dévoué.   Il le fit

son premier Chambellan et le décora de la Croix de St Louis. Ainsi fut réalisé le vœu que formulait ainsi Louis XVI, dans son immortel testament : " Je croirais calom-
" nier les sentiments de la nation. si je ne recommandais
" ouvertement à mon fils MM. de Chamilly et Hue, que
" leur véritable attachement pour moi avait portés à s'en-
" fermer avec moi dans ce triste séjour, et qui ont failli
" en être les malheureuses victimes. Je lui recommande
" aussi Clery, des soins duquel j'ai eu tout lieu de me
" louer depuis qu'il est avec moi."

L'échafaud de France ne devait pas être le seul à voir couler le sang des de Lorimier. En 1794, il avait coulé pour expier le dévouement aux meilleurs des Rois ; en 1838, il coula en Canada pour punir la revendication à main armée de droits foulés aux pieds. Nous ne rappellerons pas ici les trop nombreux griefs qui portèrent une partie de la nation à s'insurger. Qu'il nous suffise de dire qu'on n'insulte pas en vain un million d'hommes, et qu'il n'appartient pas, comme l'a remarqué à propos Mr Rameau, à quelques intriguants et à quelques brouillons politiques de détruire ce qui est basé sur les anciens traités. C'est, du reste, ce que reconnut et proclama, quoique un peu tard, Lord Gosford ; " Je ne crois pas, dit-il,
" devant le Parlement anglais, que dans aucune de nos
" Colonies, Sa Majesté ait un peuple qui, par inclination
" autant que par intérêt, ait plus de désir de rester sur
" un pied d'alliance et d'amitié avec l'Angleterre. On a
" beaucoup parlé de ce qu'on appelle la révolte récente :
" ce sont là des mots. Je dois reconnaître qu'il n'est que
" juste de regarder de plus près au véritable état des
" choses, avant de stigmatiser les évènements qui ont eu
" lieu. Il y a, à Montréal et dans les environs, des habi-
" tants anglais, dont les actes et la conduite ont été carac-
" térisés par un esprit de domination sur toute la popu-
" lation d'origine française ; ils ont toujours aspiré à
" posséder le pouvoir et le patronnage du pays. C'est à
" eux qu'il faut principalement attribuer les troubles qui

" viennent d'avoir lieu. Convaincu de l'exactitude de
" ce que je dis, je ne puis m'empêcher de regarder comme
" un acte des plus injustes et des plus tyranniques de
" livrer la province inférieure, en noyant la population
" française, à ceux qui, sans cause, lui ont montré tant de
" haine. Vous donnez à quatre cent mille âmes la même
" représentation qu'au Bas-Canada qui en a sept cent
" mille, et ensuite vous imposez la dette de la province
" supérieure, qui est, dit-on, d'un million, à une province
" qui n'a presque aucune dette. Peut-il y avoir rien de
" plus arbitraire et de plus déraisonnable ? " En vue de
prévenir ces mesures, et plus encore pour s'opposer à
d'autres semblables qui avaient précédé, les Députés
canadiens firent entendre leur voix en Parlement. Leurs
réclamations étant demeurées stériles, plusieurs Comtés, contrairement à l'avis de l'Honorable Papineau qui
voulait rester sur le terrain d'une résistance légale, prirent
les armes. On sait le reste. Cette levée de boucliers n'eut
d'autre effet que d'attirer des malheurs sur ceux qui étaient
à sa tête : mis en jugement, quarante-sept accusés furent
condamnés à la déportation et quatre-vingt-neuf à la mort.
Sur ces quatre-vingt-neuf, treize subirent la peine portée
contre eux, notamment le Chevalier de Lorimier, dont
les lettres, monument de tendresse et de patriotisme,
resteront à jamais pour honorer sa mémoire. Mais tirons
un voile sur ces tristes évènements et revenons à Mr de
Montigny.

De son mariage avec Melle Gamelin, il eut plusieurs
enfants : Pierre-Philippe, Etienne, René-Ovide et Casimir-
Amable. Tous ces enfants virent le jour à Montréal, où
leur père s'était fixé et exerçait la profession d'Avocat.
L'un d'eux, René-Ovide, fut le compagnon de voyage
du célèbre Franchère. D'un tempérament vigoureux,
d'un esprit cultivé, mais surtout d'un goût prononcé
pour ces sortes d'entreprises, nul n'était plus capable de
rendre service. Aussi fut-il accueilli avec joie parmi les
joyeux voyageurs. Après plusieurs mois de navigation, on

aborda aux Iles Sandwich, à ces mêmes îles qu'avait visi-
tées le Capitaine Cook, et où l'on voyait encore un coco
qui portait les traces de l'un de ses boulets. L'une de ces
Iles était gouvernée par un jeune Anglais, du nom de
John Young, qui avait suivi le célèbre Cook. Après un
court séjour dans ce pays, où ils avaient été surpris de
trouver un peuple nombreux vivant sous des lois sages,
les voyageurs remirent à la voile et abordèrent à Ohahou,
où ils firent un établissement. C'est alors qu'arriva la
catastrophe dont il est parlé dans l'ouvrage de Mr Franchère : les indigènes firent sauter le vaisseau, en mettant le feu aux poudres. La Compagnie de la Baie-
d'Hudson ayant remplacé sur ces entrefaites celle du
Nord-Ouest, Mr de Montigny fut envoyé en Chine. Après
s'être arrêté en Australie, son vaisseau fit voile pour
Canton, où il tint l'ancre un mois entier. De Canton,
Mr de Montigny passa de nouveau à la Colombie, visita les
côtes de la Russie d'Amérique, et après avoir établi là
plusieurs comptoirs, revint hiverner à la rivière Fraser.
De là, il se rendit aux Montagnes-Rocheuses, ensuite à la
Baie-d'Hudson, et après avoir descendu la rivière Nelson,
revint à New-York. Commencé au mois de Septembre,
1810, son voyage ne se termina qu'en 1825. De tous ceux
qui firent partie de cette longue et périlleuse expédition,
Mr de Montigny est le seul survivant. Il a présentement
quatre-vingt-et-un ans qu'il porte avec aisance.

### IVº CASIMIR-AMABLE TESTARD DE MONTIGNY.

Mr Casimir-Amable Testard de Montigny, dit le Chevalier de Montigny, était né le 3 Juin 1787. C'est, on
peut le dire, le Fondateur de la Paroisse de St Jérôme.
Il venait de terminer sa réthorique avec le plus grand
succès, lorsqu'un de ses amis de Collège, Mr Leprohon,
l'engagea de la part de son père, riche négociant de
Montréal, à aller ouvrir un comptoir pour le commerce
des pelleteries, dans le voisinage du Lac des Deux-
Montagnes, où revenaient, chaque année, les Sauvages

avec des provisions abondantes. Ce projet sourit à Mr
de Montigny. Il partit avec quelques hommes et s'établit
à la proximité des Sauvages. Le succès dépassa ses espérances. C'est alors que Mr Leprohon s'étant retiré du
commerce, Mr de Montigny devint seul maître de l'établissement. Se voyant à la tête d'une assez belle fortune,
l'entreprenant négociant appela près de lui, outre les
familles de ses employés, une foule de colons au bras
robuste, qui, en peu de temps, remplacèrent l'épaisse
forêt par des champs bien cultivés. Mr de Montigny fut
leur conseil et leur ami. Ainsi commença la Paroisse
de St Jérôme, appelée d'abord Rivière-du-Nord, du nom
du cours d'eau sur les bords duquel elle s'élève.

Lorsque survint la guerre de 1812, se rappelant les
exemples de patriotisme et de valeur que lui avaient
légués ses ancêtres, et désireux de ne pas se montrer infé-
rieur, Mr de Montigny s'empressa de voler au secours de
la patrie menacée. La milice, comme on l'a dit, venait
d'être réorganisée. Il fut nommé Capitaine. Son premier
soin alors fut de discipliner ses hommes. Lorsque l'ennemi parut aux environs de Lacolle, son monde était prêt
à le recevoir. Alors on vit accourir à la fois, pour se
rendre au village de l'Acadie, les milices de la Pointe-
Claire, de Vaudreuil, de la Longue-Pointe, pendant que
celles de Montréal se rendaient en toute hâte à Laprairie.
Il n'en fallut pas davantage pour faire retrograder le
Général Dearborn, qui, trouvant le pays bien défendu,
n'osa, cette année, aller plus loin. Etant revenu, l'année
suivante, l'ennemi fut obligé de se retirer encore, après
avoir subi une éclatante défaite.

Autant Mr de Montigny avait mis de zèle et d'ardeur à
repousser l'invasion en 1812, autant il en mit, en 1837, à
empêcher l'insurrection dont on a parlé plus haut. Comprenant, avec la sagacité qui le distinguait, que la cause
était bonne, mais que les moyens n'y répondaient pas,
il fit tout en son pouvoir pour dissuader ses compatriotes
de prendre les armes. Aux habitants qui, à l'exemple de

ceux de S<sup>t</sup> Benoit et de S<sup>t</sup> Eutache, voulaient se soulever
et le mettre à leur tête, il disait : " Quoi, mes amis, y
" pensez vous ? C'est avec des fourches et des bâtons que
" vous voulez tenir tête à des réguliers armés de cara-
" bines ! Mais c'est vous exposer à une mort certaine et
" attirer sur vos familles toutes sortes de calamités !" Mais
telle était l'exaspération des esprits, que ces représentations, d'ailleurs si sages, ne furent point goûtées. Davantage, on le menaça de le faire prisonnier, s'il refusait de
faire cause commune avec les insurgés : " Et de quel
" droit, par quelle autorité ? leur dit-il. Ne savez-vous pas,
" au contraire, que c'est moi, comme magistrat, qui puis
" vous faire arrêter ? " Mais l'irritation oublie tout et
n'écoute personne. M<sup>r</sup> de Montigny fut donc arrêté et
conduit à S<sup>t</sup> Eustache.  Le résultat vint justifier ses pré-
visions et donner raison à sa conduite. Ceux qui lui
avaient manqué, furent les premiers à lui faire apologie ;
les autres le remercièrent de les avoir préservés des
malheurs arrivés à S<sup>t</sup> Eustache.

Après ces fâcheux événements, M<sup>r</sup> de Montigny continua à être plus que jamais l'oracle de S<sup>t</sup> Jérôme, où il
remplit les fonctions de Maire et de Juge de Paix, à la
satisfaction de tous.  Après avoir siégé au Parlement
comme Représentant pour le Comté de Terrebonne, le
Lieutenant-Colonel de Montigny est mort à S<sup>t</sup> Jérôme, le
15 Février 1863, à l'âge de soixante-seize ans, laissant une
nombreuse postérité d'enfants, de petits-enfants et d'ar-
rière-petits enfants, au nombre desquels le pays est fier de
compter M<sup>r</sup> B. T. de Montigny, Avocat, qui naguère a représenté si dignement le Canada comme Zouave dans
l'armée pontificale.  Les recherches qu'il a faites à Paris
sur les anciens officiers de la Colonie, lui donnent un
nouveau droit à l'estime et à la reconnaissance de son
pays.  Qu'il veuille bien accepter ici nos sincères remerciments pour la complaisance qu'il a mise à nous communiquer avec le plus rare désintéressement une partie
de ses précieux documents.

L'HÉROÏNE de VERCHÉRES.

Ch.TARIEU de LANAUDIÉRE.— L'HᵇˡE de LANAUDIÉRE.

L'HᵇˡE B.JOLIET.

# LA FAMILLE DE LANAUDIÈRE.

—◇◇—

Cette famille est encore une de ces antiques et illustres races que le Canada aime à compter parmi ses gloires. Son histoire, comme celle des familles que nous avons rappelées, est intimement liée à l'histoire du pays. Alliée aux Denis de la Ronde, aux de Verchères, aux de Bois-hébert, aux de Villiers, aux de Longueuil, aux de la Corne, aux de Gaspé, aux Baby, elle a produit plusieurs hommes remarquables, et s'est maintenue, malgré les rudes épreuves par lesquelles le pays a passé, dans son premier degré de prospérité. En 1749, le Chevalier Benoist succédait, comme Lieutenant, à l'un des membres de cette famille, promu au grade de Capitaine. Cette famille doit donc trouver place ici.

### Iᵒ THOMAS-XAVIER TARIEU DE LANAUDIÈRE.

Mʳ Thomas-Xavier Tarieu de Lanaudière, Sieur de la Pérade, est le chef de cette famille en Canada. Il était originaire de la Guienne, et fils de Mʳ Jean de Tarieu et de Dame Jeanne de Samalins, de Mirande, Archevêché d'Auch. D'ancienne noblesse, les Tarieu avaient formé trois branches, avec celle qui nous occupe ici : les Tarieu de Taillan et les Tarieu de Castagnère.

Mʳ de la Pérade était officier dans le régiment de Cari-

gnan, lorsqu'il passa dans la Nouvelle-France, vers le milieu du XVIe siècle. S'étant déterminé à y demeurer, il demanda et obtint, en 1672, une concession de terre, de concert avec Mr de Suève, aussi officier dans les troupes. Cette concession leur fut accordée, est-il dit dans l'acte qui en fait foi, " en considération des bons, " utiles et louables services qu'ils ont rendus à Sa Majesté " en différents endroits, tant de l'Ancienne que de la " Nouvelle-France, depuis qu'ils y sont passés, et en vue " de ceux qu'ils se proposent encore de rendre." C'est cette concession qui a donné naissance à la belle Paroisse de Ste Anne de la Pérade. D'une lieue de profondeur, elle comprenait tout l'espace qui se trouvait entre le Fief des Religieuses de l'Hôpital et la rivière Ste Anne, qui devait en faire partie. Lorsque Mr de la Pérade fut mis en possession de cette Seigneurie, il était marié. Il avait épousé à Villemarie, le 16 Octobre 1672, Melle Marguerite Denis de la Ronde, fille de Pierre Denis de la Ronde et de Dame Catherine LeNeuf de la Potherie, illustre famille dont nous avons déjà touché un mot, mais qu'il convient de faire un peu plus connaitre ici.

Le premier de cette famille qui vint s'établir en Canada était originaire de Tours, comme il a été dit. Des nombreux enfants que lui avait donnés son épouse, quatre se rendirent des plus recommandables par leurs services : Mr Denis de la Ronde, Mr Denis de Bonaventure, Mr Denis de Vitré et Mr Denis de Monrampont, dont nous avons déjà parlé. Mr Denis de la Ronde, à la tête de cinq cents hommes, ainsi qu'il a été dit, s'opposa à la descente des Anglais, qui, avec vingt-quatre vaisseaux, étaient venus pour s'emparer de Port-Royal. Nul ne seconda mieux Mr de Subercase. Repoussés de toutes parts, les Anglais furent obligés de se retirer sans avoir rien pu faire. C'était en 1707. Deux ans après, Mr de St Ovide, ayant résolu, avec l'agrément de Mr de Costebelle, Gouverneur de Plaisance, de chasser les Anglais de Terre-neuve, le vaillant officier fut encore le premier à prendre

les armes, et contribua pour sa bonne part au succès de
l'entreprise. Mr Denis de Bonaventure égala, si même il
ne surpassa son frère. Après avoir, en diverses rencontres,
fait prisonniers plusieurs officiers anglais et raffermi
les Abénaquis [1] dans l'alliance des Français, il coopéra,
avec d'Iberville, à la prise de Pémaquid, dont il a été
parlé, et, lorsque les Anglais revinrent une seconde fois,
avec une flotte plus nombreuse, pour attaquer Port-Royal,
il fit si bonne contenance que l'ennemi fut encore contraint de lever le siège après avoir subi de graves pertes.
Pendant que ses frères s'illustraient ainsi dans les combats,
Mr Denis de Vitré, devenu Conseiller, se rendait utile par
ses défrichements de terre. Il avait demandé et obtenu,
sur le St Laurent, une concession de deux lieues de front
sur deux de profondeur. Par les travaux qu'il y fit et les
habitants qu'il parvint à grouper autour de lui, il jeta les
fondements de la Paroisse connue aujourd'hui sous le
nom de Trois-Pistoles. Dix ans après, en 1697, il se fit
concéder encore, vers le cap St Louis, quatre lieues de
front sur quatre de profondeur. Héritier de son zèle, Mr
Louis Denis de la Ronde, Capitaine et Chevalier de St
Louis, celui-là même qui fut tué, en 1760, auprès du
moulin de Dumont, et dont Mr Charles de Lanaudière va
nous rappeler les derniers moments, acquérait à son tour,
sur la rivière Chambly, un Fief de deux lieues de front
sur trois de profondeur. Malheureusement, les travaux
d'exploration que lui confièrent MM. de Beauharnois et

---

1 Le Missionnaire actuel des Abénaquis vient de publier, sur cette
nation de tout temps si fidèle aux Français, un ouvrage des plus intéressants. C'est un livre qui trouve naturellement sa place dans toutes
les bibliothèques. Que d'autres livres encore à faire ! Qui nous donnera
les voyages de la Salle, de Tonty, de Joliet, de la Verenderye, de
Galinée, etc., qui ont rendu leur nom célèbre et ont jeté tant de gloire
sur le Canada ? Qui entreprendra la galerie des personnages illustres
du Canada, où, à côté des Cartier, des Champlain, des Maisonneuve, on
aimerait à voir figurer d'Iberville, Frontenac, Talon, Laval, Montcalm,
etc. ? Ce sont là des œuvres plus difficiles à faire que les romans, mais
aussi infiniment plus précieuses. Les talents ne manquent point: ils
n'ont besoin que de l'encouragement du public.

Hocquart ne lui permirent pas de donner suite à l'entreprise qu'il avait projetée. Son fils, Mr Gaspard Denis de
la Ronde, fit bien son possible pour rentrer dans ses
droits qu'il avait perdus en conséquence ; mais, malgré le
jugement qu'il obtint en 1842, il ne put, non plus que
ses enfants, recouvrer cette Seigneurie qui passa définitivement en d'autres mains.

Il y avait à peine deux ans que Mr de la Pérade était
marié, lorsque Mr de Frontenac qui l'avait en grande
estime, lui donna la place de Mr Perrot. à Montréal, ainsi
qu'en fait foi le document suivant : " Estimant qu'il est
" nécessaire de commettre quelque personne fidèle et
" agissante pour remplir cette place, nous avons cru ne
" pouvoir faire un meilleur choix qu'en y nommant le
" Sieur de Lanauguère qui, ayant déjà fait paraître, dans
" tous les emplois de guerre qu'il a eus en France et dans
" ce pays, beaucoup de zèle et d'affection pour le service
" de Sa Majesté. nous fait prendre une entière confiance
" en sa fidélité, capacité et bonne conduite, et nous donne
" lieu d'espérer qu'il fera exécuter les ordres du Roi et
" les nôtres avec soin et vigueur." Ces lettres sont du 10
Février 1674.

. Mr de la Pérade ne jouit pas longtemps de cette charge,
étant mort vers 1695. Son épouse lui survécut plusieurs
années. Aussi entreprenante que mère dévouée, cette
Dame fit réunir, en 1697, à sa Seigneurie de Ste Anne, les
Iles qui se trouvaient en face, ainsi que nous l'apprennent
les registres de l'Intendance : " Sur la réquisition à nous
" faite par Marguerite Denis, veuve du Sieur Lanaudière,
" est-il dit dans cet acte, de vouloir bien lui accorder
" les Iles qui se trouvent devant sa terre de Ste Anne,
" entr'autres celle dite l'*Ile du Large*, où est son moulin,
" nous accordons et concédons, par ces présentes, les
" dites Iles à la dite Dame, pour en jouir, elle et ses
" ayant-cause." Trois ans après, Mde de la Pérade fit
encore application auprès du gouvernement pour obtenir
une nouvelle concession de trois lieues, mais elle décéda

sans avoir vu l'effet de sa demande, la ratification de cette nouvelle gratification n'ayant eu lieu que plusieurs années après. Elle était alors remariée avec Mr J. A. d'Eschambault, Conseiller du Roi, Lieutenant Général Civil et Criminel à Montréal, qu'elle avait épousé en secondes noces, le 9 Juillet 1708, ainsi qu'on la vu.

Toute jeune, cette Dame avait eu l'intention de se faire Religieuse chez les Dames Ursulines de Québec, où elle avait reçu son éducation. Avant de mourir, elle eut la consolation de voir une de ses Demoiselles la remplacer dans le Cloître. Melle Louise-Rose de Lanaudière de la Pérade, ayant aussi été élevée dans le même Institut, y retoúrna pour ne s'en plus séparer. Elle y fit son entrée du vivant de son père. Devenue Professe, elle fut appliquée à l'instruction des jeunes filles, et particulièrement des petites Sauvagesses pour lesquelles elle avait une tendresse de mère. Intimement convaincue que leur âme est aussi précieuse devant Dieu que celle des enfants les plus riches, elle ne négligea rien pour leur inculquer de bons principes et les aider à contracter de bonnes habitudes. Ses soins furent amplement dédommagés: ces enfants apprirent à connaitre Dieu et vouèrent à la bonne Mère Ste Catherine une reconnaissance éternelle. Après cinquante-neuf ans passés dans cet humble ministère, cette Religieuse selon le cœur de Dieu alla recevoir la récompense promise aux âmes, qui, fidèles à leur vocation, s'estiment aussi heureuses, à l'exemple des Anges, de travailler pour le pauvre que pour le riche, laissant pour héritage à ses sœurs plus d'un demi siècle de bons exemples et de vertus généreusement pratiquées.

## IIo PIERRE-THOMAS TARIEU DE LANAUDIÈRE.

Mr Pierre-Thomas Tarieu de Lanaudière, Sieur de la Pérade, père du jeune héros de la Manongahéla, qui, avec Mr de Beaujeu, fut enseveli dans son triomphe, marchant sur les traces de son père, combattit à outrance

les Iroquois, afin d'affranchir son pays du joug cruel de
ces barbares. Non moins entreprenant que brave, il se
fit concéder en 1700, à l'exemple de sa mère, alors qu'il
était Lieutenant dans les troupes, un Fief de deux lieues
de front sur une lieue et demie de profondeur, en arrière
de la Seigneurie de S^te Anne et joignant celles de S^t
Charles et de Batiscan. Plusieurs années après, en 1735,
appelant l'attention de M^r de Beauharnois sur cette concession et sur celle qui avait été faite antérieurement à
M^de de la Pérade, il fit ratifier la première, et, pour com-
penser celle de 1697 dont les limites étaient les mêmes,
il obtint qu'on ajoutât à celle de 1700 une nouvelle étendue de terre de trois lieues de profondeur.

Lorsque M^r de la Pérade fit l'acquisition de cette terre,
il était marié. Il avait épousé M^elle Marie-Madeleine de
Verchères. Cette Demoiselle a laissé un nom trop célèbre
dans l'histoire, pour que nous ne la rappellions pas ici.
Son père, officier du régiment de Carignan, s'étant décidé
à rester dans le pays, avait obtenu sur le S^t Laurent, à
l'endroit où s'est élevée depuis la Paroisse de Verchères,
une concession d'une lieue de front sur une de profondeur. L'année suivante, en 1673, il y avait fait ajouter
l'*Ile à la Prune* et l'*Ile Longue* qu'il avait reliées entre elles
par une nouvelle concession d'une lieue. C'est là qu'il
habitait avec sa famille. Après avoir fait défricher un
certain espace de terrain, il y avait bâti une maison, en
forme de fort, suivant la pratique du temps, afin de se
mettre à couvert contre les insultes des Iroquois. " Ces
" forts, dit Charlevoix, n'étaient que de grands enclos for-
" més de quelques palissades, avec des redoutes. L'Eglise
" et la maison du Seigneur y étaient renfermées. Il y
" avait encore assez d'espace pour y mettre, en cas de
" besoin, les femmes, les enfants et les bestiaux. On y
" entretenait jour et nuit un ou deux factionnaires,
" qui, au moyen de quelques pièces de campagne, ou
" au moins de quelques pierriers, pouvaient écarter l'en-
" nemi, avertir les habitants d'être sur leurs gardes et

" appeler au secours. C'en était assez pour se mettre hors
" d'insulte." Ce n'en était pas trop, comme nous allons
le voir.

Profitant du moment où Mr de Verchères était absent,
les Iroquois s'approchèrent du fort, sans être aperçus, et
se mirent en devoir d'escalader la palissade. Au premier
bruit qu'elle entend, Mde de Verchères prend son fusil et
tire. Effrayés un instant, les Iroquois se retirent; mais,
voyant que personne ne se mettait à leur poursuite, ils
reviennent à la charge. Deux jours entiers, ils rôdent
autour du fort, sans pouvoir y pénétrer. Toujours, au
moment de franchir le faible rempart, ils sont atteints
de quelques balles et obligés dé s'arrêter. Ce qui ajoute
à leur surprise, c'est qu'ils n'aperçoivent qu'une femme:
c'était Mde de Verchères qui, avec une bravoure et un sang-
froid qui eussent fait honneur au plus vaillant guerrier,
se portait, tantôt sur un point, tantôt sur un autre, et
tirait toujours à propos. Elle ne cessa de faire ainsi des
décharges que lorsqu'elle se fût bien assurée que l'ennemi était parti. Ce beau trait de courage eut lieu en
1690. Il ne devait pas être le dernier.

Deux ans après, étant revenus en plus grand nombre,
les Iroquois saisirent le moment où les hommes étaient
occupés à leurs travaux des champs pour se précipiter sur
eux et les garotter. Melle de Verchères, âgée de quatorze
ans, se promenait alors sur le bord du fleuve. Voyant un
de ces barbares s'approcher furtivement et faire sur elle
une décharge de cinq coups de mousquet, elle se met à
fuir et à gagner le fort. Le Sauvage s'élance à l'instant
à sa poursuite, le casse-tête à la main, et la serre de près.
Melle de Verchères redouble de vitesse. Elle était au
moment d'échapper à son redoutable adversaire et d'atteindre le fort, lorsqu'elle se sent saisir par le mouchoir
qu'elle portait à son cou. Le détachant aussitôt, elle
ouvre la porte, et, la fermant sur le Sauvage avec promptitude, elle s'écrie : " aux armes, aux armes!" Sans s'arrêter
aux gémissements des femmes, désolées de voir enlever

leurs maris, rapporte M^r de la Potherie auquel nous
empruntons ces détails, " elle monte sur le bastion où
" était la sentinelle. Là, après avoir ôté sa coiffure et mis
" sur sa tête un chapeau de soldat, elle fait plusieurs
" mouvements, le mousquet sur l'épaule, pour donner à
" entendre aux barbares qu'il y a beaucoup de monde,
" quoiqu'il n'y eût en réalité qu'elle et le soldat. Elle
" charge elle-même un canon, et, comme elle n'avait pas
" de tampon, elle en fait un avec une serviette, et tire sur
" l'ennemi." Ses coups sont si bien dirigés, qu'à chaque
décharge elle renverse un et quelquefois deux de ces barbares. Etonnés d'une résistance à laquelle ils ne s'attendaient pas, et voyant tomber, l'un après l'autre, leurs
guerriers, les Iroquois commencent à perdre courage.
M^elle de Verchères s'aperçoit de leur trouble. Alors, profitant habilement de leur hésitation, elle multiplie ses
décharges, et, aidée de son soldat, ne cesse de tirer du
canon.

Elle tirait encore, lorsqu'entendant cette canonnade,
M^r de Crisasi [1] accourt en toute hâte de Montréal et vient

1 Le Chevalier de Crisasi qui vint ainsi au secours de M^elle de Verchères, était un des plus aimables et des plus intrépides guerriers
qu'ait eu la Nouvelle-France : "On ne savait ce qu'on devait le plus
" admirer en lui, écrit le Père Charlevoix, ou de son habileté dans la
" guerre, ou de sa pénétration dans le conseil, ou de sa conduite dans
" les entreprises, ou de sa présence d'esprit dans l'action." Originaire
de Sicile, où il s'était compromis en prenant parti pour la France contre
l'Espagne, il avait vu son immense fortune confisquée et avait été forcé
de s'expatrier avec le Marquis de Crisasi, son frère. Tous les deux
s'étaient rendus à Versailles, où ils espéraient trouver, auprès du Roi,
de la protection, ou au moins de l'emploi. Ils furent envoyés en
Canada, chacun à la tête d'une Compagnie. Le Marquis devint Gouverneur des Trois-Rivières et se rendit très-utile en 1692, en déjouant
les complots de huit cents Iroquois qui avaient formé le projet de se
ruer sur le Canada. En 1696, dans l'expédition de M^r de Frontenac
contre les Cantons, il eut la garde du fort où étaient renfermées les
provisions de l'armée. Plus actif, plus entreprenant, le Chevalier,
après s'être signalé en maints combats lorsqu'il était Chevalier de St
Jean de Jérusalem, fut, en Canada, le bras droit de M^r de Frontenac.
Avec M^r de Vaudreuil et le jeune LeMoyne de Bienville qui y fut tué,
il livra bataille, en 1690, aux Onneiouths, à Repentigny, et les défit.
En 1694, deux ans après avoir secouru M^elle de Verchères, il fut chargé,
par le Comte de Frontenac, de relever Cataracoui, ce qu'il fit avec une

à son secours. Les Sauvages n'étaient plus là : ils avaient pris la fuite, emmenant avec eux leurs captifs. Sans perdre de temps, il se met à leur poursuite, et, après trois jours de marche, les rejoint sur les bords du lac Champlain. Ils s'étaient retranchés dans un bois, où ils avaient accumulé des troncs d'arbre, d'énormes roches, pour se protéger. Sans tenir compte de ces obstacles, le vaillant officier les attaque, les enveloppe et s'en empare. Tous sont taillés en pièces, à l'exception de trois qui parviennent à s'échapper, et les prisonniers sont mis en liberté. Lorsque la nouvelle de ce qui venait de se passer fut parvenue à Montréal, ce ne fut, dans tout le pays, que cris d'admiration pour celle qui avait déployé tant de courage et montré tant de présence d'esprit. Chacun se répandait en louanges sur son compte et se plaisait à faire son éloge. Depuis lors, on ne l'appela plus que *l'héroïne de Verchères*, nom que la postérité lui a conservé.

Un nouveau trait de courage, en achevant de lui gagner tous les cœurs, confirma la bonne opinion qu'on avait conçue de son mérite. M<sup>r</sup> de la Pérade était à la poursuite des Iroquois aux environs de la rivière Richelieu, d'autres disent de la rivière S<sup>te</sup> Anne. Tout-à-coup une multitude de ces barbares qui, jusque-là, s'étaient tenus cachés dans les broussailles, se précipite sur lui, au moment où il s'y attendait le moins. Il est sur le point d'être saisi. M<sup>elle</sup> de Verchères voit le danger. Aussitôt, s'armant d'un mousquet, elle vole à son secours, et, aidée de quelques hommes, elle parvient à le dégager et à mettre les Iroquois en fuite. C'est alors qu'elle devint, à son tour, la conquête de celui dont elle avait sauvé les jours.

Plusieurs années après, émerveillé de tout ce que la

---

promptitude et une dextérité qui lui valurent les plus grands éloges. Marchant de là à la poursuite des ennemis qui avaient conspiré la ruine de la Colonie, il leur inspira une telle terreur qu'ils n'osèrent se montrer pendant tout l'été. Le Gouverneur et l'Intendant firent valoir son mérite à la Cour, mais inutilement. La douleur de voir ses services méconnus empoisonna ses derniers jours et le conduisit au tombeau. Il mourut en 1696, regretté de toute la Colonie.

renommée publiait sur le compte d'une héroïne compa-
rable aux femmes les plus célèbres de l'antiquité, Mr de
Beauharnois la pria de mettre par écrit le récit de ses
belles actions, dont le bruit s'était répandu jusqu'à la Cour.
Ne pouvant se refuser à une demande si légitime, et
faisant taire sa modestie, elle donna une relation de tout
ce qui s'était passé. Ayant ensuite quelque scrupule
d'avoir laissé courir sa plume, elle termine par ces paroles
qui montrent qu'elle savait aussi bien tourner les compliments que manier le mousquet : " Voilà, dit-elle, la
" relation simple et fidèle de mes aventures qui m'ont
" dejà procuré les grâces de Sa Majesté. Je n'aurais
" jamais pris la liberté de les donner par écrit, si Mr de
" Beauharnois, notre illustre Gouverneur, qui n'a point
" d'autre attention que de mettre notre Colonie à couvert
" de l'irruption des barbares et d'y faire fleurir la gloire
" du nom français, en rendant redoutable le nom de
" notre invincible Monarque à tous ses ennemis, et res-
" pectable à tous ses sujets, ne m'eût engagé à rapporter
" ces détails." Telle fut l'épouse que se choisit Mr de la
Pérade.

Une fois marié, Mr de la Pérade consacra à l'exploitation
des domaines qu'il tenait de patrimoine, ou qu'il avait
acquis lui-même, tout le temps que lui laissèrent ses
luttes avec les Iroquois. Des contestations s'étant élevées
entre lui et Mr d'Orvilliers, au sujet de l'Ile St Ignace
que ce dernier prétendait lui appartenir, il fit rendre
contre lui, en 1728, par Mr Raudot, un jugement qui le
condamnait à lui payer les cens et rentes. Cette même
année, les habitants de Ste Anne, sous de frivoles pré-
textes, ayant envoyé moudre leurs grains à St Pierre les
Becquets, il fit saisir les grains et contraignit les réfrac-
taires à se conformer à la loi qui les obligeait à recourir
au moulin seigneurial. Les délinquants ayant récidivé
un mois après, il leur infligea le même châtiment et fit
condamner le meunier de St Pierre à cinq livres d'amende.
L'érection des moulins seigneuriaux, leur entretien, celui

d'un meunier, étaient des charges assez lourdes pour ne pas les rendre inutiles. Mr de la Pérade agit donc sagement en ne tolérant pas des abus qui, en se propageant, seraient devenus très-dommageables à la Colonie. Il tenait également à laisser sur un bon pied une Seigneurie pour laquelle il avait fait beaucoup de déboursés : il y réussit. Après une vie aussi noblement employée, il termina ses jours à Ste Anne, le 25 Janvier 1737. Son épouse le suivit de près dans la tombe, étant morte le 7 Août de la même année.

Outre le suivant et le jeune officier qui fut tué à la Nonongahéla, Mr de la Pérade laissa, de son mariage avec Melle de Verchères, plusieurs filles. L'une d'elles, après avoir épousé successivement Mr Richard Testu de la Richarderie, Capitaine de port à Québec, Mr Nicolas-Antoine Coulon de Villiers, Lieutenant dans les troupes, et Mr Jean-François Gauthier, Conseiller du Roi au Conseil Supérieur de Québec, mourut vers 1776, sans laisser d'enfants.

### III⁰ CHARLES-FRANÇOIS-XAVIER DE LANAUDIÈRE.

Né à Ste Anne de la Pérade, le 4 Novembre 1710, Mr Charles-François-Xavier de Lanaudière fut, au moment des luttes suprèmes, un des plus intrépides défenseurs de la patrie. Après avoir servi comme Enseigne de 1727 à 1741, il fut fait Lieutenant l'année suivante, et, en 1743, devint Aide Major à Québec.

Il venait d'être promu à ce grade, lorsque, le 7 Février, il épousa, dans cette même ville, Melle Geneviève Deschamp de Boishébert, fille de Mr Henri Deschamp de Boishébert, Capitaine dans les troupes, et de Dame Geneviève Drumesé. Déjà, nous avons dit un mot de la noble famille de Boishébert. On nous permettra d'ajouter ici quelques nouveaux détails. Mr H. de Boishébert, père de Melle Geneviève, était Seigneur de la Bouteillerie située sur la Rivière Ouelle. Il tenait ce

43

Fief de son père, M^r Jean-Baptiste Deschamp, qui, en
1697, y avait fait ajouter les quatre Iles appelées les
*Iles des trois Pélerins.* Après le désastre arrivé à la flotte
anglaise en 1711, il fut chargé, par M^r de Vaudreuil, de
retirer de l'eau les vaisseaux submergés. " J'ai eu l'hon-
" neur de vous écrire l'année dernière en faveur des
" Sieurs de Boishébert et Dupuy. Enseignes, mandait
" en 1743, le Gouverneur au Ministre. Je le fais encore
" cette année, et vous prie de vouloir bien vous souvenir
" d'eux dans la promotion de l'année prochaine. Le
" Sieur de Boishébert, neveu de M^de la Marquise d'Alogny,
" grande-tante de M^r T. P. Villemonde de Beaujeu, a été
" envoyé à l'Ile aux Œufs, pour tâcher de retirer quelques
" effets du naufrage des Anglais, en conséquence du mar-
" ché que le Sieur de Bégon a fait avec le Sieur Riverin
" qui est obligé de supporter tous les frais de cette
" recherche. Le dit Sieur de Boishébert s'est acquitté
" parfaitement, Monseigneur, de cette opération difficile,
" et mérite de l'avancement, tant pour les peines qu'il
" s'est données en cette occasion, qu'en considération des
" services qu'il a rendus, en 1711 et 1712, au Sieur de
" Beaucourt qu'il a beaucoup aidé dans l'affaire des for-
" tifications." Si distingué que fût M^r H. de Boishébert,
Charles, son fils, frère de M^de de Lanaudière, le fut
davantage encore. C'est le célèbre Gouverneur de Louisbourg, dont parle avec tant d'éloges M^r Bourassa, dans
son ouvrage déjà cité. Après la conquête, il passa,
comme on l'a dit, en France. Une de ses Demoiselles
épousa M^r Jean-Louis de la Jaigne, Seigneur de S^t Mazeau,
Brigadier des Gardes du Corps, Chevalier de S^t Louis,
lequel fit la campagne des Princes dont il reçut le titre
de Comte de S^t George. Une autre fit alliance, comme il
a été rapporté, avec le Comte de Germigny. On voyait
encore en France, en 1825, un illustre rejeton de cette
famille, M^r Jean-Abraham Deschamps, Lieutenant de
vaisseau et Chevalier de S^t Louis. La Comtesse d'Algout,
née au Château de Varenne et décédée au mois de Février

1850, appartenait également à cette maison. Mr de Lanaudière ne pouvait donc entrer dans une plus honorable
famille.

Quelques années s'étaient à peine écoulées depuis son
mariage, lorsqu'il fut chargé, par Mr de Beauharnois, de
la mission délicate d'échanger les prisonniers envoyés
par Mr Shirley, Gouverneur de Boston. L'année suivante,
il passa, par ordre de Mr de la Galissonnière, au fort des
Miâmis. Lui ayant rendu compte de son heureuse arrivée, il en reçut la réponse suivante : " J'ai appris avec
" plaisir, Monsieur, que vous aviez effectué sans encombre
" votre voyage aux Miâmis. J'appréhendais que la sèche-
" resse qui a sévi dans toute cette contrée, ne vous eût
" empêché de vous y rendre. J'espère qu'avec l'ascen-
" dant que vous avez sur les Sauvages et la juste terreur
" qu'ils ont de nos armes, vous parviendrez sans peine
" à ramener les mutins. Le meurtre qui a été commis
" à Ouabache doit être puni. On l'impute avec quelque
" fondement aux Hurons ; cependant je suis plus porté à
" croire que c'est le fait des Miâmis de la Demoiselle.
" Tâchez de démêler la vérité, et n'épargnez rien pour
" vous faire livrer le coupable, afin d'en faire justice.
" C'est la meilleure manière de réduire les autres et de
" rétablir la paix. Comme, par la suspension d'armes
" entre la France et la Grande-Bretagne, les choses
" doivent se retrouver sur le même pied qu'elles étaient
" avant la guerre, et que les Anglais n'ont pas droit de
" faire la traite à la Rivière Blanche, non plus qu'à la
" Belle Rivière, vous pouvez, si vous en avez l'occasion,
" faire notifier aux traiteurs de cette nation qu'ils aient
" à se retirer, sinon qu'on les expulsera de force. Si cela
" devenait nécessaire, vous me diriez ce que je dois
" envoyer de troupes au printemps. On a mal interprété
" la suspension d'armes : on a fait courir le bruit dans
" quelques postes, et même à Frontenac, que cette sus-
" pension n'était que transitoire. C'est là un faux bruit
" semé à dessein par les traiteurs anglais, qui, à l'aide de

" cette supercherie, espèrent pouvoir prolonger le trouble
" et en profiter. Ce n'est pas ainsi que les Gouverneurs
" et les habitants de Boston et de New-York en ont jugé.
" Ils n'ont pas plutôt appris cette suspension qui est per-
" pétuelle, qu'ils se sont réjouis de voir cesser ces courses
" qui désolaient leur pays et qu'ils se sont empressés de
" le témoigner. Veuillez donc rétablir les faits, et, puis-
" que vous devez aller à Ouitanons, informez-vous de
" l'état des esprits. Je suis très-parfaitement, Monsieur,
" votre, etc. (Signé) LA GALISSONNIÈRE." Cette lettre était
du 9 Novembre 1748.

La conduite sage, mais ferme, que tint Mr de Lanaudière au milieu de ces tribus mobiles et turbulentes, lui
valut de l'avancement. L'année suivante, il fut promu
au grade de Capitaine. Etant alors de retour en Canada,
il profita de la paix qui régnait dans le pays pour demander, sur le lac Mascinongé, une vaste concession. C'est
ce que nous apprend l'extrait suivant des pièces de la
Tenure Seigneuriale : " Sur la requête à nous présentée
" par Charles-François Tarieu, Ecuyer, Sieur de Lanau-
" dière, Capitaine d'Infanterie, exposant que, dans le but
" de contribuer à l'agrandissement de la Colonie, il a
" dessein d'établir une Seigneurie, et nous suppliant de
" lui accorder une terre, sur la rivière Mascinongé, au
" bout du Fief Carufel, de deux lieues environ de front,
" avec la profondeur, nous, en vertu du pouvoir qui nous
" a été octroyé, accordons et concédons au Sieur de La-
" naudière, la dite étendue de terre, à titre de Fief, pour
" en jouir, lui ou ses ayant-cause."

Cette concession est du 1er Mars 1750. La guerre qui
recommença, cinq ans après, avec un nouvel acharne-
ment, arracha Mr de Lanaudière à ses paisibles travaux,
pour le jeter dans la vie agitée des camps. Alors, on le
vit se signaler, à la tête des troupes, à Oswégo, au fort
George, mais surtout à Carillon, où sa valeur indomptable lui mérita la Croix de St Louis. On était bien proche
de la crise suprême. L'année 1759 venait de s'ouvrir.

Au mois de Juin, Mr de Vaudreuil, qui tenait alors les rènes du gouvernement, en prévision des événements qui allaient avoir lieu, lui envoya l'ordre suivant : " Il est " ordonné au Sieur de Lanaudière, Chevalier de Sᵗ Louis, " Capitaine d'Infanterie, de se transporter sur le champ " à Beauport et d'y réunir toutes les familles de la " côte de Beaupré, qui ont émigré en deçà du Sault " Montmorenci. afin de les conduire ensuite sur le lac " Sᵗ Charles, dans les profondeurs de Lorette, où il fera " faire des cabanes pour eux et des parcs pour leurs " bestiaux. Il veillera à ce que personne ne s'arrète dans " les lieux habités, notre intention étant de faire évacuer, " sous peu de jours, ces endroits eux-mèmes et d'en obli- " ger les habitants à se réfugier dans les bois, ainsi qu'il " en a été ordonné dans toutes les parties de ce gouver- " nement. Nous n'avons pas besoin de recommander à " Mr de Lanaudière d'user de douceur et de modération " dans l'exécution de ces mesures que le malheur des " temps nous oblige à prendre ; ses sentiments, bien con- " nus envers les habitants, nous font espérer qu'il aura " recours le plus possible aux moyens de persuasion pour " arriver à ses fins. Fait à Québec, le 1er Juin 1759. " (Signé) Vaudreuil."

La manière tout à fait satisfaisante dont Mr de Lanau- dière s'acquitta de cette mission pénible, porta le Gou- verneur à lui en confier une autre, un mois après, bien autrement difficile. Ce fut de se transporter dans les campagnes et d'engager les habitants à livrer leurs pro- visions, comme le faisait, de son côté, Mr d'Eschambault. Il avait déjà commencé cette opération importante mais extrèmement délicate, lorsqu'il reçut la lettre qu'on va lire : " Vous trouverez ci-joint, Monsieur, un ordre sui- " vant lequel je vous prie de vouloir bien continuer la " levée de bœufs jusqu'à Mascinongé. Telle est la con- " fiance qu'ont en vous les habitants, que nous avons cru " ne pouvoir faire un meilleur choix que celui de votre " personne pour une semblable mission. En la remplis-

" sant, vous rendrez un immense service, et vous n'aurez
" pas moins de mérite que si vous serviez à l'armée.
" Aussi, vous pouvez être assuré du plaisir que j'aurai à
" faire valoir votre zèle en cette occasion. Avec cet
" ordre, vous trouverez l'Ordonnance, rendue conjointe-
" ment avec l'Intendant, qui enjoint aux habitants de
" déclarer le nombre de leurs animaux. Vous ne man-
" querez pas, j'en ai la conviction, de leur remontrer avec
" toute la douceur possible qu'il y va de leur propre
" intérêt de se prêter à ce que demande d'eux le salut de
" la Colonie. Vos manières insinuantes sont ce qu'il y a
" de mieux pour les amener à faire ce qu'on exige d'eux.
" J'écris en même temps à Mʳ de Noyelle, Commandant
" aux Trois-Rivières, pour qu'il facilite le passage des
" animaux et fournisse aux conducteurs les sommes qui
" leur seront nécessaires. Vous ferez bien, je crois, de
" faire traverser, vis-à-vis des Grondines, les animaux que
" vous aurez levés dans le Sud. J'en dis un mot, sui-
" vant vos désirs, à Mʳ de Vauquelin [1]. Vous ne laisserez

---

1 On connait la belle conduite de Mʳ de Vauquelin en 1760. Plutôt
que de livrer ses deux frégates, nobles débris de la marine française
en Canada, il soutint pendant plus de deux heures, à la Pointe-aux-
Trembles, un combat héroïque contre plusieurs frégates anglaises, et
ne tomba au pouvoir de l'ennemi, que lorsque, couvert de blessures, il
ne put tenir davantage les armes. Cependant, qui le croirait ? Ce
grand homme fut oublié, bien plus, fut mis en accusation !.... Vainc-
ment son fils entreprit-il de réhabiliter sa mémoire  Mᵉˡˡᵉ Elisabeth de
Vauquelin, sa petite-fille, fut plus heureuse. Ayant lu une adresse a
la Reine Marie-Antoinette qui avait bien voulu assister à sa première
communion, à Meudon, cette princesse en fut si charmée qu'elle l'embrassa et lui demanda ce qu'elle pourrait faire pour elle. Se jetant
alors à ses pieds : " Madame, je supplie votre Majesté, lui dit l'enfant
" toute baignée de larmes, de vouloir bien faire rendre justice à mon
grand-père.' Le noble cœur de la Reine fut ému. Elle embrassa de
nouveau l'enfant et lui promit de s'occuper de cette affaire. En effet,
elle en parla au Roi. le jour même. Le Roi fit appeler Mʳ de Sartines
et ordonna qu'on dressât immédiatement une enquête. MM. Lape-
rouse, de Vaudreuil, etc. y comparûrent. Le résultat fut favorable :
il demeura prouvé que Mʳ de Vauquelin avait rendu d'immenses services à la marine française, tant en Louisiane qu'à Québec, et qu'il
avait été victime d'une basse jalousie. Transporté de joie, Louis XVI
se fit présenter le fils de Mʳ de Vauquelin, pour lui faire part de cette
bonne nouvelle, et, peu après, le nomma Consul en Chine.

" pas de prendre vos précautions pour éviter toute sur-
" prise. J'ai l'honneur d'être très-sincèrement, Monsieur,
" votre, etc. (Signé)·VAUDREUIL."

Mr de Lanaudiere ne s'était pas fait illusion sur la difficulté de l'entreprise. Mais lorsqu'il se trouva au milieu
des campagnes désertes, face à face avec les rares habitants restés pour garder leurs chaumières, son cœur sensible n'y tint plus. Il écrivit donc au Gouverneur pour
lui faire part de la peine qu'il éprouvait. C'est alors qu'il
en reçut cette lettre encourageante : " Je sais très-bien,
" Monsieur, la peine et l'embarras que vous donne la
" mission dont je vous ai chargé, et que ne peut qu'aug-
" menter la situation si triste des habitants ; mais il est
" essentiel que nous pourvoyions à la subsistance de l'ar-
" mée et que, pour cet effet, nous ayons recours à tous les
" moyens : nos besoins sont pressants et le moindre retard
" peut nous devenir funeste. Je vous prie donc, Mon-
" sieur, de continuer votre tournée jusqu'au Cap de la
" Madeleine, et d'achever la levée dont je vous ai chargé.
" Quelque soit votre répugnance, il ne faut pas que vous
" laissiez plus d'une charrue de deux en deux habitants ;
" quant aux vaches, limitez-en le nombre à l'indispen-
" sable nécessaire pour faire vivre les familles. En reve-
" nant du Cap de la Madeleine, vous voudrez bien faire
" une nouvelle levée dans les Paroisses que vous avez
" trouvées le plus en état de se supporter, particulièrement
" à Lorette, etc. L'estime dont vous jouissez auprès des
" Canadiens, me persuade que vous pourrez leur faire
" comprendre que le parti que je prends, les intéresse
" tous en général et chacun en particulier ; que si, faute
" de subsistance, j'étais obligé de renvoyer l'armée, la
" Colonie serait perdue ; et que, d'ailleurs, je n'entends
" pas les priver des animaux que je leur demande, mais
" qu'au contraire je travaille à leur en assurer la posses-
" sion, en prenant de sages mesures pour qu'ils leur
" soient exactement remplacés par ceux que nous ferons
" lever dans le gouvernement de Montréal. Je me repose

" donc sur vous, Monsieur, pour cette opération dont
" vous sentez toute l'importance, et je m'en rapporte aux
" arrangements que vous prendrez pour faire passer ces
" animaux de Paroisse en Paroisse et les faire parvenir
" à l'armée. On ne peut rien ajouter à la sincérité des
" sentiments avec lesquels je suis, Monsieur, votre, etc.
" (Signé) VAUDREUIL."

Mr de Lanaudière exécuta, mais non sans se faire vio-
lence, les ordres qui lui avaient été donnés, et ce fut pour
lui en témoigner sa satisfaction, en même temps que
pour honorer sa bravoure que la Cour de France lui
envoya, cette même année, la Croix de St Louis. C'était
la dernière faveur qu'il devait en recevoir. La bataille
des Plaines d'Abraham ayant été perdue peu après et la
Capitulation de Montréal ayant été signée l'année suivante, il quitta le Canada. Un instant, il s'était flatté,
comme bien d'autres, que ce pays repasserait sous la
domination française ; mais comprenant, à n'en pouvoir
douter, que les liens qui unissaient cette Colonie à l'ancienne mère-patrie, étaient à jamais rompus, il prit le
parti de retourner dans son pays. Il y revint en 1763,
avec son fils, Lieutenant dans le régiment de la Sarre.
Lorsqu'il effectua ainsi son retour, il eut la douleur
d'apprendre la mort de son épouse qui était décédée pendant son absence. C'est alors qu'il forma le projet de
contracter une nouvelle alliance. En effet, l'année suivante, le 12 Janvier, il épousa, à Montréal, Melle Geneviève
de Longueuil. A son mariage assistèrent : M M. d'Eschaillons, Chevalier de St Louis ; d'Ailleboust de Cuisy,
ancien Capitaine de port à Québec ; Pierre le Gardeur de
Repentigny, Chevalier de St Louis, aussi Capitaine ; de
Chapt de la Corne, également Capitaine et Chevalier
de St Louis ; Jean-François de Charly, Aide Major dans
les troupes ; Joseph Lemoyne de Longueuil, Chevalier de
St Louis et ancien Gouverneur des Trois-Rivières ; Pierre
Margane de la Valterie, Capitaine et Chevalier de St Louis ;
le Chevalier Benoist, sur lequel nous nous sommes

beaucoup étendu dans cet ouvrage : les Dames et les
Demoiselles de la Valterie, d'Ailleboust, d'Argenteuil, etc.
La présence de toutes ces personnes de distinction prouve
que, si beaucoup de familles marquantes laissèrent le
pays à la conquête, beaucoup aussi y revinrent.

Melle de Longueuil qu'épousa ainsi Mr de Lanaudière,
était sœur des Dames Jarret de Verchères, Germain et
Mainsoncel de Maizière.[1] Ayant assisté au mariage de
cette dernière, Mr Franquet auquel le gouvernement
français avait confié une mission secrète, en rend ainsi
compte, dans sa relation de 1752 : "Le Baron de Lon-
" gueuil qui était à la veille de marier Mademoiselle sa
" fille aînée avec Mr de Maizière, Lieutenant dans les
" troupes en garnison à Louisbourg, apprenant que j'avais
" lié amitié dans le voyage avec son gendre futur, me
" pria de vouloir bien assister à son mariage, de signer
" au contrat, et même de lui tenir lieu de plus proche
" parent. Il s'y prit de si bonne grâce, qu'il me fut impos-
" sible de m'en dispenser.   La cérémonie était fixée au
" 8 d'Août : il me fallut donc rester, malgré moi, dans
" cette ville. Le jour venu, on se rendit à l'Eglise, entre
" neuf et dix heures. Je conduisais le cavalier, et Mr le
" Baron de Longueuil conduisait sa fille. Après la béné-
" diction, je donnai le bras à la mariée pour entrer dans
" la Sacristie et y signer l'acte de mariage, et ensuite
" pour la ramener en calèche chez Monsieur son père.
" Tous les parents et amis y étaient réunis ; nous y pas-
" sâmes la journée, et, bien qu'il n'y eût pas de repas de
" noces, la joie et la convenance ne cessèrent de régner
" dans cette charmante réunion."

---

1 Mr de Maizière fut blessé aux deux jambes à la bataille des Plaines
d'Abraham : son épouse périt, avec son enfant, dans le naufrage de
l'*Auguste*, ainsi qu'il a été dit. Mr Germain, Capitaine dans le régiment
de la Reine, passa avec lui en France.  Cette famille est représentée
aujourd'hui par Mr de Germain, Directeur des Postes à Paris, et par
ses deux fils, au service de l'Empereur.  Quant à Mr de Verchères,
ayant laissé l'armée pour s'attacher au commerce des pelleteries, il fut
tué, en 1775, parmi les Sauvages.

Faisant, à cette occasion, le portrait des Dames canadiennes, le spirituel auteur ajoute : " Les femmes sont de
" figure jolie ; leur constitution est forte.  Elles ont la
" démarche gracieuse et posent bien.  Elles ont généra-
" lement beaucoup d'esprit, et parlent un français épuré,
" sans le moindre accent. Polies, enjouées, elles ont une
" conversation agréable.  Pleines d'attentions pour les
" étrangers, elles sont très-affectionnées à leurs maris et
" à leurs enfants." Si l'envoyé français avait pu également
les suivre à l'Eglise, à la demeure du pauvre, il aurait
pu dire encore qu'elles sont aussi pieuses et charitables,
qu'elles sont bien partàgées du côté de l'esprit et du cœur.

Quelques années après ce second mariage, Mr de Lanaudière fut appelé à faire  partie du Conseil Législatif.  Il
occupait cette place, lorsqu'il mourut au commencement
de l'année 1776, laissant neuf enfants : quatre fils et cinq
filles. Il nous faut en dire un mot.

Gaspard, l'aîné des enfants du second lit, reçut son
éducation à Londres, où il avait été envoyé à la sollici-
tation de son frère Charles.  Mde la Baronne Germain, sa
tante, habitait alors Paris. Son frère profita des vacances
pour le lui présenter.  L'enfant était habillé à l'anglaise,
portant gilet, veste, pantalon, etc., à la façon des matelots
de la marine royale, ce qui le distinguait singulièrement
des autres enfants, dont le costume ressemblait à celui
des Marquis : habit long, culotte courte, souliers bouclés.
Il n'avait jamais vu sa tante : " Lorsqu'il fit son entrée au
" salon, rapporte Mr de Gaspé qui  nous a conservé cette
" anecdote, il y avait une nombreuse compagnie. "Cherche
" ta tante, lui dit son frère." L'enfant promène ses regards
" sur toutes les personnes présentes, et se jetant, sans
" hésiter, entre  les bras de la Baronne Germain, qu'il
" avait reconnue à la physionomie : " C'est vous, dit-il,
" qui êtes ma tante." Ce petit incident amusa beau-
" coup la compagnie. Plusieurs années après, lorsqu'il
" fut devenu grand, il visita de nouveau la France.  Il se
" trouvait à Paris, en compagnie de son  frère, de MM.

" de Salaberry, de S' Ours, de Belestre, de S' Luc, etc.,
" lorsque les MM. de Montgolfier, frères du Supérieur du
" Séminaire de Montréal, firent l'ascension d'un ballon.
" C'est alors qu'il eut l'avantage de voir la famille royale.
" Il fut si charmé de la bonté du Roi, de la beauté de la
" Reine, que, bien des années après, il ne pouvait en
" parler sans attendrissement. Mais ce qui le frappa le
" plus, ainsi que ses compatriotes, ce fut la candeur et
" l'air d'innocence du jeune Dauphin. " En voyant le
" ballon monter, rapporte Mr de Salaberry, cet aimable
" et bel enfant élevait ses deux petites mains vers le Ciel,
" où il devait bien vite s'envoler après d'atroces douleurs."

De retour en Canada, Mr de Lanaudière mit ses talents
et les connaissances qu'il avait acquises au service de
son pays. Deux fois, il fut appelé à la Chambre d'Assemblée : en 1797, pour le Comté de Warwick, et en 1805,
pour celui de Leinster. Lord Dorchester lui donna aussi
une Commission de Lieutenant dans le régiment des
Royaux Canadiens. Grand, bien fait, d'une physionomie
agréable, Mr de Lanaudière était aussi d'une force extra-
ordinaire. Parlant de cette force, l'auteur des *Anciens
Canadiens* dit : " Un groupe d'habitants de la Paroisse du
" Cap-Santé, était réuni autour d'une cloche destinée au
" clocher que la foudre avait renversé. Les hommes les
" plus forts essaient, mais en vain, de la lever, lorsque
" survint Mr de Lanaudière. Il la prend à son tour, la
" soulève et même la fait sonner, au grand ébahissement
" des spectateurs." Non moins brave que fort, Mr de
Lanaudière donna une preuve de son courage dans les
circonstances que nous allons raconter. Il s'agissait de
faire une levée de boucliers. Dans ce but, on avait con-
voqué à l'Assomption une assemblée de tous les habitants du Comté de Leinster. Grand nombre s'y rendirent ;
mais lorsqu'on lut la proclamation du Gouverneur, qui
ordonnait la réorganisation de la milice, ce ne fut qu'un
cri d'indignation dans l'assemblée. On répondit de toutes
parts qu'on ne se soumettrait pas à un pareil ordre, et,

faisant alors retomber le poids de leur colère sur les officiers du Bataillon, qui étaient là en uniforme et l'épée
au côté, les plus récalcitrants les accusèrent d'être des
traîtres qui ne voulaient les arracher à leurs familles que
pour les mener à la guerre.  Des injures on passa aux
menaces.  La position des officiers devenait de plus en
plus critique.  C'est alors que Mr de Lanaudière, prenant
la parole : " Mes amis, leur dit-il d'une voix puissante,
" permettez-moi de vous le dire : ce n'est pas ainsi qu'on
" répond aux ordres de son Roi.  A moi, comme à vous,
" il a été ordonné de se trouver ici pour remplir les
" ordres du Gouverneur.  Vous paraissez ne pas vouloir
" obéir ; pour moi, j'obéis.  Vous nous menacez ! Eh bien,
" je demeure ici : je ne veux pas que l'on dise que vous
" avez vu fuir un Lanaudière."  A sa voix, le calme s'était
rétabli ; mais, après ces paroles, le tumulte recommença.
Quelqu'un ayant alors osé lui dire qu'il faisait le brave,
parce qu'il avait son épée : " Qu'à cela ne tienne," répond
l'intrépide officier  Et, à l'instant, il la tire du fourreau,
la brise en morceaux et la jette.  Emerveillés de tant
d'assurance, les habitants s'apaisèrent.  Mr de Lanaudière
profita de ce moment pour leur adresser de bonnes
paroles, et l'affaire n'eut pas de suites plus fâcheuses.

Au mois d'Octobre 1792, il avait épousé Melle Susanne-
Antoinette Margane de la Valterie, fille unique de Mr
Pierre-Paul Margane de la Valterie, Chevalier de St
Louis, et de Dame Angélique de Chapt de la Corne.
L'une de ses Demoiselles devint l'épouse de l'Honorable
Barthélemi Joliet, dont nous avons parlé.

Après avoir servi quelque temps dans la marine royale,
Xavier, frère du précédent, l'abandonna pour entrer dans
la carrière du Barreau, mais ne se maria point.  Contrairement à Xavier, Antoine-Ovide, après avoir pris du
service dans l'armée, fit alliance avec Melle Joséphine
d'Estimauville.  Il est mort sans laisser de postérité.

Des cinq Demoiselles de Lanaudière, toutes remarquables par leur esprit et leur beauté, deux seulement se

marièrent. L'une devint M^de de Gaspé, et l'autre M^de Baby. Cette dernière se trouvait un jour sur le lac Erié, en compagnie du trop célèbre Volney, auteur des *Ruines.* Elle était occupée à faire une lecture de piété, lorsque celui-ci s'approchant d'elle, et tirant de sa poche un livre impie, lui dit : " Prenez, Madame, cet ouvrage ; il vous " amusera beaucoup plus que celui que vous lisez. ' Je ne " lis pas pour m'amuser, répondit M^de Baby, en le regar- " dant d'un visage sévère. Je prie Dieu qu'il nous " préserve des dangers si fréquents sur ce lac.' Vous " craignez donc la mort, repartit le cynique émule de " Voltaire ? Ce n'est pas étonnant, les femmes ont tou- " jours peur." Volney ne tarda pas à changer de ton et d'attitude. Une violente tempête étant survenue, toute sa philosophie l'abandonna, et on vit cet homme, tout-à-l'heure si arrogant, trembler comme le dernier des passagers, renouvelant ainsi l'exemple de pusillanimité qu'avait déjà donné Dalembert. Pour M^de Baby, tranquille et sereine au milieu de la frayeur générale, elle chercha et trouva sa force dans la prière. Pendant que les autres vont et viennent sur le bateau, courent éperdus, elle récite tranquillement son chapelet. Quand, après vingt-quatre heures du temps le plus affreux, le calme fut revenu, elle aborda à son tour l'impie : " Je n'aurais " jamais cru, lui dit-elle avec un petit sourire malin, " qu'un si grand philosophe fût moins brave qu'une " femme chrétienne." Ces détails sont tirés des *Mémoires* de M^r de Gaspé. Il est beau de voir la foi d'une Dame canadienne confondre ainsi le sot orgueil d'un sceptique français.

Contrairement à M^de Baby et à M^de de Gaspé, les Demoiselles Agathe, Marie-Louise et Marguerite de Lanaudière ne contractèrent aucune alliance. Née en 1775, cette dernière n'est morte que dans ces dernières années, à un âge très-avancé. Aussi spirituelle que jolie, M^elle Marguerite est demeurée le type de cette belle société française, dont on aime à retrouver, dans les familles, la

gaieté, les bonnes manières, jointes à la piété et à l'amour des convenances. Les Gouverneurs, tous les grands personnages qui passaient à Québec, se faisaient un devoir de lui rendre visite. Lord Elgin, ce Gouverneur si estimable et si estimé, n'eut garde d'oublier les traditions. Avec sa Dame, il alla voir la petite-fille du deuxième Baron de Longueuil. Lorsque la frégate française, *la Capricieuse*, vint mouiller dans les eaux de Québec, M de Bellevèze, son Commandant, s'empressa d'aller présenter ses hommages à la noble Demoiselle. C'est alors que, faisant allusion au passé et au présent, M^elle de Lanaudière laissa échapper cette parole qui peignait les sentiments de son âme : " Nos bras sont à l'Angleterre, mais nos " cœurs sont toujours à la France."

### IV° CHARLES TARIEU DE LANAUDIÈRE.

M Charles Tarieu de Lanaudière, fils unique de M Charles-François de Lanaudière et de Dame de Boishébert, fut, sans contredit, un des membres les plus marquants de sa famille. Il n'avait encore que seize ans, lorsqu'il prit part à la bataille de S^te Foye, en 1760. Il y remplissait les fonctions d'Aide Major, dans le régiment de la Sarre. Blessé au fort du combat, il fut transporté à l'Hôpital-Général, où il devint l'objet des soins attentifs de la bonne Mère S^t Alexis et de la Mère S^te Catherine. Plusieurs années après, traversant ce champ de bataille, où l'armée française avait vengé la défaite des Plaines d'Abraham, et rappelant le combat livré au moulin de Dumont, trois fois perdu et trois fois repris : " Tu " vois ce ruisseau qui court vers le Nord, dit-il à son " parent, M Baby, un des héros de cette mémorable " journée. Eh bien, c'est là, à ce même endroit, qu'est " tombé M de la Ronde, blessé à mort. Il me semble le " voir et l'entendre encore. Nous opérions un mouve- " ment de retraite, au pas accéléré, criblés par la mi- " traille anglaise et serrés de près par les Montagnards

" écossais, lorsque je l'aperçus couché par terre. En
" me voyant, il me cria : " A boire, mon cher Monsieur."
" Volontiers j'aurais accédé à sa demande, mais, pour qu'il
" n'y eût pas deux victimes au lieu d'une, force me fut
" de passer outre." Prenant à son tour la parole et mon-
" trant un petit bocage, Mr Baby ajouta : " C'est là que,
" reformant nos rangs et abordant pour la troisième
" fois cette position importante, la baïonnette en main,
" nous culbutâmes l'ennemi. Alors, nous fîmes une
" faute impardonnable : ce fut de nous acharner à pour-
" suivre les Anglais en déroute et à les jeter dans la
" rivière St Charles. Ce n'était pas là ce qu'il fallait
" faire. Il eût fallu rentrer dans la ville, et profiter du
" moment où les portes en étaient ouvertes."

Après la levée du siège de Québec et la Capitulation
de Montréal, Mr de Lanaudière passa en France, ainsi
que nous l'avons vu, avec son régiment qu'il quitta en
1763. Après quelque séjour en Canada, il repassa en
Europe, et fit divers voyages en France, où il eut le malheur de rencontrer le trop célèbre Duc d'Orléans qui
vota pour la mort de Louis XVI, son cousin. Faisant
allusion aux dépenses que lui occasionnait le séjour de
son fils à l'étranger, Mr de Lanaudiere, père, disait : " Si
" je mettais mon fils dans une balance, et, dans une
" autre, l'argent qu'il m'a coûté, il l'emporterait de beau-
" coup." Ce n'est donc pas là un exemple à suivre, de
l'aveu même du père, et, si nous en faisons mention,
c'est pour rappeler aux jeunes gens que leurs parents
envoient, soit en France, soit en Angleterre, qu'ils ne
doivent pas être des prodigues. Nous verrons tout à
l'heure les funestes conséquences de ces dépenses exa-
gérées.

De retour dans son pays, Mr de Lanaudière pensa à se
marier. Il épousa Melle de la Corne, de l'illustre maison
dont nous avons dit un mot. La guerre de 1775 ayant
alors éclaté, l'ancien Aide Major de Ste Foye, sentant
renaître en lui l'ardeur martiale de ses premières années,

prit les armes et vola au secours de la patrie menacée. Du moins, lorsque le Capitaine Michel Blais réunit autour de lui à Sᵗ Pierre, rivière du Sud, les habitants que Mʳ de Beaujeu, Seigneur de l'Ile aux Grues, lui avait amenés, et livra combat aux Américains, nous voyons Mʳ de Lanaudière fait prisonnier. " Les ennemis " s'emparèrent du Capitaine Blais, dit une publication " récente, de lui et de son fils, ainsi que de Mʳ de Lanau- " dière." Qu'il ait assisté à la belle défense du fort Sᵗ Jean, c'est ce que nous n'affirmerons pas, puisque ce point est contesté. Lorsque parut dans le *Courrier de l'Europe* le passage suivant, toute la noblesse du pays s'empressa de protester. Voici ce passage: " La noblesse cana- " dienne n'aurait jamais pris les armes, si Mʳ de Lanau- " dière ne lui avait donné l'exemple. Le Général Carleton " lui rend la justice qu'il mérite et convient qu'il ne pou- " vait être aidé d'une manière plus efficace, qu'il ne l'a " été par le corps de la noblesse canadienne. Il est connu " qu'elle n'aurait jamais marché, si Mʳ de Lanaudière ne " s'était mis à sa tête." Voici maintenant la réponse à cet article. L'assertion était blessante; la réplique ne fut pas moins vive: " Lorsqu'en 1775, l'ennemi parut à Sᵗ Jean, " une des frontières de cette province, la noblesse et un " nombre de citoyens canadiens s'y transportèrent et y " tinrent poste jusque et après l'arrivée des troupes, " avant que ce Monsieur pût en avoir connaissance, étant " pour lors à plus de quarante lieues de Montréal. Et " ce corps n'a depuis rien omis pour contribuer à la " défense de cette province. Nous en appelons au témoi- " gnage de Son Excellence, le très-honorable Lord Dor- " chester, pour la vérité de nos avancés. Les impressions " désagréables que ce paragraphe pourrait laisser sur ce " corps, si elles n'étaient détruites, nous font espérer que " vous voudrez bien insérer cette lettre dans votre jour- " nal." Cette lettre, du mois d'Août 1787, est signée par vingt et un des Seigneurs les plus considérables du pays, y compris les trois, chargés de l'écrire et de l'envoyer.

Quoiqu'il en soit, si M^r de Lanaudière ne fut pas un des défenseurs du fort S^t Jean, il fut au moins le sauveur du Gouverneur Carleton. Voici, en effet, ce que nous lisons dans une lettre qui n'était pas écrite pour être publiée : " C'est M^r. de Lanaudière qui, dans un " moment décisif, celui de l'arrivée des Américains, com- " mandés par Arnold, enleva le Général Carleton de " Montréal et l'escorta avec trois cents Canadiens jusqu'à " Québec." Cinq ans auparavant, M^r de Lanaudière avait accompagné ce Gouverneur en Angleterre, lorsque celui-ci qui n'était que depuis quelque temps dans le pays, y était passé pour s'entendre avec la Métropole sur la conduite à tenir par rapport aux lois anglaises qu'on voulait introduire en Canada. C'est alors qu'il fut fait Aide-de-Camp de Carleton. A son retour, il donna une preuve non équivoque de ses sympathies pour l'Angleterre. Cette puissance avait sur les bras une guerre désastreuse. A l'exemple de plusieurs Canadiens éminents, M^r de Lanaudière s'imposa une souscription généreuse. Cette libéralité, jointe à ses autres services, ne devait pas rester sans récompense. Quelques années après, l'Aide-de-Camp de Carleton fut nommé Maître des eaux et forêts, place qui lui valut jusqu'à sa mort un traitement de cinq cents louis. Il était revêtu de cette charge, lorsqu'il entreprit un nouveau voyage en Angleterre. C'est alors qu'il fut présenté à George III. Quinze ans auparavant, étant en compagnie de son oncle, le Comte de Boishébert, chargé d'une mission diplomatique, il avait été reçu en audience par le Monarque anglais. En le revoyant, le Roi qui avait une mémoire excellente, lui dit: " Vous " m'avez été introduit autrefois comme sujet français. " Je suis heureux de vous recevoir aujourd'hui comme " sujet anglais." D'Angleterre, M^r de Lanaudière passa en France, où il revit ses anciennes connaissances, notamment le Marquis de Lévis, M^r de Boishébert, son oncle, etc. Mais, loin de l'enrichir, ces voyages ne firent que tarir ses ressources. Aussi, lorsqu'il fut revenu en

Canada, profitant de la considération dont il jouissait auprès du Gouverneur, il fit motion pour qu'on changeât la Tenure Seigneuriale. " Ayant fait de grandes dépenses " et se trouvant dans la gène, écrit Mr Bibaud, il espéra " devenir par là propriétaire incommutable de ses Sei- " gneuries, en se les faisant réconcéder en *franc et com-* " *mun soccage.*" Le moment pour faire cette demande semblait on ne peut plus favorable. Indignés de voir ceux des Anglais qui avaient acheté des Seigneuries des Canadiens hausser le taux des rentes et augmenter les charges, contrairement à la loi et aux usages établis, les habitants éclataient en murmures. " Les nouveaux pro- " priétaires qui attendaient depuis longtemps l'occasion " de changer la Tenure Seigneuriale, pour en retirer de " plus grands revenus, ajoute Mr Garneau, voulurent pro- " fiter du moment pour accomplir leur dessein. Déjà, ils " s'étaient entendus avec des émigrants américains, pour " leur concéder leurs terres, après l'abolition de la Tenure, " préférant ces derniers aux Canadiens, parce qu'ils les " trouvaient disposés à payer des rentes plus élevées." Afin de mieux comprendre la gravité de cette mesure et les conséquences désastreuses qui en eûssent été la suite, si elle avait été adoptée alors, il faut se faire une juste idée de la pensée qui avait présidé à l'établissement des Seigneuries, des conditions libérales imposées aux habitants, du régime paternel des Seigneurs et de l'influence qu'exerça sur l'avenir du Canada un régime inauguré par des hommes tels que Colbert et Talon qui ne s'inspiraient que du génie de Louis XIV.

En prenant possession du Canada, les Monarques français avaient voulu y fonder un grand empire. Pour y réussir, il fallait le peupler ; pour le peupler, il fallait offrir des conditions faciles à ceux qui voudraient y passer, ou qui, y étant déjà, désireraient y rester. C'est ce qui fut fait. En 1672, et même auparavant, d'immenses terres furent données, le long du St Laurent, à des particuliers, et préférablement aux officiers de l'armée, sur-

tout à ceux qui étaient de noble extraction, ou qui s'étaient
rendus recommandables par leurs services. Avant de faire
des concessions dans les profondeurs des terres, Louis
XIV jugea sagement qu'il fallait commencer par en faire
sur les deux rives du fleuve et à des distances assez rap-
prochées.  On voit de suite les raisons de cette conduite
que nous avons déjà remarquée en passant.  Situées sur
le St Laurent, ces Seigneuries étaient d'un abord commode et trouvaient des débouchés aussi vastes qu'avantageux ; reliées entre elles par des chemins peu considérables, elles se protégeaient mutuellement.  En accordant
de préférence ces Fiefs aux officiers de l'armée, soit parce qu'ils étaient plus instruits, soit parce qu'ils jouissaient
de plus de considération, on amenait insensiblement leurs
subordonnés et les habitants à venir se grouper autour
d'eux et à les prendre pour protecteurs et pour modèles.
Et afin de décider ces officiers à faire le sacrifice de leur
patrie et à s'établir ainsi dans la Nouvelle-France, le Roi
leur octroyait des sommes assez rondes, pour les aider
dans leurs premiers travaux, n'exigeant d'eux que deux
conditions : qu'ils eûssent un moulin, où tous leurs censitaires pourraient faire moudre leurs grains, et une Chapelle où il leur serait donné de se rassembler pour les
offices publics.  Encore cette dernière condition fût-elle
supprimée avec le temps.  Et aux censitaires que deman-
dait-on ? Rien, si ce n'est que, par manière d'hommage,
ils payassent annuellement à leur Seigneur qu'ils pouvaient forcer à concéder, quelques chelins seulement ;
et lorsque leurs terres seraient mises en valeur, s'ils
venaient à les vendre, qu'ils donnassent le douzième du
prix, taux qui fut encore diminué de beaucoup par la
suite. Assurément on ne pouvait exiger des uns et des
autres des conditions plus faciles. " Voilà cependant, dit
" avec raison l'auteur de l'*Histoire de la Colonie française*,
" ce qu'il y avait de plus onéreux dans ce régime féodal
" qu'on a dépeint comme injuste et tyrannique et qu'on
" a aboli dans l'ancienne France, sans prévoir qu'on dût

" le remplacer par un autre, si exorbitant dans ses droits
" de mutation, qu'au bout d'un petit nombre d'années, le
" capital de toutes les propriétés foncières passe dans les
" mains de l'Etat."

Qu'était maintenant la conduite des Seigneurs envers
leurs censitaires ? Tout ce qu'il y avait de plus paternel.
" Ces Seigneurs, lit-on dans une publication assez récente,
" protecteurs naturels des censitaires qu'ils avaient eux-
" mêmes choisis et aidés à s'établir sur leurs terres, deve-
" naient en quelque sorte les patriarches des familles qui
" venaient se grouper autour d'eux, se faisaient un plaisir
" de tenir sur les fonts sacrés leurs nouveaux-nés, de les
" réunir à leur table au nouvel an, ne dédaignant même
" pas d'assister à leurs noces champêtres et de faire hon-
" neur à la pyramide de crêpes, aux beignets et aux
" croquignoles de ces jours de fête. Touchante frater-
" nité, ajoute Mr de Gaspé qui a si bien décrit les mœurs
" de ces bons vieux temps ! J'ai connu dans ma jeunesse
" tous les Seigneurs du District de Québec et un grand
" nombre de ceux des autres Districts qui formaient alors
" la province du Bas-Canada, et je puis affirmer qu'ils
" étaient presque tous les mêmes envers leurs censitaires.
" Je prends un type au hasard : les Seigneurs de Kamou-
" raska. Je leur faisais de fréquentes visites, et chaque
" fois j'ai été témoin des bons rapports qui existaient entre
" eux et leurs censitaires. J'ai souvent accompagné, avec
" son fils, Mde Taché, dans les fréquentes visites qu'elle
" faisait aux pauvres et aux malades de sa Seigneurie,
" chez lesquels elle était accueillie comme une divinité
" bienfaisante. Outre les aumônes abondantes qu'elle dis-
" tribuait aux familles pauvres, elle portait à ceux de
." ses censitaires malades qui n'auraient pu se les pro-
" curer, les vins, les cordiaux, les biscuits, propres à accé-
" lerer leur convalescence, et toutes les douceurs que sa
" charité ingénieuse lui suggérait." Se peut-il quelque
chose de plus touchant ?

Né d'une pensée profonde, basé sur les principes qui,

dans la famille, unissent le père aux enfants, le régime
féodal tel que pratiqué en Canada, dégagé de tous les'
abus qui avaient pu le rendre odieux dans l'ancienne
France, fut la cause première, contrairement à ce qu'on
va lire, du développement et de l'agrandissement du
peuple canadien, du bonheur dont il jouit pendant près
de deux siècles, malgré les guerres qu'il eut à soutenir,
et il est demeuré la source féconde de ces belles traditions
d'urbanité, de piété, qui sont parvenues jusqu'à nous.
" Loin d'avoir été une source de maux et de véxations
" pour les censitaires, dit encore l'ouvrage déjà cité, la
" Tenure Seigneuriale est considérée, au contraire,
" comme ayant grandement favorisé l'établissement du
" pays, et il est généralement reconnu que, si les Cana-
" diens peuvent se féliciter aujourd'hui d'êtres libres et
" assurés de leur nationalité, d'avoir une terre en propre
" et de posséder des ressources considérables de savoir,
" d'aisance et de nombre, c'est en grande partie à la bien-
" veillance et à la générosité de leurs Seigneurs, tant
" laïques que religieux, qu'ils en sont redevables." Mais
il est des personnes pour lesquelles malheureusement
l'éclat de l'or a plus de charme que toutes les propriétés
du monde, et qui, pour en jouir, sont toujours prêtes à
sacrifier le patrimoine qu'elles tiennent de leurs ancètres,
n'ayant pas assez de patience pour attendre que leurs
domaines aient doublé de valeur. Il en est d'autres, et
cela n'était pas rare alors parmi ceux que la conquète
avait attirés en Canada, qui ne pouvant souffrir la supériorité que donne le nom ou la fortune, tendent sans
cesse à tout niveler, afin de voiler ainsi l'obscurité de leur
origine.

Sans partager les dispositions de ces derniers, et n'ayant
d'autre but que de favoriser les nouveaux émigrants et
de s'assurer de plus grands revenus. Mr de Lanaudière
présenta sa pétition, au mois de Janvier 1788. Elle était
ainsi conçue : " Les Seigneuries dont j'ai hérité de mes
" ancètres, et qui leur furent accordées en récompense de

" leurs services, me sont parvenues après avoir été pos-
" sédées par la quatrième génération. Quand je regarde
" l'étendue immense des terres qu'elles contiennent, qui
" se monte à plus de trente-cinq lieues en superficie, dont
" je suis possesseur, la petite portion de ces terres en
" valeur, le peu d'habitants qui y sont établis, j'aurais
" les plus grands reproches à me faire, si je n'en avais
" pas recherché les causes, et, après les avoir trouvées, si
" je gardais le silence. Cette province, est, à bien con-
" sidérer, encore dans l'enfance : elle ne peut espérer sa
" grandeur future que de l'encouragement de la Grande-
" Bretagne, d'où doit s'étendre sa population, ainsi que
" de l'émigration de l'Europe et de nos voisins. Mais
" pourrons-nous, nous Seigneurs, possesseurs de Fiefs
" immenses, croire que ces mêmes hommes qui auront
" quitté leur patrie pour prendre des terres dans cette
Province, voudront donner la préférence à nos Sei-
" gneuries pour s'y établir, s'ils les voient réglées par un
" système de lois qu'ils ont en horreur, qu'ils ne sauraient
" entendre, et dans lequel l'incertitude des charges est
" déjà un vasselage onéreux ? J'ose espérer que votre
" Seigneurie voudra bien prendre en sa sage considéra-
" tion la dure situation dans laquelle se trouvent les
" intérêts de ma famille, et que, pour m'en relever, votre
" Excellence voudra bien reprendre les titres de mes
" Seigneuries, avec tous les privilèges et honneurs qui y
" sont attachés, et me les reconcéder en franc et commun
" soccage, pour que, par ce changement, je puisse donner
" de l'encouragement à prendre mes terres. Si l'Etat
" m'obligeait à remplir toutes les conditions, suivant leur
" teneur, le peu de revenu que j'ai pour supporter ma
" famille, suffirait à peine pour en payer les charges."

Cette supplique de Mr de Lanaudière ne fut pas plutôt
connue, que le pays tout entier s'en émut. Les Seigneurs
qui avaient le plus d'intérêt à empêcher la mesure, se
hâtèrent d'envoyer des contre-propositions. Elles furent
présentées par MM. de St Ours, Juchereau Duchesnay, de

Belestre, Taschereau, de Bonne, Panet, Berthelot, Du-
nière, Bedard, etc. En voici un extrait : "Ayant appris,
" disaient-ils, qu'un projet de loi avait été soumis à Son
" Excellence pour le changement de la Tenure en cette
" province, ils demandaient qu'il leur fût permis d'ex-
" primer leurs appréhensions les plus vives qu'il n'eût
" son effet, le regardant comme l'acte le plus destructif
" des bases de leurs droits de propriété, conservés par la
" Capitulation, et des titres confirmés par l'acte constitutif
" du pouvoir législatif en cette province.  Ils ajoutaient
" que, loin de chercher à augmenter leur fortune et leur
" importance aux dépens des laboureurs, ils n'avaient
" rien tant à cœur que de contribuer à leur bonheur, en
" s'unissant à eux pour s'opposer à un changement préju-
" diciable aux intérêts de cette classe d'hommes la plus
" utile au pays et à l'avancement des terres.  Il n'y avait
" qu'un seul Seigneur, poursuivaient-ils, Mr Charles de
" Lanaudière, qui eût sollicité cette innovation ; que les
" réponses données en son nom au Comité renfermaient
" des insinuations contraires à l'état actuel et réel de la
" Tenure et faisaient l'énumération de servitudes humi-
" liantes tombées depuis longtemps en désuétude, abrogées
" par la réformation même de la coutume adoptée dans
" le pays ; qu'aucun avantage réel ne semblait devoir
" résulter de la Tenure proposée ; qu'au contraire, le franc
" et commun soccage serait un obstacle à l'avancement
" de la culture, à cause de la vaste étendue des terres déjà
" concédées et en partie défrichées ; enfin, qu'il établirait,
" au choix de quelques-uns, la confusion dans les proprié-
" tés, parce que les Seigneurs, devenant maitres absolus
" d'immenses territoires, pourraient diviser, concéder ou
" vendre le sol aux conditions les plus dures, et que les culti-
" vateurs seraient privés du droit de les obliger à concéder
" leurs terres en roture, dispense qui arrêterait les défri-
" chements et compromettrait ce développement de la popu-
" lation devenu sensible depuis que le pays n'était plus en
" guerre avec les Sauvages et les Colonies voisines."

Devant des raisons si claires et si fortes, impressionné d'ailleurs par les considérations non moins justes de Mr Labane, le Comité chargé de faire passer la mesure, et bien qu'il eût à sa tète le Juge en Chef Smith, partisan outré de l'anglification, n'osa rendre une décision dans le sens des abolitionnistes. Le projet en resta là, pour être repris et recevoir sa solution définitive en 1854. Mr de Lanaudière put se consoler de cet échec. En 1792, il fut appelé à faire partie du Conseil Législatif, où il ne cessa jusqu'a sa mort, grâce à ses talents distingués et à la faveur dont il jouissait auprès du Gouverneur, d'occuper une position prépondérante. L'Honorable Conseiller est décédé en 1841, par suite d'un accident arrivé au retour d'une visite à l'un de ses amis, laissant une fille qui n'a jamais contracté mariage.

### Vᵒ CHARLES-BARTHÉLEMI-GASPARD TARIEU DE LANAUDIÈRE.

Mr Charles-Barthélemi-Gaspard Tarieu de Lanaudière, petit-fils de l'Honorable Gaspard de Lanaudière, par Mr Pierre de Lanaudière, est le Seigneur actuel du Fief Tarieu, et réside à l'Industrie. Il a épousé Melle Taché, de l'honorable famille des Taché de Kamouraska, dont Mr de Gaspé nous entretenait tout à l'heure.

De ce mariage sont nés plusieurs enfants. Moissonnés à la fleur de l'âge, la plupart sont allés grossir la troupe des Anges au Ciel. C'est là une pensée qui doit sécher bien des larmes dans les yeux des mères chrétiennes.

FIN DU PREMIER VOLUME.

# SOMMAIRE.

## LA FAMILLE D'AILLEBOUST ........ ....... ....... ........... ........... .......    *1*

Louis d'Ailleboust de Coulonge, Gouverneur de la Nouv.-France.
(Piété de M^me d'Ailleboust).
Charles d'Ailleboust de Musseaux, Gouv. de Montréal par intérim.

Branche d'Aill. de Musseaux, alliée aux { de Repentigny, T. des Rivières, etc.

| " | " | de Coulonge, | " | LeBer de Senneville. |
| " | " | de Périgny, | " | de la Valterie. |
| " | " | d'Argenteuil, | " | Baby de Chenneville. |
| " | " | de Mantet, | " | { J. Duchesnay, de Beaujeu, Couillard, etc. |

## LA FAMILLE LEMOYNE ...... .................... ...................... ......    27

Charles LeMoyne de Longueuil.
LeMoyne de Ste Hélène,
"    d'Iberville, le Jean Bart du Canada,
"    de Maricourt,
"    de Sérigny, établi en France, où sa famille s'est
perpétuée, { de Fresnoy,
de Bienville Ier,    alliés aux { J. Duchesnay,
de Châteauguay Ier,    { A. de Gaspé, etc.
de Bienville IIe, fondateur de la Nouv.-Orléans,
"    d'Assigny,
"    de Châteauguay IIe

Barons de Longueuil. alliés aux { Souart d'Adoucourt,
Ier   IIe   IIIe   IVe   Ve .    le Gard. de Tilly,
Gouât des Grais,
Fleury d'Eschambault,
Joybert de Soulanges,
de Beaujeu,
Grant,
de Montenach,
Les MM. LeMoine.    Perrault de Linières.

46

Le Gouverneur de Montréal.
(L'Héroïne de Verchères).
Le brillant officier.
(L'intrépide Lieutenant).
L'Aide de Camp de Carleton,
(Histoire des Seigneuries).

alliés aux

{
D. de la Ronde, de
Verchères, de Bois-
hébert, de Lon-
gueuil, de Villiers,
de la Valterie, de
la Corne, Germain,
de Maisoncel, de
Gaspé, D'Estimau-
ville, Joliet, Baby,
Taché, etc.
}

(Les M. M. de Crisasi ;—le brave de Vauquelin).

Lightning Source UK Ltd.
Milton Keynes UK
UKHW011957201118
332601UK00012B/1983/P